KB093612

해커스변호사

민사소송법

Civil Procedure Law

핵심
正지문의 脈

해커스변호사

본서는 선택형 문제의 고득점을 목적으로 한 가성비의 극대화를 위해 집필하였습니다. 틀린 지문이 왜 틀렸는지를 분석하고 맞는 지문과 구별해내려는 노력은 탐구자에게 요구되는 덕목일지는 모르겠으나 수험생에게는 자충수일 수 있습니다. 어설프게 옳은 지문과 틀린 지문이 머릿속에서 혼재되어있다면 시험장에서 신속하게 정답을 맞힐 수 없습니다. 옳은 지문만 정확히 알면 나머지는 틀린 겁니다. "틀린 것을 알아서 무얼 할까?"라는 근원적인 물음을 통해서도 올바른 학습방향이 무엇인지 아실 수 있을 것입니다. 틀린 지문은 옳은 지문의 변형이며, 변형의 방법은 수없이 많습니다. 정지문 한 가지만 정확히 알면 변형된 틀린 지문은 자연스럽게 정리가 됩니다. 아무쪼록 변호사시험을 준비하시는 수험생들에게 적지 않은 도움을 줄 수 있기를 간절히 기대합니다.

본서의 특징은 아래와 같습니다.

1. 중요기출지문, 최신판례, 중요사례를 빠짐없이 소개 그리고 강약조절
   본서는 11회에 걸친 변호사시험은 물론 법전협 모의고사와 11년간의 사법시험, 법원행정고시, 변리사시험, 저자의 모의고사 기출지문 중에서 중요지문만을 엄선하여 정지문으로 구성한 교재입니다. 8지선다로 출제되는 사법시험, 사법행정과 관련된 지문이 다수 출제되는 법원행정고등고시 등 출제경향이 다른 시험 중에서도 중요한 지문을 선별하였으므로 변호사시험은 물론 기타 시험을 준비하는 수험생에게도 도움이 되리라 믿습니다.

2. 2022년 상반기 중요판례 및 법전협 모의시험까지 반영
   출제비율로 따지면 최신판례의 중요성은 아무리 강조해도 지나치지 않습니다. 본서는 2022년 7월 15일까지 최근 판례 중 출제가능성이 높은 판례를 정지문으로 구성하여 반영하였습니다. 별도의 최신판례교재를 학습하지 않아도 단권화 효과를 거두실 수 있습니다. **다만 올해 개정판에는 학습적인 편의를 위해 1개년 최신판례는 각 편 말미에 별도로 정리를 해 두었습니다.**

3. 절제된 분량 240page로 민사소송법 선택형 완벽대비 및 주관식 사례형도 동시대비
   불필요한 해설은 지양하고 꼭 필요한 부분에만 판례 등을 소개하여 분량을 최소화 했습니다. 정지문 교재만 꾸준히 학습한다면 다른 과목을 공부하면서도 적은 시간투자로 민법의 복습효과를 거두실 수 있습니다. 또한 기출누적표시가 되어있어 시험 막판에는 하루 만에 전범위를 중요내용만 학습하실 수 있도록 하였습니다. 그리고 **중요한 판례는 객관식 사례 문제화하여 주관식 사례형도 동시에 대비되도록 구성하였습니다.**

2022년 10월 연구실에서
윤 동 환

제3절 소의이익 ☞ (근저당권 이전의 부기등기 : 6회), (근저당권 설정의 말소등기 : 8회), (시효중단을 위한 소제기 : 11회), (순차로 경료된 등기들의 말소를 청구하는 소송 : 4회,11회), (현재이행의 소에서 소유권이전등기청구권이 가압류된 경우 : 8회,11회), (현재이행의 소에서 금선채권이 가압류된 경우 : 4회,6회,11회), (현재이행의 소에서 금전채권이 전부명령된 경우 : 4회), (현재이행의 소에서 금전채권이 추심명령된 경우 : 4회,6회,9회), (목적의 실현이 실익이 없는 경우 : 1회,9회), (장래이행의 소 대상적격 : 2회,7회), (장래이행의 소 미리 청구할 필요 : 7회,8회,11회), (확인의 소에서 자기성 원칙의 예외 : 4회,9회), (확인의 소에서 현재성 원칙 : 9회,11회), (확인의 소에서 현재성 원칙의 예외 : 4회,6회), (확인의 소에서 확인의 이익 : 4회,9회,11회), (시효중단을 위한 확인의 소 : 11회), (상소이익 : 8회)

제4절 소송물 ☞ (소송물 특정 : 6회)

제5절 소의 제기 ☞ (무변론판결제도 : 2회,6회,8회)

제2장 소제기 효과

제1관 소송계속
제2관 중복소송 금지 ☞ (당사자 동일 요건 : 1회,4회), (소송물 동일 요건 : 2회), (별소로 청구한 반대채권을 가지고 상계항변 : 1회,3회,4회,5회,8회,11회), (동일권리에 대한 확인청구와 이행청구 : 1회,4회), (일부청구와 잔부청구 : 3회,4회,6회), (전소의 소송계속 중에 후소를 제기 : 2회,4회), (중복소송의 효과 : 2회,3회,4회), (중복소송금지와 채권자취소소송 : 10회), (중복소송금지와 채권자대위소송 : 10회), (중복소송금지와 추심소송제기 : 10회)
제3관 소송계속의 실체법상 효과 ☞ (시효중단의 효과 응소의 경우 3회,9회), (시효중단의 물적 범위 : 3회,6회,9회), (채권양도의 경우 시효중단 : 3회,4회,9회)

제3장 변론

제1절 변론의 의의와 종류
제2절 변론의 여러 가지 원칙

제1관 공개심리주의
제2관 쌍방심리주의
제3관 구술심리주의
제4관 직접심리주의
제5관 처분권주의 ☞ (심판의 대상과 범위 : 1회,3회,10회), (질적 동일 : 2회,3회,10회), (일부청구와 과실상계 : 2회), (채무부존재확인의 소 : 5회), (단순이행청구에 대한 상환이행판결 : 1회,3회), (현재의 이행의 소에 대한 장래이행판결 : 2회,3회,8회,11회), 일부인용판결(10회)
제6관 변론주의 ☞ (준비서먼 세출의 효과 : 1회,2회), (주요사실과 간섭사실의 구별 : 7회,8회,9회)
제7관 석명권 ☞ (부제소합의 위배여부 : 8회,9회)
제8관 적시제출주의 ☞ (실기한 공격방어방법 : 11회), (상고이유서 제출기간이 지난 뒤의 새로운 상고이유의 제한 : 8회,11회)
제9관 집중심리주의
제10관 직권진행주의와 소송지휘권

제3절 변론의 준비
제4절 변론의 내용과 소송행위

제1관 변론의 내용 ☞ (본안의 항변 : 6회), (소송에 있어 형성권의 행사 : 11회). (상계항변의 특수성 : 6회,8회), (상계항변에 대한 상계의 재항변 : 5회,6회,11회)
제2관 소송행위 ☞ (소송상 합의의 법적 성질 : 4회), (소 취하 합의 : 7회), (소송행위의 철회 : 5회), (의사표시의 하자와 소송행위의 취소 : 4회,9회), (불항소합의 : 10회)

제5절 변론의 실시
제6절 기일·기간·송달

제1관 기일의 해태 ☞ (기일의 해태의 요건 : 5회,10회), (양쪽 당사자의 결석 : 5회,8회,10회), (한쪽 당사자의 결석 : 1회,2회,3회,5회,8회)
제2관 기간의 미준수 및 소송행위의 추후보완 ☞ (추후보완 사유 : 4회), (추후보완기간 : 4회,6회)

제1편 총 론

01 소송사건과 달리 비송사건은 신청으로 개시되고 결정으로 사건을 처리하며, '대립구조하의 필요적 변론과 공개주의'가 배제되는 경우가 많다.

02 이혼을 원인으로 하는 배우자 이외의 제3자에 대한 손해배상청구는 가사소송사건이다. [변호 15]

해설 ※ 가사소송법상 소송사건과 비송사건

		종 류	성질 등	조정전치주의
가사 소송	가류	각종 무효확인소송, 친생자관계존부확인의 소	확인의 소	×
	나류	각종 취소소송, 재판상 이혼·파양, 친양자파양, 친생부인의 소, 父를 정하는 소, 인지청구(인지이의 소), 사실혼관계존부확인의 소	형성의 소	○
	다류	신분관계 해소를 원인으로 한 손해배상의 청구 및 원상회복의 청구(4회 선택형)	이행의 소	○
가사 비송	라류	제한능력에 관한 사항, 부재자재산관리·실종선고에 관한 사항, 후견 및 친권에 관한 사항	상대방 없음	×
	마류	이혼에 따른 재산분할청구, 상속재산분할청구, 기여분의 결정, 친권자의 지정과 변경, 子의 양육에 관한 처분(과거의 양육비청구도 이에 해당(대결 1994.5.13. 전합92스21)), 부양에 관한 처분(6회 선택형)[부부간의 부양의무를 이행하지 않은 부부의 일방에 대하여 상대방의 친족이 구하는 부양료 상환청구는 민사소송(대판 2012.12.27. 2011다96932 : 6회 선택형)]	상대방 있음	○
주의		조정전치주의가 적용되는 나류 사건과 마류 사건 중에도, 당사자가 임의로 결정할 수 없는 사항에 관한 것으로서 조정의 성립만으로 효력이 생기지 않고 가정법원의 판결이 있어야 효력이 생기는 것은 다음과 같다. ① 친생부인의 소에서의 조정, ② 父를 정하는 소에서의 조정, ③ 친권상실의 재판에서의 조정, ④ 대리권과 재산관리권의 상실의 재판에서의 조정		

03 가사소송사건 및 가사비송사건인 이혼청구 및 재산분할청구를 병합한 후, 항소심에서 통상의 민사사건에 속하는 부부간의 명의신탁약정 해지를 원인으로 한 소유권이전등기청구를 추가적·예비적으로 청구변경 신청할 수 없다(대판 2006.1.13. 2004므1378). [변호 15유새]

04 과거의 양육비를 청구하는 사건은 가사비송사건에 해당한다(대결 1994.5.13. 전합92스21).

05 친족이 부부 일방에게 하는 과거의 부양료 상환청구 사건은 민사소송사건에 해당한다.

해설 "가사소송법 제2조 제1항 제2호 나. 마류사건 제1호는 민법 제826조에 따른 부부의 부양에 관한 처분을, 같은 법 제2조 제1항 제2호 나. 마류사건 제8호는 민법 제976조부터 제978조까지의 규정에 따른 부양에 관한 처분을 각각 별개의 가사비송사건으로 규정하고 있다. 따라서 부부간의 부양의무를 이행하지 않은 부부의 일방에 대한 상대방의 부양료 청구는 위 마류사건 제1호의 가사비송사건에 해당하고, 친족간의 부양의무를 이행하지 않은 친족의 일방에 대한 상대방의 부양료 청구는 위 마류사건 제8호의 가사비송사건에 해당한다 할 것이나, 부부간의 부양의무를 이행하지 않은 부부의 일방에 대하여 상대방의 친족이 구하는 부양료의 상환청구는 같은 법 제2조 제1항 제2호 나. 마류사건의 어디에도 해당하지 아니하여 이를 가사비송사건으로 가정법원의 전속관할에 속하는 것이라고 할 수는 없고, 이는 민사소송사건에 해당한다고 봄이 타당하다"(대판 2012.12.27. 2011다96932).

06 신의성실의 원칙이란 상대방의 신뢰가 헛되지 않도록 당사자와 소송관계인은 신의에 따라 성실하게 소송을 수행하여야 한다는 원칙으로 신의성실의 원칙에 반하는 것 또는 권리남용은 강행규정에 위배되는 것이므로 당사자의 주장이 없더라도 법원은 직권으로 판단할 수 있다(대판 1995.12.22. 94다42129). [모의 14(3)]

07 확정판결에 기한 집행이 권리남용에 해당하여 청구이의의 소에 의하여 집행의 배제를 구할 수 있는 정도의 경우라면 그러한 판결금 채권에 기초한 다른 권리의 행사, 예를 들어 판결금 채권을 피보전채권으로 하여 '채권자취소권을 행사하는 것' 등도 허용될 수 없다. [최신판례]

해설 ※ **권리남용-실체적 권리관계에 배치되는 확정판결의 집행-**
소송당사자가 불법한 수단으로 법원과 상대방을 속여 부정한 내용의 확정판결을 취득한 경우 그 구제수단으로 '소송법적 구제수단인 재심'과 '집행법적 구제수단인 권리남용을 이유로 하는 청구이의의 소'가 있다. 다만 확정판결에 기한 강제집행이 경료된 경우에, 그 확정판결이 취소되지 않은 이상 부당이득의 성립은 부정된다. 그러나 불법행위에 기한 손해배상청구의 경우는 긍정하고 있다(99다32905판결). 아울러 최근 判例에 따르면 확정판결에 기한 집행이 권리남용에 해당하여 청구이의의 소에 의하여 집행의 배제를 구할 수 있는 정도의 경우라면 그러한 판결금 채권에 기초한 다른 권리의 행사, 예를 들어 판결금 채권을 피보전채권으로 하여 채권자취소권을 행사하는 것 등도 허용될 수 없다고 한다(2013다 75717).

08 확정판결의 내용이 실체적 권리관계에 배치될 여지가 있다는 사유만으로는 그 판결금 채권에 기초한 강제집행이나 권리행사가 당연히 권리남용에 해당한다고 보기 어렵다. [최신판례]

해설 ※ **확정 판결의 집행의 남용방지**
"확정판결에 의한 권리라 하더라도 신의에 좇아 성실히 행사되어야 하고 그 판결에 기한 집행이 권리남용이 되는 경우에는 허용되지 않으므로 집행피고는 청구이의의 소에 의하여 그 집행의 배제를 구할 수 있다고 할 것인바, 확정판결의 내용이 실체적 권리관계에 배치되는 경우 그 판결에 의하여 집행할 수 있는 것으로 확정된 권리의 성질과 그 내용, 판결의 성립 경위 및 판결성립 후 집행에 이르기까지의 사정, 그 집행이 당사자에게 미치는 영향 등 제반 사정을 종합하여 볼 때, 그 확정판결에 기한 집행이 현저히 부당하고 상대방으로 하여금 그 집행을 수인하도록 하는 것이 정의에 반함이 명백하여 사회생활상 용인할 수 없다고 인정되는 경우에는 그 집행은 권리남용으로서 허용되지 않는다고 할 것이다. 이때 확정판결의 내용이 실체적 권리관계에 배치될 여지가 있다는 사유만으로는 그 판결금 채권에 기초한 강제집행이나 권리행사가 당연히 권리남용에 해당한다고 보기 어려우며, 확정판결의 내용이 실체적 권리관계에 배치된다는 점은 확정판결에 기한 집행이 권리남용이라고 주장하며 그 집행의 불허를 구하는 원고가 주장·증명하여야 할 것이다"(대판 2017.9.21. 2017다232105).

09 부제소 합의에 위배되어 제기된 소는 권리보호의 이익이 없고, 또한 신의성실의 원칙에도 어긋나는 것이므로 법원은 직권으로 소의 적법 여부를 판단할 수 있다. [모의 15(1)]

해설 "당사자들이 부제소 합의의 효력이나 그 범위에 관하여 쟁점으로 삼아 소의 적법 여부를 다투지 아니하는데도 법원이 직권으로 부제소 합의에 위배되었다는 이유로 소가 부적법하다고 판단하기 위해서는 그와 같은 법률적 관점에 대하여 당사자에게 의견을 진술할 기회를 주어야 하고, …(중략)… 법원이 그와 같이 하지 않고 직권으로 부제소 합의를 인정하여 소를 각하하는 것은 예상외의 재판으로 당사자 일방에게 불의의 타격을 가하는 것으로서 석명의무를 위반하여 필요한 심리를 제대로 하지 아니하는 것이다"(대판 2013.11.28. 2011다80449).
☞ 법원은 당사자가 간과하였음이 분명한 법률상 사항에 관하여 당사자에게 의견진술의 기회를 부여하여야 한다(민소법 제136조 4항).

10 실효의 원칙은 권리자가 장기간 권리를 행사하지 않아 상대방이 더 이상 권리자가 권리를 행사하지 아니할 것으로 신뢰할 만한 정당한 기대를 가지게 된 경우에, 새삼스럽게 권리자가 권리를 행사하는 것은 신의칙에 위반되어 허용되지 아니한다는 것을 말하며, 항소권과 같은 소송법상 권리에도 이 원칙은 적용될 수 있다(대판 2006.10.27. 2004다63408).   [변후 13]

11 乙은 자기 소유의 A부동산을 甲에게 매도하고 인도하였는데 그 후 甲은 乙에 대하여 A부동산에 대한 매매계약의 무효를 주장하며 매매대금반환청구의 소(전소)를 제기하였다. 그 후 甲은 乙이 甲에 대하여 제기한 A부동산에 대한 인도청구의 소(후소)에서는 그 매매계약의 유효를 주장하였다. 甲이 제기한 전소가 취하되어 소송이 종료된 경우 乙이 제기한 후소에서 甲이 그 매매계약이 유효하다고 주장하는 것은 신의칙에 반한다고 할 수 없다.   [모의 14(2)]

해설 전후의 소송행위가 일관되지 않는다고 하더라도 뒤의 소송행위가 진실이고 모순의 정도나 상대방의 불이익 정도가 크지 않은 경우에도 신의칙을 적용하는지 여부(소극)

제2편 소송의 주체와 객체

제1장 법 원

제1절 재판권

01 당사자 또는 분쟁이 된 사안과 법정지인 대한민국 사이에 실질적 관련성이 없는 경우라도 변론관할에 의하여 대한민국 법원에 국제재판관할권이 생길 수 있다. [최신판례]

02 대한민국 법원에 제기된 대여금 청구 소송의 당사자들이 모두 중국인들이고 계약체결지가 중국이나, 피고들이 중국에서의 재판에 불응하고 대한민국에 생활기반을 마련하였고 원고도 영업을 위해 대한민국에 입국한 경우에는 대한민국 법원에 국제재판관할권이 인정된다(대판 2019.6.13. 2016다33752). [최신판례]

> [해설] 국제사법 제2조 1항(실질적 관련성), 2항(국내법의 관할 규정을 참작)

03 우리나라의 영토 내에서 행하여진 외국의 사법적 행위가 주권적 활동에 속하는 것이거나 이와 밀접한 관련이 있어서 이에 대한 재판권의 행사가 외국의 주권적 활동에 대한 부당한 간섭이 될 우려가 있다는 등의 특별한 사정이 없는 한, 외국의 사법적 행위에 대하여는 당해 국가를 피고로 하여 우리나라의 법원이 재판권을 행사할 수 있다(대판 1998.12.17. 97다39216).

04 외국국가가 사법적 행위로 부담하는 국가의 채무에 대하여 우리나라 법원에 의하여 명하여지는 강제집행의 대상이 될 수 있다는 점에 대하여 명시적으로 동의하였거나, 우리나라 법원의 압류 등 강제조치에 대하여 재판권 면제 주장을 포기한 것으로 볼 수 있는 경우 등에 한하여 외국국가를 제3채무자로 하는 채권압류 및 추심명령을 발령할 재판권을 가진다.

> [해설] "우리나라 법원에 의하여 명하여지는 강제집행의 대상이 될 수 있다는 점에 대하여 명시적으로 동의하였거나, 우리나라 내에 그 채무의 지급을 위한 재산을 따로 할당해 두는 등 우리나라 법원의 압류 등 강제조치에 대하여 재판권 면제 주장을 포기한 것으로 볼 수 있는 경우 등에 한하여 해당 국가를 제3채무자로 하는 채권압류 및 추심명령을 발령할 재판권을 가진다고 볼 것이다. …(중략)… 추심명령에 대한 재판권이 인정되지 않는 경우에는 추심금 소송에 대한 재판권 역시 인정되지 않는다고 보아야 한다"(대판 2011.12.13. 2009다16766).

05 외국적 요소가 있는 채권자취소권의 행사에서 가장 밀접한 관련이 있는 국가의 법은 사해행위에 적용되는 국가의 법(피보전채권의 준거법이 아님)이다(대판 2016.12.29. 2013므4133). [최신판례]

06 대한민국 법원은 현지기업인 원고가 현지기업인 피고를 상대로 임대차 종료에 따른 개성공업지구 내 건물의 인도를 구하는 경우와 같이 개성공업지구 현지기업 사이의 민사분쟁에 대하여 당연히 재판관할권을 가진다(대판 2016.8.30. 2015다255265). [최신판례]

07 제조물책임소송에서 손해발생지 법원에 국제재판관할권이 있는지를 판단하는 경우에는 제조업자와 손해발생지 사이에 실질적 관련성이 있는지를 고려하여야 한다. [최신판례]

> [해설] ※ 민사재판권의 물적범위(국제재판관할권) [공, 적, 신, 경 ; 제조, 손, 발, 예, 실]

判例는 "국제재판관할을 결정함에 있어서는 당사자 간의 공평, 재판의 적정, 신속 및 경제를 기한다는 기본이념에 따라야 할 것이고, 구체적으로는 소송당사자들의 공평, 편의 그리고 예측가능성과 같은 개인적인 이익뿐만 아니라 재판의 적정, 신속, 효율 및 판결의 실효성 등과 같은 법원 내지 국가의 이익도 함께 고려하여야 할 것이며, 이러한 다양한 이익 중 어떠한 이익을 보호할 필요가 있을지 여부는 개별사건에서 법정지와 당사자와의 실질적 관련성 및 법정지와 분쟁이 된 사안과의 실질적 관련성을 객관적인 기준으로 삼아 합리적으로 판단하여야 할 것이다"(대판 2010.7.15. 2010다18355)고 한다. "특히 물품을 제조·판매하는 제조업자에 대한 제조물책임소송에서 손해발생지 법원에 국제재판관할권이 있는지를 판단하는 경우에는 제조업자가 손해발생지에서 사고가 발생하여 그 지역의 법원에 제소될 것임을 합리적으로 예견할 수 있을 정도로 제조업자와 손해발생지 사이에 실질적 관련성이 있는지를 고려하여야 한다"(대판 2013.7.12. 2006다17539).

> [비교판례] 다만, 외국에 있는 부동산에 관한 소송은 그 부동산이 외국영토에 속하므로 그 소재지국의 전속관할에 속하며, 이혼사건은 피고의 주소지가 있는 나라에 재판권이 있다(대판 1975.7.22. 74므22).

08 이혼청구의 주요 원인이 된 사실관계가 대한민국에서 형성되었고 대한민국에 있는 재산이 재산분할대상인지 여부가 첨예하게 다투어지고 있는 경우, 피고의 예측가능성, 당사자의 권리구제, 해당 쟁점의 심리 편의와 판결의 실효성 차원에서 대한민국과 해당 사안 간의 실질적 관련성을 인정할 여지가 크다(대판 2021.2.4. 2017므12552).
[21년 최신판례]

09 전속적 국제재판관할합의가 유효하기 위해서는 당해사건이 전속적 국제재판관할합의를 한 국가의 법원에 대하여 합리적 관련성을 가질 것이 요구된다.
[변호 16]

> [해설] 判例는 외국법원만을 재판관할법원으로 하는 전속적 국제관할합의가 유효하려면 "당해사건이 대한민국 법원의 전속관할에 속하지 않고, 지정된 외국법원이 그 외국법상 당해 사건에 대하여 관할권을 갖고, 당해사건이 그 외국법원에 대하여 합리적 관련성을 가질 것이 요구되며, 또한 전속적 관할합의가 현저하게 불합리하고 불공정한 경우에는 그 합의는 공서양속에 반하여 무효"(대판 1997.9.9. 96다20093)라고 하여 합리적 관련성을 요구한다.

제2절 법관의 제척·기피·회피

01 법관의 제척이란, 재판의 공정성을 유지하기 위하여 법관이 구체적인 사건에 대하여 법률에서 정한 특수한 관계에 있는 때에 법률에 의하여 특별한 절차 없이 당연히 그 사건에 관한 직무집행에서 배제되는 경우를 말하는 것으로, 제척이유가 있는지 의문이 있으면 법원은 직권으로 또는 당사자의 신청에 따라 제척의 재판을 한다. 이 경우는 당사자의 신청권이 있는 경우로서 단지 직권발동촉구 의미에 그치는 것은 아니다.
[모의 10(2),16(2)]

02 제1심 법원의 촉탁에 의해 '증거조사'를 한 다른 법원의 판사는 환송 후 항소심의 직무집행에서 제척되지 않는다.
[모의 10(2),13(2),15(1),16(2)]

> [해설] ※ 제41조 5호의 법관이 불복사건의 '이전심급'의 '재판'에 관여하였을 때
> ㉠ '이전심급'(前審)의 재판이란 하급심 재판을 의미하며 종국판결뿐 아니라 중간적 재판도 포함된다(대판 1997.6.13. 96다56115). ㉡ '관여'란 최종변론, 판결의 합의 작성 등 깊이 관여한 경우를 말하며, 최종변론 전 변론준비·변론·'증거조사'·기일지정과 같은 소송지휘 또는 판결의 선고에만 관여하는 것은 제외한다(대판 1997.6.13. 96다56115). ㉢ 동일한 사건이어야 한다.

03 소송상 화해에 관여한 법관이 그 화해내용에 따른 목적물인도소송에 관여하는 경우 법관은 제 척사유인 민사소송법 제41조 5호「법관이 불복사건의 이전심급의 재판에 관여한 경우」에 해당하지 아니하고, 가압류 가처분에 관여한 법관이 다시 본안소송에 관여하는 경우도 이에 해당하지 않는다.

> 해설 ※ 제41조 5호의 이전심급 재판이 아닌 경우
> ㉠ 환송·이송되기 전에 원심에 관여한 법관이 환송·이송된 후에 다시 관여하는 경우(다만, 이 경우에는 제 436조 3항으로 관여할 수 없다), ㉡ 재심의 대상이 되는 확정판결에 관여한 법관이 재심소송에서 다시 관여하는 경우(대판 2000.8.18. 2000재다87), ㉢ 가압류·가처분에 관여한 법관이 다시 본안소송에 관여하는 경우(대판 1962.7.20. 61민재항3), ㉣ "본안사건의 재판장에 대한 기피신청사건의 재판에 관여한 법관이 다시 위 본안사건에 관여하는 경우"(대판 1991.12.27. 91마631), ㉤ 소송상 화해에 관여한 법관이 그 화해내용에 따른 목적물인도소송에 관여하는 경우(대판 1969.12.9. 69다1232)등은 전심에 해당하지 않는다.

04 종중원이 종중에 대하여 종중 규약을 개정한 종중총회결의에 대한 무효확인을 구하는 소를 제기하였는데 재판부를 구성한 판사 중 1인이 당해 종중의 구성원인 경우에, 그 판사는 제1호에 정한 '당사자와 공동권리자·공동의무자의 관계에 있는 자'에 해당한다(대판 2010.5.13. 2009다102254).

05 환송 전의 항소심판결에 관여한 판사는 환송 후의 항소심재판에 관여할 수 없다. [모의 16(2)]

> 해설 제41조 5호의 '이전 심급'은 하급심 재판을 말하므로 환송·이송되기 전에 원심에 관여한 법관이 환송·이송된 후에 다시 관여하는 경우는 이에 해당되지 않아 제척사유가 아니다. 그러나 제436조 3항이 별도로 원심판결에 관여한 판사는 환송된 판결에 관여하지 못하도록 규정하고 있어 해당 판사는 환송 후의 항소심재판에 관여할 수 없다.

06 제척이유에 관하여 민사소송법이 구체적으로 열거하고 있지만 기피이유에 관하여는 구체적으로 열거하고 있지 않다. [모의 13(2)]

07 제척 또는 기피신청이 제44조의 규정에 어긋나거나 소송의 지연을 목적으로 하는 것이 분명한 경우에는 신청을 받은 법원 또는 법관은 결정으로 이를 각하한다(제45조 1항). [모의 13(2)·18(1)변형]

08 당사자가 법관을 기피할 이유가 있다는 것을 알면서도 본안에 관하여 변론한 때에는 그 법관에 대해 기피신청을 할 수 없다. [모의 15(1)·18(1)]

> 해설 기피란 제41조에서 정해진 제척이유 이외의 재판의 공정을 기대하기 어려운 사정이 있는 경우에 당사자의 신청을 기다려 재판에 의하여 비로소 법관이 직무집행에서 배제되는 것을 말한다. 기피신청은 기피 이유가 있음을 알고 있는 이상 지체 없이 하지 않으면 안 된다. 기피이유가 있음을 알고서도 당사자가 당해 법관 앞에서 본안에 관하여 변론하거나 변론준비기일에서 진술한 때에는 기피권을 상실한다(제43조 2항). 이 점이 절차의 어느 단계에서나 직권조사를 요하는 제척이유와 다르다.

09 실제로 법관에게 편파성이 존재하지 아니하거나 헌법과 법률이 정한 바에 따라 공정한 재판을 할 수 있는 경우에도 기피가 인정될 수 있다. [최신판례]

> 해설 "'재판의 공정을 기대하기 어려운 사정이 있는 때'라 함은 당사자가 불공정한 재판이 될지도 모른다고 추측할 만한 주관적인 사정이 있는 때를 말하는 것이 아니고, 통상인의 판단으로서 법관과 사건과의 관계로 보아 불공정한 재판을 할 것이라는 의혹을 갖는 것이 합리적이라고 인정될 만한 객관적인 사정이 있는 때를 말한다"(대판 1992.12.30. 92마783). 따라서 실제로 법관에게 편파성이 존재하지 아니하거나 헌법과 법률이 정한 바에 따라 공정한 재판을 할 수 있는 경우에도 기피가 인정될 수 있다"(대결 2019.1.4. 2018스563).

10   기피신청은 그 이유가 있음을 알게 된 이후 지체 없이 하여야 한다. [모의 13(2)]

11   제척 또는 기피신청에 대해 불복하기 위하여 즉시항고를 할 수는 없다. [모의 16(2)]

> **해설** 제척 또는 기피신청에 정당한 이유가 있다는 결정에 대하여는 불복할 수 없다(제47조 1항).

12   제척 또는 기피하는 이유와 소명방법은 신청한 날부터 3일 이내에 서면으로 제출하여야 한다 (제44조 2항). [모의 18(1)]

13

> 피고 X는 법관 Z가 미리 증인신청을 촉구하였음에도 불구하고 절차를 밟지 않고 있다가 뒤늦게 증거신청을 하였다. 이에 법관 Z는 소송이 지연될 경우에 해당한다고 보아 부적법한 증인신청을 철회하도록 종용하였고, 피고 X는 부적법한 증인신청을 철회하도록 종용하였음을 이유로 2008. 6. 9. 17:30경 원심법원에 재판부 구성원 전부에 대한 기피신청서를 접수하였고, 원심법원은 2008. 6. 19. 위 기피신청에 대하여 각하결정을 하였으며, 위 결정은 2008. 6. 26. X에게 고지되었다. 한편 원심은 '2008. 6. 10. 14:00'를 제1차 변론기일로 지정하였고, X는 2008. 5. 28. 변론기일통지서를 송달받고도 2008. 6. 10. 14:00 변론기일에 출석하지 아니하였고, 원고 Y는 출석하였으나 변론하지 아니하였다. 이에 원심은 '2008. 6. 24. 15:30'을 제2차 변론기일로 지정하였고, X는 2008. 6. 20. 변론기일통지서를 송달받고도 2008. 6. 24. 15:30 변론기일에 출석하지 아니하였고, Y는 출석하였으나 변론하지 아니하였다. 원심은 X가 2008. 7. 23. 기일지정신청을 함에 따라 '2008. 8. 26. 16:30'을 제3차 변론기일로 지정하였고, 피고는 2008. 7. 30. 변론기일통지서를 송달받고도 2008. 8. 26. 16:30 변론기일에 출석하지 아니하였고, 원고는 출석하였으나 변론하지 아니하였다.

㉠ 민소법 제43조의 법관에게 공정한 재판을 기대하기 어려운 사정이란 통상인의 판단에 비추어 법관과 사건과의 관계에서 공정한 재판을 기대하기 어려운 객관적 사정을 말하는바, 사안의 경우 기피사유에 해당하지 않는다.

㉡ 기피신청이 있으면 그 소송절차는 정지되는 것이 원칙이나, 기피신청이 '간이각하'된 경우 또는 '종국판결'을 선고하거나 '긴급'을 요하는 행위를 하는 경우에는 그러하지 아니하다.

[모의 16(2) · 18(1)]

㉢ 사안의 경우 위 기피신청에 대한 각하결정 전에 이루어진 원심 제1차 변론기일의 진행 및 위 각하결정이 피고에게 고지되기 전에 이루어진 원심 제2차 변론기일의 진행은 모두 민사소송법 제48조의 규정을 위반하여 쌍방불출석의 효과를 발생시킨 절차상 흠결이 있다.

[모의 15(1)]

㉣ 사안의 경우 특별한 사정이 없는 이상, 그 후 위 기피신청을 '각하'하는 결정이 확정되었다는 사정만으로 민사소송법 제48조의 규정을 위반하여 쌍방불출석의 효과를 발생시킨 절차 위반의 흠결이 치유된다고 할 수 없다.

[모의 15(1) · 18(1)]

> **해설** ※ 법관에 대한 기피신청과 본안절차정지에 관한 하자치유
> 기피신청을 받은 법원이 본안의 소송절차를 정지하여야 함에도 불구하고 이를 속행하였는데, 나중에 기피신청이 기각 또는 각하되어 확정된 경우 긴급을 요하지 않는 절차속행의 하자가 치유되는지 문제된다. 判例는 ①

"기피신청을 당한 법관이 그 기피신청에 대한 재판이 확정되기 전에 한 판결은 그 후 그 기피신청이 이유 없는 것으로서 배척되고 그 결정이 확정되는 때(기각)에는 유효한 것으로 된다"(대판 1978.10.31. 78다1242)고 판시하여 **적극설**의 입장에 있으나, ② 최근 "기피신청에 대한 각하결정 전에 이루어진 변론기일의 진행 및 위 각하결정이 당사자에게 고지되기 전에 이루어진 변론기일의 진행은 모두 민사소송법 제48조의 규정을 위반하여 쌍방불출석의 효과를 발생시킨 절차상 흠결이 있고, 특별한 사정이 없는 이상, 그 후 위 기피신청을 각하하는 결정이 확정되었다는 사정만으로 민사소송법 제48조의 규정을 위반하여 쌍방불출석의 효과를 발생시킨 절차 위반의 흠결이 치유된다고 할 수 없다"(대판 2010.2.11. 2009다78467)고 판시하여 **소극설**을 취한 바 있다.

> **비교포인트** 적극설을 취한 78다1242 판례는 변론 종결 후 기피신청을 한 사안으로 신청인이 충분한 소송행위를 하였으나, 소극설을 취한 2009다78467 판례는 신청인이 소송에 관여하지 않아 쌍방불출석의 효과가 발생했다는 점에서, 판례는 상대방의 소송상 이익침해여부를 기준으로 하는 절충설의 입장에 가깝다.

ⓜ **기피결정을 받은 법관이 관여한 소송행위에 기초하여 선고한 재판도 당연무효라 할 수는 없다.**

해설 판결 확정 전에는 절대적 상고이유(민소법 제424조 1항 2호), 판결 확정 후에는 재심사유(민소법 제451조 1항 2호)에 해당한다.

제3절 관할권

01

> X는 2015.1.3. 도쿄에서 Y로부터 2억 1천만 원을 변제기 15.2.3. 이율을 월 3%로 정하여 대여하였다(모두 도쿄에 주소를 두고 있으며, 별도의 지연손해금 약정은 없다). 대여당시 계약서에는 분쟁발생시 채권자 주소지를 관할하는 법원을 제1심 관할법원으로 한다는 합의가 기재되어 있었다. 이후 Y는 15.2.1. X에 대한 대여금채권을 부산에 주소를 둔 Z에게 양도한 뒤 양도통지서를 X에게 발송하였다. 이후 변제기가 되도록 대여금을 지급하지 아니하자 Z는 X를 상대로 대여금청구의 소를 부산지방법원 합의부에 제기하였다. 1심 심리 결과 Z의 청구를 인용하는 판결이 선고되었고, X는 항소하였다.

㉠ **변제기 이후의 지연손해금 산정은 연 5%가 아닌 연 25%를 기준으로 산정한다.**

해설 금전채무불이행에 의한 손해배상액은 실제 손해액이 얼마인가에 관계없이, 법정이율(민법에 정한 연 5%, 상법에 정한 연 6%, 소송촉진 등에 관한 특례법에 정한 연 20%)에 의해 정해진다(민법 제397조 1항 본문). 그러나 금전채무에 대해서 약정이율(약정이자)을 정한 것이 있는 때에는 그 약정이율이 법령의 제한에 위반되지 않는 한 채무불이행시에 지연배상금 산정의 기준이 된다(제397조 1항 단서). 즉, "소비대차에서 '변제기 후의 이자약정이 없는 경우' 특별한 의사표시가 없는 한 변제기가 지난 후에도 당초의 '약정이자'를 지급하기로 한 것으로 보는 것이 '당사자의 의사'이므로"(대판 1981.9.8. 80다2649) 변제기가 경과하여 채무불이행이 성립한 이후에는 약정이자의 이율은 지연배상금(지연이자) 산정을 위한 이율로 적용된다. 그러나 이러한 약정이율은 법령의 제한을 위반하지 못하므로 2015년 당시(2014.7.15.시행) 이자제한법 제2조에 따라 연 25%를 초과할 수 없다.
　☞ 따라서, 별도의 지연손해금 약정이 없고 법정이율보다 높은 월 3%의 약정이율이 있다고 하여도, 지연손해금은 연 25%로 결정된다.
　☞ 참고로 2021년 7월 7일(현행)부터는 이자제한법 시행령 규정에 따라 연 20%를 최고이자율로 정하였다.

ⓒ 관할합의의 효력은 Z에게 미치지 않으므로 대한민국 법원에 재판관할권이 인정된다.

해설 ※ **채권양도 등의 사유에 의한 국제재판관할합의**

判例는 "당사자들이 법정관할법원에 속하는 여러 관할법원 중 어느 하나를 관할법원으로 하기로 약정한 경우, 그와 같은 약정은 그 약정이 이루어진 국가 내에서 재판이 이루어질 경우를 예상하여 그 국가 내에서의 전속적 관할법원을 정하는 취지의 합의라고 해석될 수 있지만, 특별한 사정이 없는 한 다른 국가의 재판관할권을 완전히 배제하거나 다른 국가에서의 전속적인 관할법원까지 정하는 합의를 한 것으로 볼 수는 없다. 따라서 채권양도 등의 사유로 외국적 요소가 있는 법률관계에 해당하게 된 때에는 다른 국가의 재판관할권이 성립할 수 있고, 이 경우에는 위 약정의 효력이 미치지 아니하므로 관할법원은 그 국가의 소송법에 따라 정하여진다고 봄이 상당하다"(대판 2008.3.13. 2006다68209)고 판시하였다. ☞ 국제사법 제2조의 기준에 따라 재판권을 판단하면, 사안의 대여금청구의 소는 재산권에 대한 소(민소법 제8조)에 해당하므로 대한민국에 재판적이 있으며, 대한민국 법원이 재판적을 행사하는 것이 X에게 현저히 부당하다고 보기 어려우므로 대한민국 법원에 재판관할권이 인정된다.

> **비교판례** ※ **전속적 국제재판관할합의의 유효요건** [대, 외, 합, 공]
> 判例는 전속적 합의가 유효하려면 토지관할합의의 요건을 갖추는 외에 ⅰ) 당해 사건이 대한민국 법원의 전속관할에 속하지 않을 것, ⅱ) 지정된 외국법원이 그 외국법상 관할권을 가질 것, ⅲ) 당해 사건이 그 외국법원에 대하여 합리적인 관련성을 가질 것, ⅳ) 관할 합의가 현저하게 불합리하고 불공정하지 않을 것의 요건을 갖추어야 한다고 판시하였다(대판 2004.3.25. 2001다53349).

> **비교포인트** 이처럼 약정(합의)국 내에서 약정(합의)국 내의 지방법원 합의를 한 경우는 토지관할 합의를 한 것이고(지문 ⓒ), 약정(합의)국 내에서 약정(합의)국 외의 지방법원 합의를 한 것은 국제재판관할 합의를 한 것이다(비교판례). 특히 사례형 문제에서 위의 구별기준을 정확히 알고 있어야 실수가 없다.

ⓒ X가 항소당시 항소장을 부산고등법원에 제출하여 부산지방법원합의부로 항소장이 송부되었다면, 법원으로서는 항소장이 부산지방법원합의부에 접수된 때를 기준으로 항소제기기간의 준수를 따져야 한다.

[모의 15(3)]

해설 判例는 상소장의 원심법원제출주의에 위반하여 상고장이 대법원에 바로 제출되었다가 다시 원심법원에 송부된 경우에는 상고장이 원심법원에 접수된 때를 기준하여 상고 제기기간 준수 여부를 따져야 한다(대판 1981.10.13. 81누230)고 보아 이송으로 처리하지 않았다(즉 기록송부로 처리하였다).

☞ 사안의 경우 소가가 '2억 1천만원'이므로 제1심에서는 지방법원 합의부 관할이나, 항소심은 지방법원 합의부가 아니라 고등법원이 담당해야 한다.[1] 그러나 항소장은 '원심법원제출주의'에 따라 사안의 경우 부산지방법원 합의부에 제출하여야 한다. 다만 판례에 따르면 '이송'이 아니라 '항소장 송부'로 처리하므로 항소장이 원심인 부산지방법원 합의부에 접수된 때를 기준으로 항소제기기간 준수 여부를 따져야 한다. 이와 비교하여 '이송'의 경우에는 소송은 '처음부터' 이송받은 법원에 계속된 것으로 본다(제40조). 즉, 소송기록송부(사안의 경우는 항소장 송부)의 경우는 이송과 달리 소제기의 효과가 소급하지 않는다.

> **비교판례** 判例는 상소장의 원심법원제출주의를 위반한 경우 "상고장이 원심법원에 접수된 때를 기준으로 상고제기기간 준수를 따져야 한다"(대판 1981.10.13. 81누230)고 보아 이송으로 처리하지 않았으나, 예외적으로 서울고등법원이 서울지방법원과 동일 청사에 위치한 관계로 혼동해

---

1) 제1심에서의 단독판사 관할은 2억원 이하이지만, 과거 민사 및 가사소송의 사물관할에 관한 규칙 제4조에 따르면 항소심의 경우 1억원을 기준으로 하여 1억원 이하(소액단독사건)의 경우에는 지방법원 합의부가 담당하지만, 1억원 초과 2억원 이하(고액단독사건)의 경우에는 고등법원이 항소심을 담당하였다. 그러나 2016년 10월 1일부로 해당 규정은 삭제되었으므로 2016. 10. 1.부터는 단독판사에게 받은 제1심 판결에 대한 항소심은 지방법원 합의부에서 맡게 되었다.

> 서울지방법원에 상고장을 접수시킨 사건에서는 "원심법원외의 법원에 상고장을 제출한 날을 기준으로 상고기간준수를 가림이 상고인의 진정한 의사에도 부합하고 상고인의 손해를 방지할 수 있다"(대결 1996.10.25. 96마1590)고 하여 이송으로 처리하였다.

ⓔ **만일 부산고등법원이 착오로 이를 대법원에 잘못 이송한 경우 대법원은 이송결정에 구속받지 않고 반송할 수 있다.** [변호 16, 모의 12(3),15(1),18(1)]

해설 ※ 전속관할위반의 이송결정의 구속력 인정 여부

이송결정이 확정되면 비록 잘못된 이송이라도 이송을 받은 법원은 다시 반송이나 전송을 할 수 없다(제38조). 본안의 심리 지연을 방지하기 위함이다. 判例는 "이송결정의 기속력은 당사자에게 이송결정에 대한 불복방법으로 즉시항고가 마련되어 있는 점이나 이송의 반복에 의한 소송지연을 피하여야 할 공익적 요청에 비추어 볼 때, 원칙적으로 전속관할의 규정을 위배하여 이송한 경우에도 미친다. 그러나 심급관할을 위배한 이송결정의 기속력이 이송받은 상급심 법원에도 미친다고 한다면 당사자의 심급의 이익을 박탈되고 이송을 받은 법원이 법률심인 대법원인 경우 당사자의 사실에 관한 주장, 입증의 기회가 박탈되는 불합리가 생기므로 상급심 법원에는 미치지 않는다. 한편 그 기속력이 이송받은 하급심 법원에도 미치지 않는다고 한다면 사건이 하급심과 상급심 법원 간에 반복하여 전전이송되는 불합리한 결과를 초래하게 되므로 하급심 법원에는 미친다"(대결 1995.5.15. 94마1059,1060)고 한다.
☞ 따라서 대법원은 이송결정에 구속받지 않고 하급심법원에 반송할 수 있다.

ⓜ **위 지문의 경우, 관할 위반이 인정될 경우 X는 이를 이유로 이송신청할 수 없다.** [변호 16]

해설 ※ 관할위반에 대한 직권에 의한 이송

관할위반이송(제34조 1항)은 제35조와 달리 당사자의 이송신청권이 규정되어 있지 않고, 判例도 이송신청권을 부정한다.

02

> 대전시에 주소를 둔 X는 부산에서 여행 중에 Y와 Z로부터 폭행을 당하였다. Y는 대구시에 주소를 두고 있고, Z는 광주시에 주소를 두고 있다. X는 Y와 Z를 상해죄로 고소하였다. 그런데 Y가 X에게 모든 손해를 배상해 줄 테니 고소를 취하해 달라고 하자, X는 Y와 1000만원을 손해배상금으로 하고 이와 관련된 법적 분쟁(불법행위와 배상금합의)에 대하여는 서울지방법원을 전속관할로 하기로 서면합의 후 고소를 취하하였다. 그러나 Y가 이 금액을 지급하지 않자 X는 Y와 Z를 상대로 불법행위를 이유로 연대하여 1000만원의 손해를 배상하라는 소를 서울지방법원에 제기하였다. (다툼이 있는 경우에는 判例에 의함)

ⓐ **X와 Y 사이의 관할합의는 요건과 방식을 갖춘 것으로 유효하나, 그 합의의 효력이 Z에게는 미치지 않는다. 다만 변론관할의 성립을 검토할 수는 있으나, 만약 Z가 소 각하 판결을 구한다면 이는 본안에 관한 진술이 아니므로 이 경우에도 서울지방법원은 관할권을 가지지 못한다.** [모의 12(2),13(2),16(2)]

해설 관할합의는 소송법상의 행위로서 합의 당사자 및 그 일반승계인을 제외한 제3자에게 그 효력이 미치지 않는 것이 원칙이다. Z는 Y의 승계인이 아니고 제3자에 불과하므로 관할합의는 Z에게 미치지 않는다. 다만 제1심의 토지관할과 사물관할 등 임의관할을 어긴 경우에는 변론관할이 성립될 수 있다. 변론관할이 유효하게 성립하기 위해서는 ⅰ) 원고가 관할권 없는 제1심 법원에 소를 제기하였을 것, ⅱ) 피고가 이의 없이 본안에 대하여 변론하거나 변론준비기일에서 진술하였을 것, ⅲ) 피고의 관할위반의 항변이 없을 것이 요구된다. [없. 이. 항] 그런데 실체사항이 아닌 절차사항인 '기피신청'·'기일변경신청'·'소각하판결의 신청' 등은 본안에 관한 진술이 아니다.

ⓛ X와 Y가 서울지방법원을 전속관할로 하는 합의는 특별한 사정이 없는 한 다른 국가의 재판 관할권을 완전히 배제하거나 다른 국가에서의 전속적인 관할법원까지 정하는 합의를 한 것 으로 볼 수는 없다. 따라서 X로부터 불법행위 채권을 양수한 외국인에 대하여는 합의의 효 력이 미치지 않는다(대판 2008. 3. 13. 2006다68209).

해설 1. 번의 ⓛ 해설 참조

ⓒ X의 Z에 대한 소송에서 서울지방법원에는 보통재판적도 특별재판적도 인정되지 않는다.

해설 Z의 주소지인 광주시를 관할하는 광주지방법원에 보통재판적이 인정되고(민소법 제2조, 제3조), 불법 행위지인 부산시를 관할하는 부산지방법원이 특별재판적에 의한 관할권이 생길 것이다(민소법 제18조 제1항).

ⓔ X의 Z에 대한 손해배상청구 소송에 대해 제25조의 관련재판적이 인정되므로 서울지방법원에 관할권이 인정된다.　　　　　　　　　　　　　　　　　　　　　　　　　　　[모의 16(2)]

해설 Y와 Z에 대한 청구는 하나의 불법행위사실에서 발생했으므로 의무가 여러 사람에게 공통되거나 사실상 같은 원인에 의한 것이어서 제65조 전문의 실질적 견련관계에 있는 공동소송이다. 따라서 서울지방법원에 Z에 대한 소송에 대해서도 관련재판적에 의한 관할권이 인정된다.

03　[공통된 사실관계] 甲은 충청북도 청주에 거주하고 있다. 乙은 광주광역시에 주소지를 두 고 있는 전자책판매업자로 2016.8.4. 충청북도 청주에서 甲의 새로운 발명품을 무단복 제 · 판매(이하 '특허권 침해행위')를 하였다.

[추가된 사실관계] 마침 서울에 있던 甲은 서울중앙지방법원에 피고 乙을 상대로 청주에 서의 특허권 침해행위를 이유로 금전지급을 구하는 소를 제기하였다. 한편, 乙의 저작권 침해행위를 입증할만한 증거는 모두 충청북도 청주에 있다. 주소지가 충청북도 청주인 원고 甲 역시 서울에서 소송 수행하는데 많은 불편을 느끼고 있다.

㉠ 변호사A : 공통된 사실관계에서 이 사건은 민사소송법 제24조 제2항, 제18조, 제2조에 따라 대전지방법원과 광주지방법원이 전속관할법원이 됩니다. 따라서 피고 乙에 대하여 대전지방 법원 또는 광주지방법원에 제소해야합니다.

해설 특허권 등의 지식재산권에 관한 소를 제기하는 경우에는 제2조부터 제23조의 규정에 따른 관할법원 소재지를 관할하는 고등법원이 있는 곳의 지방법원의 전속관할로 한다. 다만, 서울고등법원이 있는 곳의 지방법원은 서울중앙지방법원으로 한정한다(민사소송법 제24조 제2항). 따라서 특허권의 일종인 저작권침해로 피해를 입은 甲의 乙에 대한 금전지급청구소송은 민사소송법 제24조 제2항에 따라 피고 의 주소지(민사소송법 제2조)인 광주광역시를 관할하는 고등법원인 광주고등법원이 있는 곳의 광주지 방법원, 피고 乙의 불법행위지(민사소송법 제18조)인 충청북도 청주를 관할하는 대전고등법원이 있는 대전지방법원을 전속관할로 한다.

ⓛ 변호사B : 변호사A씨의 말씀대로 이 사건의 관할법원은 대전지방법원, 광주지방법원이지만, 민사소송법 제24조 제3항에 따라 甲은 서울중앙지방법원에도 제소가 가능합니다.　[모의 13(3)]

해설 지식재산권에 관한 소송의 전문성 및 효율성을 제고하기 위해 전속관할의 경우에도 당사자의 선택으 로 특허권 등의 지식재산권에 관한 소를 서울중앙지방법원에도 제기할 수 있도록 중복관할에 관한 규 정을 신설함(제24조 제3항 신설).

ⓒ 변호사C : 추가된 사실관계에 따르면 원고 甲은 서울중앙지방법원에 민사소송법 제36조 제3항에 따라 청주지방법원으로의 이송신청이 가능합니다.

해설▶ 전속관할이 정하여진 특허권 등 지식재산권에 관한 소이더라도 현저한 손해 또는 지연을 피하기 위해 필요한 경우에는 법원의 직권 또는 당사자의 신청에 따른 결정으로 그 소송의 전부 또는 일부를 이송할 수 있는 규정을 신설(민사소송법 제36조 제3항).

ⓓ 변호사D : 민사소송법 제36조 제3항에 따라 법원은 직권으로 또는 당사자의 신청에 따라 이송을 결정할 수 있고, 이송사유 중 하나인 '현저한 손해'란 소송수행과정에서 상대적으로 불리한 피고 측의 소송수행상의 부담만을 고려하는 것이 아니기 때문에 '원고 측의 불편을 이유로 이송신청'을 할 수 있습니다.

해설▶ '현저한 손해'는 "주로 피고 측의 소송수행상의 부담을 의미하지만 원고 측의 손해를 도외시하여서는 안 된다"(대결 1998.8.14. 98마1301). 또한 관할위반이송(제34조 1항)과 달리 심판편의에 의한 이송 등(제34조 2항, 제35조, 제36조, 제269조 2항)에는 당사자의 이송신청권이 규정되어 있다.

04 관할의 원인이 동시에 본안의 내용과 관련이 있는 때에는 원고의 청구원인사실을 기초로 하여 관할권의 유무를 판단할 것이지, 본안의 심리를 한 후에 관할의 유무를 결정할 것은 아니다. [변호 16]

05 다수인의 소송목적이 되는 권리나 의무가 공통되거나, 사실상 또는 법률상 같은 원인으로 말미암은 것인 경우 그 다수인 사이에 관련재판적이 생긴다. [모의 16(2)]

해설▶ 관련재판적은 제65조 전문의 공동소송, 즉 피고들끼리 실질적 관련성이 있는 경우에만 인정된다(제25조 2항 : 관련재판적).

06 甲과 乙은 매매계약을 체결하면서 "이 사건 계약과 관련된 제1심 소송은 서울중앙지방법원만을 관할법원으로 한다"는 합의를 하였고, 그 후 甲의 乙에 대한 매매대금채권이 丙에게 양도되었다. 丙의 주소지가 인천이라도 丙은 乙을 상대로 인천지방법원에 매매대금지급청구소송을 제기할 수 없다. [모의 12(2),16(3)]

해설▶ 관할합의 효력의 주관적 범위 : 특정승계인 중 채권승계인에게 미침(대결 2006.3.2. 2005마902).

07 甲이 A법원에 乙을 상대로 제기한 대여금반환청구의 제1심 소송절차에서, 乙이 이 사건에 관하여 B법원에서만 재판을 받기로 甲과 합의하였음에도 변론기일에 출석하여 이를 주장하지 않으면서 변제 주장을 하였다면 A법원은 관할권을 가진다. [변호 17]

해설▶ '전속적 관할합의'는 임의관할

08 대법원은 행정사건을 일반민사사건으로 잘못 알고 민사법원에 소를 제기한 경우에는 관할위반으로 이송하는 입장이다(대판 2018.7.26. 2015다221569). [최신판례]

09 행정소송법상 항고소송으로 제기하여야 할 사건을 민사소송으로 잘못 제기한 경우에 수소법원이 그 항고소송에 대한 관할도 동시에 가지고 있다면, 이를 행정소송으로 심리 · 판단하여야 하고, 그 행정소송에 대한 관할을 가지고 있지 아니하다면 관할법원에 이송하여야 하나, 해당 소송이 행정소송으로 제기되었더라도 어차피 부적법하게 되는 경우에는 이송할 것이 아니라 각하하여야 한다(대판 2020.10.15. 2020다222382). [20년 최신판례]

해설 **비교판례** ※ 소 변경을 위한 석명권 행사(행정사건을 민사사건으로 잘못 알았으나 관할위반은 없는 경우

"행정소송법상 항고소송으로 제기하여야 할 사건을 민사소송으로 잘못 제기한 경우에 수소법원이 그 항고소송에 대한 관할도 동시에 가지고 있다면, 전심절차를 거치지 않았거나 제소기간을 도과하는 등 항고소송으로서의 소송요건을 갖추지 못했음이 명백하여 항고소송으로 제기되었더라도 어차피 부적법하게 되는 경우가 아닌 이상, 원고로 하여금 항고소송으로 소 변경을 하도록 석명권을 행사하여 행정소송법이 정하는 질차에 따라 심리·판단하여야 한다"(대판 2020.1.16. 2019다264700).[1]

10   甲과 乙은 매매계약을 체결하면서 "이 사건 매매계약과 관련된 제1심소송은 서울중앙지방법원만을 관할법원으로 한다"는 합의를 하였다. 그 후 甲이 乙을 상대로 위 매매계약에 기한 손해배상청구소송을 서울중앙지방법원에 제기한 경우 서울중앙지방법원은 현저한 손해를 피하기 위한 이송을 할 수 없다. [모의 16(2)]

해설 합의관할은 전속적 합의관할인 경우에도 그 성질상 임의관할이며 법정의 전속관할로 바뀌는 것이 아니다. 따라서 원고가 합의를 무시한 채 다른 법정관할법원에 소를 제기하여도 피고가 이의 없이 본안변론하면 변론관할이 생기며(제30조), 전속적 합의의 법원이 재판하다가도 현저한 지연을 피한다는 공익상의 필요가 있을 때에는 다른 법정관할법원에 이송할 수 있다(제35조). 다만 당사자간 합의가 있으므로 사익적 사유인 현저한 '손해'를 피하기 위한 이송은 허용되지 않는다.

11   소송이 이송되면 처음부터 소송계속이 발생한 것으로 본다(민소법 제40조 1항). [모의 12(2),15(1)]

> **관련판례** "재심의 소가 재심제기기간 내에 제1심법원에 제기되었으나 재심사유 등에 비추어 항소심판결을 대상으로 한 것이라 인정되어 위 소를 항소심법원에 이송한 경우에 있어서 재심제기기간의 준수여부는 민사소송법 제36조 제1항(현행 제40조 1항)의 규정에 비추어 제1심법원에 제기된 때를 기준으로 할 것이지 항소법원에 이송된 때를 기준으로 할 것은 아니다"(대판 1984.2.28. 83다카1981).

12   법원의 관할은 소를 제기한 때를 표준으로 정한다. [변호 12]

13   원고 X가 매매계약을 원인으로 하는 시가 1억 2천만 원 상당의 목적물인도청구와 그 집행불능을 대비한 1억 2천만 원 손해배상청구를 단순병합하는 경우 단독판사의 관할사건에 해당한다.

해설 하나의 소로 여러 개의 청구를 하는 경우에는 그 여러 청구의 값을 모두 합하여 소송목적의 값을 정하는 것이 원칙이다(민소법 제27조 1항). 다만 병합청구의 경우 수개의 청구의 가액을 합산하기 위해서는 「수개의 청구의 경제적 이익이 독립된 별개의 것」임을 요하므로(인지규칙 제19조), 병합청구 중에서도 중복청구, 수단청구, 부대청구는 예외적으로 합산하지 않는다. [중, 수, 부] 목적물인도청구와 집행불능을 대비한 대상청구를 단순병합하는 경우 중복청구에 해당하므로 합산하지 않는다.

14   불법행위에 관한 소를 제기하는 경우에는 행위지의 법원에 제기할 수 있는바, 여기서 행위지란 가해행위지뿐만 아니라 결과발생지까지 포함된다(대판 2010.7.15. 2010다18355). [모의 13(3)]

15   「법원조직법」에서 소송목적의 값에 따라 관할을 정하는 경우 그 값은 소로 주장하는 이익을 기준으로 계산하여 정한다(제26조 1항). [변호 16]

---

1) 대법원은, 이 사건 제1심법원인 대전지방법원 합의부와 원심법원인 대전고등법원 합의부는 이 사건 소가 행정소송법상 항고소송일 경우의 제1심, 항소심 재판의 관할도 동시에 가지고 있으므로 관할위반의 문제는 발생하지 아니하지만, 원심으로서는 원고로 하여금 행정소송법상 취소소송으로 소 변경을 하도록 석명권을 행사하여 행정소송법이 정하는 절차에 따라 이 사건 거부회신이 적법한 거부처분인지 여부를 심리·판단하였어야 한다고 보아 파기환송한 사례임

16   변론관할이 생기기 위한 진술은 현실적인 것이어야 하므로 피고의 불출석에 의하여 답변서 등이 법률상 진술간주되는 경우는 이에 포함되지 아니한다(대결 1980.9.26. 80마403).

17   사해행위취소의 소에 있어서의 의무이행지는 '취소의 대상인 법률행위의 의무이행지'가 아니라 '취소로 인하여 형성되는 법률관계에 있어서의 의무이행지'라고 보아야 한다(대판 2002.5.10. 2002마1156).   [모의 16(2)]

18 | 甲은 乙에 대해 금전의 지급을 구하는 소를 제기하려고 한다. 甲의 청구액은 2억 원이다.

   ㉠ 원고 甲의 매매대금청구에 지연손해금 5백만 원을 병합청구해도 단독판사의 관할사건이다.
                                                                                            [변시 16, 모의 15(3),13(3)]

   해설▶ 주된 청구만 소가를 산정하고, 과실·손해배상·위약금 또는 비용의 청구가 소송의 부대목적이 되는 경우에는 그 값은 소송목적의 값에 넣지 아니한다(제27조 2항).

   ㉡ 소송 중 원고 甲이 청구취지를 3억 원으로 확장할 경우 피고 乙이 이의 없이 본안에 관하여 변론한다면 변론관할이 성립한다.   [모의 13(3)]

   해설▶ 사물관할은 임의관할이므로 변론관할이 가능하다.

   ㉢ 원고 甲의 청구에 피고 乙이 3억 원의 손해배상금을 구하는 반소를 제기한 경우 합의부로 이송하여야 한다.   [모의 13(3)]

   해설▶ 본소가 단독사건인 경우에 피고가 반소로 합의사건에 속하는 청구를 한 때에는 법원은 직권 또는 당사자의 신청에 따른 결정으로 본소와 반소를 합의부에 이송하여야 한다(제269조 2항 본문).

   ㉣ 만약 원고 甲이 3억 원의 어음금을 청구한다면 이는 단독판사의 관할사건이다.   [모의 15(3)]

   해설▶ 수표금 또는 약속어음금 청구사건은 청구금액을 불문하고 단독판사의 사물관할에 속한다(민사 및 가사소송의 사물관할에 관한 규칙 제2조 1호). 민사 및 가사소송의 사물관할에 관한 규칙' 제2조 2호에 해당하는 구상금 청구사건인 경우와 자동차손해배상보장법에서 정한 자동차·원동기장치자전거·철도차량의 운행 및 근로자의 업무상재해로 인한 손해배상 청구사건과 이에 관한 채무부존재확인사건도 청구금액에 상관없이 단독사건에 해당한다(민사 및 가사소송의 사물관할에 관한 규칙 제2조 3호)

19   법원이 당사자의 신청에 따른 직권발동으로 관할위반에 따른 이송결정을 한 경우에는 즉시항고가 허용되지만, 관할위반이송에 당사자의 이송신청권이 인정되지 않는 이상 항고심에서 당초의 이송결정이 취소되었다 하더라도 이에 대한 신청인의 재항고는 허용되지 않는다(대결 2018.1.19. 2017마1332).   [최신판례]

관할위반에 따른 이송	불복여부	근 거
이송신청기각결정	즉시항고 불가	이송신청권이 없으므로 그에 대한 재판 불요
이송결정	즉시항고 가능	직권에 의한 재판이므로 이송신청권 유무와 무관(제39조)
이송결정에 대한 취소결정	재항고 불가	이송신청권이 없으므로 이송결정의 요구불가

해설 "법원이 당사자의 신청에 따른 직권발동으로 이송결정을 한 경우에는 즉시항고가 허용되지만(민사소송법 제39조), 위와 같이 당사자에게 이송신청권이 인정되지 않는 이상 항고심에서 당초의 이송결정이 취소되었다 하더라도 이에 대한 신청인의 재항고는 허용되지 않는다"(대결 2018.1.19. 2017마1332).
이송신청기각결정은 이송신청에 대한 재판이므로, 이송신청권을 인정하지 않는 이상 재판할 필요가 없음에도 기각결정을 한 것이어서 이는 항고의 대상이 되지 않지만(아래 전합93마524판결), 당사자의 신청에 따른 직권에 의한 이송결정은 직권에 의한 재판이지 신청에 대한 재판이 아니므로, 이송신청권의 인정 여부와 무관하게 즉시항고의 대상이 된다. 다만, 대법원은 제1심 법원의 관할위반에 따른 이송결정을 항고법원이 취소하는 경우 이에 대한 재항고는 허용하지 않는바(위 2017마1332판결), 이는 이송결정취소에 대한 불복을 인정하는 것은 결국 이송결정여부에 대해 당사자에게 신청권을 인정하는 것과 같은 결과가 되기 때문이다.

※ 비교판례 **관할위반에 대한 당사자의 이송신청권**
관할위반에 따른 이송(제34조 1항)은 다른 원인에 의한 이송(제34조 2항, 제35조, 제36조, 제269조 2항)과 달리 당사자의 이송신청권이 규정되어 있지 않아 그 인정 여부가 문제된다. 이에 대해 判例는 " i) 당사자가 관할위반을 이유로 한 이송신청을 한 경우에도 이는 단지 법원의 직권발동을 촉구하는 의미밖에 없는 것이고, 따라서 법원이 이 이송신청에 대하여는 재판을 할 필요가 없고, ii) 설사 법원이 이 이송신청을 거부하는 재판을 하였다고 하여도 항고가 허용될 수 없으므로 항고심에서는 이를 각하하여야 한다"(대결 1993.12.6. 전합93마524)(5회 선택형)고 판시하여 부정설의 입장이다. 아울러 判例는 즉시항고(제39조)는 물론 특별항고(제449조)도 부정하는 입장이다(대결 1996.1.12. 95그59).

제2장 당사자

제1절 당사자 확정

01 항소심에서의 당사자 표시정정은 상대방의 동의 없이 허용된다. [모의 12(3)]

해설 ※ **당사자표시정정의 가능시기(원칙적으로 항소심에서도 가능)**
피고의 경정은 제1심 변론종결시까지만 허용되나(제260조), 당사자표시정정은 항소심에서도 가능하다. 항소심이 제1심의 속심이고 사실심이라는 점, 당사자의 동일성을 해하지 않는다는 점에서 항소심에서의 당사자 표시정정은 상대방의 동의 없이 허용된다(대판 1978.8.22. 78다1205).

02 사망자를 피고로 표시하여 소를 제기한 자는 항소심에서 사망자의 상속인을 피고로 표시정정을 신청할 수 없다. [모의 16(1)]

해설 ※ **당사자표시정정의 가능시기(예외적으로 항소심에서 불가)**
判例는 "사망자를 피고로 하여 제소한 제1심에서 원고가 상속인으로 당사자표시정정을 함에 있어서 일부 상속인을 누락시킨 탓으로 그 누락된 상속인이 피고로 되지 않은 채 제1심판결이 선고된 경우에 원고는 항소심에서 그 누락된 상속인을 다시 피고로 정정추가할 수 없다"(대판 1974.7.16. 73다1190)고 하여 일반적으로 표시정정을 상급심에서 허용하는 것과 달리 보고 있다.

03 공유물분할청구의 소는 필수적 공동소송이므로 공동소송인 중 1인에 소송요건의 흠이 있으면 전 소송이 부적법하게 되어 보정이 필요하다. 그러나 제소 전 사망한 자를 상대로 소를 제기한 경우 상고심에 이르러서는 당사자표시정정의 방법으로 그 흠결을 보정할 수 없다(대판 2012.6.14. 2010다105310).

04 학교는 법인도 아니고 대표자 있는 법인격 없는 사단 또는 재단도 아닌 교육시설의 명칭에 불과하여 민사소송에 있어 당사자능력을 인정할 수 없다(대판 2001.6.29. 2001다21991). [모의 16(1)]

> **해설▶** 당사자 능력을 간과한 판결의 효력 : 당사자 부존재(사망자·허무인)의 경우는 당연무효(判例는 상소× 재심× , 다수설은 상소○ 재심×), 사회적 실체는 있으나 단순히 당사자능력이 없는 경우(학교·조합)는 유효(재심× 다수설)

05 실종자를 당사자로 한 판결이 특별한 조건 없이 선고되어 확정된 후에 실종선고가 확정되고 그로 인한 사망간주의 시점이 소 제기 전으로 소급하는 경우에도 위 판결 자체가 소급하여 당사자능력이 없는 사망한 사람을 상대로 한 판결로서 무효가 된다고는 볼 수 없다(대판 1992.7.14. 92다2455). [변시 18, 모의 17(3)]

06 부재자의 재산관리인이 부재자의 대리인으로서 소를 제기하여 그 소송계속 중에 부재자에 대한 실종선고가 확정되어 그 소 제기 이전에 부재자가 사망한 것으로 간주되는 경우, 위 소 제기 자체가 소급하여 당사자능력이 없는 사망한 자가 제기한 것으로 되는 것은 아니다(대판 2008.6.26. 2007다11057). [모의 17(2)]

07 피고경정의 경우에는 경정신청서의 제출 시에 시효중단의 효과가 생기지만, 피고 표시정정의 경우에는 소제기 시에 시효중단의 효과가 생긴다. [변시 13]

> **해설▶** 피고경정의 경우에는 경정신청서 제출시 시효중단의 효과가 생긴다(소제기의 실체법상의 효과로서 시효중단, 제265조). 이에 반하여 당사자의 표시정정은 당사자의 동일성을 유지하는 것이므로, 표시정정은 당초의 소제기시의 효과가 유지된다.

08
> X는 2012. 1. 3. 학교법인 Y로부터 대금 1억 원을 변제기 2012. 5. 1. 이자 월 3%로 정하여 대여하였다. 그러나 변제기가 지나도록 Y는 무자력을 이유로 X의 대여금반환독촉에 응하지 않았고, 이에 X는 2013. 6. 1. 학교법인 Y가 운영하는 Z고등학교를 피고로 하여 대여금지급청구의 소를 제기하였다.

ㄱ Z고등학교는 단순한 교육시설의 명칭에 불과하므로 이에 대한 X의 소제기는 부적법하다. [모의 16(1)]

ㄴ 이 사건의 실질적인 당사자는 Y로 확정되므로, X는 Y를 피고로 하는 표시정정을 신청할 수 있다. [모의 16(1)]

> **해설▶** 당사자 표시정정은 당사자의 동일성이 인정되는 범위 안에서 허용된다. 정정으로 새로운 당사자가 소송에 개입하게 되면 표시정정이 아니라 당사자변경이라 할 것이다.

> **참고판례** 성균관을 재단법인 성균관으로(대판 1996.10.11. 96다3852), 관계 행정관청에서 대한민국으로(대판 1953.2.19. 4285민상27), 학교에서 학교법인 또는 운영자로('영남실업고등기술학교'에서 '김인택'으로 정정한 것으로는 대판 1978.8.22. 78다1205), 사망사실을 모르고 소제기한 경우 사망한 자에서 그 상속인으로(대판 1983.12.27. 82다146 ; 대결 2006.7.4. 2005마425) 각 정정하는 경우 표시정정이 허용된다고 하였다.

> **비교판례** 判例는 회사 대표이사가 개인 명의로 소를 제기한 후 회사로 당사자를 바꾸는 경우(대판 1998.1.23. 96다41496), 고유 의미의 종중에서 종중 유사 단체로 당사자를 바꾸는 경우(대판 1999.4.13. 98다50722), 종회의 대표자로서 소송을 제기한 자가 그 종회 자체로 당사자표시 변경신청을 한 경우(대판 1996.3.22. 94다61243)[1]는 동일성이 인정되지 않아 표시정정이 허용되지 않는다고 한다.

ⓒ 표시정정신청여부는 X의 재량이지만, 이 사건 법원은 판결을 함에 있어서 X에게 표시정정을 신청할 것을 석명할 의무가 있다(대판 2004.7.8. 2002두7852).　　　　　　　　　　　　[모의 12(3)]

ⓔ 이 사건 법원이 표시정정을 간과하고 판결한 경우라도 그 판결의 효력은 Y에게 미친다.

해설 "비록 소장의 당사자 표시가 착오로 잘못 기재되었음에도 소송 계속 중 당사자표시정정이 이루어지지 않아 잘못 기재된 당사자를 표시한 본안판결이 선고·확정된 경우라 하더라도 그 확정판결을 당연무효라고 볼 수 없을뿐더러, 그 확정판결의 효력은 잘못 기재된 당사자와 동일성이 인정되는 범위 내에서 위와 같이 적법하게 확정된 당사자에 대하여 미친다고 보아야 한다"(대판 2011.1.27. 2008다27615).

ⓜ 만일 X가 항소심에서 표시정정을 신청한 경우라면 법원은 이를 허용하여야 한다.　[모의 16(1)]

해설 표시정정은 항소심에서도 가능하다(대판 1996.10.11. 96다3852).

09

> X는 2015. 4. 5. Y로부터 A부동산을 1억 원에 매수하면서 계약금 1천만 원은 위 계약 당시 지급하고, 중도금 3천만 원은 2015. 4. 15.에, 잔대금 6천만 원은 2015. 6. 2.에 소유권이전등기에 필요한 서류와 상환으로 지급하기로 약정하였다. X는 위 약정에 따라 매매대금을 지급하였으나, Y가 소유권이전등기에 필요한 서류를 교부하지 않자 2015. 8. 9. Y를 상대로 소유권이전등기청구의 소를 제기하였다. 그러나 Y는 급성호흡기질환으로 2015. 7. 1. 사망한 상태였고, Y의 자녀 甲, 乙, 丙 중 乙은 상속포기를 신고한 상태였다.

ⓐ Y를 피고로 하여 제기한 이 사건 소는 부적법하므로 상속인들의 항변이 없더라도 법원은 직권으로 소각하 판결을 하여야 한다.　　　　　　　　　　　　　　　　　　　　　　　[모의 16(1)]

해설 민사소송에서 소송당사자의 존재나 당사자능력은 소송요건에 해당하고, 이미 사망한 자를 상대로 한 소의 제기는 소송요건을 갖추지 않은 것으로서 부적법하며(대판 2012.6.14. 2010다105310), 원래 당사자능력의 문제는 법원의 직권조사사항에 속하는 것이므로 그 당사자능력 판단의 전제가 되는 사실에 관하여는 법원이 당사자의 주장에 구속될 필요 없이 직권으로 조사하여야 한다(대판 1994.5.10. 93다53955).

ⓑ 이 사건에서 실질적인 피고는 상속인이므로 X는 상속인을 피고로 하는 표시정정을 신청할 수 있다.　　　　　　　　　　　　　　　　　　　　　　　　　　[변시 12, 모의 12(3)·15(2)]

해설 判例는 "당사자는 소장에 기재된 표시 및 청구의 내용과 원인사실을 합리적으로 해석하여 확정하여야 하는 것"(대판 1996.3.22. 94다61243)이라고 판시하여 (실질적)표시설의 입장이나, 제소 전에 피고가 사망한 것을 알지 못하고 사망자를 피고로 하여 제소한 경우에는 "상속인이 처음부터 실질적인 피고이고 다만 그 표시를 잘못한 것"이라고 하여 피고의 표시를 사망자로부터 그 상속인으로 표시정정하는 것을 허용하였다(대결 2006.7.4. 2005마425 등).

---

1) [비교판례] "종중의 명칭을 변경하더라도 변경 전의 종중과 공동선조가 동일하고 실질적으로 동일한 단체를 가리키는 것으로 보이는 경우에는 당사자표시의 정정에 불과하므로 그러한 변경은 허용된다"(대판 1999.4.13. 98다50722)

ⓒ **만일 X가 피고를 甲, 乙, 丙으로 하는 표시정정을 신청하였다면, X는 피고를 甲, 丙으로 하는 2차 표시정정을 신청할 수 있다.**
[변시 12, 모의 12(3) · 15(2)]

해설 ▶ 判例는 "채권자가 채무자의 사망 이후 그 1순위 상속인의 상속포기 사실을 알지 못하고 1순위 상속인을 상대로 소를 제기하였다가 실제 상속인을 피고로 하는 피고경정신청을 한 경우, 실질적인 피고는 당사자능력이 없어 소송당사자가 될 수 없는 사망자가 아니라 처음부터 사망자의 상속자이고 다만 그 표시에 잘못이 있는 것에 지나지 않는다고 인정되면 사망자의 상속인으로 피고의 표시를 정정할 수 있다 할 것인바, 상속개시 이후 상속의 포기를 통한 상속채무의 순차적 승계 및 그에 따른 상속채무자 확정의 곤란성 등 상속제도의 특성에 비추어 위의 법리는 채권자가 채무자의 사망 이후 그 1순위 상속인의 상속포기 사실을 알지 못하고 1순위 상속인을 상대로 소를 제기한 경우에도 채권자가 의도한 실질적 피고의 동일성에 관한 위 전제요건이 충족되는 한 마찬가지로 적용이 된다"(대판 2009.10.15. 2009다49964)고 판시하였다. 따라서 위 사안에서 실질적인 피고는 甲과 丙으로 한정되므로 X는 피고를 甲과 丙으로 하는 2차 표시정정을 신청할 수 있다.

ⓔ **만일 Y를 피고로 하여 청구인용의 판결이 선고되었고, 판결이 甲과 丙에게 송달되었다면 상속인에 대한 송달로서 효력이 발생한다.**
[모의 11,15(1)]

해설 ▶ "사자에 대한 (채권압류명령 및 전부명령)송달은 위법무효이나, 상속인이 현실적으로 송달서류를 수령한 경우, 하자가 치유되어 상속인에 대한 송달로서 효력을 발생한다"(대판 1998.2.13. 95다15667).

ⓜ **만일 X가 Y의 사망사실을 알면서도 상속인을 알 수 없어 Y를 피고로 하여 이 사건 소를 제기한 경우, 표시정정신청은 허용된다.**
[모의 11]

해설 ▶ 判例는 채무자 甲의 乙 은행에 대한 채무를 대위변제한 보증인 丙이 채무자 甲의 사망사실을 알면서도 그를 피고로 기재하여 소를 제기한 사안에서, "채무자 甲의 상속인이 실질적인 피고이고 다만 소장의 표시에 잘못이 있었던 것에 불과하므로, 보증인 丙은 채무자 甲의 상속인으로 피고의 표시를 정정할 수 있고, 따라서 당초 소장을 제출한 때에 소멸시효중단의 효력이 생긴다"(대판 2011.3.10. 2010다99040)고 하여 권리남용으로 보지 않았다.

10 | X는 2014.2.5. Y로부터 A부동산을 3억 원에 매수하면서 대금은 14.2.15. 소유권이전등기에 필요한 서류와 상환으로 지급하기로 약정하였다. 그러나 Y는 A부동산 근처에 주상복합단지가 들어선다는 소문을 듣고 시세차익을 볼 요량으로 대금지급기일이 도래하도록 대금수령과 상환으로 소유권이전등기절차를 이행하라는 X의 독촉을 무시하였다. 이에 X는 2014.3.5. Y를 상대로 소유권이전등기청구의 소를 제기하였고 변호사 Z에게 소송대리권을 위임하였다(단, 상소의 특별수권은 수여한 바 없다). 소송계속 중 Y의 태도에 화가 나있던 X는 2014.4.1. 화병으로 사망하였고, 이를 간과한 채 청구인용판결이 선고되었다. 이를 알게 된 X의 상속인 甲과 乙 중 甲만이 2심 법원에 상소를 제기하며 수계신청을 하였다.

㉠ **변호사 Z에게 판결정본이 송달될 때까지는 소송절차가 중단되지 않는다.**
[모의 15(3),16(1)]

해설 ▶ "당사자가 사망하였으나 그를 위한 소송대리인이 있는 경우에는 소송절차가 중단되지 아니하고, 그 소송대리인은 상속인들 전원을 위하여 소송을 수행하게 되어 그 사건의 판결은 상속인들 전원에 대하여 효력이 있다고 할 것이며, 다만 심급대리의 원칙상 그 판결정본이 소송대리인에게 송달된 때에는 소송절차가 중단된다"(대판 1996.2.9. 94다61649).

☞ 따라서 Z에게 판결정본이 송달된 때에 소송절차가 중단된다.

ⓛ **상속인 甲의 수계신청에 의해 소송절차 전부가 재개되는 것은 아니다.** [모의 13(1)]

해설 "제1심 원고이던 甲이 소송계속중 사망하였고 그의 소송대리인도 없었는데 그 공동상속인들 중 1인인 제1심 공동원고 乙만이 甲을 수계하여 심리가 진행된 끝에 제1심법원은 乙만을 甲의 소송수계인으로 하여 판결을 선고한 경우, 만일 甲을 수계할 다른 사람이 있음에도 수계절차를 밟지 않았다면 그에 대한 관계에서는 그 소송은 중단된 채로 제1심법원에 계속되어 있다고 보아야 한다"(대판 1994.11.4. 93다31993). 또한, 위 소송은 통상공동소송에 불과하므로 상속인들 각자 단독으로 수계신청을 할 수 있다.
☞ 따라서, 甲이 단독으로 수계신청을 한 경우 중단 해소의 효력이 乙에게 미치지는 않는다.

ⓒ **상속인 乙은 상속포기를 할 수 있는 기간(3개월, 민법 제1019조 제1항) 동안에는 소송절차를 수계할 수 없다(민소법 제233조 제2항).** [모의 13(1)]

ⓔ **만일 변호사 Z가 X로부터 상소의 특별수권을 받은 상태에서 乙을 누락한 채 상소를 제기한 경우라면, 乙에 대하여도 상소제기의 효력이 발생한다.** [변시 15]

해설 소송대리인이 일부만 수계하고 나머지는 수계를 하지 않았을 때 최근 判例는 "민사소송법 제95조 제1호, 제238조에 따라 소송대리인이 있는 경우에는 당사자가 사망하더라도 소송절차가 중단되지 않고 소송대리인의 소송대리권도 소멸하지 아니하는바, 이때 망인의 소송대리인은 당사자 지위의 당연승계로 인하여 상속인으로부터 새로이 수권을 받을 필요 없이 법률상 당연히 상속인의 소송대리인으로 취급되어 상속인들 모두를 위하여 소송을 수행하게 되는 것이고, 당사자가 사망하였으나 그를 위한 소송대리인이 있어 소송절차가 중단되지 않는 경우에 비록 상속인으로 당사자의 표시를 정정하지 아니한 채 망인을 그대로 당사자로 표시하여 판결하였다고 하더라도 그 판결의 효력은 망인의 소송상 지위를 당연승계한 상속인들 모두에게 미치는 것이므로, 망인의 공동상속인 중 소송수계절차를 밟은 일부만을 당사자로 표시한 판결 역시 수계하지 아니한 나머지 공동상속인들에게도 그 효력이 미친다"(대판 2010.12.23. 2007다22859)고 판시하여 판결의 효력이 수계하지 않은 상속인에게도 미친다고 하였다.

ⓜ **상속인 甲의 수계신청은 효력이 있다.** [모의 15(2)·17(1)]

해설 判例는 "소송계속 중 어느 일방 당사자의 사망에 의한 소송절차 중단을 간과하고 변론이 종결되어 (항소심)판결이 선고된 경우 i) 적법한 상속인들이 원심법원에 수계신청을 하여 판결을 송달받아 상고하거나 또는 ii) 사실상 송달을 받아 상고장을 제출하고 상고심에서 수계절차를 밟은 경우에도 그 수계와 상고는 적법한 것으로 보아야 한다"(대판 1995.5.23. 94다28444)고 판시하여 선택설의 입장이다.
☞ 따라서 甲이 상급심 법원에 수계신청을 한 경우에도 이는 적법하다.

11 甲은 乙을 상대로 대여금청구의 소를 제기하기 위하여 변호사 X를 소송대리인으로 선임하면서 상소 제기의 권한도 부여하였다. 그 후 甲은 사망하였고 甲의 상속인으로는 A, B, C가 있다.

ⓐ **甲이 소 제기 전에 사망하였는데 X가 그 사실을 모른 채 甲 명의로 소를 제기한 경우라도 위 소는 적법하다.** [변시 18·17, 모의 17(2)·18(1)]

해설 "당사자가 사망하더라도 소송대리인의 소송대리권은 소멸하지 아니하므로(민사소송법 제95조 제1호), 당사자가 소송대리인에게 소송위임을 한 다음 소 제기 전에 사망하였는데 소송대리인이 당사자가 사망한 것을 모르고 당사자를 원고로 표시하여 소를 제기하였다면 소의 제기는 적법하다"(대판 2016.4.2. 2014다210449).

ⓑ **甲이 소송계속 중 사망한 경우, 소송절차는 중단되지 않고 X가 A, B, C 모두를 위한 소송대리인이 된다.** [변시 18]

해설 "당사자가 사망하였으나 소송대리인이 있어 소송절차가 중단되지 아니한 경우 원칙적으로 소송수계라는 문제가 발생하지 아니하고 소송대리인은 상속인들 전원을 위하여 소송을 수행하게 되는 것이다"(대판 1992.11.5. 91마342).

ⓒ **甲이 소송계속 중 사망하였는데 A와 B만이 상속인인 줄 알았던 X가 A와 B 명의로만 소송수계신청을 하여 A와 B만을 당사자로 표시한 제1심 판결이 선고되고 그 당사자 표시를 신뢰한 X가 A와 B만을 당사자로 표시하여 항소한 경우, A, B, C 모두에게 효력이 미치는 제1심 판결 전부에 대하여 항소가 제기된 것으로 보아야 한다.** [변시 18]

해설 "민사소송법 제95조 제1호, 제238조에 따라 소송대리인이 있는 경우에는 당사자가 사망하더라도 소송절차가 중단되지 않고 소송대리인의 소송대리권도 소멸하지 아니하는바, 이때 망인의 소송대리인은 당사자 지위의 당연승계로 인하여 상속인으로부터 새로이 수권을 받을 필요 없이 법률상 당연히 상속인의 소송대리인으로 취급되어 상속인들 모두를 위하여 소송을 수행하게 되는 것이고, 당사자가 사망하였으나 그를 위한 소송대리인이 있어 소송절차가 중단되지 않는 경우에 비록 상속인으로 당사자의 표시를 정정하지 아니한 채 망인을 그대로 당사자로 표시하여 판결하였다고 하더라도 그 판결의 효력은 망인의 소송상 지위를 당연승계한 상속인들 모두에게 미치는 것이므로, 망인의 공동상속인 중 소송수계절차를 밟은 일부만을 당사자로 표시한 판결 역시 수계하지 아니한 나머지 공동상속인들에게도 그 효력이 미친다"(대판 2010.12.23. 2007다22859).

> 쟁점정리 망인의 소송대리인에게 상소제기에 관한 특별수권이 부여되어 있는 경우에는, 그에게 판결이 송달되더라도 소송절차가 중단되지 아니하고 상소기간은 진행하는 것이므로 상소제기 없이 상소기간이 지나가면 그 판결은 확정되는 것이지만, 한편 망인의 소송대리인이나 상속인 또는 상대방 당사자에 의하여 적법하게 상소가 제기되면 그 판결이 확정되지 않는 것 또한 당연하다. 그런데 당사자 표시가 잘못되었음에도 망인의 소송상 지위를 당연승계한 정당한 상속인들 모두에게 효력이 미치는 판결에 대하여 그 잘못된 당사자 표시를 신뢰한 망인의 소송대리인이나 상대방 당사자가 그 잘못 기재된 당사자 모두를 상소인 또는 피상소인으로 표시하여 상소를 제기한 경우에는, 상소를 제기한 자의 합리적 의사에 비추어 특별한 사정이 없는 한 정당한 상속인들 모두에게 효력이 미치는 위 판결 전부에 대하여 상소가 제기된 것으로 보는 것이 타당하다(대판 2010.12.23. 2007다22859).

ⓓ **위 ㄷ.에서 X는 항소하지 않고 A와 B만이 직접 항소한 경우, 나머지 상속인 C의 상속지분에 해당하는 부분은 항소가 제기된 것으로 볼 수 없다.** [변시 18]

해설 **※ 일부 상속인만이 스스로 항소한 경우**
判例는 제1심 소송 계속 중 원고가 사망하고 1심 패소 판결 후 일부 상속인만이 수계신청을 한 사안에서 "당사자가 사망하였으나 소송대리인이 있어 소송절차가 중단되지 아니한 경우 원칙적으로 소송수계라는 문제가 발생하지 아니하고 소송대리인은 상속인들 전원을 위하여 소송을 수행하게 되는 것이며 그 사건의 판결은 상속인들 전원에 대하여 효력이 있다 할 것이고, 소송대리인이 상소제기의 특별수권을 부여받고 있었으므로 항소제기기간은 진행된다고 하지 않을 수 없어 제1심판결 중 나머지 상속인의 상속지분에 해당하는 부분은 그들(누락상속인)이나 소송대리인이 항소를 제기하지 아니한 채 항소제기기간이 도과하여 이미 그 판결이 확정되었다고 하지 않을 수 없다"(대결 1992.11.5. 91마342).

> 비교판례 **※ 소송대리인이 상속인 일부를 누락하고 항소한 경우**
> 제1심 소송 계속 중 원고가 사망하자 공동상속인 중 甲만이 수계절차를 밟아 甲만을 망인의 소송수계인으로 표시하여 원고 패소 판결을 선고한 제1심판결에 대하여 상소제기의 특별수권을 부여받은 망인의 소송대리인이 항소인을 甲으로 기재하여 항소를 제기하였고, 항소심 소송 계속 중에 망인의 공동상속인 중 乙 등이 소송수계신청을 한 사안에서 判例는, "제1심판결의 효력은 그 당사

자 표시의 잘못에도 불구하고 당연승계에 따른 수계적격자인 망인의 상속인들 모두에게 미치는 것인데 그 항소 역시 소송수계인으로 표시되지 아니한 나머지 상속인들 모두에게 효력이 미치는 위 제1심 판결 전부에 대하여 제기된 것으로 보아야 할 것이므로 위 항소로 인하여 제1심판결 전부에 대하여 확정이 차단되고 항소심절차가 개시되었으며, 다만 제1심에서 이미 수계한 甲 외에 망인의 나머지 상속인들 모두의 청구 부분과 관련하여서는 항소제기 이후로 소송대리인의 소송대리권이 소멸함에 따라 민사소송법 제233조에 의하여 그 소송절차는 중단된 상태에 있었다고 보아야 할 것이고, 따라서 원심으로서는 망인의 정당한 상속인인 乙 등의 위 소송수계신청을 받아들여 그 부분 청구에 대하여도 심리 판단하였어야 한다"(대판 2010.12.23. 2007다22859)고 보았다.

[판례검토] 누락상속인에 대해 대리할 권한이 없는 일부상속인이 스스로 항소한 91마342 사안과 달리, 2007다22859 사안은 모든 상속인을 대리할 권한을 가진 소송대리인이 항소한 경우이다. 따라서 소송대리인의 항소제기의 효과는 모든 상속인에게 미치므로, 判例의 견해에 따르면 공동상속인 중 乙 등의 소송수계신청이 가능하므로 이 경우엔 누락상속인의 구제책이 문제되지 않는다.

12 | 甲은 乙을 상대로 불법행위에 기한 손해배상청구의 소를 제기하였다.

㉠ 乙이 소제기 전 사망하고 甲이 소송계속 중 그 사실을 안 경우에는 甲의 신청에 의해 피고를 乙의 상속인으로 표시정정하는 것은 허용된다.
[모의 15(1)]

해설 "사망자의 상속인이 처음부터 실질적 피고이고 다만 그 표시에 잘못이 있는 것에 지나지 않는다고 인정된다면 사망자의 상속인으로 피고의 표시를 정정할 수 있다"(대결 2006.7.4. 2005마425).

㉡ 乙이 소 제기 전에 이미 사망하였음에도 법원이 이를 간과하고 본안판결을 선고하였다면 이 판결은 당연무효이다.
[변시 17, 모의 17(2)]

해설 "사망자를 피고로 하는 소제기는 원고와 피고의 대립당사자 구조를 요구하는 민사소송법상의 기본원칙이 무시된 부적법한 것으로서 실질적 소송관계가 이루어질 수 없으므로, 그와 같은 상태에서 제1심판결이 선고되었다 할지라도 판결은 당연무효이다"(대판 2015.1.29. 2014다34041).

㉢ 소송계속 후 乙이 사망한 경우 乙의 상속인으로 표시정정하는 것이 일반적으로 허용되는 것은 아니다.
[모의 15(1)]

해설 소송계속 중 당사자가 사망한 경우에는 소송절차는 중단되고 상속인들에게 당연히 승계되기 때문에 부적법해지지 아니한다. 따라서 이 경우에는 상속인에 의한 수계신청사유가 될 뿐이다(제233조). 判例 중에는 당사자 표시변경으로 표시하여 신청하였어도 소송수계신청의 취지로 보아야 한다고 판시한 경우(대판 1980.10.14. 80다623)가 있으나, 표시정정신청을 한 경우 수계신청의 취지로 보아준다는 의미이지 지문처럼 일반적으로 표시정정이 허용된다는 의미가 아니므로 혼동하지 말아야 한다.

㉣ 乙이 변론종결 후에 사망한 상태에서 판결이 선고된 경우, 乙에 대한 판결정본의 공시송달은 무효이다.
[변시 17]

해설 "피고가 변론종결 후에 사망한 상태에서 판결이 선고된 경우, 망인에 대한 판결정본의 공시송달은 무효이고, 상속인이 소송절차를 수계하여 판결정본을 송달받기 전까지는 그에 대한 항소제기기간이 진행될 수도 없다"(대판 2007.12.14. 2007다52997).

13 당사자의 이름을 모용하고 이루어진 결정이 확정된 경우에는 적법하게 소송관계의 기회가 부여되지 아니한 것으로서 민소법 제451조 제1항 제3호에서 소송대리권의 흠결을 사유로 하여 재심의 소를 제기할 수 있다(대판 1964.3.31. 63다656).
[모의 16(3)]

해설 성명모용사실을 간과한 판결은 당연무효가 아니며 판결의 효력은 당사자인 피모용자에게 미치므로, 피모용자는 무권대리인이 대리권을 행사한 경우처럼 확정 전에는 상소(제424조 1항 4호)를, 확정 후이면 재심(제451조 1항 3호)을 제기하여 판결의 효력을 배제할 수 있다(대판 1964.11.17. 64다328).

14 소 제기 당시 이미 사망한 당사자와 상속인을 공동원고로 표시한 손해배상청구의 소가 제기된 경우, 상속인이 자기 고유의 손해배상청구권뿐만 아니라 이미 사망한 당사자의 손해배상청구권에 대한 자신의 상속분에 관한 권리도 함께 행사한 것으로 볼 수는 없다(대판 2015.8.13. 2015다209002).

15 이미 사망한 자를 피고로 한 판결에 대해 사자의 상속인이 항소를 제기하는 것은 부적법하고 이러한 법리는 소제기 후 소장부본이 송달되기 전에 피고가 사망한 경우에도 마찬가지로 적용된다(대판 2015.1.29. 2014다34041). [변시 17, 모의 18(1)]

16 당사자가 소송대리인에게 소송위임을 한 다음 소 제기 전 사망하였는데 소송대리인이 이를 모르고 사망한 당사자를 원고로 표시하여 소를 제기한 경우 소의 제기는 적법하고, 소송대리인은 상속인들 전원을 위하여 소송을 수행하게 되며, 판결은 상속인들 전원에 대하여 효력이 있다. [변시 17]

해설 [1] "당사자가 사망하더라도 소송대리인의 소송대리권은 소멸하지 아니하므로(민사소송법 제95조 제1호), 당사자가 소송대리인에게 소송위임을 한 다음 소 제기 전에 사망하였는데 소송대리인이 당사자가 사망한 것을 모르고 당사자를 원고로 표시하여 소를 제기하였다면 소의 제기는 적법하고, 시효중단 등 소 제기의 효력은 상속인들에게 귀속된다. 이 경우 민사소송법 제233조 제1항이 유추적용되어 사망한 사람의 상속인들은 소송절차를 수계하여야 한다."
[2] "당사자가 사망하였으나 소송대리인이 있는 경우에는 소송절차가 중단되지 아니하고(민사소송법 제238조, 제233조 제1항), 소송대리인은 상속인들 전원을 위하여 소송을 수행하게 되며, 판결은 상속인들 전원에 대하여 효력이 있다. 이 경우 심급대리의 원칙상 판결정본이 소송대리인에게 송달되면 소송절차가 중단되므로 항소는 소송수계절차를 밟은 다음에 제기하는 것이 원칙이다. 다만 제1심 소송대리인이 상소제기에 관한 특별수권이 있어 상소를 제기하였다면 상소제기 시부터 소송절차가 중단되므로 항소심에서 소송수계절차를 거치면 된다"
[3] "소송절차 중단 중에 제기된 상소는 부적법하지만 상소심법원에 수계신청을 하여 하자를 치유시킬 수 있으므로, 상속인들에게서 항소심소송을 위임받은 소송대리인이 소송수계절차를 취하지 아니한 채 사망한 당사자 명의로 항소장 및 항소이유서를 제출하였더라도, 상속인들이 항소심에서 수계신청을 하고 소송대리인의 소송행위를 적법한 것으로 추인하면 하자는 치유되고, 추인은 묵시적으로도 가능하다"(대판 2016.4.29. 2014다210449).

17 사망자를 채무자로 한 지급명령은 사망자를 상대로 한 판결의 효력과 마찬가지로 당연무효이고, 이러한 법리는 지급명령 신청 후 정본이 송달되기 전에 채무자가 사망한 경우에도 마찬가지이다(대판 2017.5.17. 2016다274188). [최신판례]

18 파산선고 전에 채권자가 채무자를 상대로 이행청구의 소를 제기하거나 채무자가 채권자를 상대로 채무 부존재 확인의 소를 제기하였더라도, 만약 그 소장 부본이 송달되기 전에 채권자나 채무자에 대하여 파산선고가 이루어졌다면 위 소는 부적법 각하되어야하고, 파산선고 당시 법원에 소송이 계속되어 있음을 전제로 한 파산관재인의 소송수계신청 역시 허용되지 않는다(대판 2018.6.15. 2017다289828). [18년 변호]

19 사자에 대한 송달은 위법 무효이나, 상속인이 현실적으로 송달서류를 수령한 경우, 하자가 치유되어 상속인에 대한 송달로서 효력을 발생한다(대판 1998.2.13. 95다15667). [모의 11,15(1)]

> **해설** 따라서 상속인이 명령을 송달받은 그 때부터의 즉시항고기간을 준수해야 한다.

> ┌─ **참 고** ─┐ ※ 소송계속 중 당사자 사망을 간과한 판결의 하자 치유
> 대법원은 ㉠ 사망을 간과한 원심판결에 대하여 원고(사망자의 상대방)가 사망자를 상대로 상고를 제기하자 그 상속인들이 상고법원에 소송수계신청서를 제출한 사안에서 상속인들의 소송수계신청서 제출로 종전 소송절차를 모두 추인하였다고 볼 수 있고(대판 2003.11.14. 2003다34038), ㉡ 사망을 간과한 원심판결이 있은 후 승계인들이 사망자 명의로 상고를 하고 상고심에서 소송수계신청을 하면서 소송중단 중에 선고된 원심판결의 절차상의 하자에 관하여는 상고이유로 삼지 아니하고 본안에 관하여만 다투는 내용의 상고이유서를 제출한 경우에는 이러한 절차상의 하자를 묵시적으로 추인한 것으로 보았다(대판 1995.5.23. 94다28444).

20 변론종결 후 당사자가 사망한 경우, 망인의 소송대리인은 상속인으로부터 새로이 수권을 받지 않더라도 상속인의 소송대리인으로 취급된다. [모의 15(3)]

> **해설** "당사자가 사망하였으나 소송대리인이 있어 소송절차가 중단되지 아니한 경우, 원칙적으로 소송수계의 문제는 발생하지 아니하고 소송대리인은 상속인들 전원을 위하여 소송을 수행하게 되는 것이며, 그 사건의 판결의 당사자 표시가 망인 명의로 되어 있다 하더라도 그 판결은 상속인들 전원에 대하여 효력이 있다"(대판 1995.9.26. 94다54160). 즉, 소송대리인이 있는 경우에 소송대리인은 상속인의 소송대리인으로 취급된다.

21 피고가 소송계속 후 변론종결 전에 사망하여 소송절차 중단사유가 발생하였음에도 이를 간과하고 선고한 판결은 당연무효는 아니다. [변시 17, 모의 15(2)·18(1)]

> **해설** "소송계속 중 어느 일방 당사자의 사망에 의한 소송절차 중단을 간과하고 변론이 종결되어 판결이 선고된 경우에는 ⅰ) 상속인과의 관계에서 대립당사자구조가 존재하고 다만 수계시까지 절차가 중단될 뿐인바, ⅱ) 그 판결은 소송에 관여할 수 있는 적법한 수계인의 권한을 배제한 결과가 되는 절차상 위법은 있지만 그 판결이 당연무효라 할 수는 없다"(대판 1995.5.23. 전합94다28444).

22 피고가 변론종결 후에 사망한 때에도 판결의 선고는 가능하다. [변시 17, 모의 15(2)·(3)]

> **해설** 판결의 선고는 소송절차가 중단된 중에도 할 수 있다(제247조 1항). 즉 이는 변론종결 뒤에 당사자가 사망한 경우에도 판결을 선고할 수 있다는 의미이다. 따라서 이러한 경우 판결은 유효하며, 그 판결이 확정되면 변론종결 뒤의 승계인인 상속인에게 기판력이 미친다(제218조 1항). 判例도 피고가 변론종결 후 사망한 상태에서 판결이 선고된 사안에서, "원고가 위 망인을 상대로 제기한 소송은 위 망인의 사망으로 중단되었고, 다만 판결의 선고는 소송절차가 중단된 중에도 할 수 있으므로(제247조 1항), 위 법원이 이 사건 재심대상판결을 선고한 것은 적법하다고 할 것이나, 그 소송절차는 그 판결선고와 동시에 중단된다"(대판 2007.12.14. 2007다52997)고 판시한 바 있다.

23 당사자가 변론종결 후에 사망한 경우, 법원이 소송수계절차 없이 판결을 선고하더라도 위법하지 않다(대판 1989.9.26. 87므13). [모의 18(1)]

24 甲이 사망한 乙을 채무자로 하여 처분금지가처분결정을 받은 경우 이는 당연무효로서 그 효력이 상속인에게 미치지 않는다고 할 것이므로, 乙의 상속인은 일반승계인으로서 무효인 그 가처분결정에 의하여 생긴 외관을 제거하기 위한 방편으로 가처분결정에 대한 이의신청으로써 그 취소를 구할 수 있다(대판 2002.4.26. 2000다30578). [모의 15(1)]

25 甲이 승소확정판결을 권원으로 乙의 丙에 대한 채권에 대하여 받은 압류 및 전부명령 정본이 사망한 乙의 주소로 송달된 결과 乙의 상속인이 현실적으로 그 압류 및 전부명령 정본을 수령하였다면 그 상속인에 대하여 송달의 효력이 발생한다.　　　　　　　　　　　[모의 11 · 15(1)]

> **해설** "사망한 자에 대하여 실시된 송달은 위법하여 원칙적으로 무효이나, 그 사망자의 상속인이 현실적으로 그 송달서류를 수령한 경우에는 하자가 치유되어 그 송달은 그 때에 상속인에 대한 송달로서 효력을 발생하므로, 압류 및 전부명령 정본이나 그 경정결정 정본의 송달이 이미 사망한 제3채무자에 대하여 실시되었다고 하더라도 그 상속인이 현실적으로 그 압류 및 전부명령 정본이나 경정결정 정본을 수령하였다면, 그 송달은 그 때에 상속인에 대한 송달로서 효력을 발생하고, 그 때부터 각 그 즉시항고기간이 진행한다"(대판 1998.2.13. 95다15667).

> **관련판례** "채권압류 및 추심명령은 제3채무자를 심문하지 않은 채 이루어지고 제3채무자에게 송달함으로써 효력이 생긴다. 그 후 채권압류 및 추심명령의 경정결정이 확정되는 경우 당초의 채권압류 및 추심명령은 경정결정과 일체가 되어 처음부터 경정된 내용의 채권압류 및 추심명령이 있었던 것과 같은 효력이 있으므로, 원칙적으로 당초의 결정이 제3채무자에게 송달된 때에 소급하여 경정된 내용으로 결정의 효력이 있다. 그런데 직접 당사자가 아닌 제3채무자는 피보전권리의 존재와 내용을 모르고 있다가 결정을 송달받고 비로소 이를 알게 되는 것이 일반적이기 때문에 당초의 결정에 잘못된 계산이나 기재, 그 밖에 이와 비슷한 잘못이 있음이 객관적으로는 명백하더라도 제3채무자의 입장에서는 당초의 결정 자체만으로 잘못된 계산이나 기재, 그 밖에 이와 비슷한 잘못이 있다는 것을 알 수 없는 경우가 있다. 이러한 경우에도 일률적으로 채권압류 및 추심명령의 경정결정이 확정되면 당초의 채권압류 및 추심명령이 송달되었을 때에 소급하여 경정된 내용의 채권압류 및 추심명령이 있었던 것과 같은 효력이 있다고 하게 되면 순전히 타의에 의하여 다른 사람들 사이의 분쟁에 편입된 제3채무자를 보호한다는 견지에서 타당하지 않다. 그러므로 제3채무자의 입장에서 볼 때 객관적으로 경정결정이 당초의 채권압류 및 추심명령의 동일성을 실질적으로 변경한 것이라고 인정되는 경우에는 경정결정이 제3채무자에게 송달된 때에 비로소 경정된 내용의 채권압류 및 추심명령의 효력이 생긴다"(대판 2017.1.12. 2016다38658).

26 소송의 당사자 아닌 채무자가 파산선고를 받은 때에 파산채권자가 제기한 채권자취소소송은 중단되고 파산관재인이나 상대방이 이를 수계할 수 있다고 정한 채무자 회생 및 파산에 관한 법률 제406조, 제347조가 파산채권자가 제기한 채권자대위소송에도 유추적용된다.　　　[최신판례]

> **해설** "채무자 회생 및 파산에 관한 법률은 소송의 당사자 아닌 채무자가 파산선고를 받은 때에 파산채권자가 제기한 채권자취소소송은 중단되고 파산관재인이나 상대방이 이를 수계할 수 있다고 정하고 있다(제406조, 제347조). 이러한 규정은 파산채권자가 제기한 채권자대위소송에도 유추적용된다. 그 이유는 파산선고로 파산재단에 관한 관리·처분권은 파산관재인에게 속하고, 파산채권자가 제기한 채권자취소소송과 채권자대위소송의 목적이 모두 채무자의 책임재산 보전에 있기 때문이다"(대결 2019.3.6. 2017마5292).

※ 사자상대소송 정리

	보완방법	간과한 판결의 효력
소제기 이전의 당사자 사망	당사자 표시정정	당연무효(상소 · 재심 불가)
소송계속 중 당사자 사망	소송수계신청	대리권흠결의 위법(상소 · 재심 가능)
변론종결 후 당사자 사망	승계집행문부여신청	판결유효(상속인에 기판력미침)

27 소송계속 중 법인 아닌 사단 대표자의 대표권이 소멸하였으나 소송대리인이 선임되어 있는 경우, 그 소송대리인에게 상소제기에 관한 특별수권이 없다면 소송절차가 중단되는 시점은 그 심급의 판결정본이 소송대리인에게 송달된 때이고, 이 경우 상소는 소송수계절차를 밟은 다음에 제기하여야 한다(대판 2016.9.8. 2015다39357).　　　　　　　　　　　　　　　　[최신판례]

28 소송대리인이 상소제기에 관한 특별수권이 있어 상소를 제기한 경우, 소송절차가 중단되는 시점 은 상소제기 시이고, 이 경우 상소심에서 적법한 소송수계절차를 거쳐야 소송중단이 해소된다. (대판 2016.9.8. 2015다39357). [최신판례]

> 해설 ※ 판례정리 심급대리원칙에 따른 소송절차 중단
>
> ① '소송대리인에게 상소제기에 관한 특별수권(제90조 2항 3호)이 없다면' 당해 심급의 판결정본이 소 송대리인에게 송달된 때에 당해 소송대리인의 대리권은 소멸되므로 그 때부터 소송절차는 중단된다(대판 1996.2.9. 94다61649).
> ② '제1심 소송대리인에게 상소제기에 관한 특별수권이 있다면' 상소제기시부터 소송절차가 중단된다(대 판 2016.4.29. 2014다210449). 상소제기의 특별수권만 있을 뿐 상급심에서의 소송대리권은 없기 때문에 수권 받은 상소제기권의 행사시까지만 소송대리권이 인정되기 때문이다. 이때는 상소심에서 적법한 소송수계 절차를 거쳐야 소송중단이 해소된다(위 2015다39357판결).

제2절 당사자 자격

01 당사자능력은 소송요건에 관한 것으로서 사실심의 변론종결시를 기준으로 판단하여야 한다.(대판 2010.3.25. 2009다95387). [변시 15, 모의 15(1),16(3)]

02 당사자적격이란 특정한 소송사건에서 정당한 당사자로서 소송을 수행하고 본안판결을 받기에 적합한 자격을 말한다.

> 해설 이에 반해, 당사자능력이란, 소송의 주체가 될 수 있는 일반적인 능력을 말한다.

03 학교는 민사소송에서 당사자능력이 인정되지 않고 이러한 법리는 비송사건에서도 마찬가지이다 (대결 2019.3.25. 2016마5908). [최신판례]

04 노인요양원이나 노인요양센터에 특별한 사정이 없는 한 당사자능력이 인정되지 않는다(대판 2018.8.1. 2018다227865). [최신판례]

> 해설 "이는 법인이 아님이 분명하고 대표자 있는 비법인 사단 또는 재단도 아니므로, 원칙적으로 민사소송 에서 당사자능력이 인정되지 않는다"(대판 2018.8.1. 2018다227865).

05 이행의 소에서는 자기에게 이행청구권이 있음을 주장하는 자가 원고적격을 가지며, 그로부터 이 행의무자로 주장된 자가 피고적격을 가진다. 다만 등기의무자 아닌 자를 상대로 한 등기말소절 차이행을 구하는 소는 당사자적격이 없는 자를 상대로 한 부적법한 소이다(대판 1994.2.25. 93다 39225). [모의 12(3) · 17(1)]

06 집행판결을 청구하는 소도 소의 일종이므로 통상의 소송에서와 마찬가지로 당사자능력 등 소송 요건을 갖추어야 한다(대판 2015.2.26. 2013다87055).

07 추심금청구소송은 타인의 권리를 소송물로 하여 제기하는 소(제3자에 의한 소송담당)의 형태로 볼 수 있다. [모의 15(3)]

해설 전부채권과 달리 추심명령이 있게 되면 실체법상 청구권은 집행채무자에게 있으면서 소송법상의 관리권만 추심채권자에게 넘어가는 제3자 법정소송담당(갈음형)의 관계에 있게 된다.

> 비 교 전부금청구소송은 타인의 권리를 소송물로 하여 제기하는 소(제3자에 의한 소송담당)의 형태로 볼 수 없다. 전부명령에 의하여 피전부채권은 동일성을 유지한 채로 집행채무자로부터 집행채권자에게 이전하므로, 집행채권자는 자신의 권리를 행사하는 것이지 타인의 권리를 소송물로 하여 소를 제기하는 것이 아니다.

08

> 미성년자인 X는 2014.4.5. Y로부터 A부동산을 1억 원에 매수하여 자신 명의로 소유권이전등기를 경료한 뒤, 매매대금채무를 담보하기 위해 2014.4.6. Y 명의로 1억원의 저당권을 설정해주었다. 이후 X가 미성년자라는 사실을 알게 된 Y는 2014.5.5. Z에게 위 채권 및 저당권을 양도하였고, 2014.5.8. 저당권이전의 부기등기가 경료되었다. 이후 X는 위 매매계약을 제한능력을 이유로 취소하고 이를 이유로 Y를 상대로 근저당권이전의 부기등기의 말소청구의 소를 제기하였다.

㉠ 말소등기청구의 소는 근저당권의 양수인인 Z를 상대로 제기해야 하므로 양도인 Y를 상대로 제기한 소는 피고적격 없는 자를 상대로 제기된 것으로서 부적법하다. [모의 12(3)·17(1)]

㉡ 제1심 법원이 원고승소 판결을 한 경우에 피고는 원고가 소송무능력자라는 이유로 상소 또는 재심의 소를 제기하여 그 판결의 취소를 주장할 수 없다. [모의 12(2)]

해설 소송무능력을 간과한 본안판결에서 미성년자 측이 전부승소한 경우 미성년자 측뿐만 아니라 상대방 측에서도 상소이익이 없다. 패소한 상대방에 의한 상소, 재심을 인정하면 무능력자 제도의 취지에 반하므로 상대방에 의한 상소, 재심도 인정되지 않는다.

㉢ 미성년자인 X의 소송행위는 소송무능력자의 소송행위이므로 무효이다. 다만 법정대리인이 추인할 수 있으므로 유동적 무효이다. [모의 14(2)]

㉣ 만일 X가 甲을 소송대리인으로 선임하였다면, 위 소송위임행위는 무효이다. [모의 14(2)]

해설 "소송위임행위도 소송대리권의 발생을 목적으로 하는 소송행위"(대판 1997.10.10. 96다35484)이므로, 법정대리인의 추인이 있었다고 볼 만한 사정이 없는 이상 당해 소송위임행위는 무효이다. 따라서 甲은 무권대리인에 해당한다.

㉤ 제1심 법원이 X의 소송능력의 흠을 간과하고 X패소의 본안판결을 한 경우에 상소 또는 재심을 통하여 취소되지 않는 한 판결의 당연무효를 주장할 수 없다. [모의 12(2)]

해설 미성년자의 소송행위는 유동적 무효이나(민소법 제60조), 미성년자임을 간과한 판결의 효력에 대해서는 법적안정성의 관점에서 당연무효가 아니라 위법하지만 유효하다고 보는 것이 통설의 입장이다. 따라서 확정 전에는 상소(제424조 제1항 제4호), 확정 후에는 재심(제451조 제1항 제3호)의 대상이 된다.

㉥ X는 스스로 소를 취하할 수 있다.

해설 소의 취하는 소송행위로서 소송능력을 갖출 것이 요구되나, 부적법한 소송계속을 소멸시키기 위해 소송능력을 갖출 필요는 없다고 보므로 무능력자 스스로 소를 취하할 수 있다고 보는 것이 통설이다.

09 주주총회 결의 부존재 확인의 소는 주주, 이사, 감사 외에도 제기할 수 있다. [모의 13(2)·14(1)·17(1)]

해설 상법 제380조의 주주총회결의 무효 및 부존재확인의 소는 상법 제376조의 주주총회결의 취소의 소와 달리 제소권자를 제한하고 있지 않다. 따라서 확인의 이익이 있는 자라면 누구든지 주주총회결의 부존재확인의 소를 제기할 수 있다.

10 甲이 대여금채권을 피보전채권으로 乙을 상대로 사해행위취소의 소를 제기하였는데, 甲의 대여금채권이 없는 것으로 밝혀진 경우 위 甲의 청구는 기각된다. [모의 12(2)]

해설 채권자취소권의 피보전채권은 채권자취소권을 이유 있게하는 공격방어방법으로서 피보전채권을 행사할 수 없게 된 경우 사해행위 취소청구는 기각된다(대판 1999.4.27. 98다56690).

11 채권자대위소송에서 대위에 의하여 보전될 채무자에 대한 채권자의 권리가 존재하는지 여부는 소송요건으로서 법원의 직권조사사항이고, 피보전채권이 존재하지 않는 경우 채권자대위청구에 대해서는 청구기각판결이 아니라 소각하판결을 하여야 한다(대판 1994.6.24. 94다14339).

[변시 16, 모의 13(1),15(1),16(2),17(1)]

12 임의적 소송신탁은 민사소송법 제87조가 정한 변호사대리의 원칙이나 신탁법 제7조가 정한 소송신탁의 금지를 잠탈하는 등의 탈법적 방법에 의하지 않은 것으로서 이를 인정할 합리적 필요가 있다고 인정되는 경우에 한하여 제한적으로만 허용된다(대판 2016.12.15. 2014다87885,87892). [최신판례]

해설 집합건물의 관리단으로부터 관리업무를 위임받은 위탁관리회사는 구분소유자 등을 상대로 자기 이름으로 소를 제기하여 관리비를 청구할 당사자적격이 있다고 본 사례

> [관련판례] "집합건물의 구분소유자 및 의결권의 각 5분의 4 이상이 공용부분 변경에 해당하는 공사에 동의한다는 내용의 서면동의서를 입주자대표회의 앞으로 제출하고 이에 따라 입주자대표회의가 업무를 처리한 경우, 집합건물의 관리단이 집합건물의 소유 및 관리에 관한 법률 제41조 제1항에서 정한 구분소유자들의 서면동의로써 입주자대표회의에 공용부분 변경에 관한 업무를 포괄적으로 위임한 것으로 보아야"(대판 2017.3.16. 2015다3570)하며 "집합건물법 제15조 제1항에서 정한 특별결의나 집합건물법 제41조 제1항에서 정한 서면이나 전자적 방법 등에 의한 합의의 방법으로 집합건물의 관리단으로부터 공용부분 변경에 관한 업무를 위임받은 입주자대표회의는 특별한 사정이 없는 한 구분소유자들을 상대로 자기 이름으로 소를 제기하여 공용부분 변경에 따른 비용을 청구할 권한이 있다"(대판 2017.3.16. 2015다3570).

13 채권자취소소송은 사해행위로 인하여 이익을 받은 자나 그로부터 전득한 자를 피고로 하여야 하고, 채무자는 피고적격이 없다(대판 1991.8.13. 91다13717). [변시 12, 모의 17(1)]

14 대표소송을 제기한 주주가 소송 계속 중 주주의 지위를 상실한 경우, 그 주주가 제기한 소는 부적법하게 되고 이는 그 주주가 자신의 의사에 반하여 주주의 지위를 상실한 경우에도 마찬가지이다. [최신판례]

해설 "주주가 대표소송을 제기하기 위하여는 회사에 대하여 이사의 책임을 추궁할 소의 제기를 청구할 때와 회사를 위하여 그 소를 제기할 때 상법 또는 구 은행법이 정하는 주식보유요건을 갖추면 되고, 소 제기 후에는 보유주식의 수가 그 요건에 미달하게 되어도 무방하다. 그러나 대표소송을 제기한 주주가 소송의 계속 중에 주식을 전혀 보유하지 아니하게 되어 주주의 지위를 상실하면, 특별한 사정이 없는 한 그 주주는 원고적격을 상실하여 그가 제기한 소는 부적법하게 되고(상법 제403조 제5항), 이는 그 주주가 자신의 의사에 반하여 주주의 지위를 상실하였다 하여 달리 볼 것은 아니다"(대판 2018.11.29. 2017다35717).

15 법인 아닌 사단의 적법한 대표자 자격이 없는 甲이 한 소송행위는 후에 甲이 적법한 대표자 자격을 취득하여 추인을 하면 그 행위 시에 소급하여 효력을 갖게 된다. [변시 15, 모의 17(1)]

해설 ※ 추인의 소급효
제60조는 '소송행위에 필요한 권한의 수여에 흠이 있는 사람이 소송행위를 한 뒤에 보정된 당사자나 법정대리인이 이를 추인한 경우에는, 그 소송행위는 이를 한 때에 소급하여 효력이 생긴다.'고 규정하여, 원칙적으로 소급효가 없는 민법 제139조의 민법상 무효행위의 추인과 달리, 권한이 흠결된 소송행위의 추인에 원칙적 소급효를 인정한다. 따라서 "적법한 대표자 자격이 없는 비법인 사단의 대표자가 한 소송행위는 후에 대표자 자격을 적법하게 취득한 대표자가 그 소송행위를 추인하면 행위 시에 소급하여 효력을 갖게 되고, 이러한 추인은 상고심에서도 할 수 있다"(대판 2016.7.7. 2013다76871).

16 적법한 대표자 자격이 없는 비법인 사단의 대표자가 한 소송행위는 후에 대표자 자격을 적법하게 취득한 대표자가 소송행위를 추인하면 행위 시에 소급하여 효력을 가지게 되고, 이러한 추인은 상고심에서도 할 수 있다(대판 2016.7.7. 2013다76871). [최신판례]

해설 "이는 비법인 사단의 총유재산에 관한 소송이 사원총회의 결의 없이 제기된 경우에도 마찬가지이다"(대판 2018.7.24. 2018다227087).

17 비법인사단인 채무자 명의로 제기된 제3채무자를 상대로 한 소가 사원총회 결의가 없었다는 이유로 각하되어 판결이 확정된 경우, 채무자가 스스로 제3채무자에 대한 권리를 행사하였다고 볼 수 없다. [최신판례]

해설 "채권자대위권은 채무자가 스스로 제3채무자에 대한 권리를 행사하지 아니하는 경우에 한하여 채권자가 자기의 채권을 보전하기 위하여 행사할 수 있는 것이어서, 채권자가 대위권을 행사할 당시에 이미 채무자가 그 권리를 재판상 행사하였을 때에는 채권자는 채무자를 대위하여 채무자의 권리를 행사할 수 없다. 그런데 비법인사단이 사원총회의 결의 없이 제기한 소는 소제기에 관한 특별수권을 결하여 부적법하고, 그 경우 소제기에 관한 비법인사단의 의사결정이 있었다고 할 수 없다. 따라서 비법인사단인 채무자 명의로 제3채무자를 상대로 한 소가 제기되었으나 사원총회의 결의 없이 총유재산에 관한 소가 제기되었다는 이유로 각하판결을 받고 그 판결이 확정된 경우에는 채무자가 스스로 제3채무자에 대한 권리를 행사한 것으로 볼 수 없다"(대판 2018.10.25. 2018다210539).

18 甲은 乙을 상대로 대여금 청구의 소를 제기하였고, 丙은 甲의 채권자이다. 丙이 甲을 상대로 신청한 파산절차가 개시되어 파산관재인이 선임된 후 甲이 파산선고 전에 성립한 대여금 채권에 기하여 이 소를 제기한 경우, 법원은 甲의 소를 각하하여야 한다. [변시 15, 모의 15(2)]

해설 파산관재인은 채무자의 재산에 관한 소송에서 당사자가 되는(채무자회생 및 파산에 관한 법률 제359조) 갈음형의 제3자 소송담당이다. 따라서 채무자는 소송의 당사자적격이 없어 소송은 부적법하다.

19 조합은 조합원 중 1인을 당사자로 내세워 조합채권자를 상대로 채무부존재확인청구의 소를 제기할 수 있다(대판 1997.11.28. 95다35302). [모의 11]

해설 ※ 업무집행조합원에 대한 조합재산에 관한 임의적 소송신탁의 가부(적극)

20 외국인이 그의 본국법상 소송능력이 없는 경우라도 우리나라 법률에 따라 소송능력이 있다면 소송능력이 인정된다(제57조). [모의 14(2)]

21 소송대리권 수여에 흠이 있는 경우에는 민사소송법 제424조 제1항 제4호의 절대적 상고이유에 해당한다(대판 2015.12.10. 2012다16063).

제3절 대리인

01 | A, B, C는 C를 선정당사자로 선정하고 상대방들을 피고로 하여 서울지방법원에 국공유지 매매계약 취소소송을 제기하였다. 그런데 수소법원은 변론기일인 1999. 11. 24. 11:00 소송 관계를 명료하게 하기 위하여 선정당사자인 C가 필요한 진술을 할 능력이 없다고 인정 된다며 진술을 금하고 변호사 선임명령을 내리고 같은 해 12.22. 11:00를 새로운 기일로 지정하였다. 그러나 새로운 기일까지 C는 변호사를 선임하지 않고 거듭 출석한바, 수소 법원은 곧바로 C에 대하여 소각하결정을 내렸다.

㉠ 소 또는 상소를 제기한 사람이 진술금지의 명령과 함께 변호사선임명령을 받고 새 기일까지 변호사를 선임하지 않은 때에는 법원은 결정으로 소 또는 상소를 각하할 수 있다.

해설 변론능력은 소송요건이 아니라 소송행위의 유효요건일 뿐이므로, 당사자가 변론능력이 없는 경우 법원은 진술금지의 재판을 할 수 있다. 그리고 진술금지 재판과 함께 변호사선임명령을 받은 사람이 (변론 속행을 위한) 새 기일까지 변호사를 선임하지 않는 경우 법원은 결정으로 소 또는 상소를 각하할 수 있고, 이 결정에 즉시항고 할 수 있다(민소법 제144조 4항, 5항).

㉡ 수소법원의 각하결정에 대하여 C가 즉시항고를 제기하였다면 이는 적법하다.

㉢ 법원이 소송관계를 명료하게 하기 위하여 대리인에게 진술을 금하고 변호사의 선임을 명하였으나 본인에게 그 취지를 통지하지 않은 경우라면, 변호사를 선임하지 않았음을 이유로 소를 각하할 수는 없다(대결 2000.10.18. 2000마2999).

㉣ C는 소송대리인이 아닌 소송의 당사자이지만 C에게 변론을 금함과 아울러 변호사 선임명령을 한 경우에, 법원이 A, B에게 그 취지를 통지하거나 다른 적당한 방법으로 알려주지 않은 채 변호사의 선임이 이루어지지 아니하였다 하여 곧바로 소를 각하하였다면 이는 위법하다.

해설 법원이 소송관계를 명료하게 하기 위하여 선정당사자에게 진술을 금하고 변호사의 선임을 명하는 경우, 민사소송법 제144조 제3항의 규정을 유추 적용하여 선정자들에게 그 취지를 통지하여야 한다(대결 2000.10.18. 2000마2999).

02 | 미성년자 甲이 그의 소유인 악기를 乙에게 매도하고 乙이 약속한 날짜에 그 대금을 지급하지 않자 甲은 乙을 상대로 매매대금청구소송을 제기하였고 甲에게는 부모 A와 B가 있다.

① A와 B는 甲의 소송상의 법정대리인으로 공동으로 甲을 대리한다. [모의 15(1)]

해설 여러 소송대리인이 있는 때에는 각자가 당사자를 대리한다(제93조 1항). 이와 달리, 법정대리의 경우 민사소송법에 특별한 규정이 없으면 민법, 그 밖의 법률에 따르는바(제51조), 친권은 부모가 혼인중일 때에는 부모가 공동으로 행사하므로(민법 제909조 2항), 공동대리가 원칙이다. 공동대리원칙을 위반한 소송 행위는 일종의 무권대리로서 무효이다.

② A와 B는 당해 소송에서 보조참가인이나 증인이 될 수 없다.

해설 법정대리인은 당사자에 준하는 지위를 갖는다. 따라서 당해소송에서 보조참가인, 증인이 될 수 없으며, 법정대리인의 신문은 당사자신문에 의하여야 한다.

③ 甲의 소송행위는 A와 B에 의한 추인이 가능하며 추인이 있으면 소급하여 유효하므로 추인이 있는 경우에는 甲의 소송관여를 배제하고 A, B에 의한 소송을 계속하여야 한다. [모의 12(2)]

해설 미성년자의 소송행위는 유동적 무효이며, 이는 추인에 의해 보정될 수 있다. 법정대리인이 추인한 경우에는 그 소송행위는 이를 한 때에 소급하여 효력이 생긴다(제60조). 친권자에 의한 추인이 있다고 하여 무능력자가 능력자가 되는 것은 아니므로 미성년자의 소송 관여를 배제하고 친권자에 의하여 소송이 진행되어야 한다.

④ 甲이 직접 소송대리인을 선임하여 제1심의 소송수행을 하게 하였으나 항소심에서 A와 B가 다른 소송대리인을 선임하여 소송행위를 하면서 아무런 이의를 제기한 바 없이 제1심의 소송결과를 진술한 경우에는 무권대리에 의한 소송행위를 묵시적으로 추인한 것으로 보아야 한다. [변시 13]

해설 "미성년자가 직접 변호인을 선임하여 제1심의 소송수행을 하게 하였으나 제2심에 이르러서는 미성년자의 친권자인 법정대리인이 소송대리인을 선임하여 소송행위를 하면서 아무런 이의를 제기한 바 없이 제1심의 소송결과를 진술한 경우에는 무권대리에 의한 소송행위를 묵시적으로 추인한 것으로 보아야 한다"(대판 1980.4.22. 80다308).

⑤ A와 B가 甲을 대리하여 제기한 소송 중에 甲이 성년에 도달하더라도 그 사실을 乙에게 통지하지 아니하면 甲은 A, B의 대리권 소멸의 효력을 乙에게 주장하지 못한다. 그러나 법원에 대리권 소멸사실이 알려진 경우 A, B는 소의 취하, 화해, 청구의 포기·인낙 등의 행위를 할 수 없다. [변시 13, 모의 17(1),18(1)]

해설 소송절차가 진행되는 중에 법정대리권이 소멸한 경우에는 본인 또는 대리인이 상대방에게 소멸된 사실을 통지하지 아니하면 소멸의 효력을 주장하지 못한다(제63조 1항 본문). 다만, 법원에 법정대리권의 소멸사실이 알려진 뒤에는 그 법정대리인은 제56조 2항의 소송행위(소의 취하, 화해, 청구의 포기·인낙, 독립당사자참가소송에서의 탈퇴)를 하지 못한다(제63조 1항 단서, 2002년 신설).

03 후견감독인이 있는 경우, 미성년후견인이 소의 취하, 화해, 청구의 포기·인낙 또는 탈퇴를 하기 위해서는 후견감독인으로부터 특별한 권한을 받아야 한다. [모의 17(1),18(1)]

해설 법정대리인이 상대방의 소제기 또는 상소에 관하여 소송행위를 하는 경우(수동행위)에는 후견감독인으로부터 특별한 권한을 받을 필요가 없다(제56조 1항). 그러나 법정대리인이 소의 취하, 화해, 청구의 포기·인낙 또는 제80조의 규정에 따른 탈퇴를 하기 위하여서는 특별한 권한을 받아야 한다(동조 2항). 특히 능동행위에 있어서 ⅰ) 친권자는 제한을 받지 않고, ⅱ) 무능력자를 위한 특별대리인은 수권이 필요하지 않지만 제56조 2항의 적용을 받으며, ⅲ) 후견인은 수권이 필요하다(민법 제950조 1항 5호).

04 피한정후견인은 한정후견인의 동의가 필요한 행위에 관하여는 대리권 있는 한정후견인에 의해서만 소송행위를 할 수 있다. [모의 18(1)]

해설 종전 제55조에서는 '미성년자·한정치산자·금치산자의 소송능력'에 대해 "미성년자·한정치산자 또는 금치산자는 법정대리인에 의하여서만 소송행위를 할 수 있다. 다만, 미성년자 또는 한정치산자가 독립하여 법률행위를 할 수 있는 경우에는 그러하지 아니하다."고 규정했으나, 민법의 개정과 더불어 개정된 민사소송법에서는 "미성년자 또는 피성년후견인은 법정대리인에 의해서만 소송행위를 할 수 있다"(제55조 1항 본문), "피한정후견인은 한정후견인의 동의가 필요한 행위에 관하여는 대리권 있는 한정후견인에 의해서만 소송행위를 할 수 있다"(제55조 2항)고 규정하였다(시행일 2017.2.4.). 즉, 피한정후견인은 원칙적으로 행위능력자이므로 소송능력자이나, 가정법원은 피한정후견인이 한정후견인의 동의를 받아야 하는 행위의 범위를 정할 수 있고(민법 제13조 1항), 가정법원이 한정후견인에게 대리권을 수여하는 심판을 한 경우(민법 제959조의4 1항), 법정대리인에 의한 대리에 의하여 소송행위를 할 수 있다.

05 특정후견인 또는 임의후견인도 특별대리인의 선임을 신청할 수 있다. [모의 18(1)]

해설▶ 의사능력이 없는 사람을 상대로 소송행위를 하려고 하거나 의사능력이 없는 사람이 소송행위를 하는 데 필요한 경우 특별대리인의 선임 등에 관하여는 제한능력자를 위한 특별대리인에 관한 규정인 제62조를 준용한다(제62조의2 1항 본문). 다만, 특정후견인 또는 임의후견인도 특별대리인의 선임을 신청할 수 있다(제62조의2 1항 단서).

06 특별대리인은 대리권 있는 후견인과 같은 권한이 있다. 특별대리인의 대리권의 범위에서 법정대리인의 권한은 정지된다(제62조 3항). [모의 18(1)]

07 소송대리인의 사실상의 진술은 당사자가 이를 곧 취소하거나 경정한 경우에는 그 효력을 잃는다(제94조).

08 소송대리인의 선임은 서면으로 증명할 필요가 없다. [모의 13(1),16(1)]

해설▶ 법정대리권이 있는 사실 또는 소송행위를 위한 권한을 받은 사실은 서면으로 증명하여야 한다(제58조 1항). 소송대리인(임의대리인)의 권한도 서면으로 증명하여야 한다(제89조 1항). 즉, 소송대리권의 존재와 범위는 서면으로 증명하여야 한다. 그러나 대리권 수여의 방식은 자유이다.

09 소제기를 대리한 변호사에게 언제나 강제집행도 대리할 위임계약상 의무가 인정되는 것은 아니다. [모의 13(1)]

해설▶ 본안소송을 수임한 변호사가 그 소송을 수행함에 있어 강제집행이나 보전처분에 관한 소송행위를 할 수 있는 소송대리권을 가진다고 하여 의뢰인에 대한 관계에서 당연히 그 권한에 상응한 위임계약상의 의무를 부담한다고 할 수는 없다"(대판 1997.12.12. 95다20775).

> 관련판례 "위임받은 소송대리권의 범위는 특별한 사정이 없는 한 당해 심급에 한정된다"(대판 1994.3.8. 93다52105) 다만, "위임사무의 종료단계에서 패소판결이 있었던 경우에는 상소에 관하여 특별한 수권이 없는 때에도 판결을 점검하여 의뢰인에게 불이익한 계산상 잘못이 있다면 의뢰인에게 그 판결 내용과 상소하는 때의 승소가능성 등에 대하여 구체적으로 설명하고 조언하여야 할 의무가 있다. 이 의무를 해태한 경우에는 위임계약에 따른 선량한 관리자의 주의의무 위반으로 인하여 원고의 손해를 배상할 책임이 있다"(대판 2004.5.14. 2004다7354).

10 업무에 관한 포괄적 대리권을 가진 상법상 지배인은 법률상 인정된 임의대리인이고, 소액사건의 경우 당사자의 배우자·직계혈족 또는 형제자매는 법원의 허가 없이 소송대리인이 될 수 있다. [변시 13]

해설 업무에 관한 포괄대리권을 가진 상법상 지배인(상법 제11조)은 소송대리권이 위임에 의하여 발생하지 않고 법률의 규정에 의하여 발생하는 법률상 소송대리인(임의대리인)에 해당한다. 그러나 소액사건의 경우 당사자의 배우자·직계혈족 또는 형제자매는 법원의 허가 없이 소송대리인이 될 수 있다(소액사건심판법 제8조 1항). ☞ 2017. 1. 1.부터 시행된 소액사건심판규칙 제1조의2에 따른 소액사건은 제소한 때의 소송목적의 값이 3,000만 원을 초과하지 아니하는 금전 기타 대체물이나 유가증권의 일정한 수량의 지급을 목적으로 하는 제1심의 민사사건으로 한다.

> **관련판례** ※ 병합심리로 소가의 합산액이 소액사건의 소가를 초과하는 경우 소액사건심판법의 적용 대상인 소액사건에 해당하는지 여부 [변시 16]
> 判例는 "소액사건심판법의 적용대상인 소액사건에 해당하는지 여부는 제소 당시를 기준으로 정하여지는 것이므로, 병합심리로 그 소가의 합산액이 소액사건의 소가를 초과하였다고 하여도 소액사건임에는 변함이 없다"(대판 1992.7.24. 91다43176)고 판시한 바 있다.

11 소송대리권 중 '반소의 제기'는 특별수권사항이나(제90조 2항), 해석상 '반소의 응소'(제90조 1항)는 특별수권사항에 해당하지 않는다. [모의 13(1)]

해설 반면, 상소의 경우 상소제기, 상소취하뿐만 아니라 불상소합의, 상소권 포기도 이에 준해 특별수권을 요하며 민사소송법 제90조 제1항상 상소가 포함되지 않으므로 상대방이 제기한 상소에의 응소에도 특별수권을 요한다고 해석된다.

12 위임에 의한 소송대리인이 가지는 대리권의 범위에는 특별수권을 필요로 하는 사항을 제외한 소송수행에 필요한 일체의 소송행위를 할 권한뿐만 아니라 소송목적인 채권의 변제를 채무자로부터 수령하는 권한을 비롯하여 위임을 받은 사건에 관한 실체법상 사법(私法)행위를 하는 권한도 포함된다(대판 2015.10.29. 2015다32585). [최신판례]

13 소송 계속 중 일방 당사자에 대하여 회생절차개시결정이 있었는데, 법원이 그 사실을 알지 못한 채 관리인의 소송수계가 이루어지지 아니한 상태 그대로 소송절차를 진행하여 판결을 선고하였다면, 마치 대리인에 의하여 적법하게 대리되지 아니하였던 경우와 마찬가지의 잘못이 있다(대판 2016.12.27. 2016다35123). [최신판례]

14 사실상 의사능력을 상실한 상태에 있어 소송능력이 없는 사람에 대하여 소송을 제기하는 경우에도 특별대리인을 선임할 수 있다(대판 1993.7.27. 93다8986). [모의 17(1)]

해설 개정법은 의사무능력자를 위한 특별대리인의 선임 등을 명문으로 규정하였다(제62조의2). 이 경우 특별대리인이 소의 취하, 화해, 청구의 포기·인낙 또는 제80조에 따른 탈퇴를 하는 경우 법원은 그 행위가 본인의 이익을 명백히 침해한다고 인정할 때에는 그 행위가 있는 날부터 14일 이내에 결정으로 이를 허가하지 아니할 수 있고, 이 결정에 대해서는 불복할 수 없도록 규정하였다(제62조의2 2항).

15 소송대리인이 없거나 소송대리인이 대리권을 행사할 수 없는 경우에 미성년자피한정후견인 또는 피성년후견인를 상대로 소송행위를 하고자 하는 사람은 소송절차가 지연됨으로써 손해를 볼 염려가 있다는 것을 소명하여 수소법원(受訴法院)에 특별대리인을 선임하여 주도록 신청할 수 있다(제62조 1항). [변시 13]

16 의식불명의 식물인간 상태와 같이 의사무능력자인 피성년후견인의 경우 후견인이 무능력자를 대리하여 재판상 이혼을 청구할 수 있고, 후견인이 배우자인 때에는 특별대리인의 선임을 신청하여 그 특별대리인이 배우자를 상대로 재판상 이혼을 청구할 수 있다(대판 2010.4.8. 2009므3652).

17 비법인사단과 그 대표자 사이의 이익이 상반되는 사항에 관한 소송행위에 있어서는 위 대표자에게 대표권이 없으므로, 이해관계인은 특별대리인의 선임을 신청할 수 있다(대판 1992.3.10. 91다25208).

[모의 11]

18 소송법상 특별대리인은 법인을 대표하여 수행하는 소송에 관하여 상소를 제기하거나 이를 취하할 권리가 있다.

[최신판례]

해설 "법인 또는 법인 아닌 사단의 대표자가 없거나 대표권을 행사할 수 없는 경우, 대표자가 사실상 또는 법률상 장애로 대표권을 행사할 수 없는 경우, 대표자의 불성실하거나 미숙한 대표권 행사로 소송절차의 진행이 현저하게 방해받는 경우에 구 민사소송법 제64조에 의해 준용되는 법 제62조의 규정에 따라 선임된 특별대리인, 즉 소송법상 특별대리인은법인 또는 법인 아닌 사단의 대표자와 동일한 권한을 가져 소송수행에 관한 일체의 소송행위를 할 수 있으므로, 소송법상 특별대리인은 특별한 사정이 없는 한 법인을 대표하여 수행하는 소송에 관하여 상소를 제기하거나 이를 취하할 권리가 있다"(대판 2018.12.13. 2016다210849,210856).

19 무권리자의 부동산처분행위에 대한 특별대리인의 추인은 별도의 특별수권이 필요하다.

해설 "민사소송법 제58조(개정법 62조)에 의하여 선임된 특별대리인은 당해 소송에 있어서는 법정대리인으로서의 권한을 보유한다 할 것이므로 특별대리인은 당해 소송행위를 할 권한뿐만 아니라 당해 소송에 있어서 공격방어의 방법으로서 필요한 때에는 사법상의 실체적 권리도 이를 행사할 수 있다 할 것이나, 무권리자의 부동산처분행위에 대한 추인과 같은 행위는 부동산에 관한 권리의 소멸변경을 초래하는 것이어서 민법 제950조에 의한 특별수권이 없는 한 이를 할 수 없다"(대판 1993.7.27. 93다8986).

20

> X는 2015.4.13. Y로부터 1억 원을 변제기 2015.6.7. 이자 월 3%로 정하여 대여하였다. 대금 지급기일이 지나도록 X가 변제할 태도를 보이지 않자, Y는 2015.7.4. X를 상대로 대여금청구의 소를 제기하였다. 1심 법원은 Y의 청구를 인용하는 판결을 선고하였고, X는 항소하였다. 항소심에서 X는 스스로는 소송을 수행할 수 없다는 생각에 甲을 소송대리인으로 선임하였다(별도의 특별한 권한을 수여한 바는 없다). 甲은 소송수행 도중 X가 Y에 대하여 별도의 대여금채권이 있다는 사실을 알고 X와 별도의 상의 없이 소송상 상계권을 행사하였다. 항소심 법원은 X의 항변을 인용하였으나, Y는 상고하였고, 대법원은 X의 상계항변을 배척하고 파기 환송하였다.

㉠ 甲의 상계항변은 적법하다.

해설 통설은 민소법 제90조 1항의 변제의 영수를 예시적인 것으로 보아 소송대리인에게 사법행위에 대한 대리권이 있음을 인정한다. 判例 또한 "소송대리인은 특별수권을 필요로 한 경우를 제외하고는 소송에 관한 일체의 공격방어의 수단을 강구할 권한이 있으므로 공격방어의 방법으로 백지 수형(어음의 구법상 용어)의 보충권을 행사할 권한이 있다고 봄이 타당하다"(대판 1959.8.6. 4291민상382)고 한다. 따라서 甲의 상계항변은 적법하다.

㉡ 만약 항소심 계속 중에 X가 사망한 경우라도 甲의 소송대리권은 소멸하지 않는다. [변시 12,17]

해설 민사소송법 제95조(소송대리권이 소멸되지 아니하는 경우) 다음 각 호 가운데 어느 하나에 해당하더라도 소송대리권은 소멸되지 아니한다.
1. 당사자의 사망 또는 소송능력의 상실
2. 당사자인 법인의 합병에 의한 소멸

　　3. 당사자인 수탁자의 신탁임무의 종료
　　4. 법정대리인의 사망, 소송능력의 상실 또는 대리권의 소멸 · 변경

ⓒ 이후 甲이 판결정본을 송달받았음에도 이를 X에게 알리지 않아 상고제기기간이 경과하였다면 별도로 X는 추후보완상소를 제기할 수 없다. [모의 13(1),15(2)]

해설 判例는 "사건이 상고심에서 환송되어 다시 항소심에 계속하게 된 경우에는 상고전의 항소심에서의 소송대리인의 대리권은 그 사건이 항소심에 계속되면서 다시 부활하는 것이므로 환송받은 항소심에서 환송 전의 항소심에서의 소송대리인에게 한 송달은 소송당사자에게 한 송달과 마찬가지의 효력이 있다"(대판 1984.6.14. 84다카744)고 하여 부활긍정설의 입장이다. 한편, 추후보완상고는 당사자에게 책임질 수 없는 사유로 상고제기기간을 준수하지 못한 경우에 허용되는바, "항소심 대리인의 대리권은 사건이 항소심에 계속되면서 다시 부활하므로 그 대리인에게 한 송달은 당사자에게 한 송달과 마찬가지의 효력이 있다. 이 경우 대리인이 판결정본의 송달을 받고도 당사자에게 알려 주지 않아 당사자가 송달사실을 몰라 상고제기기간 경과 후에 비로소 그 사실을 알게 되었어도 당사자가 책임질 수 있는 사유이다"(대판 1984.6.14. 84다카744).

　☞ 따라서 X의 추후보완상고는 당사자의 책임질 수 없는 사유에 의한 것이라 볼 수 없어 허용될 수 없다.

ⓔ 사안과 달리 甲이 상고심에서 선임되었으나 판결이 파기환송되었고 이후 다시 상고가 제기되었다면 상고심에서의 甲의 소송행위는 무권대리행위로서 무효이다. [모의 16(1),(2)]

해설 "상고심에서 항소심으로 파기환송된 사건이 다시 상고된 경우에는 항소심의 소송대리인은 그 대리권을 상실하고, 이때 환송 전 상고심 대리인의 대리권이 그 사건이 다시 상고심에 계속되면서 부활하게 되는 것은 아니라고 할 것이어서, 새로운 상고심은 변호사보수의소송비용산입에관한규칙에서는 환송 전 상고심과는 별개의 심급으로 보아야 한다"(대결 1996.4.4. 96마148).

> **유사판례** "재심의 소의 절차에 있어서의 변론은 재심 전 절차의 속행이기는 하나 재심의 소는 신소의 제기라는 형식을 취하고 재심 전의 소송과는 일응 분리되어 있는 것이며, 사전 또는 사후의 특별수권이 없는 이상 재심 전의 소송의 소송대리인이 당연히 재심소송의 소송대리인이 되는 것이 아니다"(대결 1991.3.27. 90마970).

> **비교판례** "사건이 상고심에서 환송되어 다시 항소심에 계속하게 된 경우에는 상고전의 항소심에서의 소송대리인의 대리권은 그 사건이 항소심에 계속되면서 다시 부활하는 것이므로 환송받은 항소심에서 환송전의 항소심에서의 소송대리인에게 한 송달은 소송당사자에게 한 송달과 마찬가지의 효력이 있다"고 하여 소송대리권이 부활한다는 취지이다(대판 1984.6.14. 84다카744).

ⓕ 甲이 환송 전 항소심에서 승소판결을 받았더라도 환송 후 항소심이 계속 중인 경우라면 특별한 사정이 없는 한 환송 후 항소심 사건의 소송사무까지 처리하여야만 X에 대하여 성공보수를 청구할 수 있다(대판 2016.7.7. 2014다1447). [최신판례]

21

> 피고의 대표이사였던 甲은 대표이사선임결의 무효확인소송의 제1심이 진행 중 대표이사의 직무집행이 정지되었음에도 원고가 제기한 항소심에 이르러 피고를 대표하여 변호사 乙을 피고 소송대리인으로 선임하면서 그에게 상고제기 권한까지 위임하였다. 이에 乙은 항소심에서 피고를 대리하여 모든 소송행위를 하였고 피고 패소의 항소심판결이 선고된 후 상고를 제기하였다.

㉠ 항소법원은 乙이 소송대리인으로 선임된 후 乙에게 소송대리권의 흠을 보정하도록 명함에 있어, 보정이 지연됨으로써 손해가 생길 염려가 있는 경우에는 乙에게 일시적으로 소송행위를 하게 할 수 있다.

[변시 14]

해설 보정하는 것이 지연됨으로써 손해가 생길 염려가 있는 경우에는 법원은 보정하기 전의 당사자로 하여금 일시적으로 소송행위를 하게 할 수 있다(제59조).

㉡ 위 상고의 제기는 피고를 대리할 권한이 없는 자에 의하여 제기된 것으로서 부적법하다.

[변시 14]

해설 "직무집행이 정지된 대표이사 소외 1에 의하여 선임된 위 변호사에게는 원심에서 피고를 적법하게 대리할 권한이 있었다고 할 수 없으므로, 이 사건 상고는 피고를 대리할 권한이 없는 자에 의하여 제기된 것으로서 부적법하다고 할 것이다"(대판 2008.8.21. 2007다79480).

㉢ 위 상고가 각하된다면, 乙이 그 소송수임에 관하여 중대한 과실이 없는 경우 상고비용은 甲이 부담해야 한다.

[변시 14]

해설 법정대리인 또는 소송대리인으로서 소송행위를 한 사람이 그 대리권 또는 소송행위에 필요한 권한을 받았음을 증명하지 못하거나, 추인을 받지 못한 경우에 그 소송행위로 말미암아 발생한 소송비용에 대하여는 수소법원은 직권으로 또는 당사자의 신청에 따라 그에게 비용을 갚도록 명할 수 있다. 무권대리에 해당하여 소가 각하된 경우에는 소송비용은 그 소송행위를 한 대리인이 부담한다(제107조 2항, 제108조). 判例는 위 사안에서 "상고를 각하하고, 상고비용의 부담에 관하여는 민사소송법 제108조, 제107조 제2항을 적용하여 피고에 대한 대표권이 없는 소외 1이 부담하기로 하여 관여 대법관의 일치된 의견으로 주문과 같이 판결한다"(대판 2008.8.21. 2007다79480)고 판시하였다.

㉣ 법인의 대표자에는 법정대리인에 관한 규정이 준용되므로(제64조), 주식회사의 대표권이 없는 사람이 한 소송행위는 무효이나, 적법한 대표자가 추인을 하면 소급하여 유효하게 된다(제60조).

[모의 15(2),17(2)]

> [관련판례] "적법한 대표자 자격이 없는 비법인 사단의 대표자가 한 소송행위는 후에 대표자 자격을 적법하게 취득한 대표자가 소송행위를 추인하면 행위 시에 소급하여 효력을 가지게 되고, 이러한 추인은 상고심에서도 할 수 있다"(대판 2016.7.7. 2013다76871).

㉤ 상고심에서 피고의 적법한 직무대행자 丁에 의하여 선임된 피고 소송대리인 丙이 항소심에서 乙이 한 소송행위 중 상고제기 행위만을 추인하고 그 밖의 소송행위는 추인하지 아니하는 것은 허용되지 않는다.

[변시 14]

해설 무권대리인이 행한 소송행위의 추인은, 특별한 사정이 없는 한, 소송행위의 전체를 대상으로 하여야 한다(대판 2008.8.21. 2007다79480).

> [비교판례] ※ 소송행위의일부 추인이 허용여부(제한적 적극)
> 判例는 원칙적으로는 일부추인을 부정하나 "무권대리인이 행한 소송행위의 추인은 소송행위의 전체를 일괄하여 하여야 하는 것이나 무권대리인이 변호사에게 위임하여 소를 제기하여서 승소하고 상대방의 항소로 소송이 2심에 계속 중 그 소를 취하한 일련의 소송행위 중 소취하 행위만을 제외하고 나머지 소송행위를 추인함은 소송의 혼란을 일으킬 우려가 없고 소송경제상으로도 적절하여 그 추인은 유효하다"(대판 1973.7.24. 69다60)고 판시하여 예외적으로 일부추인을 긍정한다.

ⓗ 위 ⓜ 이후, 丙은 항소심에서 乙이 한 소송행위 중 이전에 추인하지 아니하였던 소송행위를 다시 추인할 수 없다. [변시 14]

해설 "일단 추인거절의 의사표시가 있은 이상 그 무권대리행위는 확정적으로 무효로 귀착되므로 그 후에 다시 이를 추인할 수는 없다"(대판 2008.8.21. 2007다79480).

22 X는 2015.4.13. Y로부터 1억 원을 변제기 2015.6.7. 이자 월 3%로 정하여 대여하였다. 대금 지급기일이 지나도록 X가 변제할 태도를 보이지 않자 Y는 X가 처음부터 변제할 능력과 의사가 없음에도 자신을 속여 대여금을 편취하였다는 이유로 X를 사기죄로 고발하였고, 이에 X는 甲을 변호인으로 선임하여 소송절차를 진행하였다. X의 형사소송진행 도중 Y도 甲을 소송대리인으로 선임하여 X를 상대로 기망행위로 인한 손해배상청구의 소를 제기하였다.

ⓐ 사기죄의 기소사건과 손해배상청구사건은 비록 절차가 같은 성질은 아니지만 甲의 소송행위는 변호사법 제31조 제1호 위반이라고 봄이 타당하다.

해설 변호사법 제31조 제1항은 '변호사는 다음 각 호의 1에 해당하는 사건에 관하여 직무를 행할 수 없다.
1. 당사자 일방으로부터 상의를 받아 그 수임을 승낙한 사건의 상대방이 위임하는 사건.
2. 수임하고 있는 사건의 상대방이 위임하는 다른 사건(2호의 경우 위임인이 동의한 때는 대리 가능).
3. 공무원·조정위원 또는 중재인으로서 직무상 취급하거나 취급하게 된 사건'이라고 규정하여 변호사의 쌍방대리를 금지한다.
判例는 "제1호가 적용되기 위한 '사건의 동일 여부'는 분쟁실체의 동일 여부로 결정되므로, 소송물 동일 여부나 민사사건과 형사사건 같이 절차가 같은 성질인지는 관계가 없다"(대판 2003.11.28. 2003다41791). 그렇다면 사안의 사기죄 기소사건과 손해배상청구사건은 비록 절차가 같은 성질은 아니지만 변호사법 제31조 제1호 위반이라고 봄이 타당하다.

ⓑ 사안과 달리, X가 甲을 형사소송의 변호인으로 선임하고 Y가 乙을 손해배상청구소송의 변호사로 선임하였으나, 甲과 乙이 민법상 조합의 형태로 운영되는 법률사무소의 소속 변호인이었다면 甲과 乙의 소송행위는 변호사법 제31조 제1항의 위반에 해당한다.

해설 判例는 "변호사법 제31조 제1호에서는 변호사는 당사자 일방으로부터 상의를 받아 그 수임을 승낙한 사건의 상대방이 위임하는 사건에 관하여는 그 직무를 행할 수 없다고 규정하고 있고, 위 규정의 입법취지 등에 비추어 볼 때 동일한 변호사가 형사사건에서 피고인을 위한 변호인으로 선임되어 변호활동을 하는 등 직무를 수행하였다가 나중에 실질적으로 동일한 쟁점을 포함하고 있는 민사사건에서 위 형사사건의 피해자에 해당하는 상대방 당사자를 위한 소송대리인으로서 소송행위를 하는 등 직무를 수행하는 것 역시 마찬가지로 금지되는 것으로 볼 것이며, 이러한 규정은 같은 법 제57조의 규정에 의하여 법무법인에 관하여도 준용된다"(대판 2003.5.30. 2003다15556)라고 하였다. 이후 변호사법 제31조 2항이 신설되어(2008.3.) "법무법인·법무법인(유한)·법무조합이 아니면서도 변호사 2명 이상이 사건의 수임·처리나 그 밖의 변호사 업무 수행시 통일된 형태를 갖추고 수익을 분배하거나 비용을 분담하는 형태로 운영되는 법률사무소는 하나의 변호사로 본다"고 하여 민법상 조합의 형태로 운영되는 법률사무소에 대하여도 동 규정이 적용되게 되었다.

ⓒ Y가 위 손해배상청구소송의 사실심 변론종결시까지 아무런 이의를 제기하지 않았더라도, 변호사법 위반행위라는 사실을 알지 못하고 알지 못한 것에 과실이 없었다면, 무권대리로서 무효라는 주장을 할 수 있다(대판 2003.5.30. 2003다15556). [변시 12]

> [참고판례] 변호사법 제31조 위반한 쌍방대리에 대해 判例는 "변호사법 제16조(현 변호사법 제31조)에 위반되는 소송행위가 무권대리행위라고 하여도 추인하면 효력이 발생한다"(대판 1970.6.30. 70다809)고 판시하여 추인설을 따른 예도 있으나, "제1심에서 피고를 대리하여 소송행위를 하였던 변호사가 항소심에서 원고소송 복대리인으로 출석하여 변론을 한 경우라도 당사자가 그에 대하여 아무런 이의를 제기하지 아니하면 그 소송행위는 소송법상 완전한 효력이 생긴다"(대판 1990.11.23. 90다4037,4044)라고 판시하여 주로 이의설의 입장이다.

ⓔ 만일 甲이 변호사가 아닌 경우에는 위 행위들은 민법 제124조에 따라 무권대리행위가 된다.

[해설] 甲이 비변호인인 임의대리인인 경우에는 민소법 제51조가 적용되어 민법 제124조가 적용된다. 따라서 위 행위는 쌍방대리로서 무효이며, 추인에 의해 유효가 될 수 있을 뿐이다(제60조).

23

> 甲은 2009.1.1. 사망하였고, 그의 아들로 乙, 丙, 丁이 있다. 甲은 생전에 서울 서초구 서초동에 대지 300㎡를 소유하고 있었고, 乙, 丙, 丁이 이를 상속하였다. 乙, 丙, 丁은 위 대지를 분할하여 각자 소유하고자 한다.

㉠ 乙은 다른 공유자인 丙, 丁 전부를 공동피고로 하여 공유물분할청구의 소를 제기하여야 한다.
[모의 10(1)]

[해설] 공유물분할청구의 소는 고유필수적 공동소송이다(대판 2003.12.12. 2003다44615,44622).

㉡ 법원은 乙, 丙, 丁 모두에 대한 화해 또는 분할판결을 하여야 한다. 합의 의사가 있는 丙, 丁 사이에서만 화해로 해결하고, 합의 의사가 없는 乙에 대하여는 乙과 丙, 乙과 丁 사이의 분할을 명하는 판결을 할 수는 없다.
[모의 10(1)]

[해설] 필수적공동소송은 공동소송인 간에 상호연합관계에 있으며 합일확정이 법률상 필수적으로 요구되는 소송이다. 따라서 판결의 합일확정을 위해서 소송자료·소송진행·본안재판의 통일을 요한다(제67조).

㉢ 乙이 현물분할을 청구하였으나 현물로 분할할 수 없는 때에는, 법원은 청구취지의 변경 없이도 경매에 의한 분할을 명할 수 있다.
[변시 14, 모의 12(2)]

[해설] "재판에 의하여 공유물을 분할하는 경우에는 법원은 현물로 분할하는 것이 원칙이고, 현물로 분할할 수 없거나 현물로 분할을 하게 되면 현저히 그 가액이 감손될 염려가 있는 때에 비로소 물건의 경매를 명하여 대금분할을 할 수 있는 것이므로, 위와 같은 사정이 없는 한 법원은 각 공유자의 지분비율에 따라 공유물을 현물 그대로 수개의 물건으로 분할하고 분할된 물건에 대하여 각 공유자의 단독소유권을 인정하는 판결을 하여야 하는 것이고, 그 분할의 방법은 당사자가 구하는 방법에 구애받지 아니하고 법원의 재량에 따라 공유관계나 그 객체인 물건의 제반 상황에 따라 공유자의 지분비율에 따른 합리적인 분할을 하면 되는 것이고, 여기에서 공유지분비율에 따른다 함은 지분에 따른 가액비율에 따름을 의미한다"(대판 1993.12.7. 93다27819).

ⓔ 대지분할이 불가능하면 경매절차에 의한 현금분할이 가능한데, 이 경우 상속지분권자들에게도 공유자의 우선매수권(민사집행법 제140조)이 인정된다.
[모의 10(1)]

ⓜ 乙이 丙과 丁을 피고로 하여 공유물분할청구의 소를 제기하여 판결이 확정되면 형성력뿐만 아니라 기판력도 인정된다.
[모의 12(2)]

해설 형성판결에 형성력 외에 기판력 인정 여부에 관한 논의가 있으나, 기판력을 인정해야 패소판결확정 후 손해배상청구 내지 부당이득반환청구를 막을 수 있으므로 기판력을 인정해야 한다, 判例는 "공유물분 할청구소송이 승소확정판결은 기판력과 집행력이 있는 것이므로 그 확정판결의 원본이 멸실되어 강제 집행에 필요한 집행문을 받을 수 없는 특별한 사정이 없는 한 그와 동일한 소를 제기할 소의 이익이 없다"(대판 1981.3.24. 80다1888)라고 하였다.

제3장 소와 소송물

제1절 소의 의의와 종류

제2절 소송물

01 재판에 의한 공유물분할의 경우 법원은 그 분할방법에 관하여 당사자의 신청에 구애받지 아니 하고 재량에 따라 공유지분 비율에 따른 합리적인 분할을 하면 된다(대판 1991.11.12. 91다27228).

[모의 12(2)]

02 재판에 의하여 공유물을 분할하는 경우에는 법원은 현물로 분할하는 것이 원칙이다(대판 1991.11.12. 91다27228).

[모의 12(2)]

03 토지경계확정의 소는 인접하는 토지의 경계확정을 구하는 소이고 그 토지에 관한 소유권의 범 위나 실체상 권리의 확인을 목적으로 하는 것은 아니므로, 토지경계확정소송에서 당사자가 토지 일부를 시효취득하였는지 여부는 심리할 대상이 되지 못한다(대판 1993.10.8. 92다44503). [모의 16(1)]

04 경계확정소송 중 경계에 관하여 당사자 주장이 일치하게 된 사실만으로 경계확정의 소가 권리 보호이익이 없어 부적법하다고 할 수는 없다(대판 1996.4.23. 95다54761).

05 경계확정의 소에는 처분권주의, 불이익변경금지원칙 등이 적용되지 않으며, 청구기각판결이 허 용되지 않는다.

[모의 16(1)]

해설 형식적 형성소송의 특징으로는 i) 처분권주의·불이익변경금지원칙의 배제, ii) 청구취지 기재완화, iii) 청구기각판결의 불가능 등을 들 수 있다.

06 국유 일반재산의 대부료 등의 지급은 원칙적으로 민사소송의 방법으로 구할 수 없다. [최신판례]

해설 ※ 국유 일반재산의 대부료 등의 지급을 민사소송의 방법으로 구할 수 있는지 여부(원칙적 소극) "국유 일반재산의 대부료 등의 징수에 관하여는 국세징수법 규정을 준용한 간이하고 경제적인 특별구제 절차가 마련되어 있으므로, 특별한 사정이 없는 한 민사소송의 방법으로 대부료 등의 지급을 구하는 것은 허용되지 아니한다"(대판 2014.9.4. 2014다203588).

관련판례 ※ 지방자치단체가 소유하는 공유재산에 대한 소송

"공유 일반재산의 대부료의 징수에 관하여도 지방세 체납처분의 예에 따른 간이하고 경제적인 특 별한 구제절차가 마련되어 있으므로, 특별한 사정이 없는 한 민사소송으로 공유 일반재산의 대부료의

지급을 구하는 것은 허용되지 아니한다"(대판 2017.4.13. 2013다207941). "지방자치단체장은 행정대집행의 방법으로 공유재산에 설치한 시설물을 철거할 수 있고, 이러한 행정대집행의 절차가 인정되는 경우에는 민사소송의 방법으로 시설물의 철거를 구하는 것은 허용되지 아니한다"(대판 2017.4.13. 2013다207941).

07 승소확정판결을 선고받은 상태에서 강제집행이 가능함에도 강제집행에 이르지 않은 채 10년의 소멸시효기간이 임박하여 시효중단을 목적으로 동일한 당사자가 동일한 소를 제기하는 경우 소의 이익이 인정된다.

[모의 15(3)]

해설 ※ 확정된 판결과 동일한 소송물에 기하여 신소를 제기할 수 있는 경우

"확정된 승소판결에는 기판력이 있으므로 당사자는 그 확정된 판결과 동일한 소송물에 기하여 신소를 제기할 수 없는 것이 원칙이나, 시효중단 등 특별한 사정이 있는 경우에는 예외적으로 신소가 허용된다고 할 것인바, 이러한 경우에 신소의 판결이 전소의 승소확정판결의 내용에 저촉되어서는 아니 되므로, 후소 법원으로서는 그 확정된 권리를 주장할 수 있는 모든 요건이 구비되어 있는지 여부에 관하여 다시 심리할 수 없다. 따라서 피고가 후소에서 전소의 확정된 권리관계를 다투기 위하여는 먼저 전소의 승소 확정판결에 대하여 적법한 추완항소를 제기함으로써 그 기판력을 소멸시켜야 할 것인데, 이는 전소의 소장부본과 판결정본 등이 공시송달의 방법에 의하여 송달되어 피고가 그 책임질 수 없는 사유로 전소에 응소할 수 없었던 경우라고 하여 달리 볼 것이 아니다"(대판 2013.4.11. 2012다111340).

08 위 지문의 소가 인정되는 경우, 후소 법원은 확정된 권리를 주장할 수 있는 모든 요건이 구비되어 있는지를 다시 심리할 수 없다.

해설 위 지문 해설 참고

09 확정판결에 의한 채권의 소멸시효기간인 10년의 경과가 임박한 경우, 시효중단을 위한 재소(再訴)에는 소의 이익이 있는데, 시효중단을 위한 후소 절차에서 채무자인 피고가 전소의 변론종결 후에 발생한 변제, 상계, 면제 등과 같은 채권소멸사유를 들어 항변할 수 있고, 이는 소멸시효 완성의 경우에도 마찬가지이다.

[최신판례]

해설 "시효중단을 위한 후소의 판결은 전소의 승소 확정판결의 내용에 저촉되어서는 아니 되므로, 후소 법원으로서는 그 확정된 권리를 주장할 수 있는 모든 요건이 구비되어 있는지에 관하여 다시 심리할 수 없으나, 위 후소 판결의 기판력은 후소의 변론종결 시를 기준으로 발생하므로, 전소의 변론종결 후에 발생한 변제, 상계, 면제 등과 같은 채권소멸사유는 후소의 심리대상이 된다. 따라서 채무자인 피고는 후소 절차에서 위와 같은 사유를 들어 항변할 수 있고 심리 결과 그 주장이 인정되면 법원은 원고의 청구를 기각하여야 한다. 이는 채권의 소멸사유 중 하나인 소멸시효 완성의 경우에도 마찬가지이다.

이처럼 판결이 확정된 채권의 소멸시효기간의 경과가 임박하였는지 여부에 따라 시효중단을 위한 후소의 권리보호이익을 달리 보는 취지와 채권의 소멸시효 완성이 갖는 효과 등을 고려해 보면, 시효중단을 위한 후소를 심리하는 법원으로서는 전소 판결이 확정된 후 소멸시효가 중단된 적이 있어 그 중단사유가 종료한 때로부터 새로이 진행된 소멸시효기간의 경과가 임박하지 않아 시효중단을 위한 재소의 이익을 인정할 수 없다는 등의 특별한 사정이 없는 한, 후소가 전소 판결이 확정된 후 10년이 지나 제기되었다 하더라도 곧바로 소의 이익이 없다고 하여 소를 각하해서는 아니 되고, 채무자인 피고의 항변에 따라 원고의 채권이 소멸시효 완성으로 소멸하였는지에 관한 본안판단을 하여야 한다"(대판 2019.1.17. 2018다24349).

10 위 지문의 소가 인정되는 경우, 후소가 전소 판결이 확정된 후 10년이 지나 제기되었더라도 법원은 채무자인 피고의 항변에 따라 원고의 채권이 소멸시효 완성으로 소멸하였는지에 관한 본안판단을 하여야 한다.

[최신판례]

해설 위 지문 해설 참고

11   소멸시효 중단을 위한 후소로서 기존의 '이행소송'외에 이른바 '새로운 방식의 확인소송'이 허용
된다.   [최신판례]

해설 "시효중단을 위한 후소로서 이행소송 외에 전소 판결로 확정된 채권의 시효를 중단시키기 위한 조치, 즉
'재판상의 청구'가 있다는 점에 대하여만 확인을 구하는 형태의 '새로운 방식의 확인소송'이 허용되고, 채
권자는 두 가지 형태의 소송 중 자신의 상황과 필요에 보다 적합한 것을 선택하여 제기할 수 있다고 보아
야 한다"(대판 2018.10.18. 전합2015다232316).

12   의사의 진술을 명하는 판결에서 그러한 의사의 진술이 있더라도 아무런 법적 효과가 발생하지
아니할 경우라면 소로써 청구할 법률상 이익이 없다(대판 2016.9.30. 2016다200552).   [최신판례]

13   乙이 甲의 X토지에 관한 서류를 위조하여 매매를 원인으로 한 소유권이전등기를 경료한 다음
丙에게 이를 매도하여 소유권이전등기까지 마친 경우, 甲이 丙을 상대로 제기한 소유권이전등기
말소청구가 甲의 패소로 확정되면 乙의 甲에 대한 말소등기의무는 이행불능이 된다. 이러한 경
우, 甲이 丙을 상대로 제기한 소유권이전등기 말소청구가 甲의 패소로 확정되더라도 甲은 乙 명
의의 소유권이전등기의 말소를 구할 소의 이익이 있다.   [변시 15, 모의 14(2),16(2)]

해설 判例는 "순차로 경료된 등기들의 말소를 청구하는 소송은 권리관계의 합일적인 확정을 필요로 하는 필요
적 공동소송이 아니라 통상공동소송이며, 이와 같은 통상공동소송에서는 공동당사자들 상호간의 공격방
어방법의 차이에 따라 모순되는 결론이 발생할 수 있고, 이 경우 후순위 등기에 대한 말소청구가 패소 확정됨
으로써 그 전순위 등기의 말소등기 실행이 결과적으로 불가능하게 되더라도, 그 전순위 등기의 말소를 구할 소의
이익이 없다고는 할 수 없다"(대판 2008.6.12. 2007다36445)고 판시하였다. 판결절차는 분쟁의 관념적 해결절차
로서 사실적인 강제집행절차와는 별도로 독자적인 의미가 있고 집행권을 얻게 되면 채무자에 대한 심리적
압박도 가능하기 때문이다.

14   채무자가 사해행위로 인한 근저당권의 실행으로 경매절차가 진행 중인 부동산을 매각하고 그
대금으로 근저당권자인 수익자에게 피담보채무를 변제함으로써 근저당권설정등기가 말소된 경
우, 채권자는 원상회복을 위하여 사해행위인 근저당권설정계약의 취소를 청구할 소의 이익이 있
다(대판 1997.10.10. 97다8687).   [모의 15(1)]

15   피고가 피담보채무의 액수를 이미 다투고 있다면 원고는 자신의 저당권부 채무를 지급하는 것
을 조건으로 피고에 대한 저당권설정등기말소청구를 할 수 있다(대판 1996.2.23. 95다9310).   [모의 14(1)]

16 | X로부터 A토지를 상속받은 Y는 2016년 8월 현재 1999. 7. 1부터 Z시가 A토지를 침범하여
도로를 개설한 사실을 발견하였다. 이에 Y는 2016 .8. 18 Z시를 상대로 1999. 7. 1부터 인
도시까지 불법점유를 이유로 한 임료 상당의 부당이득반환청구의 소를 제기하였다.

㉠ 당해 소제기는 현재이행의 소와 장래이행의 소가 병합된 경우에 해당한다.

해설 당해 소제기는 변론종결시 기준으로 현재 이행기 도래분에 대한 부당이득반환의 현재이행의 소와 이
행 기가 도래하지 않은 장래부분에 대한 부당이득반환의 장래이행의 소가 병합된 경우이다.

㉡ 당해 소제기는 미리 청구할 필요성이 인정되므로 적법하다.

ⓒ 사안과 달리 '도로폐쇄에 의한 피고의 점유종료일까지의 부당이득 반환청구의 소'를 제기한다면 소는 적법하다.

해설 ※ 장래이행의 소의 적법요건

(1) 청구적격

ⅰ) 청구기초가 되는 사실상법률상 관계가 변론종결 당시 존재하고, ⅱ) 주장하는 장래이행기까지의 상태계속이 확실(기한부청구) 또는 조건성취의 개연성(조건부청구)이 있어야 한다.

(2) 미리청구할 필요(민소법 제251조)

정기행위의 경우 또는 채무자의 임의이행 거부가 있는 경우(이행기 도래 또는 조건의 성취 이전에 의무자가 미리 의무의 존재를 다투거나 조건·기한에 대해 다투는 경우, 계속적·반복적 이행청구의 경우 이미 이행기도래 부분에 대해 불이행한 경우 인정)

☞ 사안의 경우 부당이득반환금지급채무에 대하여 현재 이행기 도래분에 대한 임의이행도 안 되고 있어 장래 이행기 도래분에 대한 묵시적인 거부의사가 있었다고 볼 수 있으므로 미리 청구할 필요는 인정된다. 다만, 청구적격과 관련하여 지방자치단체가 사유지를 도로로 불법점유하는 경우 장래의 임료상당액에 대한 부당이득반환청구에서 判例는 '시가 토지를 매수할 때까지'(대판 1991.10.8. 91다17139), '1990.6.10.까지'(대판 1987.9.22. 86다카2151)는 의무불이행 상태가 장래의 이행기까지 존속하는 것이 변론종결 당시 확정적으로 예정할 수 없으므로 부적법하다고 보았고 '피고의 점유종료일까지'(대판 1994.9.30. 94다32085)는 적법하다고 보았다. 따라서 사안과 같이 '인도시까지'의 불법점유를 이유로 한 부당이득 반환청구는 청구적격이 없어 부적법하다. 다만 ㄷ.과 같이 '도로폐쇄에 의한 피고의 점유종료일까지'의 부당이득반환청구는 청구적격 및 미리청구할 필요가 인정되므로 적법하다.

ⓔ 심리 중 변론종결 전에 이행기가 도래하면 미리 청구할 필요는 문제되지 않는다.

해설 변론종결 전에 이행기가 도래한다면 이는 장래이행의 소가 아닌 현재 이행의 소가 된다.

17 '원고의 소유권 상실일까지'라는 기재는 확정된 이행판결의 집행력에 영향을 미칠 수 없는 무의미한 기재이다.

[최신판례]

해설 그 이유는 다음과 같다. ① '원고의 소유권 상실일까지'라는 기재는 집행문 부여기관, 집행문 부여 명령권자, 집행기관의 조사·판단에 맡길 수 없고, 수소법원이 판단해야 할 사항인 소유권 변동 여부를 수소법원이 아닌 다른 기관의 판단에 맡기는 형태의 주문이다. ② '원고의 소유권 상실일까지'라는 기재는 확정된 이행판결의 집행력에 영향을 미칠 수 없는 무의미한 기재이다. ③ '원고의 소유권 상실일'은 장래의 부당이득반환의무의 '임의 이행' 여부와는 직접적인 관련이 없으므로, 이를 기재하지 않더라도 장래의 이행을 명하는 판결에 관한 법리에 어긋나지 않는다(대판 2019.2.14. 2015다244432).

18 X는 2011.12.8. 자신의 A토지가 수용되어 Y기업자 앞으로 소유권보존등기가 경료되자 Y(한국토지개발공사, 자신의 토지취득절차가 정당하다고 주장) 및 Z(대한민국, 소유권존부에 대해 다툰 바 없다)를 공동피고로 하여 Y에게는 소유권보존등기말소의 이행과 소유권확인을 청구하고, Z를 상대로 소유권확인의 소를 제기하였다.

① Y에 대한 소는 소의 이익이 있어 적법하다.

해설 청구권에 기하여 이행의 소를 제기할 수 있는데도 그 청구권 확인의 소를 제기하면 소의 이익이 없지만, 이행의 소를 제기할 수 있어도 근본적인 해결을 위한 선결적 법률관계에 대한 확인의 소는 적법하다. 즉, 사안에서 X가 Y를 상대로 소유자임을 확인해 달라는 소유권확인의 소는 확인의 소의 보충성에 반하지 않는다.

② Z에 대한 소는 소의 이익이 없다.

해설▶ ※ 국가를 상대로 한 토지소유권확인의 소

"국가를 상대로 한 토지소유권확인청구는 그 토지가 미등기이고 토지대장이나 임야대장상에 등록명의자가 없거나 등록명의자가 누구인지 알 수 없을 때와 그 밖에 국가가 등기 또는 등록명의자인 제3자의 소유를 부인하면서 계속 국가 소유를 주장하는 등 특별한 사정이 있는 경우에 한하여 그 확인의 이익이 있다. …(중략)… 원고는 피고 공사에 대한 승소판결만으로도 위 각 토지에 관한 피고 공사의 소유권보존등기를 말소하고 그 소유권보존등기를 신청할 수 있으므로 피고 대한민국을 상대로 한 위 각 토지에 관한 소유권확인청구는 원고의 위 각 토지의 소유권을 둘러싼 법적 불안정을 해소하는데 필요하고도 적절한 수단이 될 수 없어 그 확인의 이익이 없다 할 것이다"(대판 1995.9.15. 94다27649).

③ 만일 Y가 A토지대장상 소유자로 등록되어 있을 뿐 Y명의의 보존등기는 경료 되지 않은 상태라면 대장기재의 권리추정력이 인정되지 않으므로 X는 Z를 상대로 소유권확인의 소를 제기하여야 한다.

해설▶ ※ 토지 · 임야대장상 소유자로 등록된 자가 있는 경우

"어느 토지에 관하여 등기부나 토지대장 또는 임야대장상 소유자로 등기 또는 등록되어 있는 자가 있는 경우에는 그 명의자를 상대로 한 소송에서 당해 부동산이 보존등기신청인의 소유임을 확인하는 내용의 확정판결을 받으면 소유권보존등기를 신청할 수 있는 것이므로 그 명의자를 상대로 한 소유권확인청구에 확인의 이익이 있는 것이 원칙이지만, 토지대장 또는 임야대장의 소유자에 관한 기재의 권리추정력이 인정되지 아니하는 경우에는 국가를 상대로 소유권확인청구를 할 수밖에 없다"(대판 2010.11.11. 2010다45944).

④ 사안과 달리 A토지가 미등기 · 미등록토지의 경우라면 국가가 A토지를 시효취득한 경우라면, 국가를 상대로 소유권확인을 구할 법률상 이익이 없다.

해설▶ "국가가 미등기 토지를 20년간 점유하여 취득시효가 완성된 경우, 그 미등기 토지의 소유자로서는 국가에게 이를 원인으로 하여 소유권이전등기절차를 이행하여 줄 의무를 부담하고 있는 관계로 국가에 대하여 그 소유권을 행사할 지위에 있다고 보기 어렵고, 또 그가 소유권확인판결을 받는다고 하여 이러한 지위에 변동이 생기는 것도 아니라고 할 것이므로, 이와 같은 사정 하에서는 그 소유자가 굳이 국가를 상대로 토지에 대한 소유권의 확인을 구하는 것은 무용, 무의미하다고 볼 수밖에 없어 확인판결을 받을 법률상 이익이 있다고 할 수 없다"(대판 1995.6.9. 94다13480).

> **비교판례** ※ 미등기건물의 경우
> "가옥대장 비치관리업무는 국가사무라고 할 수도 없고, 건물소유권에 대해 국가가 이를 다투지 않아도 국가는 소유권귀속에 관한 직접 분쟁당사자가 아니어서 확인해 줄 지위에 있지 아니하다. 따라서 국가를 상대로 한 건물소유권확인소송은 원고의 법률상 지위의 불안제거에 실효성이 없는 것으로서 확인의 이익이 없어 부적법하다"(대판 1995.5.12. 94다20464).

⑤ 사안과 달리 토지대장상 X가 소유권을 이전받은 소유자로 등재되어 있고 대장상 최초의 소유명의인은 등재되어 있지 않은 경우라면 X는 국가를 상대로 한 소유권 확인의 이익이 있다.

해설▶ "대장에 원고가 소유권을 이전받은 소유자로 등재되어 있고 대장상 최초의 소유명의인은 등재되어 있지 않은 경우, 대장상 소유권이전등록을 받은 것으로만 등재되어 있음에 불과한 원고는 바로 보존등기를 신청할 수는 없으므로, 이 사건은 대장에 등록명의자가 없거나 등록명의자가 누구인지 알 수 없을 때에 해당하여 원고에게는 확인의 이익이 있다"(대판 2009.10.15. 2009다48633).

제3절 소의 이익

01 소취하가 무효라고 주장하는 자는 기일지정신청을 할 수 있으나 소취하 무효확인의 소를 제기
하여 소취하의 유무효를 다툴 수는 없다.   [모의 13(1)]

> **해설** ※ 당해 절차에서 판단될 문제에 대하여는 별소를 제기하는 것이 허용되지 않는다(확인의 이익).
> 소취하의 효력은 기일지정신청(규칙 제67조 1항)을 통해 판단 받을 수 있으므로 확인의 소를 별도로 제기
> 하는 것은 확인의 이익결여로 부적법하다.
>
> > **관련판례** "항소심 판결상 예비적 청구에 관하여 이루어져야 할 판단이 누락되었음을 알게 된 당사자
> > 로서는 상고를 통하여 그 오류의 시정을 구하였어야 함에도 상고로 다툴 수 없는 특별한 사정이
> > 없었음에도 상고로 다투지 아니하여 그 항소심판결을 확정시켰다면 그 후에는 그 예비적 청구의
> > 전부나 일부를 소송물로 하는 별도의 소송을 새로 제기함은 부적법한 소제기이어서 허용되지 않는
> > 다"(대판 2002.9.4. 98다17145).

02 기간을 정하여 임용된 사립학교 교원이 임용기간 만료 이전에 해임·면직·파면 등의 불이익
처분을 받은 후 그 임용기간이 만료된 때, 처분무효확인청구는 과거의 법률관계의 확인청구에
지나지 않아 부적법하다.

> **해설** 과거의 법률관계의 존부확인은 청구할 수 없다. 따라서 기간을 정하여 임용된 사립학교 교원이 임용기간
> 만료 이전에 해임·면직·파면 등의 불이익 처분을 받은 후 그 임용기간이 만료된 때(대판 2000.5.18. 전합95재
> 다199), 정년이 지난 때(대판 2004.7.22. 2002다57362), 처분무효확인청구는 과거의 법률관계의 확인청구에 지나
> 지 않아 부적법하다. 장래의 권리 또는 법률관계도 확인의 대상이 아니다. 다만 조건부·기한부 권리는 대
> 상이 된다.
>
> > **관련판례** ※ 파면·면직·해임·직위해제 등의 무효확인청구
> > 과거의 법률관계라 할지라도 현재의 권리 또는 법률상 지위에 영향을 미치고 있고 현재의 권리 또는 법률상 지위
> > 에 대한 위험이나 불안을 제거하기 위하여 그 법률관계에 관한 확인판결을 받는 것이 유효적절한 수단이라고 인
> > 정될 때에는 그 법률관계의 확인소송은 즉시확정의 이익이 있다(대판 1993.7.27. 92다40587). 따라서 判例는 ⅰ)
> > 국·공립 또는 사립대 교원이 징계에 의하여 해임이나 파면되었다면 공직이나 교원으로 임용될 수
> > 있는 법률상의 지위에 대한 위험이나 불안을 제거하기 위하여 무효확인을 구할 이익을 인정하였으
> > 나(대판 1993.7.27. 92다40587), ⅱ) 직위해제 또는 면직된 경우에는 파면이나 해임된 경우와는 달리 공직
> > 이나 교원으로 임용되는 데에 있어서 법령상의 아무런 제약이 없으므로 확인의 이익을 부정하였다
> > (대판 2000.5.18. 전합95재다199).

03 채무자의 채무초과가 임박한 상태에서 채권자가 이미 채무자 소유의 목적물에 저당권이 설정되
어 있음을 알면서 자기 채권의 우선적 만족을 위하여 채무자와 통모하여 유치권을 성립시킨 후,
저당권자가 경매절차에서 그 유치권을 배제하기 위하여 유치권자를 상대로 그 부존재의 확인을
구하는 소를 제기한 경우, 확인의 이익이 있다.   [변호 15]

> **해설** ※ 사실상 최우선순위담보권인 유치권의 한계(유치권 주장의 권리남용)
> "ⅰ) 채무자가 채무초과의 상태에 이미 빠져있는 상태에서(또는 그러한 상태가 임박함으로써 채권자가 원
> 래라면 자기 채권의 충분한 만족을 얻을 가능성이 현저히 낮아진 상태에서), ⅱ) '이미 채무자 소유의 목적
> 물에 저당권 등이 설정'되어 있음에도, ⅲ) 채권자가 (유치권의 성립에 의하여 저당권자 등이 그 채권 만족상
> 의 불이익을 입을 것을 잘 알면서) 자기 채권의 우선적 만족을 위하여 채무자와의 사이에 의도적으로 유치권의

성립요건을 충족하는 내용의 거래를 일으키고 그에 기하여 목적물을 점유하게 됨으로써 유치권이 성립하였다면(원칙적으로는 어떠한 부동산에 근저당권과 같이 담보권이 설정된 경우에도 그 설정 후에 제3자가 그 목적물을 점유함으로써 그 위에 유치권을 취득할 수 있다), 유치권자가 그 유치권을 저당권자 등에 대하여 주장하는 것은 권리남용으로서 허용되지 아니한다"(대판 2011.12.22. 2011다84298 ; 그리고 저당권자 등은 경매절차 기타 채권실행절차에서 위와 같은 유치권을 배제하기 위하여 그 부존재의 확인 등을 소로써 청구할 수 있다고 할 것이다).

04 민법상 법인의 임기만료된 이사라도 후임 이사가 선임될 때까지 종전의 직무를 수행할 수 있는 경우에는 후임이사를 선임한 이사회결의무효확인의 소를 제기할 법률상 이익이 있다(대판 2010.9.30. 2010다43580). [모의 12(2)]

05 甲 유한회사의 사원이자 이사인 乙 등이 甲 회사가 사원총회를 열어 乙 등의 보수를 감액하는 내용의 결의를 하자 甲 회사를 상대로 보수감액 결의의 무효확인을 구하는 것은 乙 등의 불안과 위험을 제거하는 유효·적절한 수단이 아니다. [최신판례]

[해설] "확인의 소에 있어서 확인의 이익은 원고의 권리 또는 법률상의 지위에 현존하는 불안·위험이 있고 확인판결을 받는 것이 불안·위험을 제거하는 가장 유효·적절한 수단일 때에만 인정된다. 유한회사에서 상법 제567조, 제388조에 따라 정관 또는 사원총회 결의로 특정 이사의 보수액을 구체적으로 정하였다면, 보수액은 임용계약의 내용이 되어 당사자인 회사와 이사 쌍방을 구속하므로, 이사가 보수의 변경에 대하여 명시적으로 동의하였거나, 적어도 직무의 내용에 따라 보수를 달리 지급하거나 무보수로 하는 보수체계에 관한 내부규정이나 관행이 존재함을 알면서 이사직에 취임한 경우와 같이 직무내용의 변동에 따른 보수의 변경을 감수한다는 묵시적 동의가 있었다고 볼 만한 특별한 사정이 없는 한, 유한회사가 이사의 보수를 일방적으로 감액하거나 박탈할 수 없다. 따라서 유한회사의 사원총회에서 임용계약의 내용으로 이미 편입된 이사의 보수를 감액하거나 박탈하는 결의를 하더라도, 이러한 사원총회 결의는 결의 자체의 효력과 관계없이 이사의 보수청구권에 아무런 영향을 미치지 못한다"(대판 2017.3.30. 2016다21643).

06 부동산담보권 실행을 위한 경매의 배당절차에서 근저당권자의 채권에 대하여 배당이의를 하며 다투는 물상보증인을 상대로 근저당권자가 피담보채권 존재의 확인을 구하는 소를 제기한 경우, 확인의 이익이 있다(대판 2004.3.25. 2002다20742). [변호 15, 모의 12(3),15(1)]

07 | A주식회사의 주주 甲은 乙을 이사로 선임한 주주총회결의에 대하여 부존재확인의 소를 제기하였다.

㉠ 판례에 의하면 甲이 제기한 부존재확인의 소는 그 성질에서 보아 확인소송이다(대판 2011.6.24. 2009다35033). [모의 13(1)·14(3)]

[해설] ※ 주주총회결의부존재확인의 소 및 주주총회결의무효확인의 소의 성질(확인소송)

㉡ 법률상 부존재인 주주총회결의에 대하여 결의무효확인을 청구하고 있다고 하여도 이는 부존재확인의 의미로 무효확인을 청구하는 취지라고 풀이할 수 있다(대판 1983.3.22. 전합82다카1810). [변호 17, 모의 15(3)]

㉢ 甲은 부존재를 구할 확인의 이익이 있는 한 기간의 제한 없이 위 소를 제기할 수 있다(대판 1980.10.27. 79다2267). [변호 17]

ⓔ 위 소에서 청구의 인낙 또는 화해, 조정이 이루어졌다 하더라도 그 인낙조서나 화해, 조정조
서는 효력이 없다.
[변호 17]

> **해설** "주주총회결의의 부존재·무효를 확인하거나 결의를 취소하는 판결이 확정되면 당사자 이외의 제3자에게도
> 그 효력이 미쳐 제3자도 이를 다툴 수 없게 되므로, 주주총회결의의 하자를 다투는 소에 있어서 청구의 인
> 낙이나 그 결의의 부존재·무효를 확인하는 내용의 화해·조정은 할 수 없고, 가사 이러한 내용의 청
> 구인낙 또는 화해·조정이 이루어졌다 하여도 그 인낙조서나 화해·조정조서는 효력이 없다"(대판
> 2004.9.24. 2004다28047).

ⓜ **甲은 A주식회사를 피고로 하여야 한다.**
[변호 17]

> **해설** "주주총회결의부존재확인의 소송에는 그 결의무효확인의 소송에 관한 상법 제380조의 규정이 준용된
> 다 할 것이므로 그 결의부존재확인판결의 효력은 제3자에게 미치고 그 부존재확인소송에 있어서 피고
> 가 될 수 있는 자도 회사로 한정된다"(대판 1982.9.14. 전합80다2425).

ⓗ **사안과 달리 만약 주주 甲이 2014.4.11. 개최된 주주총회에 중대한 흠이 있다고 하면서 회사
를 상대로 주주총회결의의 무효확인소송을 제기하였다면, 원고 甲은 2014.5.12. 위 소송을 주
주총회결의취소청구로 변경할 수 있다.**
[모의 14(3)]

> **해설** ※ 주주총회결의무효확인소송을 주주총회결의취소소송으로 변경하기 위한 요건
> 주주총회결의무효확인소송을 주주총회결의취소소송으로 변경하기 위해서는 원고 甲이 제기한 소송이
> 주주총회결의취소소송의 요건을 갖추고 동시에 소 변경의 요건을 갖추어야 하는데, 사안의 경우 주주 甲이
> 회사를 상대로 주주총회결의 하자를 이유로 주주총회결의일 2월내에 제기하였으므로 취소소송의 요
> 건을 충족하였고, 처음 제기한 주주총회결의무효확인소송과 주주총회결의취소소송은 모두 2014.4.11.
> 에 개최된 주주총회의 흠에 대한 것이므로 청구기초의 동일성이 있고, 모두 민사소송절차로 민사법원
> 관할이고 1심에 해당하므로 소변경의 요건도 충족한 것으로 보인다. 따라서 甲은 소변경을 할 수 있다.
>
> > [관련판례] "주주총회결의취소의 소는 상법 제376조에 따라 결의의 날로부터 2월내에 제기하
> > 여야 하나, 동일한 결의에 관하여 무효확인의 소가 상법 제376조 소정의 제소기간 내에 제
> > 기되어 있다면, 동일한 하자를 원인으로 하여 결의의 날로부터 2월이 경과한 후 취소소송으
> > 로 소를 변경하거나 추가한 경우에도 무효확인의 소 제기시에 제기된 것과 동일하게 취급하
> > 여 제소기간을 준수하였다고 보아야 한다"(대판 2007.9.6. 2007다40000).

ⓢ **만약 원고 甲이 주주총회결의부존재확인의 소를 주주총회결의취소의 소로 바꾸고자 한다면,
이는 청구의 변경에 해당한다고 볼 수 있다.**
[모의 14(2)]

> **해설** 청구의 변경이란 법원과 당사자의 동일성을 유지하면서 청구를 변경하는 것으로서(제262조), 소송물
> 즉 실체법상 권리 또는 법률관계(구실체법설)의 변경이 있어야 한다. 따라서 주주총회결의부존재확인
> 의 소(상법 제380조)와 주주총회결의취소의 소(상법 제376조)는 각각 별개의 권원에 기초하여 총회결
> 의를 다투기 위한 권리이므로, 주주총회결의부존재확인의 소를 주주총회결의취소의 소로 바꾸는 것은
> 청구의 변경에 해당한다.

08 제권판결 불복의 소와 같은 형성의 소는 그 판결이 확정됨으로써 비로소 권리변동의 효력이 발
생하게 되므로 이에 의하여 형성되는 법률관계를 전제로 하는 이행소송 등을 병합하여 제기할
수 없는 것이 원칙이다(대판 2013.9.13. 2012다36661).
[모의 17(1)·18(1)]

> **해설** ※ 제권판결에 대한 취소판결의 확정을 조건으로 한 수표금 청구가 장래이행의 소로서 허용되는지 여
> 부(소극)

09 근저당권의 피담보채무에 관한 부존재확인의 소는 근저당권이 말소되면 과거의 권리 또는 법률 관계의 존부에 관한 것으로서 소의 이익이 없다(대판 2013.8.23. 2012다17585). [모의 15(2)·18(1)]

> 비교판례 과거의 법률관계라 할지라도 ⅰ) 현재의 권리 또는 법률상 지위에 영향을 미치고 있고 ⅱ) 현재의 권리 또는 법률상 지위에 대한 위험이나 불안을 제거하기 위하여 그 법률관계에 관한 확인 판결을 받는 것이 유효적절한 수단이라고 인정될 때에는 그 법률관계의 확인소송은 즉시확정의 이 익이 있다(대판 1993.7.27. 92다40587).

10 근저당권설정등기의 말소를 구할 수 있는 자는 근저당권설정계약에 기한 피담보채무가 존재하 지 아니함의 확인을 구할 확인의 이익이 없다. [모의 12(2)·13(3)·15(1)]

해설 "확인의 소는 원고의 권리 또는 법률상 지위에 현존하는 불안·위험이 있고 확인판결을 받는 것이 그 분쟁 을 근본적으로 해결하는 가장 유효·적절한 수단일 때 허용되는바, 근저당권설정자가 근저당권설정계약 에 기한 피담보채무가 존재하지 아니함의 확인을 구함과 함께 그 근저당권설정등기의 말소를 구하는 경우 에 근저당권설정자로서는 피담보채무가 존재하지 않음을 이유로 근저당권설정등기의 말소를 구하는 것이 분쟁을 유효·적절하게 해결하는 직접적인 수단이 될 것이므로 별도로 근저당권설정계약에 기한 피담보채무가 존재하지 아니함의 확인을 구하는 것은 확인의 이익이 있다고 할 수 없다"(대판 2000.4.11. 2000다5640).

11 매매계약 해제의 효과로서 원상회복청구가 가능한 경우에도 계약해제의 확인을 구할 수 있다. [모의 12(2)·13(3)·15(1)]

해설 "매매계약해제의 효과로서 이미 이행한 것의 반환을 구하는 이행의 소를 제기할 수 있을지라도 그 기본이 되는 매매계약 존부에 대해 다툼이 있어 즉시 확정의 이익이 있는 때에는 계약해제확인을 구할 수 있다" (대판 1982.10.26. 81다108)

12 잔존채무 변제를 조건으로 담보로 경료된 근저당권설정등기 말소를 청구하면서 원고들이 자인 하는 금액을 제외한 나머지 피담보채무의 부존재확인을 구하는 것은 확인의 이익이 있다.

해설 "원고들의 이 사건 채무부존재확인청구는 부동산에 의하여 담보되는 차용금채무에 대하여 원고들이 자인 하는 금액을 제외한 나머지 채무의 부존재확인을 구하는 것인바, 이 같은 소극적 확인소송에 있어서 그 부존 재확인을 구하는 목적인 법률관계가 가분하고 또 분량적으로 그 일부만이 존재하는 경우에는 그 청구전부를 기각 할 것이 아니고 그 존재하는 법률관계의 부분에 대하여 일부 패소의 판결을 하여야 한다"(대판 1982.11.23. 81다 393).

13 甲은 채무자 乙과 함께 공증사무소에 가서 차용증을 공증하였는데 동 차용증에는 채무자 乙의 집행수락문구가 들어있었다. 이 경우 동 차용증은 집행력 이외에 그 원인이 된 실체법상 권리관 계에 기판력이 발생하는 것은 아니므로, 乙이 甲을 상대로 공정증서(차용증)의 작성원인이 된 채무에 관하여 채무부존재확인의 소를 제기한 경우, 위 소송은 확인의 이익이 있어 적법하다. [모의 14(1)]

해설 집행권원이란 사법상 일정한 이행청구권의 존재와 범위를 표시함과 동시에 강제집행으로 그 청구권을 실 현할 수 있는 집행력을 인정한 공정증서로서, 확정된 종국판결(민사집행법 제24조), 공증인이 작성한 공정 증서 등 집행증서(동법 제56조), 조정증서(민사조정법 제29조), 인낙조서(민사집행법 제56조), 확정된 화해 권고결정(제231조) 등이 있다. 이 중 집행증서는 소송을 거치지 않고 집행권원을 확보할 수 있다는 점에서 다른 집행권원과 비교된다. 그러므로 집행력만 발생할 뿐 기판력은 발생하지 아니한다. 이 점이 다른 집행권원과의 차이점이다.

"청구이의의 소는 집행권원이 가지는 집행력의 배제를 목적으로 하는 것으로서 판결이 확정되더라도 당해 집행권원의 원인이 된 실체법상 권리관계에 기판력이 미치지 않는다. 따라서 채무자가 채권자에 대하여 채무부담행위를 하고 그에 관하여 강제집행승낙문구가 기재된 공정증서를 작성하여 준 후, 공정증서에 대한 청구이의의 소를 제기하지 않고 공정증서의 작성원인이 된 채무에 관하여 채무부존재확인의 소를 제기한 경우, 그 목적이 오로지 공정증서의 집행력 배제에 있는 것이 아닌 이상 청구이의의 소를 제기할 수 있다는 사정만으로 채무부존재확인소송이 확인의 이익이 없어 부적법하다고 할 것은 아니다"(대판 2013.5.9. 2012다108863).

14 채무부존재확인의 소에서 채무자가 채권자 주장의 채무 중 일부의 채무가 있음을 인정하고 이를 초과하는 채무는 없다고 다투는 경우, 채무자가 인정하는 채무부분에 대하여는 확인의 이익이 없다(대판 1983.6.14. 83다카37).

15 근저당권자는 유치권 신고를 한 사람을 상대로 유치권 전부의 부존재뿐만 아니라 경매절차에서 유치권을 내세워 대항할 수 있는 범위를 초과하는 유치권의 부존재 확인을 구할 법률상 이익이 있다.

[19년 변호, 18(2)모의]

해설 "근저당권자는 유치권 신고를 한 사람을 상대로 유치권 전부의 부존재뿐만 아니라 경매절차에서 유치권을 내세워 대항할 수 있는 범위를 초과하는 유치권의 부존재 확인을 구할 법률상 이익이 있고, …(중략)… 유치권 부존재 확인소송에서 유치권의 요건사실인 유치권의 목적물과 견련관계 있는 채권의 존재에 대해서는 피고가 주장·증명하여야 한다"(대판 2016.3.10. 2013다99409).

16 유치권부존재확인소송에서 유치권의 요건사실인 유치권의 목적물과 견련관계에 있는 채권의 존재에 대해서는 피고가 주장·증명하여야 한다.

[19년 변호]

해설 "소극적 확인소송에서는 원고가 먼저 청구를 특정하여 채무발생원인 사실을 부정하는 주장을 하면 채권자인 피고는 권리관계의 요건사실에 관하여 주장·증명책임을 부담하므로, 유치권 부존재 확인소송에서 유치권의 요건사실인 유치권의 목적물과 견련관계 있는 채권의 존재에 대해서는 피고가 주장·증명하여야 한다"(대판 2016.3.10. 2013다99409).

17 보험회사가 보험수익자와 보험금 지급책임의 존부나 범위에 관하여 다툼이 있다는 사정만으로 채무부존재확인을 구할 확인의 이익이 인정된다. (대판 2021.6.17. 전합2018다257958,257965) [21년 최신판례]

18
> X는 2014.3.12. Y로부터 TV제조에 필요한 부품을 1천만 원에 매수하면서 2014.3.21. 인도받기로 하고 계약 당일 대금을 지급하였다. 그러나, 약정한 기일이 되도록 Y가 부품을 인도하지 않자, X는 2014.4.1. Y를 상대로 부품인도청구의 소를 제기하면서 매매계약서와 Y로부터 받은 영수증을 증거로 제출하였다. 이에 Y는 매매계약서와 영수증이 위조된 것이라고 주장하였고, 이에 X는 소송도중 매매계약서와 Y로부터 받은 영수증에 대한 진부확인의 소를 제기하였다.
>
> [모의 16(1)유사]

㉠ 영수증에 대한 진부확인의 소는 부적법하다(대판 2007.6.14. 2005다29290).

㉡ 매매계약서에 대한 진부확인의 소는 부적법하다.

해설 "어느 서면에 의하여 증명되어야 할 법률관계를 둘러싸고 이미 소가 제기되어 있는 경우에는 그 소송에서 분쟁을 해결하면 되므로 그와 별도로 그 서면에 대한 진정 여부를 확인하는 소를 제기하는 것은 특별한 사정이 없는 한 확인의 이익이 없다"(대판 2007.6.14. 2005다29290). 따라서 매매계약서가 확인의 대상이 된다고 하더라도 이미 부품청구의 소가 제기된 이상 별도로 매매계약서의 진부확인의 소는 확인의 이익이 없어 부적법하다.

ⓒ 만일 매매계약서의 진부확인의 소가 먼저 제기된 경우라면 이후 부품인도청구의 소가 제기된 경우라도 전소의 확인의 이익이 소멸되는 것은 아니다.

해설 진부확인의 소가 제기된 후에 그 법률관계에 관련된 소가 제기된 경우에는 진부확인의 소의 확인의 이익이 소멸되지 않는다(대판 2007.6.14. 2005다29290).

ⓔ 매매계약서에 대한 진부확인의 소가 적법하다고 볼 경우, Y가 '매매계약은 합의해제로 소멸하였다'고 주장한다면 진부확인의 소는 확인의 이익이 없다.

해설 Y가 '매매계약이 합의해제로 소멸되었다'고 주장하는 이상, 그 서면의 진부가 확정되어도 이에 의하여 원고 주장의 위 권리관계 내지 법률적 지위의 불안이 제거될 수 없다.

19 국가를 상대로 한 토지소유권확인청구는 토지가 미등기이고 토지대장이나 임야대장에 등록명의자가 없거나 등록명의자가 누구인지 알 수 없는 경우, 미등기 토지에 대한 토지대장이나 임야대장의 소유자에 관한 기재에 권리추정력이 인정되지 아니하는 경우, 그 밖에 국가가 등기 또는 등록된 제3자의 소유를 부인하면서 계속 국가 소유를 주장하는 등 특별한 사정이 있는 경우에 한하여 확인의 이익이 있다(대판 2016.10.27. 2015다230815). [최신판례]

20 토지대장상 소유자 표시 중 주소 기재가 일부 누락되어 등록명의자가 누구인지 알 수 없는 경우에는 토지소유자의 채권자가 소유권보존등기의 신청을 위해 토지소유자를 대위하여 국가를 상대로 소유권확인을 구할 이익이 있다(대판 2019.5.16. 2018다242246). [최신판례]

21 취득시효 완성을 원인으로 하는 소유권이전등기청구권을 피보전권리로 하는 부동산처분금지가처분 등기가 마쳐진 후에 가처분채권자가 가처분채무자를 상대로 가처분의 피보전권리에 기한 소유권이전등기를 청구함과 아울러 가처분 등기 후 가처분채무자로부터 소유권이전등기를 넘겨받은 제3자를 상대로 가처분채무자와 제3자 사이의 법률행위가 원인무효라는 사유를 들어 가처분채무자를 대위하여 제3자 명의 소유권이전등기의 말소를 청구하는 경우, 가처분채권자가 채무자를 상대로 본안의 승소판결을 받아 확정되더라도, 위와 같은 제3자에 대한 청구가 소의 이익이 없어 부적법한 것은 아니다(대판 2017.12.5. 2017다237339). [19년 변호유사]

해설 "가처분채권자가 대위 행사하는 가처분채무자의 위 제3자에 대한 말소청구권은 가처분 자체의 효력과는 관련이 없을 뿐만 아니라, 가처분은 실체법상의 권리관계와 무관하게 효력이 상실될 수도 있어, 가처분채권자의 입장에서는 가처분의 효력을 원용하는 외에 별도로 가처분채무자를 대위하여 제3자 명의 등기의 말소를 구할 실익도 있기 때문이다"(대판 2017.12.5. 2017다237339).

22 확인의 이익 등 소송요건이 사실심 변론종결 이후 흠결되거나 흠결이 치유된 경우 상고심에서 이를 참작하여야 한다. [20년 최신판례]

해설 "확인의 이익 등 소송요건은 직권조사사항으로서 당사자가 주장하지 않더라도 법원이 직권으로 조사하여 판단하여야 하고, 사실심 변론종결 이후에 소송요건이 흠결되거나 그 흠결이 치유된 경우 상고심에서도 이를 참작하여야 한다(대판 2020.1.16. 2019다247385).

23 경매절차에서 유치권이 주장되었으나 소유부동산 또는 담보목적물이 매각된 경우, 소유권을 상실하거나 근저당권이 소멸된 소유자와 근저당권자가 유치권의 부존재 확인을 구할 법률상 이익이 없다. [20년 최신판례]

> **해설** "근저당권자에게 담보목적물에 관하여 각 유치권의 부존재 확인을 구할 법률상 이익이 있다고 보는 것은 경매절차에서 유치권이 주장됨으로써 낮은 가격에 입찰이 이루어져 근저당권자의 배당액이 줄어들 위험이 있다는 데에 근거가 있고, 이는 소유자가 그 소유의 부동산에 관한 경매절차에서 유치권의 부존재 확인을 구하는 경우에도 마찬가지이다. 위와 같이 경매절차에서 유치권이 주장되었으나 소유부동산 또는 담보목적물이 매각되어 그 소유권이 이전되어 소유권을 상실하거나 근저당권이 소멸하였다면, 소유자와 근저당권자는 유치권의 부존재 확인을 구할 법률상 이익이 없다"(대판 2020.1.16. 2019다247385).

24 경매절차에서 유치권이 주장되지 아니한 경우, 채권자인 근저당권자는 유치권의 부존재 확인을 구할 법률상 이익이 있으나, 채무자가 아닌 소유자가 유치권의 부존재 확인을 구할 법률상 이익은 없다. [20년 최신판례]

> **해설** "경매절차에서 유치권이 주장되지 아니한 경우에는, 담보목적물이 매각되어 그 소유권이 이전됨으로써 근저당권이 소멸하였더라도 채권자는 유치권의 존재를 알지 못한 매수인으로부터 민법 제575조, 제578조 제1항, 제2항에 의한 담보책임을 추급당할 우려가 있고, 위와 같은 위험은 채권자의 법률상 지위를 불안정하게 하는 것이므로, 채권자인 근저당권자로서는 위 불안을 제거하기 위하여 유치권 부존재 확인을 구할 법률상 이익이 있다. 반면 채무자가 아닌 소유자는 위 각 규정에 의한 담보책임을 부담하지 아니하므로, 유치권의 부존재 확인을 구할 법률상 이익이 없다"(대판 2020.1.16. 2019다247385).

25 확인의 소는 반드시 원·피고 간의 법률관계에 한하지 아니하고 원·피고의 일방과 제3자 또는 제3자 상호 간의 법률관계도 대상이 될 수 있다(대판 2017.3.15. 2014다208255).

26 甲 소유의 부동산에 관하여 乙 명의의 소유권이전등기청구권가등기가 마쳐진 후 위 부동산에 관하여 가압류등기를 마친 丙이 위 가등기가 담보목적 가등기인지 확인을 구한 경우, 丙의 법률상 지위에 현존하는 불안·위험이 존재한다고 볼 수 없고, 담보가등기라는 확인의 판결을 받는 것 외에 달리 구제수단이 없다고 보기 어려우므로, 丙의 청구는 확인의 이익이 없다.

> **해설** "부동산등기법 제92조 제1항은 '등기관은 가등기에 의한 본등기를 하였을 때에는 가등기 이후에 된 등기로서 가등기에 의하여 보전되는 권리를 침해하는 등기를 직권으로 말소하여야 한다'고 규정하고 있다. 따라서 가등기가 담보 목적인지 여부와 상관없이 그 본등기가 이루어지면 가등기 후의 가압류등기는 말소될 수밖에 없다. 즉 이 사건 가등기에 의한 본등기로 인하여 원고의 위 가압류등기가 직권으로 말소되는지 여부가 이 사건 가등기가 순위보전을 위한 가등기인지 담보가등기인지 여부에 따라 결정되는 것이 아니므로, 원고의 법률상 지위에 현존하는 불안·위험이 존재한다고 볼 수 없다. 또한 만약 이 사건 가등기가 담보가등기임에도 불구하고 가등기권자가 청산절차를 거치지 않은 채 본등기를 마친다면, 원고로서는 소유자를 대위하여 그 본등기의 말소를 구할 수 있고 그에 따라 위 가압류등기도 회복시킬 수 있을 것이므로, 담보가등기라는 확인의 판결을 받는 것 외에 달리 구제수단이 없다고 보기도 어렵다"(대판 2017.6.29. 2014다30803).

21.6.1.~22.7.15. 소송의 주체 최신판례

1   영업에 관한 채무의 이행을 구하는 소는 제소 당시 채권 추심 관련 업무를 실제로 담당하는 채권자의 영업소 소재지 법원에 제기할 수 있다.   대결 2022.5.3. 2021마6868

"민법 제467조 제2항의 '영업에 관한 채무'는 영업과 관련성이 인정되는 채무를 의미하고, '현영업소'는 변제 당시를 기준으로 그 채무와 관련된 채권자의 영업소로서 주된 영업소(본점)에 한정되는 것이 아니라 그 채권의 추심 관련 업무를 실제로 담당하는 영업소까지 포함된다. 따라서 영업에 관한 채무의 이행을 구하는 소는 제소 당시 채권 추심 관련 업무를 실제로 담당하는 채권자의 영업소 소재지 법원에 제기할 수 있다"

2   집합건물의 관리단인 甲 관리단이 乙을 상대로 관리비 등의 지급을 구한 경우, 乙이 甲 관리단의 대표자로서 소를 제기한 丙에 대하여 관리단을 대표할 권한이 없다는 취지의 주장을 하였고, 丙이 적법한 절차에 의하여 관리단의 대표자로 선임되었다는 점을 인정할 만한 자료를 찾아볼 수 없다면, 법원은 丙에게 적법한 대표권이 있는지에 관하여 심리·판단하여야 한다.

             대판 2022.4.28. 2021다306904

"비법인사단이 당사자인 사건에서 대표자에게 적법한 대표권이 있는지는 소송요건에 관한 것으로서 법원의 직권조사 사항이므로, 법원으로서는 판단의 기초자료인 사실과 증거를 직권으로 탐지할 의무까지는 없다 하더라도, 이미 제출된 자료들에 의하여 대표권의 적법성에 의심이 갈 만한 사정이 엿보인다면 상대방이 이를 구체적으로 지적하여 다투지 않더라도 이에 관하여 심리·조사할 의무가 있다"

3   채권자대위소송에서 피대위자인 채무자가 실존인물이 아니거나 사망한 사람인 경우, 소는 부적법하다.   대판 2021.7.21. 2020다300893

제3편 제1심 소송절차

제1장 소송의 개시
제2장 소제기의 효과

01 불법행위로 말미암아 신체의 상해를 입었기 때문에 가해자에게 대하여 손해배상을 청구할 경우에 있어서는 그 소송물인 손해는 통상의 치료비 따위와 같은 적극적 재산상 손해와 일실수익 상실에 따르는 소극적 재산상 손해 및 정신적 고통에 따르는 정신적 손해(위자료)의 3가지로 나누어진다(대판 1976.10.12. 76다1313).   [변호 13]

> **비교판례** "원고는 재산상 손해(소극적 손해)에 대하여는 형식상 전부 승소하였으나 위자료에 대하여는 일부 패소하였고, 이에 대하여 원고가 원고 패소부분에 불복하는 형식으로 항소를 제기하여 사건 전부가 확정이 차단되고 소송물 전부가 항소심에 계속되게 된 경우에는, 더욱이 불법행위로 인한 손해배상에 있어 재산상 손해나 위자료는 단일한 원인에 근거한 것인데 편의상 이를 별개의 소송물로 분류하고 있는 것에 지나지 아니한 것이므로 이를 실질적으로 파악하여 항소심에서 위자료는 물론이고 재산상손해(소극적 손해)에 관하여도 청구의 확장을 허용하는 것이 상당할 것이다"(대판 1994.6.28. 94다3063).

02 甲은 자기 소유의 부동산을 乙에게 매도하고 점유를 이전해 준 뒤, 이를 다시 丙에게 매도하고 丙에게 소유권을 이전해 주었다. 乙이 丙을 상대로 채권자대위소송을 제기하여 甲과 丙의 매매가 반사회적 법률행위임을 이유로 소유권이전등기말소를 청구하였으나 패소 확정된 경우, 乙은 甲과 丙의 매매가 통정허위표시임을 이유로 채권자대위소송을 제기하여 丙 명의의 소유권이전등기말소를 청구하면 기판력에 저촉된다.   [변호 17]

해설 채권자대위소송의 소송물은 피대위권리(법정소송담당설)이므로 乙의 丙에 대한 전후소의 소송물은 모두 甲의 丙에 대한 소유권이전등기말소청구권(민법 제214조)이고 반사회적 법률행위 내지 통정허위표시 여부는 등기의 원인무효를 뒷받침하는 공격방법에 불과하다. 이는 구실체법설, 일지설, 이분지설 어느 견해에 따르든 마찬가지이다. 따라서 전후소 소송물 및 당사자가 동일하며 변론종결 이후의 사정이 없으므로 후소는 기판력에 저촉된다.

> **비교판례** "후소에서, 전소에 있어서와 같이 소유권에 기한 방해배제청구권의 행사로서 원고 장성수는 직접, 원고 정동준은 위 원고를 대위하여 위 이인형 명의의 이 사건 각 등기의 말소등기청구를 하는 것이 아니라, 위 약정의 계약당사자로서 그 계약해제에 따른 계약상의 권리에 기하여 원상회복으로 담보물의 반환을 받기 위하여 직접 가등기 및 근저당등기의 말소등기청구를 하고 있는 것이라 할 것이므로, 원고 장성수로서는 전소와 청구원인을 달리하는 것이고 원고 정동준으로서는 청구원인 및 당사자를 전소와 달리 하는 것이라고 할 것이어서 전소의 위 확정판결의 기판력이 이 사건 후소에 미칠 수 없는 것이라 할 것이다"(대판 1993.9.14. 92다1353).

03 원고가 전 소송에서 이 사건과 동일한 피고의 불법행위를 원인으로 적극적, 재산적 손해인 치료비를 청구하면서, 치료비중 일부만을 특정하여 청구하고 그 이외의 부분은 별도 소송으로 청구하겠다는 취지를 명시적으로 유보한 때에는 그 전 소송의 소송물을 그 청구한 일부의 치료비에 한정되는 것이나, 명시방법으로는 일부청구하는 손해의 범위를 잔부청구와 구별하여 그 심리의

범위를 특정할 수 있는 정도의 표시를 하여 전체 손해의 일부로서 우선 청구하고 있는 것임을 밝히는 것으로 족하다. [모의 16(1),17(1)유사]

해설 判例는 일부청구와 기판력의 관계에서 일관하여 '명시적 일부청구설'을 취하고 있다. 즉 묵시적 일부청구의 경우(대판 1993.6.25. 92다33008) 나머지 부분에도 기판력이 미친다고 보면서, 명시적 일부청구의 경우(위 87다카2478판결) 기판력이 미치지 않는다는 입장이다.

04 아버지 소유 부동산을 증여받았음을 전제로 그 소유권의 확인을 구하는 소와 아버지가 사망함에 따라 그 지분소유권을 상속받았음을 전제로 그 지분소유권의 확인을 구하는 소는 민사소송법 제267조 제2항 소정의 '동일한 소'라고 볼 수 없다(대판 1991.5.28. 91다5730). [변호 17유사]

05 채무불이행으로 인한 손해배상청구권에 대한 소멸시효항변이 불법행위로 인한 손해배상청구권에 대한 소멸시효항변을 포함한 것으로 볼 수는 없다(대판 1998.5.29. 96다51110). [변호 15]

06 특정한 권리나 법률관계에 관하여 분쟁이 있어도 제소하지 아니하기로 합의한 경우 이에 위반하여 제기한 소는 권리보호의 이익이 없다(대판 1993.5.14. 92다21760). [모의 12(3)·18(1)]

07 피고가 권리관계를 다투어 원고가 확인의 소를 제기하였고 당해 소송에서 피고가 권리관계를 다툰 바 있다면 특별한 사정이 없는 한 항소심에 이르러 피고가 권리관계를 다투지 않는다는 사유만으로 확인의 이익이 없다고 할 수 없다(대판 2009.1.15. 2008다74130). [모의 18(1)]

08 법인 아닌 사단의 대표자 자격에 관하여 상대방 당사자가 자백하더라도 이는 법원을 구속하지 않는다(대판 1971.2.23. 70다44). [변호 18, 모의 17(3)]

09 기판력의 저촉여부는 법원이 직권으로 조사하여야 하나, 소송요건은 아니다. [모의 16(1)]

해설 判例는 기판력의 존부를 직권조사 사항으로 보지만(대판 1990.10.23. 89다카23329), 기판력의 존부를 소송요건으로 파악하는 것은 아니다. 判例는 확정판결이 있었던 전소와 후소의 소송물이 동일한 경우, 그 확정판결의 기판력이 후소에 미치므로, 그 중 전소의 확정판결에서 원고가 승소한 부분에 해당하는 부분은 권리보호의 이익이 없어 각하해야 하고(대판 2009.12.24. 2009다64215), 후소와 전소송의 당사자 및 소송물이 동일한 경우, 전소송에서 한 원고 청구기각판결의 기판력에 의하여 그 내용과 모순되는 판단을 하여서는 안되는 구속력 때문에 후소는 전소판결의 판단을 채용하여 원고청구기각의 판결을 한다(대판 1989.6.27. 87다카2478)고 하여 모순금지설의 입장이다. 즉, 判例는 전소에서 인용된 부분은 각하해야 하고, 전소에서 기각된 부분은 후소에서 기각하여야 한다고 한다. 判例의 입장에 따르면 원고가 승소한 경우 기판력의 존부는 소송요건에 해당하나, 패소한 경우 기판력의 존부는 소송요건에 해당하지 않게 된다.

10 집행판결을 청구하는 소도 당사자능력 등 소송요건을 갖출 필요가 있다(대판 2015.2.26. 2013다87055).

11 소송물이 특정되었는지 여부는 소송요건으로서 법원의 직권조사사항에 속한다(대판 2011.3.10. 2010다87641). [모의 15(1)]

12 (비)법인의 대표자에게 적법한 대표권이 있는지 여부는 소송요건에 관한 것으로서 법원의 직권조사사항이므로, 법원으로서는 그 판단의 기초 자료인 사실과 증거를 직권으로 탐지할 의무까지는 없다하더라도, 이미 제출된 자료들에 의하여 그 대표권의 적법성에 의심이 갈 만한 사정이 엿보인다면 상대방이 이를 구체적으로 지적하여 다투지 않더라도 이에 관하여 심리·조사할 의무가 있다. [변시 15유사, 모의 16(1)]

해설 이는 당사자가 비법인사단인 경우에도 마찬가지라 할 것이다(대판 2009.12.10. 2009다22846).

13 직권조사사항의 존재가 불명한 경우 원고가 증명책임을 진다. [변호 17유사, 모의 18(1)]

> 해설 본안판결을 받는다는 것 자체가 원고에게 유리함에 비추어 직권조사사항인 소송요건에 대한 입증책임은 원고에게 있다"(대판 1997.7.25. 96다39301).

14 권리보호의 이익의 존부가 불분명할 경우에는 청구가 이유없음이 분명하여도 청구기각 판결을 할 수 없다.

> 해설 소송요건을 본안심리보다 먼저 심사하여야 한다는 소송요건심사의 선순위성을 긍정하는 것이 통설 및 判例의 태도이다. 따라서 소각하 사유와 청구기각 사유가 공존하는 경우, 법원은 소송요건의 선순위성에 의거하여 소를 각하하여야 한다.

15 채무상한을 기재하지 않고 단순히 일정금액을 넘는 채무의 부존재를 확인하는 소를 제기한 경우에도 적법한 소제기에 해당한다.

> 해설 "원고가 상한을 표시하지 않고 일정액을 초과하는 채무의 부존재의 확인을 청구하는 사건에 있어서 일정액을 초과하는 채무의 존재가 인정되는 경우에는, 특단의 사정이 없는 한, 법원은 그 청구의 전부를 기각할 것이 아니라 존재하는 채무부분에 대하여 일부패소의 판결을 하여야 한다"(대판 1994.1.25. 93다9422).

16 소장에 흠이 있는 경우 재판장은 기간을 정하여 보정을 명할 수 있는바, 만약 재판장의 인지보정명령에 따라 인지 상당액의 현금을 납부하는 경우 보정의 효력발생시기는 송달료 수납은행에 현금을 납부한 때이다(대결 2003.12.2. 2003마1161). [모의 14(3),17(1)변형]

17 이미 각하명령이 성립한 이상 그 명령정본이 당사자에게 고지되기 전에 부족한 인지를 보정하였다 하여 위 각하명령이 위법한 것으로 되거나 재도의 고안에 의하여 그 명령을 취소할 수 있는 것은 아니다(대결 2013.7.31. 2013마670). [모의 15(1)]

18 확정된 당사자가 소장의 표시와 다르거나 소장의 표시만으로 분명하지 아니한 때에는 당사자의 표시를 정정·보충시키는 조치를 취하여야 하고 이러한 조치를 취함이 없이 원고에게 보정명령만을 명한 후 소를 각하하는 것은 위법하다(대판 2013.8.22. 2012다68279).

19 청구취지의 특정여부는 직권조사사항이므로 청구취지가 특정되지 않은 경우 법원은 피고의 이의 여부에 불구하고 직권으로 보정을 명하고, 이에 응하지 않을 때에는 소를 각하하여야 한다(대판 2011.9.8. 2011다17090).

20 청구취지는 확정적으로 기재해야 하므로 기한부 청구나 소송외적 조건을 붙여서 청구취지를 기재할 수 없다.

> 해설 그러나 소송내적 조건을 붙여서 청구취지를 기재하는 것은 소송절차의 안정성을 해하지 않으므로 허용된다(예컨대 선택적·예비적 청구, 선택적·예비적 공동소송).

21 항소심 재판장이 독자의 권한으로 항소장각하명령을 할 수 있는 것은 항소장의 송달 전, 즉 항소장의 송달이 불능하여 그 보정을 명하였는데도 이에 응하지 아니한 경우에 한하고, 항소장이 피항소인에게 송달되어 항소심의 변론이 개시된 후에는 피항소인에게 변론기일 소환장 등이 송달불능된다는 이유로 그 보정을 명하고 이에 응하지 않는다하여 항소장 각하명령을 할 수 없다(대결 1981.11.26. 81마275).

> 해설 소장부본송달시를 소장각하명령 할 수 있는 시기로 본다.

22 甲은 수술 후 후유증이 발생하자 2005.5.20. 의사 乙을 상대로 의료과오를 이유로 5,000만원의 손해배상청구의 소를 제기했다. 甲은 소장을 제출하면서 앞으로 시행될 신체감정 결과에 따라 청구금액을 확장할 뜻을 명시한 후, 2009.10.20.에 청구금액을 8,000만 원으로 확장하는 청구확장신청서를 제출했다.

① 乙은 원고 甲의 청구확장에 대하여 5,000만원부분에 대하여만 소제기로 시효가 중단되고 나머지 3,000만원에 대하여는 3년의 소멸시효가 완성되었다고 항변하였으나, 甲은 2005.5.20. 최초의 소제기로 이미 8,000만원 전부에 대해 시효가 중단되었다고 주장한다. 이러한 甲의 재항변은 타당하다. [변호 14,17변형]

해설 判例는 신체 훼손으로 인한 손해배상을 청구하는 사건에서, "그 배상액을 확정하기 위하여 법원의 신체감정을 필요로 하기 때문에, 그 절차를 거친 후 그 감정결과에 따라 청구금액을 확장하겠다는 뜻을 소장에 객관적으로 명백히 표시한 경우에는 소제기에 따른 시효중단 효력은 소장에 기재된 일부청구액뿐만 아니라 손해배상청구권 전부에 대하여 미친다"(대판 1992.4.10. 91다43695)고 하였다.

② 만약 甲이 소장제출시 청구금액을 확장할 뜻을 명시하지 않았다면 3,000만원 부분에 대하여는 이미 시효가 만료되었고, 그렇다면 ①에서의 피고 乙의 항변이 타당하다.

해설 ①.해설 참조

③ 청구 대상으로 삼은 채권 중 일부만을 청구한 경우에도 그 취지로 보아 채권 전부에 관하여 판결을 구하는 것으로 해석되는 경우에는 그 동일성의 범위 내에서 그 전부에 관하여 시효중단의 효력이 발생한다(대판 2001.9.28. 99다72521). [변호 14, 모의 16(3)]

④ 사안과 달리 수술 후 후유증과 관련하여 甲에게 과실이 있는 경우라면 법원은 이를 참작하여 손해배상의 범위를 정함에 있어 채권자가 입은 전체 손해액을 기준으로 판단하여야 한다(대판 1991.1.25. 90다6491). [모의 16(2)]

⑤ 사안과 달리 甲이 5,000만원 부분에 대하여 손해배상을 청구하여 전부승소한 후 3,000만원 부분에 대한 손해배상을 구하는 것으로 청구취지를 확장하기 위해 항소하였다면, 甲이 5,000만원 부분에 대한 청구시 일부청구임을 명시하지 않은 경우 甲의 항소는 적법하다. [모의 16(1),17(1)]

해설 判例는 기본적으로 "상소인은 자기에게 불이익한 재판에 대해서만 상소를 제기할 수 있는 것이고 재판이 상소인에게 불이익한 것인가의 여부는 재판의 주문을 표준으로 하여 결정되는 것"이라고 하여 당사자의 신청과 판결주문을 비교하여 '판결주문'이 더 불리한 경우 상소이익을 긍정하는 형식적 불복설의 입장이다. 그러나 "일부만 청구하는 것이라는 취지를 명시하지 않은 경우에는 그 확정판결의 기판력은 나머지 부분에까지 미치는 것이어서 별소로써 나머지 부분에 관하여 다시 청구할 수는 없으므로, 일부 청구에 관하여 전부 승소한 채권자는 나머지 부분에 관하여 청구를 확장하기 위한 항소가 허용되지 아니한다면 나머지 부분을 소구할 기회를 상실하는 불이익을 입게 되고, 따라서 이러한 경우에는 예외적으로 전부 승소한 판결에 대해서도 나머지 부분에 관하여 청구를 확장하기 위한 항소의 이익을 인정함이 상당하다"(대판 1997.10.24. 96다12276)고 하여 청구취지확장을 위한 항소를 인정한다. ☞ 따라서 甲이 애초에 일부청구임을 명시하지 않고 5,000만원 부분에 대하여 전부승소했더라도 항소가 부적법하게 된다면 甲은 나머지 3,000만원 부분을 소구할 기회를 상실하는 불이익을 입게 되고, 따라서 甲의 항소는 적법하다.

23

> X는 2013.1.3. Y와 자기 소유 A동산을 보관하는 계약을 체결하였으나, Y는 A동산이 단종된 모델이라는 사실을 알고는 비싼 값에 팔 수 있겠다는 생각에 2013.2.4. Z에게 A동산을 200만 원에 고의로 매도하여 Z가 선의취득하였다. 이를 알게 된 X는 2013.4.5. Y를 상대로 보관계약상 채무불이행을 원인으로 하는 손해배상청구의 소(제1소송)를 제기하는 한편(소장부본은 13.4.17.송달), 별소로서 2013.4.7. 불법행위를 원인으로 하는 손해배상청구의 소(제2소송)를 제기하였다(소장부본은 13.4.15. 송달). 이에 Y는 2012.12.25. 법원에 계속 중이던 Y의 X에 대한 대여금청구의 소의 소송물인 대여금청구권을 제2소송에서 자동채권으로 하여 상계항변을 하였다.

㉠ **제1소송은 중복소제기에 해당하지 않는다.**   [변호 13, 모의 16(3)]

해설 중복소제기에 해당하려면, ⅰ) 전·후소 당사자의 동일, ⅱ) 소송물의 동일, ⅲ) 전소계속 중 별소제기라는 요건을 갖추어야 한다(제259조). 判例는 "전소와 후소의 판별기준은 소송계속의 발생시기, 즉 소장이 피고에게 송달된 때의 선후에 의할 것"(대판 1994.11.25. 94다12517,12524)이라고 하여 소송계속의 발생시기는 소장부본의 송달로 보고 있으므로 사안의 경우 소장부본의 송달시가 제1소송이 제2소송보다 뒤에 있기 때문에 제1소송이 중복소제기에 해당하는지가 문제된다. 그러나 소송물에 관한 통설·판례의 태도인 구실체법설에 따르면, 실체법상 권리가 다르면 소송물이 다르게 된다. 그런데 제1소송의 소송물은 채무불이행을 원인으로 하는 손해배상청구권이고, 제2소송의 소송물은 불법행위를 원인으로 하는 손해배상청구권으로서 별개의 소송물이다. 따라서 위 소송들은 중복소제기금지원칙에 위배되지 않는다.

㉡ **제2소송에서 Y의 상계항변은 중복소제기가 아니다.**   [변호 12]

해설 判例는 별소로 청구한 반대채권을 가지고 상계항변을 한 사건에서(별소선행형) "사실심 재판부로서는 전소와 후소를 같은 기회에 심리·판단하기 위하여 이부, 이송 또는 변론병합 등을 시도함으로써 기판력의 저촉·모순을 방지함과 아울러 소송경제를 도모함이 바람직하였다고 할 것이나, 그렇다고 하여 특별한 사정이 없는 한 별소로 계속 중인 채권을 자동채권으로 하는 소송상 상계의 주장이 허용되지 않는다고 볼 수는 없다"(대판 2001.4.27. 2000다4050)고 하여, 중복소제기가 아니라는 입장이다. 그러나 상계항변으로 제출한 자동채권과 동일한 채권으로 별소를 제기(항변선행형)한 경우에는 판시한 바 없다.

㉢ **만일 ㉡.지문에서 Y의 상계항변에 대해 제2소송에서 본안판단할 수 있는 경우라도 법원은 Y의 상계항변을 받아들일 수 없다.**   [변호 14변형]

해설 채무가 고의의 불법행위로 인한 것인 때에는 그 채무자는 상계로 채권자에게 대항하지 못한다(민법 제496조). 따라서 X의 채권이 Y고의의 불법행위로 인한 손해배상채권인 이상 Y는 이를 수동채권으로 하여 자신의 채권과 상계할 수 없다.

㉣ **만일 제1소송이 먼저 확정되고 후에 제2소송이 순차적으로 확정되었으나 판결의 결과가 서로 모순되는 경우에는, 소송물을 당사자의 신청(청구취지)에 따라 판단하는 일지설에 의하더라도 소송계속의 선후에 따라 제1소송에 대한 판결이 재심으로 취소되는 것이 아니라, 어느 것이 먼저 제소되었는가에 관계없이 뒤의 확정판결이 재심사유가 될 뿐이다.** [변호 15, 모의 16(3)]

해설 소송물에 관한 일지설에 따르면 소송물은 '신청'이므로 제1소송과 제2소송의 소송물은 동일하게 된다. 또한, 중복된 소제기에서 전소와 후소의 판별기준은 소송계속의 발생시기, 즉 소장부본이 피고에게 송달된 때의 선후에 의하므로, 제1소송은 중복소제기에 해당한다. 중복된 소제기임을 간과하고 본안판결을 한 경우 판결확정 전이면 상소로 다툴 수 있으나, 판결확정 후에는 당연히 재심사유가 되는 것은 아니고 당연무효의 판결이 되는 것도 아니다(대판 1995.12.5. 94다59028). 다만, 전·후 양소의 판결이 모두 확정되었으나 서로 모순·저촉되는 경우에는 어느 것이 먼저 제소되었는가에 관계없이 뒤의 확정판결(사안에서는 제2소송의 판결)이 재심사유가 될 뿐이다(민사소송법 제451조 제1항 10호).

24

> 공작기계 판매업자 甲은 乙에게 목공용 선반 1개를 3천만 원에 매도하였으나, 乙은 대금 지급기일까지 지급하지 않고 있다. 이에 채권자 甲은 乙이 丙에 대해 5천만 원의 대여금 채권을 가지고 있는 것을 발견하고 乙을 대위하여 丙에게 위 대여금을 청구하는 소를 제기하였다.

㉠ **甲의 乙에 대한 채권이 부존재하는 경우 법원은 甲의 청구에 대해 소각하 판결을 하여야 한다.**
[모의14(1)]

해설▶ 채권자대위소송에서 대위에 의하여 보전될 채권자의 채무자에 대한 권리(피보전채권)가 존재하는지 여부는 소송요건이다(대판 2009.4.23. 2009다3234). 따라서 흠결시 소각하 판결을 하여야 한다.

㉡ **乙이 丙에게 별소로 대여금 청구를 한 경우 별소 법원은 乙이 甲의 소제기 사실을 아는지 여부와 관계없이 乙의 소를 각하하여야 한다.**
[변호 13, 모의10(1)·12(3)·13(2)·17(1)]

해설▶ 判例는 "원고가 소유권이전등기말소소송을 제기하기 전에 이미 원고의 채권자가 같은 피고를 상대로 채권자대위권에 의하여 원고를 대위하여 그 소송과 청구취지 및 청구원인을 같이하는 내용의 소송을 제기하여 계속 중에 있다면, 양 소송은 비록 그 당사자는 다르다 할지라도 실질상으로는 동일소송이므로, 원고가 제기한 소송은 민사소송법 제234조 소정의 이른바 중복소송 금지규정에 저촉되는 것이다"(대판 1995.4.14. 94다29256)라고 하여 채무자의 인식여부와 관계없이 중복소제기를 긍정한다.

> **참고판례** ※ 채무자의 소송 중에 채권자의 대위의 소 제기가 중복소제기인지 여부
> "채권자가 채무자를 상대로 제기한 소송이 계속 중 제3자가 채권자를 대위하여 같은 채무자를 상대로 청구취지 및 원인을 같이하는 내용의 소송을 제기한 경우에는 양 소송은 동일소송이므로 후소는 중복제소금지규정에 저촉된다"(대판 1981.7.7. 80다2751) ⇨ 이 경우 역시 소송담당설 입장에서는 전·후소의 소송물이 동일하므로 중복소제기로 볼 수 있으나, 중복소제기의 문제 이전에 당사자적격 흠결로 각하하는 것이 더 타당하다. "채권자대위권은 채무자가 제3채무자에 대한 권리를 행사하지 아니하는 경우에 한하여 채권자가 자기의 채권을 보전하기 위하여 행사할 수 있는 것이기 때문에 채권자가 대위권을 행사할 당시 이미 채무자가 그 권리를 재판상 행사하였을 때에는 설사 패소의 확정판결을 받았더라도 채권자는 채무자를 대위하여 채무자의 권리를 행사할 당사자적격이 없다"(대판 1993.3.26. 92다32876).
> **비교판례** ※ 채권자가 채권자대위권을 행사하는 방법으로 제3채무자에 대하여 소송을 제기하여 판결을 받은 경우에 그 확정판결의 효력이 미치는 범위
> "채권자가 채권자대위권을 행사하는 방법으로 제3채무자를 상대로 소송을 제기하고 판결을 받은 경우에는 어떠한 사유로 인하였던 적어도 채무자가 채권자 대위권에 의한 소송이 제기된 사실을 알았을 경우에는 그 판결의 효력은 채무자에게 미친다"(대판 1975.5.13. 74다1664).

㉢ **만약, 위 甲의 대위소송 중 乙의 다른 채권자 丁이 乙을 대위하여 丙에게 위 대여금을 청구하는 소를 제기하였다면, 중복제소에 해당한다.**
[모의11(1)·14(2)·17(2)]

해설▶ "채권자대위소송이 이미 법원에 계속 중에 있을 때 같은 채무자의 다른 채권자가 동일한 소송물에 대하여 채권자대위권에 기한 소를 제기한 경우 시간적으로 나중에 계속하게 된 소송은 중복제소금지의 원칙에 위배하여 제기된 부적법한 소송이 된다"(대판 1994.2.8. 93다53092).

㉣ 甲과 丙의 소송 중 丙은 乙에 대한 손해배상채권 1천만 원을 상계항변으로 주장하였다. 이 때 丙이 별소로 乙에 대해 위 손해배상채권 1천만 원을 청구함은 중복제소에 해당하지 않는다. [변호15 · 16, 모의14(1)]

해설 ※ 별소로 계속 중인 채권을 자동채권으로 하는 상계의 주장이 후소에서 허용되는지 여부

判例는 별소로 청구한 반대채권을 가지고 상계항변을 한 (별소선행형) 사건에서 "상계의 항변을 제출할 당시 이미 자동채권과 동일한 채권에 기한 소송을 별도로 제기하여 계속 중인 경우, 사실심의 담당 재판부로서는 전소와 후소를 같은 기회에 심리 · 판단하기 위하여 이부, 이송 또는 변론병합 등을 시도함으로써 기판력의 저촉 · 모순을 방지함과 아울러 소송경제를 도모함이 바람직하였다고 할 것이나, 그렇다고 하여 특별한 사정이 없는 한 별소로 계속 중인 채권을 자동채권으로 하는 소송상 상계의 주장이 허용되지 않는다고 볼 수는 없다"(대판 2001.4.27. 2000다4050)고 판시한 바 있다. 사안의 경우 상계항변선행형 사건이나 판례의 취지에 비추어 丙 의 손해배상청구는 중복제소에 해당하지 않는다. 그러나 별소 허용시, 심판의 모순, 저촉의 우려가 있으므로 단일절차로 병합되도록 노력하여야 한다.

25 여러 명의 채권자가 동시에 또는 시기를 달리하여 사해행위취소 및 원상회복청구의 소를 제기한 경우 이들 소가 중복제소에 해당하지 아니할 뿐 아니라, 어느 한 채권자가 동일한 사해행위에 관하여 사해행위 취소 및 원상회복청구를 하여 승소판결을 받아 그 판결이 확정되었다는 것만으로는 그 후에 제기된 다른 채권자의 동일한 청구가 권리보호이익이 없어지게 되는 것은 아니다(대판 2008.4.24. 2007다84352). [변호 17유사]

26 소가 중복제소에 해당하지 아니한다는 것은 소극적 소송요건으로서 법원의 직권조사 사항이고 (대판 1990.4.27. 88다카25274), 이를 간과한 판결은 당연무효는 아니며 상소할 수 있다. 그러나 판결이 확정되면 하자는 치유되고 재심사유가 되지 않는다(민소법 제451조). [변호 15, 모의 11(1)]

27 전 소송에서 불법행위를 원인으로 치료비청구를 하면서 일부만을 특정하여 청구하고 그 이외의 부분은 별도소송으로 청구하겠다는 취지를 명시적으로 유보한 경우, 전 소송의 계속중에 동일한 불법행위를 원인으로 유보한 나머지 치료비청구를 별도소송으로 제기하였다 하더라도 중복제소에 해당하지 아니한다(대판 1985.4.9. 84다552). [모의 16(1),17(1)]

28 채권자대위소송 계속 중 채무자의 제3채무자에 대한 소송이 제기된 경우(대판 1992.5.22. 91다41187), 채무자가 제3채무자를 상대로 제기한 소송이 계속 중 채권자대위소송을 제기한 경우(대판 1981.7.7. 80다2751), 어느 채권자대위소송의 계속 중 다른 채권자가 채권자대위권에 기한 소를 제기한 경우(대판 1994.2.8. 93다53092), 모두 시간적으로 나중에 계속하게 된 소송은 중복소제기금지의 원칙에 위배하여 제기된 부적법한 소송이 되며 이때 채무자가 대위소송의 제기사실을 알았는지 여부는 고려하지 않는다. [변호 13변형, 모의 11(1),12(3),13(2),14(2)]

29 회사가 대표소송에 당사자로서 참가하는 것은 소송경제가 도모되고 판결의 모순저촉을 유발할 가능성도 없으며 회사의 권익을 보호하려한 상법 제404조 제1항 입법취지상 중복제소가 아니다 (대판 2002.3.15. 2000다9086). [변호 14,17, 모의 13(2),14(2)]

30

甲은 乙에게 자동차를 6천만 원에 매도하였으나, 乙은 대금 지급기일까지 지급하지 않고 있다. 이에 채권자 甲은 乙이 丙에 대해 5천만 원의 대여금 채권을 가지고 있는 것을 발견하고 乙을 대위하여 丙에게 위 대여금을 청구하는 소를 2014.5.7 제기하였다(소장 부본은 2014.5.12.송달). 丙은 乙을 상대로 담보로 제공한 X토지의 근저당권설정등기 말소 청구의 소를 2014.4.7.제기했는데(소장 부본은 2014.4.10.송달) 이 소송에서 乙은 5천만원 대여금청구의 반소를 2014.5.6. 제기하였다(반소장 부본은 2014.5.11.송달).

㉠ **甲의 丙에 대한 청구는 부적법하여 각하되어야 한다.**　　　　　[변호 13, 모의 12(3),13(2),14(1)]

해설 ※ **채무자의 소송 중에 채권자의 대위의 소 제기가 중복소제기인지 여부(적극)**

① "채권자가 채무자를 상대로 제기한 소송이 계속 중 제3자가 채권자를 대위하여 같은 채무자를 상대로 청구취지 및 원인을 같이하는 내용의 소송을 제기한 경우에는 양 소송은 동일소송이므로 후소는 중복제소금지규정에 저촉된다"(대판 1981.7.7. 80다2751). 이 경우 역시 소송담당설 입장에서는 전·후소의 소송물이 동일하므로 중복소제기로 볼 수 있으나, 중복소제기의 문제 이전에 당사자적격 흠결로 각하하는 것도 가능하다. ② "채권자대위권은 채무자가 제3채무자에 대한 권리를 행사하지 아니하는 경우에 한하여 채권자가 자기의 채권을 보전하기 위하여 행사할 수 있는 것이기 때문에 채권자가 대위권을 행사할 당시 이미 채무자가 그 권리를 재판상 행사하였을 때에는 설사 패소의 확정판결을 받았더라도 채권자는 채무자를 대위하여 채무자의 권리를 행사할 당사자적격이 없다"(대판 1993.3.26. 92다32876).

☞ 사안에서 甲의 丙에 대한 대위소송의 소송계속이 발생하기 이전에(2014.5.12.), 乙의 丙에 대한 반소가 먼저 제기되고 반소장 부본 송달도 먼저 이루어졌으므로 甲의 소는 금지되는 중복제소 또는 당사자 적격 흠결로 부적법하다.

㉡ **乙과 丙이 소송중에 서로 합의하여 본소와 반소를 모두 취하하였더라도 甲의 대위소송은 부적법하므로 본안판결 받을 수 없다.**　　　　　[변호 13,15, 모의 12(3),16(3),17(1)유사]

해설 "채권자 대위권은 채무자가 제3채무자에 대한 권리를 행사하지 않는 경우에 한해 채권자가 자기의 채권을 보전하기 위해 행사할 수 있는 것이어서, 채권자가 대위권을 행사할 당시에 이미 채무자가 그 권리를 재판상 행사하였을 때는 채무자를 대위해 채무자의 권리를 행사할 당사자 적격이 없다. 채무자가 반소를 제기한 후 설령 그 반소가 적법하게 취하되었다고 하더라도 반소 후에 제기된 채권자에 의한 채권자대위권의 행사는 부적법하다"(대판 2016.4.12. 2015다69372).

㉢ **사안과 달리, 甲이 乙의 丙에 대한 채권의 압류채권자로서 丙을 상대로 추심의 소를 제기한 경우라면 甲의 청구는 금지되는 중복소송에 해당하지 않는다.**　　　　　[모의 15(3),17(1)]

해설 ※ **채무자의 소송 중에 압류채권자의 추심의 소 제기가 중복소제기인지 여부**

"ⅰ) 채무자가 제3채무자를 상대로 제기한 이행의 소가 이미 법원에 계속되어 있는 상태에서 압류채권자가 제3채무자를 상대로 제기한 추심의 소의 본안에 관하여 심리·판단한다고 하여, 제3채무자에게 불합리하게 과도한 이중 응소의 부담을 지우고 본안 심리가 중복되어 당사자와 법원의 소송경제에 반한다거나 판결의 모순·저촉의 위험이 크다고 볼 수 없다. ⅱ) 압류채권자는 채무자가 제3채무자를 상대로 제기한 이행의 소에 민사소송법 제81조, 제79조에 따라 참가할 수도 있으나, 채무자의 이행의 소가 상고심에 계속 중인 경우에는 승계인의 소송참가가 허용되지 아니하므로 압류채권자의 소송참가가 언제나 가능하지는 않으며, 압류채권자가 채무자가 제기한 이행의 소에 참가할 의무가 있는 것도 아니다. ⅲ) 채무자가 제3채무자를 상대로 제기한 이행의 소가 법원에 계속되어 있는 경우에도 압류채권자는 제3채무자를 상대로 압류된 채권의 이행을 청구하는 추심의 소를 제기할 수 있고, 제3채무자를 상대로 압류채권자가 제기한 추심의 소는 채무자가 제기한 이행의 소에 대한 관계에서 민사소송법 제259조가 금지하는 중복된 소제기에 해당하지 않는다"(대판 2013.12.18. 전합2013다202120).

31 민사소송에서 중복제소금지는 소송요건에 관한 것으로서 사실심의 변론종결 시를 기준으로 판단하여야 하므로, 전소가 후소의 변론종결 시까지 취하·각하 등에 의하여 소송계속이 소멸되면 후소는 중복제소금지에 위반되지 않는다. [21년 최신판례]

해설 " 민사소송법 제259조는 "법원에 계속되어 있는 사건에 대하여 당사자는 다시 소를 제기하지 못한다."라고 정하고 있다. 민사소송에서 중복제소금지는 소송요건에 관한 것으로서 사실심의 변론종결 시를 기준으로 판단하여야 하므로, 전소가 후소의 변론종결 시까지 취하·각하 등에 의하여 소송계속이 소멸되면 후소는 중복제소금지에 위반되지 않는다(대판 2021.5.7. 2018다259213).

32 민사소송법 제267조 제2항은 "본안에 대한 종국판결이 있은 뒤에 소를 취하한 사람은 같은 소를 제기하지 못한다."라고 정하고 있는데, 여기에서 '같은 소'는 반드시 기판력의 범위나 중복제소금지에서 말하는 것과 같은 것은 아니므로, 당사자와 소송물이 같더라도 이러한 규정의 취지에 반하지 않고 소제기를 필요로 하는 정당한 사정이 있다면 다시 소를 제기할 수 있다. [21년 최신판례]

해설 "민사소송법 제267조 제2항은 "본안에 대한 종국판결이 있은 뒤에 소를 취하한 사람은 같은 소를 제기하지 못한다."라고 정하고 있다. 이는 소취하로 그동안 판결에 들인 법원의 노력이 무용화되고 다시 동일한 분쟁을 문제 삼아 소송제도를 남용하는 부당한 사태를 방지할 목적에서 나온 제재적 취지의 규정이다. 여기에서 '같은 소'는 반드시 기판력의 범위나 중복제소금지에서 말하는 것과 같은 것은 아니고, 당사자와 소송물이 같더라도 이러한 규정의 취지에 반하지 않고 소제기를 필요로 하는 정당한 사정이 있다면 다시 소를 제기할 수 있다(대판 2021.5.7. 2018다259213).

33 甲 주식회사가 乙 등에 대하여 가지는 정산금 채권에 대하여 甲 회사의 채권자 丙이 채권압류 및 추심명령을 받아 乙 등을 상대로 추심금 청구의 소를 제기하였다가 항소심에서 소를 취하하였는데, 그 후 甲 회사의 다른 채권자 丁 등이 위 정산금 채권에 대하여 다시 채권압류 및 추심명령을 받아 乙 등을 상대로 추심금 청구의 소를 제기하였다면, 丁 등은 선행 추심소송과 별도로 자신의 채권집행을 위하여 위 소를 제기한 것이므로 재소금지 규정에 반하지 않는다(대판 2021.5.7. 2018다259213). [21년 최신판례]

34 A의 C에 대한 약정금의 지급을 구하는 전소 계속 중 원고 A는 자신의 약정금채권을 B에게 양도하였다고 주장하여 B에 대한 소송인수를 신청하였고, 법원의 인수결정 후 전소에서 탈퇴하였다. 이후 법원은 A와 B 사이의 채권양도가 소송행위를 하기 하는 것을 주목적으로 이루어져 무효라는 이유로 소를 각하하였다. 항소심도 같은 이유로 항소기각하였고 이에 B가 상고하였다. 상고심은 무효인 채권양도를 원인으로 하는 B의 청구는 기각되어야 함에도 항소심이 이를 부적법하다고 판단한 것은 잘못이지만, 불이익변경금지 원칙상 상고를 기각하였고 이는 그대로 확정되었다. 전소판결이 확정된 날로부터 6개월 이내, 다만 소송탈퇴로부터는 6개월이 지난 시점에 A는 C를 상대로 다시 동일한 약정금의 지급을 구하는 후소를 제기하였다. 이 경우 A의 후소제기에 의해 A가 전소를 제기함으로써 발생한 시효중단의 효력은 그대로 유지된다.

해설 "소송목적인 권리를 양도한 원고는 법원이 소송인수 결정을 한 후 피고의 승낙을 받아 소송에서 탈퇴할 수 있는데(민사소송법 제82조 제3항, 제80조), 그 후 법원이 인수참가인의 청구의 당부에 관하여 심리한 결과 인수참가인의 청구를 기각하거나 소를 각하하는 판결을 선고하여 그 판결이 확정된 경우에는 원고가 제기한 최초의 재판상 청구로 인한 시효중단의 효력은 소멸한다. 다만 소송탈퇴는 소취하와는 그 성질이 다르며, 탈퇴 후 잔존하는 소송에서 내린 판결은 탈퇴자에 대하여도 그 효력이 미친다(민사소송법 제82조 제3항, 제80조 단서). 이에 비추어 보면 인수참가인의 소송목적 양수 효력이 부정되어 인수참가인에 대한 청구기각 또는 소각하 판결이 확정된 날부터 6개월 내에 탈퇴한 원고가 다시 탈퇴 전과 같은 재판상의 청구 등을 한 때에는, 탈퇴 전에 원고가 제기한 재판상의 청구로 인하여 발생한 시효중단의 효력은 그대로 유지된다고 봄이 타당하다"(대판 2017.7.18. 2016다35789).

제3장 변 론

제1절 변론의 여러 가지 원칙

01 채권자취소권은 법원에 소를 제기하는 방법으로 행사하여야 하고, 피고가 소송에서 항변으로 행사할 수는 없다(대판 1995.7.25. 95다8393).
[변호 12, 모의 16(1)]

02 채권자가 사해행위의 취소 및 원상회복을 구함에 대하여 법원이 원상회복으로 원물반환이 아닌 가액배상을 명하고자 할 경우, 청구취지의 변경 없이 곧바로 가액배상을 명하는 것도 처분권주의에 반하지 않는다.
[변호 12]

> 해설 "사해행위인 계약 전부의 취소와 부동산 자체의 반환을 구하는 청구취지 속에는 위와 같이 일부취소를 하여야 할 경우 그 일부취소와 가액배상을 구하는 취지도 포함되어 있다고 볼 수 있으므로 청구취지의 변경이 없더라도 바로 가액반환을 명할 수 있다"(대판 2001.6.12. 99다20612).
> ☞ 법원은 당사자가 특정하여 신청한 사항에 대하여 당사자의 신청범위 내에서만 판단하여야 한다(민소법 제203조). 당사자의 신청사항과 완전히 일치하지 않더라도 신청사항에 의하여 추단되는 원고의 합리적 의사에 부합되는 정도이면 된다.

03 '집행'불능시의 대상청구(장래이행의 소) 속에 예비적으로 '이행'불능시의 전보배상청구(현재이행의 소)도 포함된 것으로 볼 수는 없다(대판 1962.12.16. 67다1525).

04 국가 명의로 소유권보존등기가 경료된 토지에 관하여 甲 명의의 소유권이전등기가 경료되었는데, 위 토지를 사정받은 乙이 국가와 甲을 상대로 등기말소를 구하는 소를 제기하여, 국가는 乙에게 원인무효인 소유권보존등기의 말소등기절차를 이행할 의무가 있고 甲 명의의 소유권이전등기는 등기부취득시효 완성을 이유로 유효하다는 취지의 판결이 확정되었다. 그 후 乙이 국가를 상대로 국가의 불법행위를 이유로 토지의 소유권 상실로 인한 손해배상을 구한 사안에서, 법원은 국가에 대하여 소유권보존등기 말소등기절차 이행의무의 이행불능으로 인한 손해배상책임을 인정할 수 없다(대판 2012.5.17. 전합2010다28604).
[변호 14]

> 해설 법원은 乙의 청구대로 불법행위로 인한 손해배상책임을 인정해야하고, 이행불능으로 인한 손해배상책임을 인정할 수는 없다.

05 판례는 교통사고에 의한 손해배상청구에서 적극적 손해, 소극적 손해, 위자료 등 3가지 손해항목이 각각 별개의 소송물이 된다는 손해 3분설의 입장으로, 원고 청구총액을 초과하지 않는다 하더라도 각 항목의 청구액을 초과하여 인용하면 처분권주의의 위반으로 본다(대판 2001.2.23. 2000다63752).
[모의 16(2)]

> 비교판례 判例는 상소이익과 관련하여 원칙적으로 형식적 불복설의 입장이나, 예외적으로 "원고가 재산상 손해(소극적 손해)에 대하여는 형식상 전부 승소하였으나 위자료에 대하여는 일부 패소하였고, 이에 대하여 원고가 원고 패소부분에 불복하는 형식으로 항소를 제기하여 사건 전부가 확정이 차단되고 소송물 전부가 항소심에 계속되게 된 경우에는, 더욱이 불법행위로 인한 손해배상에 있어 재산상 손해나 위자료는 단일한 원인에 근거한 것인데 편의상 이를 별개의 소송물로 분류하고 있는 것에 지나지 아니한 것이므로 이를 실질적으로 파악하여, 항소심에서 위자료는 물론이고 재산상 손해(소극적 손해)에 관하여도 청구의 확장을 허용하는 것이 상당하다"(대판 1994.6.28. 94다3063)고 판시한 바 있다.

관련판례 "이자청구의 경우에 소송물은 원금, 이율, 기간 등 3개의 인자에 의하여 정해진다고 보고, 비록 원고의 이자청구액을 초과하지 않더라도 각 인자를 초과하면 처분권주의에 반한다"(대판 1960.9.29. 4293민상18).

---

06 원고가 피담보채무 전액을 변제하였다고 주장하면서 근저당권설정등기 말소등기절차의 이행을 구하는 소를 제기하였으나 잔존채무가 있는 것으로 밝혀진 경우, 법원은 원고의 반대 의사표시가 없는 한 잔존채무의 지급을 조건으로 근저당권설정등기의 말소를 명하여야 한다(대판 2008.4.10. 2007다83694).
[변호 14]

07 주주총회결의취소의 소는 법원의 허가 없이도 취하할 수 있다. [모의 11(1),14(1)]

해설 소취하는 원고가 제기한 소의 전부 또는 일부를 철회하는 법원에 대한 소송행위이다. 소취하가 있게 되면 소송계속은 소급적으로 소멸하고 소송은 종료된다(제267조). 소취하는 법원의 허가를 요하는 등의 특별규정이 없는 한 원고는 모든 소송에서 자유롭게 취하할 수 있는 것이 원칙이다. 주주총회결의취소의 소의 경우 상법상 주주의 대표소송이나 증권관련집단소송법 등의 경우와 달리 소의 취하에 법원의 허가를 요하는 규정이 없으므로 주주총회결의취소소송을 제기한 원고는 법원의 허가를 불문하고 취하할 수 있다.

08 법정상속인들(각 상속지분은 1/3) 중 1인인 원고가 '자신이 상속재산인 X 토지를 단독으로 상속하기로 하는 상속재산분할협의가 성립하였다'라고 주장하면서 X 토지 전부가 자기소유라는 확인을 청구하였으나 위 분할협의 사실이 인정되지 않는 경우, 법원은 특별한 사정이 없는 한 X 토지 중 1/3 지분이 원고의 소유임을 확인한다는 일부인용판결을 하여야 한다. [모의 18(1)]

해설 ※ 일부인용가부

처분권주의에 따라 소송물의 일부가 인용될 수 있으면 일부인용 판결을 해야 한다. 判例 역시 "부동산을 단독으로 상속하기로 분할협의하였다는 이유로 그 부동산 전부가 자기 소유임의 확인을 구하는 청구에는 그와 같은 사실이 인정되지 아니하는 경우 자신의 상속받은 지분에 대한 소유권의 확인을 구하는 취지가 포함되어 있다고 보아야 하므로, 이러한 경우 법원은 특단의 사정이 없는 한 그 청구의 전부를 기각할 것이 아니라 그 소유로 인정되는 지분에 관하여 일부 승소의 판결을 하여야 한다"(대판 1995.9.29. 95다22856,22849)라고 판시한 바 있다.

09 동시이행항변뿐 아니라 유치권 항변이 있을 경우에도 상환이행판결이 가능하고, 유치권 항변이 인정될 경우 단순이행판결이나 원고 청구기각이 아니라 상환이행 판결을 해야 한다(대판 2011.12.13. 2009다5162).
[모의 14(3)]

10 위 지문의 경우, 피고가 유치권의 항변만을 하고 반소청구를 하지 않은 경우라면 법원은 "원고는 피고에게 피고가 지출한 비용을 변제하라"는 취지의 판결주문을 선고할 수 없다. [모의 14(3)]

해설 유치권 항변은 저지항변으로 방어방법에 해당하며, 반소와 같이 볼 수 없으므로 상환이행판결만을 명할 수 있을 뿐이고, 유치권의 피담보채무에 대한 이행을 명하는 주문을 내릴 수는 없다.

11 원고가 피담보채무 3억 원을 모두 변제하였다고 주장하면서 근저당권설정등기의 말소를 청구함에 대하여 피고가 위 채무액 중 2억 원이 남아있다고 주장하였는데, 심리결과 1억 원의 잔존채무가 남아있는 것으로 밝혀진 경우에는 특별한 사정이 없는 한 법원은 원고가 위 1억 원의 잔존채무를 선이행 하는 것을 조건으로 위 근저당권 설정등기의 말소를 명하는 판결을 하여야 한다. [모의 16(2) · 18(1)]

해설 피담보채무의 완제에 의한 소멸을 주장하면서 무조건의 등기말소청구를 한 경우에, 심리 결과 저당채무나 양도담보채무가 아직 일부 남아 있는 것이 판명된 경우, 判例는 설사 원고가 그 채무를 변제한다고 하더라도 피고가 수액 등을 다투면서 말소등기절차에 협력하지 않을 사정이 있을 때에는, 원고의 반대 의사표시가 없는 한 원고의 청구를 전부 기각할 것이 아니라 원고의 나머지 채무 지급을 조건으로 한 선이행판결(잔존 채무 변제를 조건으로 한 일부 인용 판결)을 하여야 한다는 입장이다(대판 1981.9.22. 80다2270 ; 대판 1996.2.23. 95다9310). 이 경우 주문에 「원고의 나머지 청구를 기각」 하는 취지의 표시를 하여야 한다.

12 채권자 甲이 채무자 乙을 상대로 자신의 인수대금 채권을 행사하는 청구와 제3채무자 丙을 상대로 위 채권을 피보전채권으로 하여 乙의 채권을 대위행사하는 청구를 한 경우, 乙의 甲에 대한 채무와 丙의 乙에 대한 채무가 연대채무 또는 부진정연대채무의 관계가 아니지만, 甲이 두 채무가 부진정연대채무 관계에 있음을 전제로 연대하여 지급할 것을 구하였는데도 乙과 丙에게 개별적 지급책임을 인정하는 것은 처분권주의에 위반된다(대판 2014.7.10. 2012다89832). [최신판례]

13 매매로 인한 소유권이전등기절차 이행을 청구하는 소에서, 원고가 잔금을 지급하지 않은 사실과 함께 피고의 동시이행항변이 받아들여진 경우, 법원은 원고가 명시적으로 반대하지 않는 한 상환이행의 판결을 할 수 있다(대판 1966.9.27. 66다1183). [모의 17(1)]

14
> 甲은 2015. 10. 7. 乙에 대한 3,000만 원의 차용금채무를 피담보채무로 하여 乙에게 甲 소유의 X 부동산을 목적물로 하는 근저당권설정등기를 해주었다. 그 후 甲은 乙에게 2,000만 원을 변제하여 잔존채무가 1,000만 원이라고 주장하고 있는데, 乙은 甲의 잔존채무가 2,000만 원이라고 하면서 다투고 있다. 甲은 乙을 상대로 잔존채무가 1,000만 원임을 주장하며 채무부존재확인의 소를 제기하였다.

㉠ 甲의 乙에 대한 잔존채무가 乙의 주장대로 2,000만 원임이 인정되는 경우, 법원은 "원고의 피고에 대한 2015. 10. 7. 차용금채무는 2,000만 원을 초과하여서는 존재하지 아니함을 확인한다. 원고의 나머지 청구를 기각한다."라고 판결하여야 한다. [변호 16]

해설 ※ **처분권주의와 일부인용판결**
判例는 "1천만 원을 초과하는 채무는 존재하지 않는다는 채무일부부존재확인의 소에서도 1,500만 원을 초과하는 채무는 존재하지 않는다는 판결을 할 수 있다"(대판 1994.1.25. 93다9422)라고 한다.

㉡ 甲의 乙에 대한 잔존채무가 500만 원임이 인정되는 경우, 법원은 "원고의 피고에 대한 2015. 10. 7. 차용금채무는 1,000만 원을 초과하여서는 존재하지 아니함을 확인한다."라고 판결하여야 한다. [변호 16]

해설 甲의 乙에 대한 잔존채무가 500만 원임이 인정되어 이를 인정하는 것은 처분권주의에 반하지 않는다.

㉢ 만일 乙이 위 소송 계속 중에 잔존채무 2,000만 원의 지급을 구하는 반소를 제기하더라도, 甲이 제기한 채무부존재확인의 본소가 확인의 이익이 소멸하여 부적법하게 된다고 볼 수는 없다. [변호 16, 모의 16(1)]

해설 "소송요건을 구비하여 적법하게 제기된 본소가 그 후 상대방이 제기한 반소로 인하여 소송요건에 흠결이 생겨 다시 부적법하게 되는 것은 아니므로, 원고가 손해배상채무부존재확인을 구할 이익이 본소로 확인을 구하였다면, 피고가 그 후 배상채무이행을 구하는 반소를 제기하였더라도 그 사정만으로 본소가 확인의 이익이 소멸하여 부적법하게 된다고 볼 수 없다"(대판 1999.6.8. 99다17401,17418).

㉣ 위 설문과 달리, 甲이 1,000만 원의 잔존채무 변제를 조건으로 X 부동산에 관한 근저당권말소등기청구의 소를 제기하였지만 잔존채무가 2,000만 원이라는 乙의 주장이 받아들여지는 경우, 법원은 특별한 사정이 없는 한 甲의 청구 중 일부를 기각하고 그 확정된 2,000만 원 채무의 변제를 조건으로 그 등기의 말소절차이행을 인용하는 판결을 하여야 한다.　　　[변호 16]

해설▶ 甲의 조건(잔존채무 1,000만 원)보다 甲에게 불리한 乙의 주장(잔존채무가 2,000만 원)이 받아들여진 경우, 이는 원고인 甲에게 불리한 주장으로서 이를 인정하여도 처분권주의에 반하는 것이 아니다. 따라서 법원은 특별한 사정이 없는 한 甲의 청구 중 일부를 기각하고 그 확정된 2,000만 원 채무의 변제를 조건으로 그 등기의 말소절차이행을 인용하는 판결을 하여야 한다.

15 주장책임을 지는 甲의 상대방인 乙이 그 요증사실에 관하여 주장하는 사실도 판결의 기초로 삼을 수 있다.　　　[모의 15(3)]

해설▶ 주장공통의 원칙에 따라 원고나 피고 누구든지 변론에서 주장하면 판단할 수 있다.

16 건물의 소유를 목적으로 한 토지임대차에서 임대인이 임차인을 상대로 기간만료를 이유로 그 토지에 현존하는 건물철거 및 토지인도청구의 소를 제기하였다. 위 소송에서 피고가 건물매수청구권을 적법하게 행사하여 원고가 건물에 관한 소유권이전등기절차의 이행 및 건물인도를 구하는 내용으로 청구취지변경을 하였다면 법원은 동시이행의 항변이 없는 한 건물매매대금을 지급받음과 상환으로 소유권이전등기절차의 이행 및 건물인도를 명하는 판결을 내릴 수 없다.　　　[변호 14]

해설▶ 동시이행의 항변권은 항변권이기 때문에, 이를 주장하는 때에 한해 그 효력이 발생한다(대판 1990.11.27. 90다카25222).

17 합의약정이 불공정한 법률행위로서 무효라는 취지의 주장에 대하여 착오에 기한 의사표시로서 취소를 구하는 취지로 해석한 것은 당사자가 주장하지도 아니한 사실을 기초로 삼아 판결한 것으로서 변론주의원칙에 위배된다(대판 1993.7.13. 93다19962).　　　[모의 11(1)변형]

18 채권자가 동일한 목적을 달성하기 위하여 복수의 채권을 가지고 있더라도 선택에 따라 어느 하나의 채권만을 행사하는 것이 명백한 경우, 채무자의 소멸시효 완성의 항변은 그 채권에 대한 것으로 보아야 한다(대판 2013.2.15. 2012다68217).　　　[변호 17]

19 증여를 원인으로 한 부동산소유권이전등기청구에 대하여 피고가 시효취득을 주장하였다고 하여도 그 주장 속에 원고의 위 이전등기청구권이 시효소멸 하였다는 주장까지 포함되었다고 할 수 없다(대판 1982.2.9. 81다534).　　　[변호 12]

20 원고가 X 토지를 피고로부터 매수하였다고 주장하였으나, 증인신문을 신청하여 제3자가 원고를 대리하여 피고로부터 위 토지를 매수한 사실을 입증하고 있다면, 원고가 대리행위에 관한 명백한 진술을 하지 않았더라도 법원이 대리행위에 관한 간접적인 진술이 있었다고 보는 것은 변론주의에 위배되지 않는다(대판 1987.9.8. 87다카982).　　　[변호 12, 모의 18(1)]

> **관련판례** "쌍무계약에서 당사자 일방이 그 채무를 이행하지 아니할 의사를 명백히 표시한 경우에 있어서 계약해제 주장에 필요한 주요사실은 상대방이 이행지체한 사실, 채무자가 미리 이행하지 아니할 의사를 명백히 표시한 사실 및 계약해제의 의사를 표시한 사실이라고 할 것이므로, 당사자가 계약의 해제를 주장하면서 상당한 기간을 정하여 계약이행을 최고하였으나 그 기간 내에 채무를 불이행하였다고만 주장하는 경우에 당사자가 주장하지도 아니한 채무자가 미리 이행하지 아니할

의사를 명백히 표시하였다는 사실을 인정하여 계약해제가 적법하다고 판단하는 것은 변론주의에 위배된다고 할 것이나, 당사자의 이러한 주장은 직접적으로 명백히 한 경우뿐만 아니라 당사자의 변론을 전체적으로 관찰하여 간접적으로 주장한 것으로 볼 수 있는 경우에도 주장이 있는 것으로 보아 적법한 계약해제가 있었다고 판단하여도 무방하다고 할 것이다"(대판 1995.4.28. 94다16083).

21 당사자가 법원에 서증을 제출하여 그 입증취지를 진술함으로써 서증에 기재된 사실을 주장하거나 당사자의 변론을 전체적으로 관찰하여 간접적으로 주장한 것으로 볼 수 있는 경우에도 주요사실의 주장이 있는 것으로 보아야 한다(대판 2006.6.30. 2005다21531).　　　　[모의 12(3), 변호 18]

> **관련판례** "금원을 변제 공탁하였다는 취지의 공탁서를 증거로 제출하면서 그 금액 상당의 변제 주장을 명시적으로 하지 않은 경우, 비록 당사자가 공탁서를 제출하였을 뿐 그에 기재된 금액 상당에 대한 변제 주장을 명시적으로 하지 않았다고 하더라도 공탁서를 증거로 제출한 것은 그 금액에 해당하는 만큼 변제되었음을 주장하는 취지임이 명백하므로, 법원으로서는 그와 같은 주장이 있는 것으로 보고 그 당부를 판단하거나 아니면 그렇게 주장하는 취지인지 석명을 구하여 당사자의 진의를 밝히고 그에 대한 판단을 하여야 한다"(대판 2002.5.3. 2001다42080).

22 당사자 한쪽의 소유권이전등기 채무가 이행불능이라 하더라도 변론을 종결할 때까지 이행불능의 항변을 하지 않은 경우, 변론주의의 원칙상 법원이 이행불능이라는 이유로 상대방의 청구를 배척할 수 없다(대판 1996.2.27. 95다43044).　　　　[모의 11(1),17(1)]

23
> X는 Y의 대리인 Z로부터 2011.4.3. A건물을 3억 원에 매수하고 대금을 완납하였다. 그러나 Y가 등기에 필요한 서류를 제공하지 않자, X는 2011.6.1. Y를 상대로 소유권이전등기청구의 소를 제기하였다. 변론기일에서 Y는 Z에게 대리권이 있었던 사실은 맞으나 위 매매계약당시 이미 대리권이 소멸한 상태였다고 주장하였고, 법원은 Z의 행위를 무권대리라고 판단하여 X의 청구를 기각하였다.

① Z가 위 매매계약당시 위임장을 제시하였으나 매매계약서에는 자신의 이름을 기재하였다면 이는 대리행위로 봄이 타당하다.　　　　[변호 16]

해설 判例는 "매매위임장을 제시하고 매매계약을 체결하는 자는 특단의 사정이 없는 한 소유자를 대리하여 매매행위하는 것이라고 보아야 하고 매매계약서에 대리관계의 표시없이 그 자신의 이름을 기재하였다고 해서 그것만으로 그 자신이 매도인으로서 타인물을 매매한 것이라고 볼 수는 없다"(대판 1982.5.25. 81다1349)고 하여 민법 제115조 단서에 따라 대리행위로 본다.

☞ 민법 제115조 : 대리인이 본인을 위한 것임을 표시하지 아니한 경우(대리인의 성명만이 표시된 경우)에는 그 의사표시는 자기(대리인)를 위한 것으로 본다(제115조 본문). 그러나 상대방이 대리인으로서 한 것임을 알았거나 알 수 있었을 때에는 본인에 대하여 효력이 발생한다(제115조 단서)

② 만약 법원이 Z의 매도행위는 대리권 소멸 후의 무권대리행위라고 판단하고 나아가 X의 표현대리의 재항변이 없었는데도 원고 X가 대리인에게 대리권이 있는 것으로 믿은 것이 무과실이라고 볼 증거가 없다고 판단하여 원고 X의 청구를 기각하였다면, 법원의 판결은 부적법하다.　　　　[변호 14, 모의 11(1) · 18(1)]

> **쟁점정리** 표현대리는 외관을 신뢰한 선의·무과실의 제3자를 보호하고 거래의 안전을 보장하며,

대리제도의 신용을 유지하기 위한 제도로서 무권대리의 일종이다(통설). 判例도 "유권대리에 관한 주장 속에 무권대리에 속하는 표현대리의 주장이 포함되어 있다고 볼 수 없다"(대판 1983.12.13. 83다카 1489)고 판시하여 표현대리가 무권대리임을 분명히 밝혔다. 그리고 判例는 상대방이 표현대리의 세 가지 유형별로 따로 이를 적시하여 주장할 것을 요구하지는 않는다. 즉 상대방이 표현대리를 주장하더라도 그것이 이를테면 제125조 내지 제126조에 관련되는 것인 때에는 어느 한쪽의 요건에 해당하지 않더라도 다른 쪽의 요건을 갖춘 경우에는 그것에 대한 주장도 포함한 것으로 보아 그것도 같이 심리하여야 한다(대판 1987.3.24. 86다카1348 ; 대판 1963.6.13. 63다191).

③ 법원은 X에게 표현대리 주장여부에 대해 석명할 의무는 없다(대판 2001.3.23. 2001다1126).

④ 만일 X가 민법 제129조의 표현대리를 주장하였으나 선의에 대해 주장하지 아니한 경우, 법원으로서는 선의 여부에 대해 석명하여야 한다.

해설 判例는 "소유권이전등기를 매매대금 잔대금 지급채무와 동시에 이행하기로 약정한 매매계약이 적법하게 해제된 사실을 인정하기 위하여는 등기의무이행의 제공 여부와 기간을 정한 채무이행의 최고 여부를 석명심리하여 적법한 계약해제의 여부를 판단하여야 한다"(대판 1963.7.25. 63다289)고 보아 어떤 법률효과를 주장하면서 요건사실 일부를 빠트린 경우에는 보완을 위한 석명이 필요하다고 본다.

⑤ 만일 X가 부주의로 소가산정에 필요한 자료로서 A건물이 아닌 B토지에 관한 자료를 제출하였다면, 법원으로서는 석명권을 행사하여 당사자에게 자료 제출 등의 기회를 주거나 관련 기관에 조사를 촉탁하는 등의 조치를 취할 의무가 있다. [최신판례]

해설 "법원은 소가 산정과 관련하여 필수적인 자료에 해당하거나 당사자가 부주의, 오해 또는 법률의 부지로 제출이나 진술을 간과하였음이 분명하다고 인정되는 사항 등에 관하여 적극적으로 석명권을 행사하여 당사자에게 자료 제출 등의 기회를 주거나 관련 기관에 조사를 촉탁하는 등의 조치를 취할 의무가 있다"(대결 2014.5.29. 2014마329).

24
> X는 Y소유 A토지 위에 자신 소유의 B건물을 소유할 목적으로 A토지를 임차하였다. 그 후 Y는 X를 상대로 B건물의 철거 및 A토지의 인도청구의 소를 제기하였고 제1심에서 Y의 청구가 전부 인용되자 X는 항소하였다. 항소심 소송계속 중 임대차계약이 종료된 사실을 확인한 X는 항소심 변론종결 직전에 건물매수청구권을 행사하고자 한다.

㉠ X가 항소심 변론종결 직전에 건물매수청구권을 행사하였더라도 이는 실기한 공격방어방법에 해당하지 않고, 실기한 공격방어방법에 해당하는지 여부는 제1·2심을 합쳐서 판단해야 한다. [최신판례]

해설 공격 또는 방어의 방법은 소송의 정도에 따라 적절한 시기에 제출하여야 한다(민소법 제146조). 당사자가 제146조의 규정을 어기어 고의 또는 중대한 과실로 공격 또는 방어방법을 뒤늦게 제출함으로써 소송의 완결을 지연시키게 하는 것으로 인정할 때에는 법원은 직권으로 또는 상대방의 신청에 따라 결정으로 이를 각하할 수 있다(동법 제149조 제1항). 실기한 공격방어방법인지 판단하기 위해서는 본인소송 여부, 법률지식 정도, 공격방어방법의 종류를 고려해야 한다. 따라서 예비적 주장이나 출혈적인 상계의 항변, 건물매수청구권은 일찍 제출하는 것을 기대하기 어려우므로 중과실이 부정된다. 다만 判例는 파기환송 전에 제출할 수 있었던 상계항변을 환송 후에 주장한 경우를 실기한 공격방법으로 본 판시가 있다(대판 2005.10.7. 2003다44387). 한편, 항소심에서 새로운 공격·방어방법이 제출된 경우에는 특별한 사정이 없는 한 항소심뿐만 아니라 제1심까지 통틀어 시기에 늦었는지를 판단해야 한다(대판 2017.5.17. 2017다1097).

> **관련판례** "항소심 계속 중에 증거서류가 위조되었다는 증거를 확보하여 제1심 이후 21개월이 지난 뒤에 한 위조항변이 실기한 공격방어방법이 아니다"(대판 1992.2.25. 91다490). "항소심에 이르러 동일한 쟁점에 관한 대법원판결이 선고되자 그 판결의 취지를 토대로 한 새로운 주장을 제출한 것은 중대한 과실로 볼 수 없다"(대판 2006.3.10. 2005다46363).

ⓛ 만약 ㉠.에서 X의 건물매수청구권 행사가 실기한 방어방법에 해당하더라도, 각하 여부는 법원의 재량이다.

ⓒ Y의 건물철거 및 토지인도청구 속에는 건물의 매수대금지급과 상환으로 건물인도를 구하는 청구가 포함되어 있다고 볼 수 없으므로, 항소심은 소변경을 하지 않고서는 매수대금지급과 상환으로 피고 X에게 건물인도를 명하는 판결을 할 수 없다(대판 1995.7.11. 전합94다34265).

[변호 12·14·16, 모의 12(3)·17(1)]

ⓔ 당사자가 주장하지 아니한 법률효과에 관한 요건사실이나 독립된 공격방어방법을 시사하여 그 제출을 권유함은 변론주의 원칙에 위배되는 것이다.

[변호 13]

해설 ▸ 判例는 "법원의 석명권 행사는 당사자의 주장에 모순된 점이 있거나 불완전·불명료한 점이 있을 때에 이를 지적하여 정정·보충할 수 있는 기회를 주고, 계쟁 사실에 대한 증거의 제출을 촉구하는 것을 그 내용으로 하는 것으로, 당사자가 주장하지도 아니한 법률효과에 관한 요건사실이나 독립된 공격방어방법을 시사하여 그 제출을 권유함과 같은 행위를 하는 것은 변론주의 원칙에 위배되는 것으로 석명권 행사의 한계를 일탈하는 것으로서 허용되지 아니한다"(대판 2001.6.29. 2001다21441,21458 ; 대판 2001.10.9. 2001다15576)고 하여 원칙적으로 적극적 석명은 위법하다는 입장이다.

ⓜ X의 건물매수청구권이 인정된다면, 법원은 건물철거청구를 유지할 것인지 건물매수대금지급과 상환으로 건물명도를 구할 의사가 있는지 석명하여야 한다. [변호 12·14·16, 모의 12(3)·17(1)]

해설 ※ 임대인의 건물철거청구 소송 중에 임차인의 매수청구권 행사시

"토지임대차 종료시 임대인의 건물철거와 그 부지인도 청구에는 건물매수대금 지급과 동시에 건물명도를 구하는 청구가 포함되어 있다고 볼 수 없다. 따라서 임차인의 지상물매수청구권 행사의 항변이 받아들여지면 청구취지의 변경이 없는 한 임대인의 지상물철거 및 토지인도청구는 기각하여야 할 것이나, 법원으로서는 '석명권'을 적절히 행사하여 임대인으로 하여금 건물철거청구를 건물소유권이전등기·건물인도청구(대지와 건물부지가 일치할 경우 건물인도청구 이외에 별도의 대지인도청구는 불필요하다)로 변경하게 한 후 매매대금과의 상환이행을 명하는 판결을 하여야 하며, 이와 같은 석명권 행사 없이 그냥 기각하면 위법하다"(대판 1995.7.11. 전합94다34265).

> **참고판례** "건물의 소유를 목적으로 하는 토지 임대차에 있어서, 임대차가 종료함에 따라 토지의 임차인이 임대인에 대하여 건물매수청구권을 행사할 수 있음에도 불구하고 이를 행사하지 아니한 채, 토지의 임대인이 임차인에 대하여 제기한 토지인도 및 건물철거청구 소송에서 패소하여 그 패소 판결이 확정되었다고 하더라도, 그 확정판결에 의하여 건물철거가 집행되지 아니한 이상 토지의 임차인으로서는 건물매수청구권을 행사하여 별소로써 임대인에 대하여 건물매매대금의 지급을 구할 수 있다"(대판 1995.12.26. 95다42195). [판례해설] 전 소송에서 형성권을 행사하지 않아 패소한 피고가 후소에서 형성권을 다시 행사하여 전소 확정판결을 다투는 것은 기판력에 저촉되어 허용되지 않으나, 判例는 이에 대한 예외를 위와 같이 인정하고 있다.

25 | 가구상 甲이 乙에게 고가의 가구를 외상으로 판매한 후 乙을 상대로 외상대금의 지급을 청구하는 소를 제기하였다.

ⓐ **외상대금채권의 소멸시효가 완성되었더라도, 법원은 乙의 원용이 없는 한 직권으로 외상대금 채권의 소멸시효가 완성 되었다고 인정할 수 없다.** [변호 12, 모의 16(3)·14(3)·11(1)]

해설 "민법상 당사자의 원용이 없어도 시효완성의 사실로서 채무는 당연히 소멸하고, 다만 소멸시효의 이익을 받는 자가 소멸시효 이익을 받겠다는 뜻을 항변하지 않는 이상 그 의사에 반하여 재판할 수 없을 뿐이다"(대판 1979.2.13. 78다2157).

ⓑ **위 소송에서 乙이 외상대금채권의 변제기를 2006.4.2.이라고 주장한 경우, 증거조사결과 변제기가 2005.4.2.인 사실이 인정되더라도, 법원은 2005.4.2.을 소멸시효의 기산일로 삼아 소멸시효 완성 여부를 판단할 수 없다.** [변호 12·15·18, 모의 12(3)·14(3)·17(1)]

해설 ※ 소멸시효의 기산점이 변론주의 적용대상인지 여부(적극)

소멸시효의 기산점은 권리를 행사할 수 있는 때로부터 진행하므로(민법 제166조 제1항), 채무의 이행기가 정해진 경우 원칙적으로 소멸시효의 기산점은 이행기(변제기)이다. 그러나 소멸시효의 기산점은 법률효과 발생의 요건으로서 주요사실에 해당하므로 변론주의 원칙상 당사자의 주장에 구속된다. 즉 법원은 당사자가 주장하지 아니한 사실을 기초로 판단할 수 없다. "소멸시효의 기산일은 채무의 소멸이라고 하는 법률효과 발생의 요건에 해당하는 소멸시효 기간 계산의 시발점으로서 소멸시효 항변의 법률요건을 구성하는 구체적인 사실에 해당하므로 이는 변론주의의 적용 대상이고, 따라서 본래의 소멸시효 기산일과 당사자가 주장하는 기산일이 서로 다른 경우에는 변론주의의 원칙상 법원은 당사자가 주장하는 기산일을 기준으로 소멸시효를 계산하여야 하는데, 이는 당사자가 본래의 기산일보다 뒤의 날짜를 기산일로 하여 주장하는 경우는 물론이고 특별한 사정이 없는 한 그 반대의 경우에 있어서도 마찬가지이다"(대판 1995.8.25. 94다35886).

ⓒ **외상대금채권의 변제기가 2005.4.2.인데, 甲이 2008.3.27. 乙에게 외상대금을 지급하라고 최고하였으나, 2008.4.14. 乙로부터 그 이행의무의 존부에 관하여 조사할 것이 있으니 기다려달라는 답변을 받고 다시 2008.4.20. 乙로부터 그 이행을 거절한다는 통지를 받은 후 2008.10.15. 위 소를 제기하였다면, 위 최고시에 외상대금채권의 소멸시효는 중단된다.** [변호 12]

해설 "최고는 6월 내에 재판상의 청구 등을 하지 아니하면 시효중단의 효력이 없으나(민법 제174조), 채무이행을 최고받은 채무자가 그 이행의무의 존부 등에 대하여 조사해 볼 필요가 있다는 이유로 채권자에 대해 그 이행의 유예를 구한 경우에는, 채권자가 그 회답을 받을 때까지는 최고의 효력이 계속된다고 보아야 하고, 따라서 제174조 소정의 6개월의 기간은 채권자가 채무자로부터 회답을 받은 때로부터 기산된다"(대판 1995.5.12. 94다24336).
☞ 사안에서 외상대금채권의 변제기가 2005.4.2.이라면 소멸시효 완성일은 2008.4.2. 24:00이다(민법 제163조 6호). 또한 甲의 乙에 대한 최고는 2008.3.27.에 행해졌으나 위 判例에 따르면 乙이 확답을 한 2008.4.20.까지는 최고의 효력이 계속되고, 이로부터 6개월 내인 2008.10.15.에 재판상 청구를 하였으므로 결국 甲이 최초의 최고를 한 2007.3.27.경 소멸시효가 중단되었다.

ⓓ **위 소송에서 甲과 乙이 외상대금채권의 소멸시효기간을 상법이 정한 5년이라고 주장하더라도, 법원은 그 소멸시효기간을 민법이 정한 3년으로 판단할 수 있다.** [변호 12·18, 모의 17(1)]

해설 ※ 소멸시효의 기간이 변론주의 적용대상인지 여부(소극)

소멸시효 기간 자체는 법률상의 주장에 불과하고 법률의 해석은 법원의 고유권한이므로 변론주의가 적용되지 않는다. "어떤 권리의 소멸시효기간이 얼마나 되는지에 관한 주장은 단순한 법률상의 주장에 불과하므로 변론주의의 적용대상이 되지 않고 법원이 직권으로 판단할 수 있다 할 것이다"(대판 2008.3.27. 2006다70929,70936).

> **[관련판례]** "당사자가 민법에 따른 소멸시효기간을 주장한 경우에도 법원은 직권으로 상법에 따른 소멸시효기간을 적용할 수 있다"(대판 2017.3.22. 2016다258124).

26

> X는 2013.2.17. Y로부터 1억 원을 변제기 2014.3.17. 이율 월 2%로 하여 대여받았다. 대여 당시 X와 Y는 'X가 변제기에 대여금을 지급하지 않을 경우에도 소를 제기하지 않는다'는 특약을 맺었으나, 변제기가 지나도 X가 변제하지 않자 Y는 2017.4.1. X를 상대로 대여금반환청구의 소를 제기하였다. 변론기일에서 X는 위 채권은 상사소멸시효에 걸리므로 기산점인 2014.3.17.부터 3년이 경과하여 소멸되었다고 주장하였다.

① 법원은 X의 주장에 따라 소멸시효 기산점을 인정하여 항변의 인용여부를 판단하여야 한다. 그러나 어떤 시효기간의 적용을 받는가에 관한 당사자의 주장은 '법률상의 견해'에 불과하므로 법원은 이에 구속되지 않는다. [변호 12·13·15, 모의 12(3)·14(3)·17(1)]

[해설] 위 ㉡, ㉣ 해설 참조

> **[비교판례]** "취득시효의 기산점은 법률효과의 판단에 관하여 직접 필요한 주요사실이 아니고 간접사실에 불과하므로 법원으로서는 이에 관한 당사자의 주장에 구속되지 아니하고 소송자료에 의하여 점유의 시기를 인정할 수 있다"(대판 1998.5.12. 97다34037).

② 만일 X가 소멸시효 항변을 철회하였다면 법원은 이를 판단할 수 없다. [모의 11(1)변형]

[해설] 判例는 "망인의 일실수익을 산정함에 있어 그 주장을 철회한 굴삭기대여업의 영업수입을 기준수입의 일부로 삼은 원심판결은 변론주의원칙에 위배한 위법이 있다"(대판 1993.4.27. 92다29269)고 하여 당사자가 철회한 항변은 법원의 판단대상이 아니라고 본다.

③ X는 부제소합의 위반을 이유로 의무이행을 소구할 수 없고, 권리보호이익이 없다고 하여 소각하를 구하는 본안 전 항변권이 발생한다.

[해설] ※ 소송상 합의의 법적 성질

判例는 소취하계약의 법적 성질을 사법계약으로 보고 있으며, 소취하계약을 위반하여 소를 유지하는 경우 ⅰ) 그 취하이행의 소구는 허용되지 않는다고 하여 사법계약설 중 의무이행소구설을 배척하였으며, ⅱ) 소취하계약을 어긴 경우에 권리보호이익이 없다고 하여 소각하를 구하는 본안 전 항변권이 발생한다고 본다(항변권발생설)(대판 1997.9.5. 96후1743 등).

④ 법원이 X와 Y사이의 특약의 존재에 대해 의견진술의 기회를 부여함이 없이 소각하 판결을 하는 것은 위법하다. [모의 15(1)·17(2)·17(3)]

[해설] 법원은 당사자가 간과하였음이 분명한 법률상 사항에 관하여 당사자에게 의견진술의 기회를 부여하여야 한다(제136조 4항). 判例는 소송요건을 법률상 사항으로 보아 전혀 쟁점이 된 바 없었던 원고적격 흠결(대판 2014.10.27. 2013다25217), 피고적격 흠결(대판 1994.10.21. 94다17109), 제척기간 경과(대판 2006.1.26. 2005다37185)(2회 선택형), 부제소 합의의 존재(아래 2011다80449)를 이유로 소각하를 할 때에는 이점에 대해 원고에게 의견진술의 기회를 주어야 한다고 한다.

⑤ 만일 항소심에서 X가 위 채권과 자신이 Y에 대하여 별도로 가지고 있던 채권을 상계한다는 항변을 한다면(고의로 뒤늦게 제출한 것이 아님), 이러한 방어방법은 각하되어야 할 성질의 것이 아니다.

> **해설** 민소법 제147조의 실기한 공격방어방법의 각하에 해당하기 위해서는 당사자에게 고의 또는 중과실이 인정되어야 하는바, 상계항변은 출혈적 방어방법으로서 일찍 제출하는 것을 기대하기 어려우므로 특별한 사실이 없는 한 중과실이 부정된다.

27 부동산의 시효취득에 관하여 자주점유인지 여부를 가리는 기준이 되는 점유의 권원은 간접사실에 불과하므로 법원으로서는 이에 관한 당사자의 주장에 구속되지 아니하고 소송자료에 의하여 판단할 수 있다.
[변호 12 · 15, 모의 15(3)]

> **해설** "부동산의 시효취득에 있어서 그 점유가 자주점유인지의 여부를 가리는 기준이 되는 점유의 권원은 간접사실에 지나지 아니하는 것이므로, 법원은 당사자의 주장에 구애됨이 없이 소송자료에 의하여 인정되는 바에 따라 진정한 점유의 권원을 심리하여 취득시효의 완성 여부를 판단할 수 있다"(대판 1997.2.28. 96다53789). 즉, 부동산의 시효취득에 있어서 주요사실은 '20년간 계속, 자주·평온·공연한 점유를 한 사실'이다(제245조 1항).

28 甲이 A병원을 상대로 제기한 의료사고에 따른 손해배상청구소송에서, 일실이익의 현가산정방식에 관한 甲의 주장(호프만식에 의할 것이냐 또는 라이프니쯔식에 의할 것이냐에 관한 주장)은 당사자의 평가에 지나지 않는 것이므로, 법원이 甲의 주장과 다른 산정방식을 채용하더라도 이를 변론주의에 반한 것이라 할 수는 없다(대판 1983.6.28. 83다191).
[변호 13]

29 간접사실은 주요사실의 증명수단인 점에서 증거자료와 동일한 기능을 가지는 것이며, 이에 대하여 재판상 자백의 효력을 인정한다면 자유심증주의 원칙을 훼손할 수 있다.
[모의 15(1) · 17(2)]

> **해설** 자백의 요건과 관련하여 자백은 주요사실에 대해 성립하고 간접사실이나 보조사실에 대해서는 자백이 성립하지 아니한다고 보는 것이 다수설과 判例의 입장이다. 한편 判例는 "변론주의에서 일컫는 사실이라 함은, 권리의 발생소멸이라는 법률효과의 판단에 직접 필요한 주요사실만을 가리키는 것이고 그 존부를 확인하는 데 있어 도움이 됨에 그치는 간접사실은 포함하지 않는다"(대판 1994.11.4. 94다37868)고 판시하였다.

30 원고가 재판상 이혼을 청구하면서 친권자 및 양육자 지정신청을 하지 않았음에도 법원이 이혼청구를 인용하면서 미성년인 자녀에 대한 친권자 및 양육자를 지정하는 판결을 선고한 경우 변론주의에 위배되는 것은 아니다.
[모의 17(1)]

> **해설** "재판상 이혼의 경우에 당사자의 청구가 없다 하더라도 법원은 직권으로 미성년자인 자녀에 대한 친권자 및 양육자를 정하여야 하며, 따라서 법원이 이혼 판결을 선고하면서 미성년자인 자녀에 대한 친권자 및 양육자를 정하지 아니하였다면 재판의 누락이 있다"(대판 2015.6.23. 2013므2397).

31 청구원인에 관한 주장이 불분명한 경우에 그 주장이 무엇인지에 관하여 석명을 구하면서 이에 대하여 가정적으로 항변한 경우 주요사실에 대한 주장이 있다고 볼 수 있다(대판 2017.9.12. 2017다865).
[최신판례]

32 甲이 중도금을 乙에게 직접 지급하였느냐 또는 그 수령권한 수임자로 인정되는 자를 통하여 지급하였느냐는 결국 변제사실에 대한 간접사실에 지나지 않는 것이어서 반드시 당사자의 구체적인 주장을 요하는 것은 아니다(대판 1993.9.14. 93다28379).　[모의 11(1)변형]

33 당사자가 어떠한 법률효과를 주장하면서 미처 깨닫지 못하고 그 요건사실 일부를 빠뜨린 경우에는 법원은 그 누락사실을 지적하고, 당사자가 이 점에 관하여 변론을 하지 아니하는 취지가 무엇인지를 밝혀 당사자에게 그에 대한 변론을 할 기회를 주어야 할 의무가 있다(대판 2005.3.11. 2002다60207).　[모의 17(3)]

34 손해액에 대하여 법원의 증명촉구에도 불구하고 원고가 이에 응하지 않으면서 손해액에 관하여 나름의 주장을 펴고 그에 관하여만 증명을 다하고 있는 경우라면, 법원은 적당하다고 생각하는 손해액 산정 기준이나 방법을 적극적으로 제시할 필요는 없다(대판 2010.3.25. 2009다88617).　[모의 17(3)]

35 불법행위로 인하여 손해가 발생한 사실이 인정되는 경우 법원은 손해액에 관한 당사자의 주장과 증명이 미흡하더라도 적극적으로 석명권을 행사하여 증명을 촉구하여야 하고, 경우에 따라서는 직권으로라도 손해액을 심리·판단하여야 한다. 위와 같은 법리는 법원이 독점규제 및 공정거래에 관한 법률 제57조를 적용하여 손해액을 인정하는 경우에도 마찬가지로 적용된다(대판 2016.11.24. 2014다81511).　[최신판례]

> 쟁점정리 ＊ 손해액에 대한 증명 제도 보완 [2016.9.30.시행 개정 민사소송법]
> **[제202조의2 (손해배상 액수의 산정)]** 손해가 발생한 사실은 인정되나 구체적인 손해의 액수를 증명하는 것이 사안의 성질상 매우 어려운 경우에 법원은 변론 전체의 취지와 증거조사의 결과에 의하여 인정되는 모든 사정을 종합하여 상당하다고 인정되는 금액을 손해배상 액수로 정할 수 있도록 함.

36 증거로 제출된 차용증에 피고는 보증인, 채무자는 제3자로 기재되어 있고, 원고는 피고에 대하여 보증채무의 이행이 아니라 주채무의 이행을 구하고 있는 경우, 이는 당사자의 주장과 그 제출증거 사이에 모순이 있는 경우에 해당하므로 법원이 석명권을 행사하여 이를 밝혀보지 아니하고 원고의 주장사실을 인정하였다면 석명권 불행사로 인한 심리미진의 위법이 있다(대판 1994.9.30. 94다16700).　[변호 13]

37 당사자가 부주의 또는 오해로 인하여 청구취지가 특정되지 아니한 것을 명백히 간과한 채 본안에 관하여 공방을 하고 있는데도 보정의 기회를 부여하지 아니한 채 당사자가 전혀 예상하지 못하였던 청구취지 불특정을 이유로 소를 각하하는 것은 석명의무를 다하지 아니하여 심리를 제대로 하지 아니한 것으로서 위법하다(대판 2014.3.13. 2011다111459).

38 원고가 피고에 대하여 부당이득금반환을 구한다는 청구를 하다가, 제3자로부터 그 부당이득반환채권을 양수하였으므로 그 양수금의 지급을 구한다고 주장하여 청구원인을 변경하는 경우라면 법원에게 청구의 교환적 변경인지 추가적 변경인지를 석명으로 밝혀볼 의무가 있다(대판 1995.5.12. 94다6802).　[변호 13]

> 관련판례 ㉠ "원고가 피고의 이사로서의 법령위반행위로 인하여 3회에 걸쳐 손해를 입었다고 주장하면서 피고를 상대로 그로 인한 총 손해 중 명시적 일부청구로서 10억 원의 배상을 청구하는 이 사건 소에 대하여, 원심은 각 채권별로 전체 손해액을 특정한 다음, 원고가 일부청구로서 구하는 10억 원의 손해배상금액에 대하여 각 손해배상채권에 따른 개별적인 인용금액을 구분하지 아니한 채 피고에 대하여 포괄으

로 10억 원의 손해배상금액을 인정하였음을 알 수 있다. 그런데 이 사건 원심 변론종결 당시, 원고가 구하는 10억 원의 손해배상채권이 어느 채권에 대한 청구인지 불분명하여 그 청구가 특정되었다고 볼 수 없는 바, 그렇다면 원심으로서는 석명권을 적절히 행사하여 원고가 구하는 이 사건 일부청구에 관한 주장이 불완전·불명료한 점을 지적하여 이를 정정·보충하도록 보정을 명함으로써 이 사건 소송상의 청구를 명확히 특정한 다음, 나아가 원고 주장의 당부를 심리·판단하였어야 할 것이다"(대판 2007.9.20. 2007다25865).

ⓛ "재산적 손해로 인한 배상청구와 정신적 손해로 인한 배상청구는 각각 소송물을 달리하는 별개의 청구이므로 소송당사자로서는 그 금액을 각각 특정하여 청구하여야 하고, 법원으로서도 그 내역을 밝혀 각 청구의 당부에 관하여 판단하여야 하는 것이다. 기록에 의하면, 원고는 피고의 잘못으로 인해 양수금을 지급받지 못하게 되는 손해를 입었다고 주장하면서 이 사건 청구로써 피고에 대하여 4천만 원의 지급을 구하는 한편, 이 사건 청구액 4천만 원 중에는 재판받을 기회의 상실을 원인으로 한 위자료 청구도 포함되어 있다고 하고 있으나, 구체적으로 재산적 손해와 위자료로 각각 얼마씩을 구하는 것인지에 관하여 그 내역을 밝히지 않고 있음에도 불구하고, 원심은 석명을 통해 원고의 청구내역을 구체적으로 확정하지도 아니한 채 위와 같이 위자료 청구를 받아들였음을 알 수 있다. 위 법리에 비추어 볼 때, 원심은 소송요건의 불비를 간과하였거나 필요한 석명의무를 다 하지 아니하여 판결 결과에 영향을 미친 위법이 있다고 할 것이고, 원심판결은 우선 이 점에서 파기를 면할 수 없다"(대판 2006.9.22. 2006다32569).

39 사해행위 취소소송에서 그 소의 제척기간의 도과 여부가 당사자 사이에 쟁점이 된 바가 없음에도 당사자에게 의견진술의 기회를 부여하거나 석명권을 행사함이 없이 제척기간의 도과를 이유로 사해행위 취소의 소를 각하한 것은 석명의무를 다하지 아니하여 심리를 제대로 하지 아니한 것이다(대판 2006.1.26. 2005다37185). [변호 13]

40 甲이 乙의 丙에 대한 점유취득시효를 원인으로 한 소유권이전등기청구권 중 일부 지분을 상속받았다고 주장하면서 丁을 상대로 丙의 丁에 대한 소유권이전등기의 말소등기청구권을 대위하여 전부 말소를 구한 경우, 甲의 상속지분을 넘는 부분에 관하여는 보전의 필요성이 없다는 점을 지적하거나 甲이 주장한 상속지분이 증거에 의하여 인정되는 상속지분과 일치하지 아니함에도 아무런 석명을 하지 아니한 채 甲이 주장하는 지분을 초과하는 부분에 관하여 보전의 필요성이 없다는 이유로 소를 각하하는 것은 석명의무 위반에 해당한다(대판 2014.10.27. 2013다25217).

41 연차적으로 발생할 손해에 대하여 당사자가 치료비 등을 일시적으로 청구한 경우 법원이 그 연차적 지급을 명했다고 해도 손해배상의 범위와 한계에 관한 법리를 위반했다거나 당사자가 청구하지 아니한 사항에 대하여 판결한 위법이 있다고 할 수 없다(대판 1970.7.24. 70다621).

42 원고가 소유권에 기한 목적물 반환청구만을 하고 있음이 명백한 경우, 법원이 원고에게 점유권에 기한 반환청구도 구하고 있는지 여부를 석명할 의무가 있는 것은 아니다(대판 1996.6.14. 94다53006). [변호 16]

43 불법행위로 인한 손해배상책임이 인정되는 경우, 법원은 손해액에 관한 아무런 입증이 없다고 하여 바로 청구기각을 할 것이 아니라 적극적으로 석명권을 발동하여 입증을 촉구할 의무가 있다(대판 1986.8.19. 84다카503,504). [변호 12, 모의 15(3)]

44 원고 A는 근저당권의 피담보채무가 시효소멸하였다고 주장하면서 자신의 채무자 丙을 대위하여 피고 B에게 근저당권등기의 말소를 구하였다. 항소심에서 丙이 A의 대위행사사실을 알면서도 B에게 채무승인서를 작성해 줌으로써 시효이익을 포기한 사실이 밝혀졌으나 A는 이를 주장하지

않았다. 항소심법원은 丙의 시효이익포기가 채권자에게 대항할 수 없는 민법 제405조 제2항에서 정한 처분에 해당하는지 여부에 대하여 심리하지 아니하고 또한 A에게 그에 대한 주장 증명을 촉구하지도 않고 원고패소판결을 선고한 경우, 이는 석명의무위반에 해당하지 않는다.

[최신판례]

해설 "법원의 석명권 행사는 당사자의 주장에 모순된 점이 있거나 불완전·불명료한 점이 있을 때에 이를 지적하여 정정·보충할 수 있는 기회를 주고, 계쟁 사실에 대한 증거의 제출을 촉구하는 것을 그 내용으로 하는 것으로, 당사자가 주장하지도 아니한 법률효과에 관한 요건사실이나 독립된 공격방어방법을 시사하여 그 제출을 권유함과 같은 행위를 하는 것은 변론주의의 원칙에 위배되는 것으로 석명권 행사의 한계를 일탈하는 것이된다"(대판 2018.11.9. 2015다75308).

> **관련판례** "한정승인자는 한정승인을 한 날로부터 5일 내에 일반상속채권자와 유증받은 자에 대하여 한정승인의 사실과 일정한 기간(이하 '신고기간'이라고 한다) 내에 그 채권 또는 수증을 신고할 것을 공고하여야 하고, 알고 있는 채권자에게는 각각 그 채권신고를 최고하여야 한다(민법 제1032조 제1항, 제2항, 제89조). 신고기간이 만료된 후 한정승인자는 상속재산으로서 그 기간 내에 신고한 채권자와 '한정승인자가 알고 있는 채권자'에 대하여 각 채권액의 비율로 변제(이하 '배당변제'라고 한다)하여야 한다(민법 제1034조 제1항 본문). 반면 신고기간 내에 신고하지 아니한 상속채권자 및 유증받은 자로서 '한정승인자가 알지 못한 자'는 상속재산의 잔여가 있는 경우에 한하여 변제를 받을 수 있다(민법 제1039조 본문). 여기서 민법 제1034조 제1항에 따라 배당변제를 받을 수 있는 '한정승인자가 알고 있는 채권자'에 해당하는지 여부는 한정승인자가 채권신고의 최고를 하는 시점이 아니라 배당변제를 하는 시점을 기준으로 판단하여야 한다. 따라서 한정승인자가 채권신고의 최고를 하는 시점에는 알지 못했더라도 그 이후 실제로 배당변제를 하기 전까지 알게 된 채권자가 있다면 그 채권자는 민법 제1034조 제1항에 따라 배당변제를 받을 수 있는 '한정승인자가 알고 있는 채권자'에 해당한다"(대판 2018.11.9. 2015다75308).

45 X는 2011.9.21. Y로부터 1억 원을 변제기 2012.9.21. 이자 연 3%로 정하여 대여받았다. 변제기가 도래하도록 X가 대여금을 반환하지 않자, Y는 2012.11.3. X를 상대로 대여금반환청구의 소를 제기하였다. 법원은 Y에게 X의 답변서를 송달하지 아니한 채로 2012.12.3. 변론준비기일을 지정하였으나, 당사자가 모두 출석하지 않아 기일이 종료되었다. 이후 2013.1.2.로 지정된 제1차 변론기일에서 쌍방은 불출석하였고, 2013.2.2.로 지정된 제2차 변론기일에서 Y는 이의를 제기하지 아니한 채 대여금청구권에 관한 진술을 하였고, X는 Y가 위 채권을 면제하였다고 주장하였다. 이후 지정된 제3차 변론기일에서 쌍방은 불출석하였다.

① 법원이 Y에게 X의 답변서를 송달하지 않았더라도 이러한 하자는 치유된다.

해설 당사자가 소송절차에 관한 규정에 위배됨을 알았거나 알 수 있었음에도 불구하고 지체없이 이의를 하지 않은 때에는 책문권이 상실된다(대판 1988.12.27. 87다카2851 참조). 법원이 원고에게 피고의 답변서를 송달하지 아니하여 원고가 변론기일에서야 이를 직접 수령하는 등의 소송절차 위배 여부에 관하여 원고는 아무런 이의를 제기함이 없이 본안에 들어가 변론하였음을 알 수 있으므로 원고는 그 책문권을 상실하였다고 할 것이고, 기록에 의하더라도 판결 결과에 영향을 미친 소송절차 위배가 있다고 할 수 없다(대판 2011.11.24. 2011다74550).

> **비교판례** "불변기간인 항소 제기기간에 관한 규정은 성질상 강행규정이므로 그 기간 계산의 기산점이 되는 판결정본의 송달의 하자는 이에 대한 책문권의 포기나 상실로 인하여 치유될 수 없다"(대판 1979.9.25. 78다2448).

② X는 면제사실에 관한 입증책임을 부담한다. 　　　　　　　　　　　　　　[모의 12(2)·(3)유사]

해설 부인은 상대방의 주장과 양립할 수 없는 주장을 함으로써 상대방의 주장을 직접 배척하는 진술이고, 항변은 상대방 주장과 모순되지 않고 양립할 수 있는 다른 사실을 주장하여 결국은 상대방 주장에 의한 법률효과를 배제하는 진술이다. 입증책임에 관한 법률요건분류설에 따르면 권리를 다투는 상대방이 항변에 해당하는 요건사실을 주장하여야 한다. 사안의 면제주장은 권리멸각규정의 요건사실에 관한 진술로서 항변이므로 피고 X에게 입증책임이 있다.

③ 만일 X가 대여사실을 부인하는 경우 법원은 Y의 청구를 인용함에 있어서 X의 주장에 대해 따로 판단할 필요는 없다.

해설 "원고의 주장사실을 증거에 의해 적법하게 인정하고 있는 이상 피고가 원고의 주장사실을 부인하기 위하여 주장한 사실 및 증거에 대한 견해에 대하여 판단하지 않아도 된다"(대판 1967.12.19. 66다2291).

④ 법원은 쌍방불출석을 이유로 소취하간주로 처리할 수 없다. 　　　　　　[변호 12, 모의 13(2)유사]

해설 변론준비기일에서 양쪽 당사자 불출석의 효과는 변론기일에 승계되지 않는다(대판 2006.10.27. 2004다69581).

⑤ 만일 제3차 변론기일에서 Y는 출석하고 X는 청구기각판결만을 구하고 본안에 관하여 진술하지 않는다면 법원은 불출석으로 인한 자백간주의 불이익을 과해야 한다(대판 1955.7.21. 4288민상59). 　　　　　　　　　　　　　　　　　　　　　　　　　　　　　　[변호 16변형]

---

46 甲은 乙에게 5,000만원과 2,000만원을 두 번 대여했는데, 5,000만원의 채권은 1990.1.30.에 2,000만원의 채권은 1990.4.9.에 변제기가 도래했으나 乙이 변제하지 않는다고 주장하며 2000.8.5.에 대여금반환청구의 소를 제기하였다. 乙은 두 채권 모두 1990.4.9.을 기산점으로 하여 이미 시효로 소멸했다고 주장하였고 甲은 2000.4.4.에 최고했으므로 시효가 중단되었다고 주장하였으며, 증거조사결과 甲의 주장대로 각 채권의 변제기일이 5,000만원의 채권은 1990.1.30.이고 2,000만원의 채권은 1990.4.9.인 것과 甲이 1990.1.30.부터 채권을 행사하지 않다가 2000.4.4. 최고한 사실이 모두 사실로 인정되었다.

① 사안에서의 주요사실은 대여사실, 변제기일 도래사실, 소멸시효완성사실, 시효중단사실이다.
　　　　　　　　　　　　　　　　　　　　　　　　　　　　　　　　[변호 12·15유사]

해설 判例의 입장인 '법규기준설'에 의하면 주요사실이란 권리의 발생·변경·소멸이라는 법률효과를 가져오는 법규의 직접요건사실을 말하고, 간접사실이란 주요사실의 존부를 경험칙에 의하여 추인하게 하는 사실을 말한다(대판 2004.5.14. 2003다57697). 判例에 따르면 ㉠ 소멸시효 기산일, 대리인에 의한 계약체결사실, 유권대리와 무권대리, 동시이행의 항변, 이행불능사실, 불법행위로 인한 일실수익의 현가산정에 있어서 기초사실인 수입, 가동연한, 공제할 생활비 등은 주요사실이고, ㉡ 취득시효 기산일, 점유의 권원, 기본사실의 경위·내력은 간접사실이다.
　　☞ 사안과 같이 대여금청구소송에서 주요사실은 ⅰ) 권리근거규정의 요건사실로서 대여사실(금전소비대차계약 체결사실 + 금전지급 사실), 변제기 도래사실과 ⅱ) 항변사실로서 권리멸각사실인 시효완성사실, ⅲ) 재항변사실로서 시효중단사실이다.

② 변론주의 하에서 주요사실에 대해서는 증거자료뿐만 아니라 소송자료도 있어야 사실을 인정할 수 있다. 따라서 주장하지 않은 주요사실은 그 사실이 증거조사에서 밝혀져도 법원은 이를 고려할 수 없다. [변호 12, 모의 12(3)]

③ 사안과 같이 5천만원 채권의 소멸시효 기산점이 증거자료로 1990.1.30.로 밝혀졌어도 1990.1.30.의 변제기일을 기산점으로 하는 乙의 주장이 없다면 법원은 甲의 주장과 증거자료대로 1990.1.30.을 기산점으로 인정할 수 없다.

> **해설** 사안과 같이 5천만원 채권의 소멸시효 기산점이 증거자료로 1990.1.30.로 밝혀졌더라도 법원은 1990.1.30.의 변제기일을 기산점으로 하는 피고 乙의 주장이 없다면(소멸시효완성 사실은 원고 甲이 아닌 피고 乙의 항변사유이므로) 변론주의 원칙상 이를 기산점으로 할 수 없고 乙이 주장한 기산점인 1990.4.9.에 법원은 구속되어 2000.4.9. 소멸시효가 완성된다. 그러므로 甲의 재항변 사유인 시효중단 사유인 '최고'가 2000.4.4.에 있었던 것으로 인정되면 궁극적으로 5천만 원의 채무에 대해서는 甲이 승소판결을 받을 수 있겠다(민법 제174조).

④ 채무자 乙의 주장이 대여금 전부에 대한 것이라기보다 일부에 대한 것을 착오로 진술한 것으로 볼 여지가 있다면 법원이 이점에 대하여 심리판단하지 아니함은 석명권 불행사와 심리미진의 위법이 있다고 보아야 한다. [변호 13변형]

제2절 변론의 준비

제3절 변론의 내용과 소송행위

01 소취하는 변론준비기일에서 말로 할 수 있고 화해, 청구의 포기·인낙을 변론준비기일조서에 적은 때에는 그 조서는 확정판결과 같은 효력을 가진다. 변론준비기일에 피고가 불출석한 경우에도 말로써 소를 취하할 수 있다. [모의 18(1), 모의 16(3)]

> **해설** 소의 취하는 서면으로 하여야 한다. 다만, 변론 또는 변론준비기일에서 말로 할 수 있다(제226조 3항). 화해, 청구의 포기·인낙을 변론조서·변론준비기일조서에 적은 때에는 그 조서는 확정판결과 같은 효력을 가진다(제220조). 제266조 3항 단서의 경우에 상대방이 변론 또는 변론준비기일에 출석하지 아니한 때에는 그 기일의 조서등본을 송달하여야 한다(제266조 5항). 즉, 이 경우에도 말로써 소취하를 할 수 있고 다만 상대방에게 소취하의 진술을 기재한 조서의 등본을 송달하여야 할 뿐이다.

02 피참가인과는 별도로 보조참가인에 대하여도 기일의 통지, 소송서류의 송달 등을 행하여야 하고, 보조참가인에게 기일통지서 또는 출석요구서를 송달하지 아니함으로써 변론의 기회를 부여하지 아니한 채 행하여진 기일의 진행은 적법한 것으로 볼 수 없다(대판 2007.2.22. 2006다75641). [모의 17(3)·18(1)]

> **해설** 그러나 "기일통지서를 송달받지 못한 보조참가인이 변론기일에 직접 출석하여 변론할 기회를 가졌고, 위 변론 당시 기일통지서를 송달받지 못한 점에 관하여 이의를 하지 아니하였다면, 기일통지를 하지 않은 절차진행상의 흠이 치유된다"(대판 2007.2.22. 2006다75641).

03 당사자가 변론준비기일에서 상대방이 주장하는 사실을 명백히 다투지 아니한 때에는 그 사실을 자백한 것으로 본다. [모의 18(1)변형]

> 해설 당사자가 변론에서 상대방이 주장하는 사실을 명백히 다투지 아니한 때에는 그 사실을 자백한 것으로 본다(제150조 1항 본문). 변론준비절차에는 제135조 내지 제138조, 제140조, 제142조 내지 제151조, 제225조 내지 제232조, 제268조 및 제278조의 규정을 준용한다(제286조).

04 첫 변론기일 또는 첫 변론준비기일을 바꾸는 것은 현저한 사유가 없는 경우라도 당사자들이 합의하면 이를 허가한다(제165조 2항). [모의 13(1)변형]

> 해설 이는 첫 기일은 당사자들의 형편을 고려하지 못한 채 직권으로 지정하게 되는 점을 감안한 것이다. 제2차 이후의 변론준비기일 또는 변론기일(속행기일)의 변경은 당사자의 합의 여부에 관계없이 현저한 사유가 있는 때에 한하여 허용된다(제165조 제2항의 반대해석).

05 피고가 소송상 상계 항변과 소멸시효 완성 항변을 함께 주장한 경우 법원은 상계 항변을 먼저 판단할 수 없고, 소멸시효 완성의 항변을 하기 전에 상계항변을 먼저 한 경우 이는 시효이익을 포기하려는 효과의사가 있었다고 단정할 수 없다. [변호 16·17, 모의 17(1)]

> 해설 ※ 상계항변과 소멸시효완성의 항변
>
> 상계항변에 대한 판단은 판결이유 중의 판단이지만 상계로 대항한 범위에서 기판력을 인정하고 있고(제216조 2항) 상계의 항변은 반대채권소멸이라는 출혈적인 방어방법인 점에서 피고가 면제, 소멸시효, 등과 함께 상계를 주장하는 경우는 '대가 없이 반대채권의 소멸이 초래되는 것'을 방지하기 위하여 무대가적인 면제나 소멸시효의 항변에 대한 판단을 먼저 하고 상계는 최후에 판단하여야 한다. 즉 상계의 항변은 예비적 상계항변으로 취급하여야 한다. 피고의 지상물매수청구권도 상계의 항변과 같이 예비적 항변으로 취급해야 한다. 判例도 "소송에서의 상계항변은 일반적으로 소송상의 공격방어방법으로 피고의 금전지급의무가 인정되는 경우 자동채권으로 상계를 한다는 예비적 항변의 성격을 갖는다. 따라서 이 사건과 같이 상계항변이 먼저 이루어지고 그 후 대여금채권의 소멸을 주장하는 소멸시효항변이 있었던 경우에, 상계항변 당시 채무자인 피고에게 수동채권인 대여금채권의 시효이익을 포기하려는 효과의사가 있었다고 단정할 수 없다. 그리고 항소심 재판이 속심적 구조인 점을 고려하면 제1심에서 공격방어방법으로 상계항변이 먼저 이루어지고 그 후 항소심에서 소멸시효항변이 이루어진 경우를 달리 볼 것은 아니다"(대판 2013.2.28. 2011다21556)고 판시하였다.

06 피고의 소송상 상계항변에 대하여 원고가 소송상 상계의 재항변을 할 경우, 법원은 피고의 소송상 상계항변의 인용 여부와 관계없이 원고의 소송상 상계의 재항변에 관하여 판단할 필요가 없으므로 원고의 위 재항변은 다른 특별한 사정이 없는 한 허용되지 않는다. [변호 16·17, 모의 17(2)]

> 해설 ※ 원고의 상계 재항변
>
> 判例는 "소송상 방어방법으로서의 상계항변은 통상 수동채권의 존재가 확정되는 것을 전제로 하여 행하여지는 일종의 예비적 항변으로서 소송상 상계의 의사표시에 의해 확정적으로 효과가 발생하는 것이 아니라 당해 소송에서 수동채권의 존재 등 상계에 관한 법원의 실질적 판단이 이루어지는 경우에 비로소 실체법상 상계의 효과가 발생한다. 이러한 피고의 소송상 상계항변에 대하여 원고가 다시 피고의 자동채권을 소멸시키기 위하여 소송상 상계의 재항변을 하는 경우, 법원이 원고의 소송상 상계의 재항변과 무관한 사유로 피고의 소송상 상계항변을 배척하는 경우에는 소송상 상계의 재항변을 판단할 필요가 없고, 피고의 소송상 상계항변이 이유 있다고 판단하는 경우에는 원고의 청구채권인 수동채권과 피고의 자동채권이 상계적상 당시에 대등액에서 소멸한 것으로 보게 될 것이므로 원고가 소송상 상계의 재항변으로써 상계할 대상인 피고의 자동채권이 그 범위에서 존재하지 아니하는 것이 되어 이때에도 역시 원고의 소송상 상계의 재항변에 관하여 판단할 필요가 없게 된다. 또한, 원고가 소송물인 청구채권 외에 피고에 대하여 다른 채권을 가지고 있다면 소의 추가적 변경에 의하여 그 채권을 당해 소송에서 청구하거나 별소를 제기할 수 있다. 그렇다면 원고의 소송상 상계의 재항변은 일반적으로 이를 허용할 이익이 없다. 따라서 피고의 소송상 상계항변에 대하여 원고가 소송상 상계의 재항변을 하는 것은 다른 특별한 사정이 없는 한 허용되지 않는다고 보는 것이 타당하다"(대판 2014.6.12. 2013다95964)고 판시한 바 있다.

07 원고의 소송상 상계의 재항변은 일반적으로 이를 허용할 이익이 없다. 따라서 피고의 소송상 상계항변에 대하여 원고가 소송상 상계의 재항변을 하는 것은 다른 특별한 사정이 없는 한 허용되지 않는다. 그리고 이러한 법리는 원고가 2개의 채권을 청구하고, 피고가 그중 1개의 채권을 수동채권으로 삼아 소송상 상계항변을 하자, 원고가 다시 청구채권 중 다른 1개의 채권을 자동채권으로 소송상 상계의 재항변을 하는 경우에도 마찬가지로 적용된다(대판 2015.3.20. 2012다107662).

08 소송상 상계 항변이 제출되었으나 소송절차 진행 중 조정이 성립됨으로써 수동채권의 존재에 관한 법원의 실질적인 판단이 이루어지지 않은 경우, 상계 항변의 사법상 효과는 발생하지 않는다. [변호 16, 모의 14(2)·17(1)·17(2)]

해설 ※ 상계 항변의 사법상 효과
判例는 "소송상 방어방법으로서의 상계항변은 수동채권의 존재가 확정되는 것을 전제로 하여 행하여지는 일종의 예비적 항변으로서 당사자가 소송상 상계항변으로 달성하려는 목적, 상호양해에 의한 자주적 분쟁해결수단인 조정의 성격 등에 비추어 볼 때, 당해 소송절차 진행 중 당사자 사이에 조정이 성립됨으로써 수동채권의 존재에 관한 법원의 실질적인 판단이 이루어지지 아니한 경우에는 그 소송절차에서 행하여진 소송상 상계항변의 사법상 효과도 발생하지 않는다고 봄이 타당하다"(대판 2013.3.28. 2011다3329)고 판시한 바 있다.

09 어음채권을 자동채권으로 하여 상계의 의사표시를 하는 경우에 있어 재판외의 상계의 경우에는 어음채무자의 승낙이 없는 이상 어음의 교부가 필요불가결하고 어음의 교부가 없으면 상계의 효력이 생기지 아니한다 할 것이지만, 재판상의 상계의 경우에는 어음을 서증으로써 법정에 제출하여 상대방에게 제시되게 함으로써 충분하다(대판 1991.4.9. 91다2892). [모의 17(2)변형]

10 변론공개의 유무에 대해서는 원칙적으로 변론조서에 의해서만 증명할 수 있다. [모의 13(2)·17(1)]

해설 변론방식에 관한 규정이 지켜졌다는 것은 조서로만 증명할 수 있다(제158조 본문). 변론의 방식이란 변론의 일시 및 장소, 변론의 공개 유무, 관여법관, 당사자와 대리인의 출석 여부, 판결의 선고일자와 선고사실 등의 변론의 외형적 형식을 말한다.

11 판결서의 이유에는 주문이 정당하다는 것을 인정할 수 있을 정도로 당사자의 주장, 그 밖의 공격·방어방법에 관한 판단을 표시하면 되므로(민사소송법 제208조 제2항) 당사자의 모든 주장이나 공격·방어방법을 판단할 필요는 없다. 당사자가 주장한 사항에 대한 구체적·직접적인 판단이 판결 이유에 표시되어 있지 아니하더라도 판결 이유의 전반적인 취지에 비추어 그 주장을 인용하거나 배척하였음을 알 수 있는 정도라면 판단누락이라고 할 수 없고, 설령 실제로 판단을 하지 아니하였더라도 판결 결과에 영향이 없다면 판단누락의 위법이 있다고 할 수 없다(대판 2016.1.14. 2015다231894). [최신판례]

12 소송 외에서 소송당사자가 소취하 합의를 한 경우 바로 소 취하의 효력이 발생하는 것은 아니다. [변호 15, 모의 16(3)]

해설 判例는 "소송당사자가 소송 외에서 그 소송을 취하하기로 합의한 경우에는 그 합의는 유효하여 원고에게 권리보호의 이익이 없다"(대판 1982.3.9. 81다1312)고 하여, 소송 외에서의 소 취하 합의에 바로 소 취하의 효력을 인정하지 않고, 소송상 항변권 발생만을 인정한다.

관련판례 "강제집행 당사자사이에 그 신청을 취하하기로 하는 약정은 사법상으로는 유효하다 할지라도 이를 위배하였다하여 직접 소송으로서 그 취하를 청구하는 것은 공법상의 권리의 처분을 구하는 것이어서 할 수 없는 것이다"(대판 1966.5.31. 66다564).

13 소취하합의가 민법상의 화해계약에 해당하는 경우에는 당사자는 착오를 이유로 취소하지 못하고 다만 화해 당사자의 자격 또는 화해의 목적인 분쟁 이외의 사항에 착오가 있는 때에 한하여 이를 취소할 수 있으나, 민법상의 화해계약에 이르지 않은 법률행위에 해당하는 경우에는 민법 제109조에 따라 법률행위의 내용의 중요 부분에 착오가 있는 때에 취소할 수 있다(대판 2020.10.15. 2020다227523,227530). [20년 최신판례]

14 당사자의 의사가 불분명하다면, 가급적 소극적 입장에서 부제소합의의 존재는 부정될 수밖에 없다. [19년 최신판례]

해설 "부제소합의는 소송당사자에게 헌법상 보장된 재판청구권의 포기와 같은 중대한 소송법상의 효과를 발생시키는 것이다"(대판 2019.8.14. 2017다217151).

15 금전채무에 관하여 채무자가 채권자를 상대로 채무부존재확인소송을 제기하였을 뿐 이에 대한 채권자의 이행소송이 없는 경우에는, 사실심의 심리 결과 채무의 존재가 일부 인정되어 이에 대한 확인판결을 선고하더라도 이는 금전채무의 전부 또는 일부의 이행을 명하는 판결을 선고한 것은 아니므로, 이 경우 지연손해금 산정에 대하여 소송촉진법 제3조의 법정이율을 적용할 수 없다(대판 2021.6.3. 2018다276768). [21년 최신판례]

제4절 기일 · 기간 · 송달

01 원고와 피고가 제2회 변론기일에 모두 출석하지 아니하였지만 제3회 변론기일에는 모두 출석한 다음 제4회 변론기일에는 피고만이 출석하였으나 변론을 하지 아니한 경우, 당사자의 기일지정 신청이 없는데도 재판장이 직권으로 다시 기일을 지정하였다면, 직권으로 정한 기일 또는 그 후의 기일에 쌍방이 불출석 또는 무변론한 때에 소의 취하가 간주된다 [변호 16]

해설 "쌍방이 2회에 걸쳐 불출석한 때에는 당사자의 기일지정신청에 의해 기일을 지정할 것이나, 법원이 직권으로 신 기일을 지정한 때에도 직권으로 정한 기일 또는 그 후의 기일에 쌍방이 불출석 또는 무변론한 때에는 소의 취하가 간주된다"(대판 2002.7.26. 2001다60491)고 판시한 바 있다(제268조 2항).

02 특별한 사정이 없는 한 증거조사기일에서 2회에 걸쳐 출석하지 않은 경우 쌍방불출석에 의한 취하간주가 된다. [변호 16변형]

해설 쌍방불출석에 의한 취하간주는 필요적 변론기일에 불출석할 것이 요구되는바, 判例는 증거조사기일도 변론기일로 보고 있다(대판 1966.1.31. 65다2296). 다만 법정 외에서 실시하는 증거조사기일은 위 변론기일에 포함되지 않는다.

03 제1심에서 피고에 대하여 공시송달로 재판이 진행되어 피고에 대한 청구가 기각되었다고 하여도 피고가 원고 청구원인을 다툰 것으로 볼 수 없으므로, 원고가 항소한 항소심에서 피고가 공시송달이 아닌 방법으로 송달받고도 다투지 아니한 경우에는 민사소송법 제150조의 자백간주가 성립된다(대판 2018.7.12. 2015다36167). [최신판례]

04 甲이 丙에게 돈을 대여하면서 일부를 乙 명의의 계좌로 송금하였다는 이유로 乙에게 丙과 연대하여 대여금을 지급하라는 소를 제기하였는데, 제1심은 乙이 소장 부본을 송달받고도 답변서를 제출하지 아니하자, 변론 없이 甲의 주장은 그 자체로 이유 없다고 보아 甲의 청구를 기각하는 판결을 선고하였고, 甲은 항소하면서 乙에 대한 청구원인 사실을 불법행위로 인한 손해배상청구로 변경하였다. 항소심은 발송송달의 방법으로 변론기일통지서를 송달한 후 乙이 불출석한 상태에서 변론기일을 진행하여 그 기일에 변론을 종결하면서 민사소송법 제150조 제3항, 제1항에 따라 乙이 청구원인 사실을 자백한 것으로 보아 원고승소 판결을 할 수는 없다. [최신판례]

> **해설** "제1심이 무변론으로 甲의 청구를 기각함으로써 乙이 변론에 참여하여 의견을 제시할 기회가 차단되어 사실상 심급의 이익을 박탈당하는 결과가 된 사정에다가 원심에서 변론기일통지서가 발송송달의 방법으로 송달되어 乙이 원심 변론기일에 참여할 기회를 제대로 갖지 못한 사정까지 감안하면, 원심으로서는 바로 乙의 자백간주 판결을 할 것이 아니라 이에 앞서 제1심이 무변론판결을 선고하면서 甲의 청구를 기각한 연유는 무엇인지, 거기에 절차상 흠은 없는지, 소송 경과를 전체적으로 보아 乙이 甲의 주장사실에 대하여 다툰 것으로 인정할 여지는 없는지 등을 심리하여 보고, 필요하다면 서면 등을 통하여 甲의 주장에 대한 乙의 입장을 밝힐 것을 촉구하는 등 석명권을 적절히 행사함으로써 진실을 밝혀 구체적 정의를 실현하려는 노력을 게을리하지 말았어야 하는데도, 심리를 세밀히 하거나 적절한 소송지휘권을 행사하는 등의 방법으로 甲의 주장사실에 대한 乙의 입장을 밝혀 보지도 아니한 채 乙이 변론기일에 출석하지 아니하자 곧바로 변론을 종결하고 제1심판결과 전혀 다른 결론의 판결을 선고한 원심의 조치에는 석명권을 적정하게 행사하지 아니하여 필요한 심리를 다하지 아니하거나 자백간주의 법리를 오해한 잘못이 있다"(대판 2017.4.26. 2017다201033).

05 변론기일에 한 쪽 당사자가 불출석한 경우 변론을 진행하느냐 기일을 연기하느냐는 법원의 재량에 속하나, 출석한 당사자만으로 변론을 진행할 때에는 반드시 불출석한 당사자가 제출한 소장, 답변서, 준비서면에 적혀 있는 사항을 진술한 것으로 보아야 한다(대판 2008.5.8. 2008다2890). [변호 16]

06 변론기일에 원고만이 출석하여 변론하고 피고는 답변서를 제출하였으나 출석하지 아니하여 위 답변서에 적혀 있는 사항이 법률상 진술 간주되는 경우에는 변론관할이 생기지 않는다(대판 1980.9.26. 80마403). [변호 16, 모의 12(3)·13(2)·16(2)]

07 피고에 대한 변론기일 소환장이 공시송달의 요건을 갖추지 않은 채 공시송달 되었다면 각 변론기일에 양 당사자가 출석하지 아니하더라도 쌍방 불출석의 효과는 발생하지 않는다(대판 1997.7.11. 96므1380). [모의 15(2)]

08 변론기일에 불출석하고 원고 또는 피고가 진술한 것으로 보는 답변서, 그 밖의 준비서면에 청구의 포기 또는 인낙의 의사표시가 적혀 있고 공증사무소의 인증을 받은 경우, 청구의 포기 또는 인낙이 성립하기 위해 상대방 당사자의 수용의 의사표시가 필요한 것은 아니다. [변호 13·14]

> **해설** 청구의 포기·인낙은 법원에 대한 일방적 의사표시이므로, 상대방 당사자의 수용의 의사표시는 필요하지 않다. 제148조 2항도 이를 요건으로 하지 않는다.

09 | 甲은 乙을 상대로 3억 원의 지급을 구하는 대여금청구의 소를 제기하였다.

⊙ 법원은 乙이 소장 부본을 송달받은 날부터 30일 이내에 답변서를 제출하지 아니한 때에는 직권으로 조사할 사항이 있는 경우 무변론 판결을 할 수 없다. [변호 13, 모의 18(1)]

> **해설** 아래 ⓒ해설 참조

ⓛ 乙이 소장 부본을 송달받은 날부터 30일이 지난 뒤라도 판결이 선고되기까지 甲의 청구를 다투는 취지의 답변서를 제출하면 법원은 더 이상 무변론 판결을 할 수 없다.[변호 13, 모의 18(1)]

해설 법원은 피고가 소장 부본을 송달받은 날부터 30일 이내에 답변서를 제출하지 아니한 때에는 청구의 원인된 사실을 자백한 것으로 보고 변론 없이 판결할 수 있다. 다만 ① 직권으로 조사할 사항이 있거나 ② 판결이 선고되기까지 피고가 원고의 청구를 다투는 취지의 답변서를 제출한 경우에는 그러하지 아니하다(제257조 1항).

ⓒ 乙이 공시송달의 방법에 따라 소장의 부본을 송달받은 경우에는 乙이 소장 부본을 송달받은 날부터 30일 이내에 답변서를 제출하지 않았다는 이유로 변론 없이 판결할 수 없다.[모의 18(1)]

해설 피고가 원고의 청구를 다투는 경우에는 소장의 부본을 송달받은 날부터 30일 이내에 답변서를 제출하여야 한다. 다만, 피고가 공시송달의 방법에 따라 소장의 부본을 송달받은 경우에는 그러하지 아니하다(제256조 1항). 법원은 피고가 제256조 1항의 답변서를 제출하지 아니한 때에는 청구의 원인이 된 사실을 자백한 것으로 보고 변론 없이 판결할 수 있다(제257조 1항 본문). 즉, 피고가 공시송달의 방법에 따라 소장의 부본을 송달받은 경우에는 답변서 제출의무가 없으므로 무변론판결을 할 수 없다.

ⓔ 甲이 출석하지 아니한 변론기일에 乙은 자신의 준비서면에 적지 않았던 상계항변을 할 수 없다.[변호 13]

해설 준비서면에 적지 아니한 사실은 상대방이 출석하지 아니한 때에는 변론에서 주장하지 못한다(제276조 본문). 다만, 제272조 2항 본문의 규정에 따라 준비서면을 필요로 하지 아니하는 경우에는 그러하지 아니하다(제276조 단서). 단독사건의 변론은 서면으로 준비하지 아니할 수 있다(제272조 2항 본문). 다만, 상대방이 준비하지 아니하면 진술할 수 없는 사항은 그러하지 아니하다(제272조 2항 단서). 사안의 경우 3억 원의 지급을 구하는 대여금청구소송으로서 합의부 사건이므로 제276조 2항 단서는 적용되지 아니한다.

ⓜ 乙이 준비서면을 제출한 후 변론기일에 불출석하여도 법원은 乙이 그 준비서면에 적혀 있는 사항을 진술한 것으로 보고 출석한 甲에게 변론을 명할 수 있다.[변호 13]

해설 원고 또는 피고가 변론기일에 출석하지 아니하거나, 출석하고서도 본안에 관하여 변론하지 아니한 때에는 그가 제출한 소장, 답변서, 그 밖의 준비서면에 적혀 있는 사항을 진술한 것으로 보고 출석한 상대방에게 변론을 명할 수 있다(제148조 1항).

ⓗ 乙이 청구의 원인이 된 사실을 모두 자백하는 취지의 답변서를 제출하고 따로 항변을 하지 아니한 때에도 특별한 사정이 없는 한 법원은 무변론 판결을 할 수 있다.[변호 13]

해설 피고가 청구의 원인이 된 사실을 모두 자백하는 취지의 답변서를 제출하고 따로 항변을 하지 아니한 때에는 제257조 1항의 규정을 준용한다(제257조 2항).

ⓢ 부적법한 소로서 그 흠을 보정할 수 없는 경우에는 변론 없이 판결로 소를 각하할 수 있다(제219조)[변호 13]

10 X는 2015.3.1. Y로부터 A부동산을 3억 원에 매수하며 대금을 완납하였다. 그러나 Y가 소유권 이전등기절차에 협력하지 않자 X는 변호사 甲을 선임하여 2015.3.14. Y를 상대로 소유권이전 등기청구의 소를 제기하였다(甲에게 상소제기의 권한을 부여함). Y의 영업소에서 근무하는 자로서 잠시 Y의 집에 놀러온 Z는 Y의 폐문부재로 Y를 대신하여 Y의 집에서 소장부본을 수령하여 그의 부인 Y-1에게 전달하였고, Y-1은 다시 Y에게 소장부본을 전달하였다. 소송계속

> 도중 X는 사망하였고, 변호사 甲은 상속인 X-1과 X-2가 있음에도 X-1만을 당사자로 표시정 정하는 수계신청을 하였다. 법원은 증거불충분을 이유로 청구기각판결을 선고하였고, 판결 정본은 변호사 甲에게 송달되었다. 이에 甲은 X-2를 누락하고 상소를 제기하였다.

① Z의 수령은 위법하나 Y에게 전달한 때 비로소 송달의 효력이 발생한다.

[모의 14(3)]

해설 보충송달은 법이 정한 송달장소에서 하는 경우에만 허용되는바, "Z는 위 피고의 고용인으로서 영업소 소재지에서는 위 피고를 수송달자로 한 판결정본을 적법하게 송달받을 수 있으나, 일시적으로 방문한 위 피고 의 주거지에서는 이를 적법하게 송달받을 수 없다고 할 것이므로 위 송달은 무효이고, Z가 이를 위 피고에게 전달하여 그때 송달이 완성되었다고 할 것"(대판 1995.1.24. 93다25875)이므로, Z에 대한 송달은 보충송달로 서는 효력이 없으나, 이를 Y-1을 통해 Y에게 전달하면 하자가 치유되어 그 때 송달이 완성되어 효력 이 발생한다.

> **비교판례** "피고에게 송달되는 판결정본을 원고가 집배인으로부터 수령하여 자기 처를 통하여 피고의 처에게 교부하고 다시 피고의 처가 이를 피고에게 교부한 경우에 위 판결정본의 피고에 대한 송달 은 그 절차를 위배한 것이어서 부적법한 송달이다"(대판 1979.9.25. 78다2448). ☞ 피고에게 전달된 경우에도 하자 치유를 인정하지 않았다.

> **비교판례** ※ 보충송달은 민사소송법 제183조 제1항 소정의 '송달장소'에서 하는 경우에만 적법한 지 여부(적극)
> 判例는 "송달은 원칙적으로 민사소송법 제170조 제1항(현행 민사소송법 제183조 1항)에서 정 하는 송달을 받을 자의 주소, 거소, 영업소 또는 사무실 등의 '송달장소'에서 하여야 하는바, 송달장소에서 송달받을 자를 만나지 못할 때에는 그 사무원, 고용인 또는 동거자로서 사리를 변식할 지능이 있는 자에게 서류를 교부하는 보충송달의 방법에 의하여 송달할 수는 있지만, 이러한 보충송달은 위 법 조항에서 정하는 '송달장소'에서 하는 경우에만 허용되고 송달장소가 아닌 곳에서 사무원, 고용인 또는 동거자를 만난 경우에는 그 사무원 등이 송달받기를 거부하지 아 니한다 하더라도 그 곳에서 그 사무원 등에게 서류를 교부하는 것은 보충송달의 방법으로서 부적법하다"(대결 2001.8.31. 2001마3790)고 하여 우체국 창구에서 송달받을 자의 동거자에게 송달서류를 교부한 것은 부적법한 보충송달이라고 판단하였다.

② 만일 소장부본이 Y-1에게 바로 송달된 경우라면, Y-1이 이혼한 처라도 사실상 동일 세대에 소속되어 생활을 같이 하고 있는 경우라면 적법한 보충송달이 된다.

[모의 15(1) · 17(3)]

해설 "민사소송법 제172조 제1항 소정의 보충송달을 받을 수 있는 '동거자'란 송달을 받을 자와 동일한 세대 에 속하여 생활을 같이 하는 자를 말하는 것으로서, 반드시 법률상 친족관계에 있어야 하는 것은 아니므로, 이혼한 처라도 사정에 의하여 사실상 동일 세대에 소속되어 생활을 같이 하고 있다면 여기에서 말하는 수령대행인으로서의 동거자가 될 수 있다"(대결 2000.10.28. 2000마5732).

> **관련판례** ※ 딸이 주민등록상 이웃 아파트에서 별개의 독립한 세대를 구성하고 있지만 실제로는 동거자라고 본 사례
> 判例는 "주민등록상 원고는 1980.9.12. 서울 강남구 압구정동 369 현대아파트 10동 306호에 단독으로 전입, 세대를 구성하고 있고, 원고의 딸인 홍재희가 원고의 처인 유덕화, 모인 안석 돌과 함께 같은 아파트 305호에 전입하여 세대를 구성하고 있는 사실과 집배원인 이종희가 원 고에 대한 납세고지서를 위 305호에 배달하여 위 홍재희가 수령한 사실을 인정한 다음, 원고 와 홍재희는 주민등록상 별개의 독립한 세대를 구성하고 있으나 실제로는 생활을 같이 하고 있는 동거자 라고 봄이 상당하다고 할 것이므로 이 사건 납세고지서는 1990.1.9. 위 홍재희가 이를 수령함으 로써 적법하게 송달되었고"(대판 1992.9.14. 92누2363)라고 하여 송달의 적법성을 인정하였다.

③ 만약 X가 甲뿐만 아니라 변호사 乙도 소송대리인으로 선임한 경우라면(소송대리인에게 상소에 관한 일체의 권한을 부여함) 판결정본이 甲에게만 송달된 것은 위법하나, 甲에게 판결정본이 송달되면 항소기간은 즉시 진행한다. [사시 08·16, 법행 08]

해설 ▶ 변호사 甲과 乙은 소송대리인인바, "민사소송의 당사자는 민사소송법 제396조 제1항에 의하여 판결정본이 송달된 날부터 2주 이내에 항소를 제기하여야 한다. 한편 당사자에게 여러 소송대리인이 있는 때에는 민사소송법 제93조에 의하여 각자가 당사자를 대리하게 되므로, 여러 사람이 공동으로 대리권을 행사하는 경우 그 중 한 사람에게 송달을 하도록 한 민사소송법 제180조가 적용될 여지가 없어 법원으로서는 판결정본을 송달함에 있어 여러 소송대리인에게 각각 송달을 하여야 하지만, 그와 같은 경우에도 소송대리인 모두 당사자 본인을 위하여 소송서류를 송달받을 지위에 있으므로 당사자에 대한 판결정본 송달의 효력은 결국 소송대리인 중 1인에게 최초로 판결정본이 송달되었을 때 발생한다. 따라서 당사자에게 여러 소송대리인이 있는 경우 항소기간은 소송대리인 중 1인에게 최초로 판결정본이 송달되었을 때부터 기산된다"(대결 2011.9.29. 2011마1335). ☞ 따라서 판결정본은 甲과 乙에게 각각 송달되어야 하나, 甲에게만 판결정본이 송달되더라도 항소기간은 진행한다.

④ 판결의 효력은 X-1과 X-2 모두에게 미치며, 甲의 상소제기는 판결 전부에 대한 상소제기의 효력이 있다. [변호 13,17,18]

해설 ▶ "민사소송법 제95조 제1호, 제238조에 따라 소송대리인이 있는 경우에는 당사자가 사망하더라도 소송절차가 중단되지 않고 소송대리인의 소송대리권도 소멸하지 아니하는바, 이때 망인의 소송대리인은 당사자 지위의 당연승계로 인하여 상속인으로부터 새로이 수권을 받을 필요 없이 법률상 당연히 상속인의 소송대리인으로 취급되어 상속인들 모두를 위하여 소송을 수행하게 되는 것이고, 당사자가 사망하였으나 그를 위한 소송대리인이 있어 소송절차가 중단되지 않는 경우에 비록 상속인으로 당사자의 표시를 정정하지 아니한 채 망인을 그대로 당사자로 표시하여 판결하였다고 하더라도 그 판결의 효력은 망인의 소송상 지위를 당연승계한 상속인들 모두에게 미치는 것이므로, 망인의 공동상속인 중 소송수계절차를 밟은 일부만을 당사자로 표시한 판결 역시 수계하지 아니한 나머지 공동상속인들에게도 그 효력이 미친다"(대판 2010.12.23. 2007다22859).

"망인의 소송대리인에게 상소제기에 관한 특별수권이 부여되어 있는 경우에는, 그에게 판결이 송달되더라도 소송절차가 중단되지 아니하고 상소기간은 진행하는 것이므로 상소제기 없이 상소기간이 지나가면 그 판결은 확정되는 것이지만, 한편 망인의 소송대리인이나 상속인 또는 상대방 당사자에 의하여 적법하게 상소가 제기되면 그 판결이 확정되지 않는 것 또한 당연하다. 그런데 당사자 표시가 잘못되었음에도 망인의 소송상 지위를 당연승계한 정당한 상속인들 모두에게 효력이 미치는 판결에 대하여 그 잘못된 당사자 표시를 신뢰한 망인의 소송대리인이나 상대방 당사자가 그 잘못 기재된 당사자 모두를 상소인 또는 피상소인으로 표시하여 상소를 제기한 경우에는, 상소를 제기한 자의 합리적 의사에 비추어 특별한 사정이 없는 한 정당한 상속인들 모두에게 효력이 미치는 위 판결 전부에 대하여 상소가 제기된 것으로 보는 것이 타당하다"(대판 2010.12.23. 2007다22859).

☞ 소송대리인이 있어도 상속인이 적법하게 상소 제기할 수 있어 판결이 확정되지 않는다는 것과, 소송대리인이나 상대방이 상소를 제기한 경우(상속인은 빠져 있음) 판결 전부에 대하여 상소가 제기된 것으로 보는 것 구별할 것.

⑤ 사안과 달리 X-1이 단독으로 상소를 제기한 경우, X-2에 대한 판결에는 상소제기의 효력이 미치지 않는다. [변호 13, 모의 13(1)유사]

해설 ▶ "소송대리인이 상소제기의 특별수권을 부여받고 있었으므로 항소제기기간은 진행된다고 하지 않을 수 없어 제1심판결중 누락상속인의 상속지분에 해당하는 부분은 그들이나 소송대리인이 항소를 제기하지 아니한 채 항소제기기간이 도과하여 이미 그 판결이 확정되었다고 하지 않을 수 없다"(대결 1992.11.5. 91마342).

☞ 일부 상속인만이 스스로 항소한 경우(지문의 경우) : 소송대리인이 있더라도 당사자의 소송수행권이 없어지는 것은 아니고, 상속인 X-1, X-2사이의 소송관계는 통상공동소송관계에 있어 공동소송인독립의 원칙에 따라 상소불가분의 원칙이 적용되지 않는 바, X-1이 단독으로 제기한 상소의 효력은 X-2에게 미치지 않는다. 소송대리인 甲에게 상소제기의 특별수권이 있어 절차가 중단되지도 않으므로 항소기간이 그대로 진행하면 X-2의 판결은 확정되고 이 경우 누락 상속인의 구제책이 문제된다.

> **비교판례** 사안에서처럼 소송대리인이 항소제기한 경우 : "제1심판결의 효력은 그 당사자 표시의 잘못에도 불구하고 당연승계에 따른 수계적격자인 망인의 상속인들 모두에게 미치는 것인데 그 항소 역시 소송수계인으로 표시되지 아니한 나머지 상속인들 모두에게 효력이 미치는 위 제1심판결 전부에 대하여 제기된 것으로 보아야 할 것이므로 위 항소로 인하여 제1심판결 전부에 대하여 확정이 차단되고 항소심절차가 개시되었으며, 다만 제1심에서 이미 수계한 甲(사안에선 X-1)외에 망인의 나머지 상속인들 모두의 청구 부분과 관련하여서는 항소제기 이후로 소송대리인의 소송대리권이 소멸함에 따라 민사소송법 제233조에 의하여 그 소송절차는 중단된 상태에 있었다고 보아야 할 것이고, 따라서 원심으로서는 망인의 정당한 상속인인 乙 등(사안에선 X-2)의 위 소송수계신청을 받아들여 그 부분 청구에 대하여도 심리 판단하였어야 한다"(대판 2010.12.23. 2007다22859). 만약 X-1이 위 소송대리인 甲에게 다시 항소심에서의 소송대리권을 수여하거나 직접 소송을 수행하여 항소심 판결이 확정되더라도, X-2의 소송은 중단된 채로 남아있고 判例의 견해에 따르면 X-2는 소송수계신청이 가능하므로 이 경우엔 누락상속인의 구제책이 문제되지 않는다.

11 추후보완의 대상이 되는 기간은 불변기간으로, 법원은 불변기간을 늘이거나 줄일 수는 없으나, 불변기간이 경과하기 전이라면 부가기간을 정할 수 있다. [모의 13(1) · 14(3) · 17(1)]

> **쟁점정리** ※ 소송행위의 추후보완의 취지
> 당사자가 '불변기간'을 지키지 못하면 판결이 확정(상소기간 도과시)되거나 소권이 상실(제소기간 도과시)되는 등의 불이익을 입게 되므로 그 불이익을 구제하기 위해 「당사자가 책임질 수 없는 사유로 말미암아 불변기간을 지킬 수 없었던 경우에는 그 사유가 없어진 날부터 2주 이내에 게을리 한 소송행위를 보완할 수 있」는 소송행위의 추후보완 제도를 두고 있다(민소법 제173조).

12 피고가 귀책사유 없이 소나 항소가 제기된 사실조차 모르는 상태에서 피고의 출석 없이 변론기일이 진행된 경우 절대적 상고이유가 된다. [모의 15(2)]

> **해설** "소장 부본부터 공시송달의 방법으로 송달되어 피고가 귀책사유 없이 소나 항소가 제기된 사실조차 모르고 있었고, 이러한 상태에서 피고의 출석 없이 원심 변론기일이 진행되어 제1심에서 일부 패소판결을 받은 피고가 자신의 주장에 부합하는 증거를 제출할 기회를 상실함으로써 당사자로서 절차상 부여된 권리를 침해당한 경우에는 당사자가 대리인에 의하여 적법하게 대리되지 않았던 경우와 마찬가지로 보아 민사소송법 제424조 제1항 제4호의 규정을 유추적용하여 절대적 상고이유가 되는 것으로 보아야 한다. 제1심, 원심 모두 피고에 대하여 소장 부본 및 변론기일 통지서 등 모든 서류를 공시송달의 방법으로 송달하고 피고가 출석하지 않은 상태에서 변론기일을 진행하여 1심이 원고의 청구를 일부 인용하는 판결을 선고하였고 이에 원고가 항소함으로써 원심도 추가로 원고의 청구를 일부 인용하는 판결을 선고한 경우, 피고로서는 제1심판결 중 피고 패소 부분에 대하여는 추후보완 항소를, 원심판결 중 피고 패소 부분에 대하여는 상고나 추후보완 상고를 각각 제기할 수 있다"(대판 2011.4.28. 2010다98948).

13 추후보완상소는 사유가 없어진 때부터 2주일 내에 하여야 하는바(제173조 1항 본문), 공시송달의 경우에는 단순히 판결이 있었던 사실을 안 때가 아니고, 나아가 판결이 공시송달 방법으로 송달된 사실을 안 때부터 2주일 내에 하여야 한다(대판 1994.12.13. 94다24299).

> 판례판례 判例는 "소장부본과 판결정본 등이 공시송달의 방법에 의하여 송달되었다면 특별한 사정이 없는 한 피고는 과실없이 판결의 송달을 알지 못한 것이고, 이러한 경우 피고는 책임을 질 수 없는 사유로 인하여 불변기간을 준수할 수 없었던 때에 해당하여 그 사유가 없어진 후 2주일(그 사유가 없어질 당시 외국에 있었던 경우에는 30일) 내에 추완항소를 할 수 있다. 여기에서 '사유가 없어진 후' 라고 함은 당사자나 소송대리인이 단순히 판결이 있었던 사실을 안 때가 아니고 나아가 그 판결이 공시송달의 방법으로 송달된 사실을 안 때를 가리키는 것으로서, 다른 특별한 사정이 없는 한 당사 자나 소송대리인이 사건기록의 열람을 하거나 또는 새로이 판결정본을 영수한 때에 비로소 판결이 공시송달 의 방법으로 송달된 사실을 알게 되었다고 보아야 한다"(대판 2013.1.10. 2010다75044)고 판시하였다

14 소송대리인인 변호사 사무원의 잘못으로 항소기간을 준수할 수 없었다면 당사자의 잘못으로 평 가되고, 이는 당사자가 그 책임을 질 수 있는 사유에 해당되므로 추후보완상소를 제기할 수 없 다(대판 1999.6.11. 99다9622).

[모의 13(1)·15(2)]

> 관련판례 "소송대리인이 판결정본의 송달을 받고도 당사자에게 그 사실을 알려 주지 아니하여 당사 자가 그 판결정본의 송달사실을 모르고 있다가 상고제기기간이 경과된 후에 비로소 그 사실을 알 게 되었다 하더라도 이를 가리켜 당사자가 책임질 수 없는 사유로 인하여 불변기간을 준수할 수 없었던 경우에 해당한다고는 볼 수 없다"(대판 1984.6.14. 84다카744).
> 비교판례 "무권대리인이 소송을 수행하고 판결정본을 송달받은 경우, 당사자는 과실 없이 소송계속 사실 및 그 판결정본의 송달 사실을 몰랐던 것이므로, 그 당사자의 추완항소는 적법하다"(대판 1996.5.31. 94다55774).

15 당사자가 책임 없는 사유로 상고이유서 제출기간을 경과한 경우에도 추후보완상소는 허용되지 않는다(대판 1998.12.11. 97재다445).

[모의 14(3)·17(1)]

> 해설 ※ 상고이유서제출기간이 불변기간인지 여부(통설 적극, 판례 소극)
> 통설은 상고이유서제출기간(제427조) 해태로 인한 효과가 상소기간해태로 인한 효과와 유사함을 이유로 추후보완을 인정하나, 判例는 상고이유서제출기간은 불변기간으로 규정되어 있지 않으므로 불변기간이 아니라 고 보아 추후보완상소의 대상이 아니라고 본다(대판 1998.12.11. 97재다445).

16 조정불성립으로 조정신청사건이 종결된 후 민사조정법 제36조에 따라 이행된 소송절차에서 조 정피신청인에 대해 통상의 방법으로 소송서류를 송달할 수 없게 되어 공시송달의 방법으로 송 달함에 따라 조정피신청인이 불변기간을 지키지 못한 경우, 이는 민사소송법 제173조 제1항에서 정한 '당사자가 책임질 수 없는 사유'에 의한 것에 해당한다(대판 2015.8.13. 2015다213322). [최신판례]

17
> X는 2012.11.3. Y로부터 A건물을 1억 원에 매수하고 대금을 완납하였으나 Y가 소유권이전 등기절차에 협력하지 않자 2012.12.3. Y를 상대로 소유권이전등기청구의 소를 제기하였다. 제1심 법원은 X의 청구를 인용하는 판결을 선고하였고, Y는 항소하였다. 항소심은 X에게 항소장 부본 및 변론기일통지서를 제1심판결에 표시된 X의 주소에 제대로 송달하였으나 이후의 서류들이 X의 주소이전으로 인해 '이사불명'으로 송달불능 되었고, 이에 법원은 Y 에게 주소보정을 명하게 한 후 보정된 주소로 다시 서류를 송달했으나 '이사불명'으로 송 달불능이 되었다. 이에 Y는 공시송달을 신청하였고, 항소심은 소송서류를 공시송달하여 소송을 진행한 결과 Y의 항소를 인용하여 제1심판결을 취소하고 청구를 기각하였다. 판 결서는 2013.4.1. 공시송달되었고, X는 2013.5.1.에야 비로소 공시송달 사실을 알게 되었다.

ⓙ X는 상소기간을 준수하지 못한 것에 책임이 있으므로 추후보완상소를 제기할 수 없다. [모의 14(3)]

해설 일단 통상의 방식에 따라 적법한 송달이 이루어져 당사자가 소송계속 여부를 알고 있는 경우에는 소송의 진행상태를 조사하여 그 결과까지도 알아보아야 할 의무가 있다(대판 2001.7.27. 2001다30339 ; 대판 1998.10.2. 97다50152).

ⓛ 만일 소송도중 X가 주소를 바꿨다고 하며 송달장소변경신고를 했음에도 항소심이 이를 간과하고 X의 이전주소지로 송달한 결과 송달불능되어 공시송달을 명한 경우라면 X는 추후보완상소를 제기할 수 있다.

해설 항소심이 원고의 송달장소신고를 간과한 것이므로 특별한 사정이 없는 한 원고는 책임질 수 없는 사유로 불변기간을 준수할 수 없었던 경우이므로 추후보완상고는 허용된다(대판 1998.10.2. 97다50152).

ⓒ 만일 항소심 소장부본 등의 서류가 처음부터 X에게 공시송달된 경우라면, X는 추후보완상소 대신 재심사유 3호를 주장하며 재심을 청구할 수 있다.

해설 判例에 따르면 원고가 거짓주소를 기재하여 송달불능으로 만들고 공시송달이 되게 하여 피고를 패소하게 한 경우 피고는 재심사유 11호의 거짓주소 이용을 이유로 재심의 소를 제기할 수 있고(대판 1985.10.8. 85므40), 거짓주소 외의 경우에는 재심사유 3호의 대리권 흠결에 준하는 위법이 있음을 이유로 재심의 소를 제기할 수 있다고 한다(대판 1997.5.30. 95다21365).

ⓔ 공시송달의 요건에 흠이 있는 경우, 재판장의 명에 의하여 공시송달이 된 이상 원칙적으로 공시송달의 효력에는 영향이 없다(대판 1991.10.22. 91다9985). 그러나 송달 일반의 무효사유가 있는 경우에는 공시송달은 무효이다.

> **비교판례** "법인의 대표자가 사망하여 버리고 달리 법인을 대표할 자도 정하여지지 아니하였기 때문에 법인에 대하여 송달을 할 수 없는 때에는 공시송달도 할 여지가 없는 것이라고 보아야 할 것이다"(대판 1991.10.22. 91다9985).

18 甲은 乙의 주소를 알고 있었음에도 소재불명으로 속여 乙에 대해 대여금 청구의 소를 제기하였다. 乙에 대한 공시송달에 의한 재판진행 결과 甲 일부 승소의 제1심 판결이 공시송달로 확정되었다. 그 후 乙은 위 사건기록 열람과 판결정본의 수령으로 위와 같이 공시송달에 의해 재판이 진행된 것을 알게 되었다.

ⓙ 乙은 위 사실을 알게 된 날부터 30일 이내에 재심을 제기할 수 있다. [변호 15]

해설 判例는 허위 주소를 이용한 공시송달에 의한 판결 편취의 경우에도 "공시송달의 방법에 의하여 피고에게 판결정본이 송달된 경우 피고의 주소가 허위라고 하여도 그 송달은 유효한 것이고, 그로부터 상소제기기간이 도과하면 그 판결은 확정되는 바, 이때 피고로서는 재심의 소를 제기하거나 추완항소를 제기하여서 그 취소변경을 구할 수밖에 없다"(대판 1980.7.8. 79다1528)고 하여 상소가 아닌 재심(제451조 1항 11호)으로 이를 구제한다. 재심은 당사자가 재심의 사유를 안 날로부터 30일 이내에 제기해야 한다(제456조 1항).

ⓛ 乙이 추후보완항소 제기기간을 도과하였다 하더라도 재심기간 내에 재심의 소를 제기할 수 있다.

[변호 15·18]

해설 재심사유와 추후보완항소사유가 동시에 존재하는 경우 추후보완항소기간이 경과하였다 하더라도 재심제기의 기간이 경과하지 않았다면 재심청구를 할 수 있다. 즉, 추후보완기간은 재심기간과는 별개로 진행한다. 추후보완상소는 제173조 1항에 근거한 것으로, 제451조 이하에 근거하는 재심과 그 요건과 효과를 달리한다. 따라서 추후보완상소 제기기간을 도과하였더라도 재심청구의 요건을 만족하는 경우 재심 청구가 가능하다. 判例는 "공시송달에 의하여 판결이 선고되고 판결정본이 송달되어 확정된 이후에 추완항소의 방법이 아닌 재심의 방법을 택한 경우에는 추완상소기간이 도과하였다 하더라도 재심기간 내에 재심의 소를 제기할 수 있다고 보아야 한다"(대판 2011.12.22. 2011다73540)고 판시하였다.

Ⓒ 乙의 추후보완항소가 적법하게 계속될 경우 甲은 부대항소를 제기할 수 있다. [변호 15]

해설 제403조는 '피항소인은 항소권이 소멸된 뒤에도 변론이 종결될 때까지 부대항소를 할 수 있다'고 규정하므로, 추후보완항소가 적법하게 계속되는 경우 변론 종결 전까지 부대항소를 제기할 수 있다.

ⓔ 乙이 재심을 제기할 경우 법원은 재심의 소가 적법한지 여부와 재심사유가 있는지 여부에 관한 심리 및 재판을 본안에 관한 심리 및 재판과 분리하여 먼저 시행할 수 있다(제454조 1항).

ⓜ 乙이 추후보완항소를 제기할 경우 판결의 선고 및 송달 사실을 알지 못하여 항소기간을 지키지 못한 데 과실이 없다는 사정은 乙이 주장·증명하여야 한다. [변호 15, 모의 15(2)변형]

해설 ※ 상소기간을 지키지 못한 데 과실이 없다는 사정에 대한 증명책임의 소재
"민사소송법 제186조 제1항에 의하면 근무장소 외의 송달할 장소에서 송달받을 사람을 만나지 못한 때에는 동거인 등으로서 사리를 분별할 지능이 있는 사람에게 서류를 교부하는 방법으로 송달할 수 있고, 여기에서 말하는 '송달할 장소'가 반드시 송달을 받을 사람의 주민등록상의 주소지에 한정되는 것은 아니며, '동거인' 역시 송달을 받을 사람과 사실상 동일한 세대에 속하여 생활을 같이 하는 사람이기만 하면 되는데, 판결의 선고 및 송달 사실을 알지 못하여 상소기간을 지키지 못한 데 과실이 없다는 사정은 상소를 추후보완하고자 하는 당사자 측에서 주장·입증하여야 한다"(대판 2012.10.11. 2012다44730).

ⓗ 판결정본이 공시송달의 방법으로 송달된 경우 추후보완항소 제기기간의 기산점인 제173조 1항의 '그 사유가 없어진 날'은 乙이 단순히 판결이 있었던 사실만을 안 때가 아니고, 나아가 그 판결이 공시송달의 방법으로 송달된 사실을 안 때를 의미한다. [변호 18]

해설 ※ 처음부터 공시송달의 방법으로 소송이 진행된 경우(원칙적으로 과실부정)
"소장부본과 판결정본 등이 공시송달의 방법에 의하여 송달되었다면 특별한 사정이 없는 한 피고는 과실 없이 그 판결의 송달을 알지 못한 것이고, 이러한 경우 피고는 그 책임을 질 수 없는 사유로 인하여 불변기간을 준수할 수 없었던 때에 해당하여 그 사유가 없어진 후 2주일(그 사유가 없어질 당시 외국에 있었던 경우에는 30일) 내에 추완항소를 할 수 있는바, 여기에서 '사유가 없어진 후'라 함은 당사자나 소송대리인이 단순히 판결이 있었던 사실을 안 때가 아니고 나아가 그 판결이 공시송달의 방법으로 송달된 사실을 안 때를 가리키는 것으로서, 다른 특별한 사정이 없는 한 통상의 경우에는 당사자나 소송대리인이 그 사건기록의 열람을 하거나 또는 새로이 판결정본을 영수한 때에 비로소 그 판결이 공시송달의 방법으로 송달된 사실을 알게 되었다고 보아야 한다"(대판 2000.9.5. 2000므87).

ⓢ 만약 甲의 소장부본이 적법하게 송달되어 소송이 진행되던 중 통상의 방법으로 소송서류를 송달할 수 없게 되어 판결정본을 乙에게 공시송달의 방법으로 송달한 경우에 당사자가 소송의 진행상황을 조사하지 않아 항소기간이 경과하였다면 항소의 추후보완사유가 되지 않는다. [변호 18, 모의 18(1)]

해설 **※ 통상의 송달이후 공시송달이 이루어진 경우(원칙적으로 과실인정)**

"민사소송법 제173조 제1항에 규정된 '당사자가 책임질 수 없는 사유'란 당사자가 소송행위를 하기 위하여 일반적으로 하여야 할 주의를 다하였음에도 불구하고 그 기간을 준수할 수 없었던 사유를 가리키는데, 소송의 진행 도중 통상의 방법으로 소송서류를 송달할 수 없게 되어 공시송달의 방법으로 송달한 경우에는 처음 소장부본의 송달부터 공시송달의 방법으로 소송이 진행된 경우와 달라서 당사자에게 소송의 진행상황을 조사할 의무가 있으므로, 당사자가 이러한 소송의 진행상황을 조사하지 않아 불변기간을 지키지 못하였다면 이를 당사자가 책임질 수 없는 사유로 말미암은 것이라고 할 수 없다"(대판 2012.10.11. 2012다44730).

◎ 판결은 상소기간이 도과되면 바로 확정되어 집행력이 발생하므로, 추후보완 소송행위를 하는 것만으로는 대상판결의 집행력·기판력이 배제되는 것은 아니다(대판 1978.9.12. 76다2400). **따라서 패소한 당사자 乙이 추후보완을 하면서 그에 의한 집행을 저지하려면, 제500조에 의한 강제집행정지를 신청하여야 한다.** [변호 18]

해설 제403조는 '피항소인은 항소권이 소멸된 뒤에도 변론이 종결될 때까지 부대항소를 할 수 있다'고 규정하므로, 추후보완항소가 적법하게 계속되는 경우 변론 종결 전까지 부대항소를 제기할 수 있다.

19 ① 당사자가 다른 소송의 재판절차에서 송달받은 준비서면 등에 당해 사건의 제1심 판결문과 확정증명원 등이 첨부된 경우에는 당해 제1심판결이 있었던 사실을 알았다거나 사회통념상 그 경위에 대하여 당연히 알아볼 만한 특별한 사정이 있었다고 인정되고, ② 제1심판결이 있었던 사실을 알게 된 후 그 대처방안에 관하여 변호사와 상담을 하거나 추완항소 제기에 필요한 해외거주증명서 등을 발급받은 경우에도 마찬가지이다. ③ 그러나 유체동산 압류집행을 당하였다는 등의 사정만으로는 위의 특별한 사정을 인정하기 어렵고, ④ 나아가 채권추심회사 직원과의 통화 과정에서 사건번호 등을 특정하지 않고, 단지 "판결문에 기하여 채권추심을 할 것이다."라는 이야기를 들은 경우에는 당해 제1심판결이 있었던 사실을 알았다거나 위의 특별한 사정이 인정된다고 볼 수 없다(대판 2021.3.25. 2020다46601). [21년 최신판례]

20 제1심법원이 2009.12 경 소장부본과 판결정본 등을 공시송달의 방법으로 피고 甲에게 송달하였고, 그 후 원고 乙 주식회사가 제1심판결에 기하여 甲의 예금채권 등을 압류·추심하여 甲이 제3채무자인 丙 신용협동조합으로부터 2019.7.2. '법원의 요청으로 계좌가 압류되었습니다.'는 내용과 채권압류 및 추심명령의 사건번호와 채권자가 기재된 문자메시지를 받았는데, 그로부터 2달이 지난 2019.9.30.에 甲이 제1심판결정본을 영수한 후 2019.10.1. 추완항소를 제기하였다면, 위 항소는 적법하다(대판 2021.3.25. 2020다46601). [21년 최신판례]

해설 제1심법원이 2009.12 경 소장부본과 판결정본 등을 공시송달의 방법으로 피고 甲에게 송달하였고, 그 후 원고 乙 주식회사가 제1심판결에 기하여 甲의 예금채권 등을 압류·추심하여 甲은 제3채무자인 丙 신용협동조합으로부터 2019.7.2. '법원의 요청으로 계좌가 압류되었습니다.'는 내용과 채권압류 및 추심명령의 사건번호와 채권자가 기재된 문자메시지를 받았다. 甲은 그로부터 2달이 지난 2019.9.30.에 제1심판결정본을 영수한 후 2019.10.1. 추완항소를 제기하였다. 이에 대법원은 甲이 위와 같은 문자메시지를 받았다는 사정만으로는 제1심판결이 있었던 사실을 알았다거나 사회통념상 그 경위를 알아볼 만한 특별한 사정이 있었다고 보기 어렵다고 보아, 이 사건 추완항소는 피고 甲이 이 사건 제1심판결정본을 영수한 날로부터 2주일 내에 제기되었으므로 적법하다고 판시하였다.

21 甲이 乙 주식회사를 상대로 제기한 소송의 소장 부본과 제1심판결서 정본이 乙 회사의 종전 본점 소재지에서 수령권한이 없는 사람들에게 송달되는 바람에 乙 회사가 제1심법원에 소송기록의 열람, 복사를 신청한 이후에야 제1심에서 무변론 판결이 선고된 사실을 알게 되었고, 그때로부터 2주가 지난 후에 乙 회사가 항소를 제기하였더라도, 위 항소는 추완항소가 아니라 판결서 정본 송달 전의 항소로 적법하다.

> 해설 ※ 제1심판결서 정본이 적법하게 송달되지 않은 경우, 그 판결에 대한 항소기간이 진행하는지 여부(소극)
>
> "항소기간은 판결서 정본이 송달된 날부터 진행하고 판결서 송달 전에도 항소를 제기할 수 있을 따름이므로(민사소송법 제396조 제1항, 제210조 제2항), 제1심판결서 정본이 적법하게 송달되지 않았다면 그 판결에 대한 항소기간은 진행되지 않는다. …(중략)… 이 사건 항소는 추완항소가 아니라 판결서 정본 송달 전의 항소로 취급하여야 할 것이다"(대판 2018.10.12. 2018다239899).

22 당사자의 주소 등 또는 근무장소를 알 수 없는 경우 또는 외국에서 하여야 할 송달에 관하여 「민사소송법」 제191조(외국에서 하는 송달의 방법)의 규정에 따를 수 없거나 이에 따라도 효력이 없을 것으로 인정되는 경우에는 법원사무관등은 직권으로 또는 당사자의 신청에 따라 공시송달을 할 수 있다(제194조 1항).

[변호 17, 모의 16(3)]

23 송달의 방법은 교부송달이 원칙이고, 우편송달의 경우 발송시에 송달된 것으로 본다.

[변호 13, 모의 16(3)]

> 참고판례 "우편송달에 의한 발송송달은 송달서류를 등기우편으로 발송한 때에 송달명의인에게 송달된 것으로 보게 되고(제189조), 여기서 '발송한 때'라 함은 법원사무관 등이 송달서류를 우체국 창구에 접수하여 우편함에 투입한 때를 말한다"(대결 2006.1.9. 2005마1042).

24 A는 채무자 B를 소외인, 제3채무자 C를 피고로 하여 B의 C에 대한 임금채권에 대하여 채권압류 및 추심명령을 받았으며, 법원은 이 사건 채권압류 및 추심명령 결정정본을 피고의 본점 소재지로 송달하였으나 C의 사무원인 B가 수령하고 C의 대표이사에게 전달하지 아니하였다. 그 후 A는 이 사건 채권압류 및 추심명령을 근거로 C를 상대로 추심금청구의 소를 제기하였으나 그 소장부본 또한 B가 수령하였다. 나아가 제1심법원은 C가 답변서를 제출하지 않자 무변론원고승소판결을 선고하고 판결정본을 송달하였으나 이 역시 B가 수령하고 피고의 대표이사에게 전달하지 아니하였다. C의 대표이사가 제1심 기록을 열람하고 추완항소장을 제1심법원에 제출하였다면 이러한 추완항소는 적법하다.

[최신판례]

> 해설 ※ 소송서류를 송달받을 본인과 당해 소송에 관하여 이해의 대립 내지 상반된 이해관계가 있는 수령대행인에게 보충송달을 할 수 있는지 여부(소극)
>
> "보충송달제도는 본인 아닌 그의 사무원, 피용자 또는 동거인, 즉 수령대행인이 서류를 수령하여도 그의 지능과 객관적인 지위, 본인과의 관계 등에 비추어 사회통념상 본인에게 서류를 전달할 것이라는 합리적인 기대를 전제로 한다. 그런데 본인과 수령대행인 사이에 당해 소송에 관하여 이해의 대립 내지 상반된 이해관계가 있는 때에는 수령대행인이 소송서류를 본인에게 전달할 것이라고 합리적으로 기대하기 어렵고, 이해가 대립하는 수령대행인이 본인을 대신하여 소송서류를 송달받는 것은 쌍방대리금지의 원칙에도 반하므로, 본인과 당해 소송에 관하여 이해의 대립 내지 상반된 이해관계가 있는 수령대행인에 대하여는 보충송달을 할 수 없다 …(중략)… 소외인은 이 사건 채권압류 및 추심명령의 채무자로 제3채무자인 피고와 이해관계를 달리

하는 당사자로서 관련 소송에서 수령한 서류를 본인인 피고에게 전달할 것이라는 합리적인 기대를 하기 어려우므로, 위와 같은 경우에는 비록 소외인이 피고의 사무원으로서 소송서류를 수령하였다 하더라도 피고에 대한 보충송달로서의 효력을 인정할 수는 없고, 따라서 제1심법원이 소송서류 및 판결정본을 소외인에게 보충송달의 방법으로 송달한 것은 부적법하고, 이에 따라 항소기간은 진행하지 아니하므로 피고의 이 사건 추완항소는 피고에게 책임질 수 없는 사유가 있는지 여부와 관계없이 적법하다"(대판 2016.11.10. 2014다54366).

25 소송서류를 송달받을 본인과 당해 소송에 관하여 이해의 대립 내지 상반된 이해관계가 있는 수령대행인에게 보충송달을 할 수 없다(위2014다54366판결). [18년 변호]

26 송달은 원칙적으로 민사소송법 제183조 제1항에서 정하는 송달을 받을 사람의 주소, 거소, 영업소 또는 사무소 등의 '송달장소'에서 하여야하고, 송달장소가 아닌 곳에서 사무원, 고용인 또는 동거자를 만난 경우에는 사무원 등이 송달받기를 거부하지 아니한다 하더라도 그 곳에서 사무원 등에게 서류를 교부하는 것은 보충송달의 방법으로서 부적법하다.

> 해설 ※ 민사소송법 제183조 제1항에서 정한 송달장소가 아닌 곳에서 사무원 등에게 서류를 교부하는 것이 보충송달의 방법으로 적법한지 여부(소극)
> "송달은 원칙적으로 민사소송법 제183조 제1항에서 정하는 송달을 받을 사람의 주소, 거소, 영업소 또는 사무소 등의 '송달장소'에서 하여야 한다. 만일 송달장소에서 송달받을 사람을 만나지 못한 때에는 그 사무원, 고용인 또는 동거자로서 사리를 분별할 지능 있는 사람에게 서류를 교부하는 보충송달의 방법에 의하여 송달할 수는 있지만, 이러한 보충송달은 위 법 조항에서 정하는 '송달장소'에서 하는 경우에만 허용되고 송달장소가 아닌 곳에서 사무원, 고용인 또는 동거자를 만난 경우에는 사무원 등이 송달받기를 거부하지 아니한다 하더라도 그 곳에서 사무원 등에게 서류를 교부하는 것은 보충송달의 방법으로서 부적법하다"(대결 2018.5.4. 2018무513).

27 동일한 수령대행인이 이해가 대립하는 소송당사자 쌍방을 대신하여 소송서류를 동시에 수령하는 경우 '소송당사자의 허락이 있다는 등의 특별한 사정이 없는 한' 그러한 보충송달은 무효이다(대판 2021.3.11. 2020므11658). [21년 최신판례]

28 다른 주된 직업을 가지고 있으면서 회사의 비상근이사, 사외이사 또는 비상근감사의 직에 있는 피고에게 그 회사의 본점은 민사소송법 제183조 제2항에 정한 '근무장소'에 해당한다고 볼 수 없으므로, 본점의 직원이 피고에 대한 소장부본을 그 회사의 본점 소재지에서 수령한 것은 민사소송법 제186조 제2항의 보충송달로서 효력이 있다고 볼 수도 없다. [최신판례]

> 해설 ※ 민사소송법 제183조 제2항에서 정한 '근무장소'의 의미
> 이때의 '근무장소'는 현실의 근무장소로서 고용계약 등 법률상 행위로 취업하고 있는 지속적인 근무장소이다(대판 2015.12.10. 2012다16063).

29 판결정본 송달의 하자는 이의권의 포기나 상실로 인하여 치유될 수 없다(대판 1979.9.25. 78다2448). [모의 12(3) · 14(3)]

30 주식회사에 대한 소장 등은 그 대표자에게 송달하여야 하므로 그 대표자의 주소, 거소에 하는 것이 원칙이나, 그 주식회사의 영업소나 사무소에도 할 수 있다(대결 1997.5.19. 97마600). [모의 15(2)]

31 법인에 대한 송달은 본점 소재지에서 그 대표이사가 이를 수령하는 방식으로 할 수 있고, 그와 같은 송달이 불능인 경우에는 법인 등기부 등을 조사하여 본점소재지의 이전여부 이외에도 법인등기부상의 대표이사의 주소지 등을 확인하여 송달을 실시하여 보고 그 송달이 불가능한 때에 비로소 공시송달을 할 수 있다(대판 1997.5.19. 97마600). [모의 18(1)]

> **해설** 즉 判例는 대표자의 주소지로 송달하여 봄이 없이 막바로 공시송달을 명하는 것은 잘못이라고 본다.

32 송달받을 사람이 교도소 수감사실을 법원에 신고하지 않았거나 법원이 기록에 의하여 수감된 사실을 알 수 없었다 하더라도 그의 종전 주소에 한 송달은 무효이다. [모의 17(2) · 18(1)]

> **해설** "교도소 등 구금장의 질서유지를 위하여 재감자를 감시하여야 할 공익상의 필요와 한편으로는 재감자에 대하여 수감되기 전의 주소, 거소 등에 송달을 하면은 송달서류가 재감자에 전달됨에는 도리어 시일을 요하게 된다는 고려에서 나온 것으로 해석된다. 그러므로 교도소 등의 소장은 재감자에 대한 송달에 있어서는 일종의 법정대리인이라고 할 것이므로 재감자에 대한 송달을 교도소 등의 소장에게 하지 아니하고 그가 수감되기 전의 주 · 거소에다 하였다면 무효라고 아니할 수 없고 수소법원이 송달을 실시함에 있어 당사자 또는 소송관계인의 수감사실을 모르고 종전의 주 · 거소에다 하였다 하여 그 이치에 무슨 소장이 있을리 없다"(대판 1982.12.28. 전합82다카349).

33 환경분쟁 조정법에 의한 재정의 경우, 재정문서는 재판상 화해와 동일한 효력을 가질 수도 있는 점 등에 비추어 재정문서의 송달은 공시송달의 방법으로 할 수 없다(대판 2016.4.15. 2015다201519). [변호 18]

34 민사소송법 제183조 제1항은 "송달은 받을 사람의 주소 · 거소 · 영업소 또는 사무소에서 한다"고 규정하고 있는바, 여기서 영업소 또는 사무소는 송달받을 사람의 영업 또는 사무가 일정 기간 지속하여 행하여지는 중심적 장소로서, 한시적 기간에만 설치되거나 운영되는 곳이라고 하더라도 그곳에서 이루어지는 영업이나 사무의 내용, 기간 등에 비추어 볼 때 어느 정도 반복해서 송달이 이루어질 것이라고 객관적으로 기대할 수 있는 곳이라면 위 조항에서 규정한 영업소 또는 사무소에 해당한다(대판 2014.10.30. 2014다43076). [최신판례]

35 민사소송법 제173조에 의한 우편송달은 당해 서류에 관하여 교부 또는 보충, 유치송달 등이 불가능한 것임을 요건으로 하는 것이므로 당해 서류의 송달에 한하여 할 수 있는 것이지 그에 이은 별개의 서류 등의 송달에 관하여는 위 요건이 따로 구비되지 않는 한 당연히 우편송달을 할 수 있는 것은 아니다(대결 1990.1.25. 89마939). [변호 18, 모의 17(3)]

36 첫 공시송달은 제195조의 규정에 따라 실시한 날부터 2주가 지나야 효력이 생긴다. 다만, 같은 당사자에게 하는 그 뒤의 공시송달은 실시한 다음 날부터 효력이 생긴다(제196조 1항). [변호 17]

37
> A는 B를 상대로 대여금의 지급을 구하는 내용의 지급명령신청을 하면서 그 신청서에 B의 주소를 기재한 후 송달장소를 B가 대표이사로 있는 주식회사 넥서스의 사무실 주소인 '서울시 서초구 역삼동 428 성진빌딩 2층 (주) 넥서스'로 기재하였고, 법원이 지급명령 정본을 위 성진빌딩 2층으로 발송하여 주식회사 넥서스의 직원인 K가 2013.3.4. 이를 수령하였다. 그런데 K는 위 지급명령 정본을 곧바로 B에게 전달하지 못한 채 출장을 갔고 출장에서 돌아온 후 2013.3.15. B에게 지급명령 정본을 전달하였으며, B는 2013.3.21. 법원에 지급명령에 대한 이의신청을 제기하였다.
>
> [13년 법원행시 2차 기출]

① '근무장소 외의 송달할 장소'에서 송달을 받을 자를 만나지 못한 경우에는 그 사무원, 고용인, 또는 동거인으로서 사리를 변식할 수 있는 자에게 교부할 수 있고, '근무장소'에서 송달 받을 사람을 만나지 못한 때에는 그를 고용하고 있는 사람 또는 그 법정대리인이나 피용자 그 밖의 종업원으로서 사리를 분별할 지능이 있는 사람이 서류의 수령을 거부하지 아니하면 그에게 서류를 교부할 수 있다. [모의 14(3)·18(1)]

해설 ※ 보충송달

㉠ 근무장소 외의 송달할 장소(주소, 영업소 등)에서 송달을 받을 자를 만나지 못한 경우에는 그 사무원, 고용인, 또는 동거인으로서 사리를 변식할 수 있는 자에게 교부하는 보충송달을 할 수 있다(제186조 1항). ㉡ 근무장소에서 송달받을 사람을 만나지 못한 때에는 그를 고용하고 있는 사람 또는 그 법정대리인이나 피용자 그 밖의 종업원으로서 사리를 분별할 지능이 있는 사람이 서류의 수령을 거부하지 아니하면 그에게 서류를 교부할 수 있다(동조 2항).

보충송달의 경우 사무원 또는 동거인에게 교부된 때에 송달의 효력이 발생하고, 송달받을 자에게 교부되었는지는 묻지 않는다(대판 1984.6.26. 84누405). 이러한 보충송달은 위 법 조항에서 정하는 '송달장소'에서 하는 경우에만 허용되고 송달장소가 아닌 곳에서 사무원, 고용인 또는 동거자를 만난 경우에는 그 사무원 등이 송달받기를 거부하지 아니한다 하더라도 그 곳에서 그 사무원 등에게 서류를 교부하는 것은 보충송달의 방법으로서 부적법하다(대결 2001.8.31. 2001마3790). 따라서 '우체국 창구'에서 송달받을 자의 동거자에게 서류를 교부한 것은 동거자가 거부하지 않더라도 부적법하다(위 판례의 사실관계).

② 송달은 받을 사람의 주소·거소·영업소 또는 사무소에서 하고 보충적으로 근무장소에서도 송달할 수 있다(제183조 2항). [변호 14유사]

해설 ※ 송달실시의 방법 – 교부송달 –

송달은 받을 사람의 주소·거소·영업소 또는 사무소에서 송달받을 자를 만나 그에게 직접 서류의 등본(또는 부본)(원본이 아님)을 교부하는 교부송달이 원칙이고(제178조 1항, 제183조 1항), 위 주소 등을 알지 못하거나 그 장소에서 송달할 수 없는 때에는 근무장소에서 송달할 수 있다(제183조 2항). 영업소 또는 사무소는 송달받을 사람 자신이 경영하는 영업소 또는 사무소를 의미하는 것이지 송달받을 사람의 근무장소는 이에 해당하지 않으며(대판 1997.12.9. 97다31267), 송달받을 사람이 경영하는 그와 별도의 법인격을 가지는 회사의 사무실은 송달받을 사람의 영업소나 사무소라 할 수 없고, 이는 근무장소에 지나지 않는다(대결 2004.7.21. 2004마535). 따라서 사안에서 지급명령정본을 B의 주소·영업소에 송달을 시도하지 않고 근무지에 (보충)송달한 것은 위법하다.

③ ②의 영업소 또는 사무소에 송달 받을 사람이 경영하는, 그와 별도의 법인격을 가지는 회사의 사무실은 포함되지 않는다(대결 2004.7.21. 2004마535).

④ 사안에서의 지급명령정본 송달은 위법하다.

⑤ 사안에서의 지급명령정본 송달이 위법하므로 송달은 무효이고, 이의신청의 불변기간은 도과하지 않았다. 따라서 이의신청은 적법하다.

해설 '채무자가 지급명령을 송달받은 날부터 2주 이내에 이의신청을 한 때에는 지급명령은 그 범위 안에서 효력을 잃는다'(민사소송법 제470조 제1항). 사례에서 지급명령정본을 B의 주소·영업소에 송달을 시도하지 않고 근무지에 (보충)송달한 것은 위법하므로 송달은 무효이고, 이의신청의 불변기간은 도과하지 않았다. 따라서 이의신청은 적법하다. ☞공시송달 요건의 흠이 있으나, 재판장의 명에 의하여 공시송달된 경우와 구별.

제5절 소송절차의 중단

01 당사자인 법인이 합병에 의하여 소멸된 때에 소송절차는 중단된다(제234조 1문). 합병 이외의 사유로 법인이 소멸한 경우에는 청산법인으로 존속하기 때문에 중단되지 않는다.

02 선정당사자 모두 사망 또는 자격을 상실한 경우 소송절차가 중단된다. [변호 16, 모의 15 (1)]

해설 여러 선정당사자 가운데 죽거나 그 자격을 잃은 사람이 있는 경우에는 다른 당사자가 모두를 위하여 소송행위를 수행한다(민소법 제54조). 그러나 선정당사자가 모두 자격을 잃거나 죽은 때에는 소송절차가 중단된다(민소법 제237조 2항).

03 소송당사자의 상속인들이 소송수계를 하려면 공동상속인 각자가 개별적으로 수계하여도 무방하다(대판 1994.11.4. 93다31993). [모의 13(1)]

해설 判例는 "공동상속재산은 상속인들의 공유이고, 또 부동산의 공유자인 한 사람은 그 공유물에 대한 보존행위로서 그 공유물에 관한 원인 무효의 등기 전부의 말소를 구할 수 있다"(대판 1996.2.9. 94다61649)라고 하여 공유물의 방해배제청구소송(등기말소청구소송)을 통상공동소송으로 본다. 또한 "제1심 원고이던 甲이 소송계속중 사망하였고 그의 소송대리인도 없었는데 그 공동상속인들 중 1인인 제1심 공동원고 乙만이 甲을 수계하여 심리가 진행된 끝에 제1심법원은 乙만을 甲의 소송수계인으로 하여 판결을 선고한 경우, 만일 甲을 수계할 다른 사람이 있음에도 수계절차를 밟지 않았다면 그에 대한 관계에서는 그 소송은 중단된 채로 제1심법원에 계속되어 있다고 보아야 한다"(대판 1994.11.4. 93다31993)라고 하여, 필수적 공동소송관계라고 인정되지 않는 이상 반드시 공동상속인 전원이 공동으로 수계하여야 하는 것은 아니며, 상속인 각자가 개별적으로 수계하여도 무방하다고 하였다.

> **[비교]** 이와 달리, 상소의 경우 통상공동소송이든 필수적공동소송이든 각자 상소를 제기할 수 있으나, 필수적공동소송의 경우 1인의 상소제기로 인해 판결 전체의 확정이 차단되고 상소심으로 이심된다.

04 당사자의 사망으로 인한 소송수계 신청이 이유있다고 하여 소송절차를 진행시켰으나 그 후에 신청인이 그 자격없음이 판명된 경우에는 법원은 소송수계신청인의 소송수계신청을 기각한다.

해설 수계신청이 있었을 때 법원은 승계인의 적격을 직권조사하여 상속인이 아닌 점 등 적격자가 아님이 밝혀지면 결정으로 수계신청을 기각하는 바(제243조), 이때 수계를 인정하고 절차를 진행하다가 승계인이 아님이 밝혀진 경우(참칭승계인)에 관하여 법원의 처리 여하가 문제된다.
判例는 "당사자의 사망으로 인한 소송수계 신청이 이유 있다고 하여 소송절차를 진행시켰으나 그 후에 신청이 그 자격 없음이 판명된 경우에는 수계재판을 취소하고 신청을 각하하여야 한다"(대판 1981.3.10. 80다1895)고 하여 수계신청각하설의 입장으로 보는 견해도 있으나, 상소심에서 수계신청인이 수계를 신청할 자격이 없음이 판명된 경우에 判例는 "상고이유의 당부를 떠나 원심과 제1심은 파기 및 취소를 면할 수 없다. 그러므로 원심판결을 파기하고, 제1심판결을 취소하며, 소송수계신청인의 소송수계신청을 기각하고, 이 사건 소송이 중단된 채 제1심에 계속되어 있음을 명백히 하는 의미에서 사건을 제1심 법원에 환송한다"(대판 2002.10.25. 2000다21802)고 판시하여 신청기각설로 보는 견해도 있다.

05 전수탁자가 파산선고를 받아 임무가 종료되었으나 소송대리인이 있어 소송절차가 중단되지 아니하는 경우, 전수탁자를 그대로 당사자로 표시하거나 신탁재산에 대한 관리처분권이 없는 자를 신당사자로 잘못 표시하더라도 판결의 효력이 신수탁자 또는 정당한 관리처분권을 가진 신수탁자에게 미친다(대판 2014.12.24. 2012다74304). [최신판례]

제4장 증 거

01 당사자가 증거로 제출하지 않고 심리도 되지 않았던 다른 하급심 판결들에서 인정된 사실관계를 법원에 현저한 사실로 볼 수는 없다(대판 2019.8.9. 2019다222140).

> **해설** "피고와 제3자 사이에 있었던 민사소송의 확정판결의 존재를 넘어서 그 판결의 이유를 구성하는 사실관계들까지 법원에 현저한 사실로 볼 수는 없다(대판 2010.1.14. 2009다69531 참조).

02 당사자가 주장하는 법률효과가 동일하다고 하더라도 주장하는 법률요건이 다를 때에는 당사자 사이에 법률관계에 관한 다툼이 없다고 볼 수 없다(대판 2017.3.9. 2016다256968,256975).　　[최신판례]

03 타인의 불법행위로 인하여 피해자가 상해를 입거나 사망한 경우, 그 손해배상을 구하는 소에서 피해자의 사고 당시 수입은 재판상 자백의 대상이 된다(대판 1998.5.15. 96다24668).　　[변호 18]

04 인신사고로 인한 손해배상 사건에서 손해배상액을 산정하는 기초가 되는 피해자의 기대여명은 변론주의가 적용되는 주요사실로서 재판상 자백의 대상이다(대판 2018.10.4. 2016다41869).　　[최신판례]

05 경매개시결정에 대한 이의의 재판절차에서는 민사소송법상 재판상 자백이나 의제자백에 관한 규정이 준용되지 않는다.　　[변호 18]

> **해설** "직권주의가 강화되어 있는 민사집행법하에서 민사집행법 제16조의 집행에 관한 이의의 성질을 가지는 강제경매 개시결정에 대한 이의의 재판절차에서는 민사소송법상 재판상 자백이나 의제자백에 관한 규정은 준용되지 아니하고, 이는 민사집행법 제268조에 의하여 담보권실행을 위한 경매절차에도 준용되므로 경매개시결정에 대한 형식적인 절차상의 하자를 이유로 한 임의경매 개시결정에 대한 이의의 재판절차에서도 민사소송법상 재판상 자백이나 의제자백에 관한 규정은 준용되지 아니한다"(대결 2015.9.14. 2015마813).

06 법원에 제출되어 상대방에게 송달된 준비서면에 자백에 해당하는 내용이 기재되어 있는 경우, 그것이 변론기일이나 변론준비기일에서 진술 또는 진술간주되어야 재판상 자백이 성립한다(대판 2015.2.12. 2014다229870).　　[변호 17]

07 부동산의 시효취득에서 점유기간의 산정기준이 되는 점유개시의 시기는 간접사실에 불과하므로 이에 대한 자백은 법원이나 당사자를 구속하지 않는다(대판 2007.2.8. 2006다28065). [변호 17·18, 모의 17(2)]

08 당사자 일방이 한 진술에 잘못된 계산이나 기재, 기타 이와 비슷한 표현상의 잘못이 있고, 잘못이 분명한 경우에는 선행자백이 성립할 수 없다(대판 2018.8.1. 2018다229564).　　[최신판례]

> **해설** 判例는 상대방이 원용하기 전의 진술을 자인진술이라고 하고, 상대방의 원용이 있으면 선행자백이라고 하나, 학설은 당사자 일방이 먼저 불리한 진술을 하는 경우를 선행자백이라 하고, 상대방이 이를 원용하면 재판상 자백이 된다고 한다(즉, 判例는 상대방의 원용이 있으면 선행자백이라 하고, 학설은 선행자백에 대하여 원용이 있으면 재판상 자백이 된다고 하여 용어 사용에 차이가 있다). 먼저 불리한 진술을 한 경우라도 상대방이 원용하기 전에는 당사자에 대한 구속력이 없으므로 진술한 당사자도 자인진술을 철회할 수 있다. 그러나 법원에 대한 구속력이 인정되므로 법원은 그 사실을 인정해야 한다.

09 X는 2013.4.1. 자기소유의 A토지에 무단으로 B건물을 건축하여 점유 중인 Y를 상대로 소유권에 기한 토지인도 및 건물철거청구의 소를 제기하였다. 변론기일에서 Y는 'A토지가 X의 소유는 맞으나 자신은 위 토지를 시효취득하였다'고 주장하였다. 법원은 A토지가 X의 소유라는 점을 인정할 아무런 증거가 없다는 이유로 청구기각판결을 선고하였다. 판

> 결정본은 2013.6.1. X의 자녀인 Z(당시 만 8세 1개월로서 판결정본 송달시 서류의 중요성을 주지시킨 바 없다)에게 송달되었다.

① Y가 'A토지가 X의 소유는 맞다'고 진술하였으므로 법원은 이러한 진술에 구속된다.

[변호 12, 모의 11(1),16(2)]

해설 재판상 자백의 대상은 '구체적 사실'이므로, 권리·법률관계에 대한 자백은 원칙적으로 구속력이 없다. 判例는 "소송물의 전제문제가 되는 권리관계를 인정하는 진술은 권리자백으로서 법원을 기속하는 것도 아니며, 상대방의 동의 없이 자유로이 철회할 수 있다"(대판 2008.3.27. 2007다87061)고 판시하였다. 그런데 선결적 법률관계에 관한 권리자백은 권리자백이면서도 3단 논법의 소전제에 대한 자백이라는 사실적 요소를 이중적으로 가지고 있어 재판상 자백의 효력을 갖는지 문제된다. 이에 대해 判例는 "소유권에 기한 이전등기말소청구소송에 있어서 피고가 원고 주장의 소유권을 인정하는 진술은 그 소전제가 되는 소유권의 내용을 이루는 사실에 대한 진술로 볼 수 있으므로 이는 재판상 자백이라 할 것이다"(대판 1989.5.9. 87다카749)라고 판시하여 재판상 자백의 효력을 인정하였다.

> **비교판례** "일반적으로 법원에서 당사자가 자백한 사실은 증명을 필요로 하지 아니하고(민사소송법 제288조), 자백이 성립된 사실은 법원을 기속한다. 그러나 이는 법률 적용의 전제가 되는 주요사실에 한정되고, 사실에 대한 법적 판단이나 평가 또는 적용할 법률이나 법적 효과는 자백의 대상이 되지 아니한다"(대판 2016.3.24. 2013다81514).

② Z에 대한 송달은 위법하다.

[모의 14(3)유사]

해설 보충송달은 사리를 분별할 지능이 있는 동거인에게 하여야 효력이 있는 바(민소법 제186조), '사리를 분별할 지능이 있는 사람'이라 함은 송달의 의미를 이해하고 송달을 받을 사람에게 교부를 기대할 수 있을 정도의 능력을 갖춘 사람을 말하며, 반드시 성년자일 필요는 없다.
判例는 "소송서류를 송달하는 우편집배원이 만 8세 1개월의 딸에게 송달하는 서류의 중요성을 주지시키고 원고에게 이를 교부할 것을 당부하는 등 필요한 조치를 취하였다는 등의 특별한 사정이 없는 한, 그 정도 연령의 어린이 대부분이 이를 송달받을 사람에게 교부할 것으로 기대할 수는 없다고 보이므로 상고기록접수통지서 등을 수령한 딸이 소송서류의 영수와 관련한 사리를 분별할 지능이 있다고 보기 어렵다"(대판 2011.11.10. 2011재두148)는 이유로, 상고기록접수통지서의 보충송달이 적법하지 않다고 보았다.

③ 만약 Z에 대한 송달이 위법한 이상 X가 아무런 이의를 제기하지 않더라도 송달하자는 치유되지 않으므로 항소제기기간은 진행되지 않아 2013.6.14. 이후에 제기된 항소는 적법하다.

[모의 12(3),14(3)변형]

해설 절차규정인 송달규정이 임의규정인 경우에는 이의권의 포기상실에 의해 하자가 치유될 수 있으나(대판 1998.2.13. 95다15667), 불변기간에 영향이 있는 송달, 예컨대 항소 제기기간에 관한 규정은 성질상 강행규정이므로, 그 기간 계산의 기산점이 되는 판결정본의 송달의 흠은 이에 대한 이의권의 포기나 상실로 인하여 치유될 수 없다(대판 2002.11.8. 2001다84497).

④ 항소심에서 Y가 자신의 종전 진술이 착오에 기한 것임을 주장하며 철회하는 경우, 당해 진술이 진실에 반함이 증명되었다고 하여 진술이 착오에 기한 것이라고 추정되는 것은 아니지만 그 자백이 진실과 부합되지 않는 사실이 증명된 경우라면 변론의 전취지에 의하여 그 자백이 착오로 인한 것이라는 점을 인정할 수 있다(대판 2004.6.11. 2004다13533).

[변호 13,15유사, 모의 13(1),14(3),16(2)]

해설 제288조 (불요증사실) 「법원에서 당사자가 자백한 사실과 현저한 사실은 증명을 필요로 하지 아니한다. 다만, 진실에 어긋나는 자백은 그것이 착오로 말미암은 것임을 증명한 때에는 취소할 수 있다」

⑤ 항소심에서 Y가 원고청구기각의 판결을 구하였을 뿐, X가 청구원인으로 주장한 사실에 대해서는 아무런 진술도 하지 않았다면 그 사실을 다툰 것으로 볼 수 없어 자백간주가 성립한다.

해설 "제1심에서 원고의 주장사실을 명백히 다투지 아니하여 의제자백으로 패소한 피고가 항소심에서도 원고 청구기각의 판결을 구하였을 뿐 원고가 청구원인으로 주장한 사실에 대하여는 아무런 답변도 진술하지 않았다면 그 사실을 다툰 것으로 인정되지 않는 한 항소심에서도 의제자백이 성립한다"(대판 1989.7.25. 89다카4045).

☞ 자백간주란 당사자가 법정에서 명백히 재판상 자백을 하지 아니하여도, ㉠ 출석했으나 상대방의 주장사실을 명백히 다투지 않거나(제150조 1항), ㉡ 한 쪽 당사자가 변론기일에 불출석하거나(제150조 3항, 단 공시송달에 따른 기일통지는 제외), ㉢ 피고가 답변서를 제출하지 않은 경우에 그 사실을 자백한 것으로 보는 제도이다(제257조). 특히 ㉠의 경우 변론 전체의 취지로 보아 그 사실에 대하여 다툰 것으로 인정되는 경우가 아니어야 하는바(제150조 1항 단서), 위 판례(89다카4045판결)에 따르면 피고가 답변취지로 원고청구기각의 판결을 구하였을 뿐 원고가 청구원인으로 주장한 사실에 대하여는 아무런 답변도 진술하지 않았다면, 변론의 전취에 의하여 그 사실을 다툰 것으로 볼 수 없다.

10 甲은 乙에게 매매계약에 기한 매매대금 청구의 소를 제기하면서 매매계약서를 그 증거로 제출하였다. 乙은 제1회 변론기일에서 甲이 주장하는 매매계약 체결사실과 매매계약서의 진정성립을 인정하였다. 그 후 乙은 매매계약 체결사실을 다투고자 한다.

① 乙이 위 자백을 취소하려면 그 자백이 진실에 어긋나는 것 외에 착오로 인한 것임을 아울러 증명하여야 하고, 진실에 어긋나는 것임이 증명되었다고 하여 착오로 인한 자백으로 추정되지는 않는다(대판 2010.2.11. 2009다84288). [변호 13·15·18, 모의 13(1)·14(3)·16(2)]

② 乙의 자백 취소에 대하여 甲이 동의하면 진실에 어긋나는지 여부나 착오 여부와는 상관없이 자백의 취소는 인정된다. [변호 15]

해설 "자백은 사적자치의 원칙에 따라 당사자의 처분이 허용되는 사항에 관하여 그 효력이 발생하는 것이므로, 일단 자백이 성립되었다고 하여도 그 후 그 자백을 한 당사자가 위 자백을 취소하고 이에 대하여 상대방이 이의를 제기함이 없이 동의하면 반진실, 착오의 요건은 고려할 필요없이 자백의 취소를 인정하여야 할 것"(대판 1994.9.27. 94다22897).

> **비교판례** "자백은 진실에 반하고 착오에 의한 것임을 증명한 때 한하여 취소할 수 있는 것이고 자백취소에 대하여 상대방이 아무런 이의를 제기하고 있지 않다는 점만으로 그 취소를 인정할 수는 없다"(대판 1987.7.7. 87다카69).

③ 乙의 위 자백이 진실에 어긋난다는 사실이 증명된 경우라면 변론 전체의 취지에 의하여 그 자백이 착오로 인한 것이라는 점을 법원이 인정할 수 있다. [변호 12·15·18, 모의 13(1)·4(3)·17(2)]

해설 재판상의 자백에 대하여 상대방의 동의가 없는 경우에는 자백을 한 당사자가 그 자백이 진실에 부합되지 않는다는 것과 자백이 착오에 기인한다는 사실을 증명한 경우에 이를 취소할 수 있는바, 이때 진실에 부합하지 않는다는 사실에 대한 증명은 그 반대되는 사실을 직접증거에 의하여 증명함으로써 할 수 있지만, 자백사실이 진실에 부합하지 않음을 추인할 수 있는 간접사실의 증명에 의하여도 가능하다고 할 것이고, 또 자백이 진실에 반한다는 증명이 있다고 하여 그 자백이 착오로 인한 것이라고 추정되는 것은 아니지만 그 자백이 진실과 부합되지 않는 사실이 증명된 경우라면 변론의 전취지에 의하여 그 자백이 착오로 인한 것이라는 점을 인정할 수 있다(대판 2000.9.8. 2000다23013).

④ **乙이 매매계약서의 진정성립에 관하여 한 자백은 보조사실에 관한 자백이기는 하나 이를 자유롭게 철회할 수는 없다.** [변호 15, 모의 10⑴ · 13⑴ · 14⑴]

해설▸ 자백의 대상이 될 수 있는 것은 구체적 사실에 한한다. 간접사실이나 보조사실에 관하여는 구속력이 생기지 아니한다. 그러나 "문서의 성립에 관한 자백은 보조사실에 관한 자백이기는 하나 그 취소에 관하여서는 다른 간접사실에 관한 자백의 취소와는 달리 주요사실의 자백취소와 동일하게 처리하여야 할 것이므로 문서의 진정성립을 인정한 당사자는 자유롭게 이를 철회할 수 없는 것이다"(대판 1988.12.20. 88다카3083).

> **비교판례** "이는 문서에 찍힌 인영의 진정함을 인정하였다가 나중에 이를 철회하는 경우에도 마찬가지로 보아야 할 것"(대판 2001.4.24. 2001다5654).

⑤ **만일 위 자백이 甲의 폭행에 의한 것이더라도 甲의 폭행행위에 관한 유죄판결이 확정되기 전에는 乙은 이를 이유로 자백을 철회할 수 없다.** [모의 16⑴]

해설▸ 형사상 처벌을 받을 만한 다른 사람의 행위로 말미암아 소송행위를 한 경우는 무효인 소송행위이므로 철회가 가능하다(제451조 1항 5호 유추적용). 判例는 이 경우 유죄의 확정판결을 필요로 한다(대판 2001.1.30. 2000다42939,42946). 즉, 判例는 "타인의 행위에 대해 유죄판결이 확정되고 또 소송행위가 그에 부합되는 의사 없이 외형적으로만 존재할 때 한해 민소법 제451조 제1항 5호, 제2항을 유추해 효력을 부인할 수 있다"(대판 1984.5.29. 82다카963)고 하였다. 이에 반해, 통설은 제451조 2항은 재심의 소의 남용을 막기 위한 취지임을 들어 유죄판결이 확정될 필요는 없다고 본다.

※ 소송행위의 취소

判例는 "소송행위가 사기, 강박 등 형사상 처벌을 받을 타인의 행위로 인하여 이루어졌다고 하여도 그 타인의 행위에 대하여 유죄판결이 확정되고 또 그 소송행위가 그에 부합되는 의사없이 외형적으로만 존재할 때에 한하여 민사소송법 제422조 제1항 제5호, 제2항의 규정을 유추해석하여 그 효력을 부인할 수 있다고 해석함이 상당하므로 타인의 범죄행위가 소송행위를 하는데 착오를 일으키게 한 정도에 불과할 뿐 소송행위에 부합되는 의사가 존재할 때에는 그 소송행위의 효력을 다툴 수 없다"(대판 1984.5.29. 82다카963)고 하여 소취하 또는 항소취하를 재심규정을 유추하여 취소하는 경우 유죄판결이 확정될 것을 요구한다. 이에 반해, 통설은 제451조 2항은 재심의 소의 남용을 막기 위한 취지임을 들어 유죄판결이 확정될 필요는 없다고 본다.

그런데 "형사책임이 수반되는 타인의 강요와 폭행에 의하여 이루어진 소취하약정과 소취하서 제출은 무효"(대판 1985.9.24. 82다카312)라고 하여 유죄판결이 확정될 것을 요구하지 않기도 하였고, "제451조 제1항 제5호의 '형사상 처벌을 받을 다른 사람의 행위'에는 당사자의 대리인이 범한 배임죄도 포함될 수 있으나, 이를 재심사유로 인정하기 위해서는 단순히 대리인이 문제된 소송행위와 관련하여 배임죄로 유죄판결을 받았다는 것만으로는 충분하지 않고, 위 대리인의 배임행위에 소송의 상대방 또는 그 대리인이 통모하여 가담한 경우와 같이 대리인이 한 소송행위의 효과를 당사자 본인에게 귀속시키는 것이 절차적 정의에 반하여 도저히 수긍할 수 없다고 볼 정도로 대리권에 실질적인 흠이 발생한 경우라야 한다"(대판 2012.6.14. 2010다86112)며 소송행위에 부합되는 의사가 존재하는지 여부를 묻지 않기도 하였다.

11 | 대지 소유자인 원고 甲이 대지 위에 건물을 신축하여 사용하던 피고 乙을 상대로 소유권에 기한 건물철거 및 대지인도청구의 소를 제기하자 피고 乙은 이를 다투는 취지의 답변서를 제출하였다. 제1회 변론준비기일에 재판장은 피고 乙에게 이 사건 대지의 소유자가 원고임은 인정하느냐고 석명하자 "그렇다"라고 답하였다.

ⓐ 피고 乙의 진술은 자백으로 취급된다. [모의 11(2)]

해설 ► 법원에서 당사자가 자백한 사실과 현저한 사실은 증명을 필요로 하지 아니한다(제288조 본문). 상대방의 주장사실을 변론기일 또는 변론준비기일에 진술하거나 자백하는 취지의 서면이 진술간주되면 재판상 자백이 된다(이에 대하여 자백하는 취지의 서면이 진술간주된 경우에는 자백이 아닌 자백간주가 된다는 소수설도 있다). 반면 법정 밖에서의 불리한 진술은 하나의 심증형성원인은 될 수 있어도 자백이 될 수 없다(따라서 구속력이 없다).

ⓑ 乙의 답변서와 관련한 재판장의 석명은 석명권의 행사 범위를 일탈한 것은 아니다. [모의 11(2)]

해설 ► 소극적 석명이란 당사자가 밝힌 청구나 주장이 모순, 불완전, 불명료한 경우 이를 제거하는 석명을 말한다. 재판장은 소송관계를 분명하게 하기 위하여 당사자에게 사실상 또는 법률상 사항에 대하여 질문할 수 있고, 증명을 하도록 촉구할 수 있다(제136조. 소극적 석명). 이에 반해 새로운 신청·주장·공격방어방법의 제출을 권유하는 석명을 적극적 석명이라고 한다. 이는 지금까지의 소송자료에 비추어 예측하기 어려운 새로운 신청이나 주장의 변경을 시사하는 석명에 해당되어 소송의 승패가 바뀔 수 있으므로 허용되지 않는다(변론주의 원칙 위반). 判例 역시 "법원의 석명권행사는 당사자의 진술에 모순, 흠결이 있거나 애매하여 그 진술의 취지를 알 수 없을 때 이를 보완하여 명료하게 하거나 입증책임이 있는 당사자에게 입증을 촉구하는 것을 그 내용으로 하는 것이지, 당사자가 주장하지도 않은 법률효과에 관한 요건사실이나 공격방어의 방법을 시사하여 그 제출을 권유함과 같은 행위는 변론주의의 원칙에 위배되어 허용되지 않는다"(대판 1994.11.18. 93다46209)라고 하여, 법원의 석명권행사의 한계에 대하여 판시한 바 있다. 설문의 경우, 피고 乙은 원고 甲의 이 사건 소제기에 대해 다투는 취지의 답변서를 제출하였고, 재판장은 乙의 답변을 명확하게 하기 위해 석명한 것이므로 변론주의 원칙상 허용되는 소극적 석명에 해당한다. 따라서 재판장의 석명은 석명권의 행사 범위를 일탈한 것은 아니다.

ⓒ 원고 甲이 피고 乙의 진술을 이익으로 원용하기 전에는 乙은 그 자인한 진술을 철회하고 이와 모순된 진술을 자유로이 할 수 있다. [변호 17 · 18, 모의 11(2) · 16(2)]

해설 ► ※ 선행자백의 성립요건 / 자기에게 불리한 사실을 진술한 당사자가 상대방의 원용이 있기 전에 자인한 진술을 철회한 경우, 자인사실이 소송자료에서 제거되는지 여부(적극)
자백이 되려면 상대방의 주장사실과 일치되는 진술이 있어야 하는데, 양 진술의 시간적 선후는 불문한다. 判例도 "재판상 자백의 일종인 이른바 선행자백은 당사자 일방이 자진하여 자기에게 불리한 사실상의 진술을 한 후 상대방이 이를 원용함으로써 사실에 관하여 당사자 쌍방의 주장이 일치함을 요하므로 일치가 있기 전에는 전자의 진술을 선행자백이라 할 수 없고, 따라서 일단 자기에게 불리한 사실을 진술한 당사자도 그 후 상대방의 원용이 있기 전에는 자인한 진술을 철회하고 이와 모순되는 진술을 자유로이 할 수 있으며 이 경우 앞의 자인사실은 소송자료에서 제거된다"(대판 2016.6.9. 2014다64752)고 한다.

ⓓ 법원은 증거조사 및 변론 전체의 취지로부터 자백한 사실과 반대되는 심증을 얻었다 하더라도 자백사실에 반하는 사실을 인정할 수 없다. 다만 직권탐지주의가 적용되는 경우나 소송요건 등의 직권조사사항에 대하여는 자백의 효력이 인정되지 않는다(대판 2002.5.14. 2000다42908).
[변호 17변형]

12 처분문서는 그 성립의 진정함이 인정되는 이상 법원은 그 기재 내용을 부인할 만한 분명하고도 수긍할 수 있는 반증이 없는 한 처분문서에 기재되어 있는 문언대로 의사표시의 존재와 내용을 인정하여야 한다(대판 2017.2.15. 2014다19776,19783). [최신판례]

13 채권자가 채무자의 대리인으로서 채무 금액이나 이율, 변제기 등 일부 백지상태의 위임장을 보충하여 금전소비대차계약 공정증서의 작성을 촉탁한 경우, 위임장의 백지보충된 부분이 정당한 보충권한에 의하여 기재된 것이라는 점을 채권자가 별도로 증명하여야 한다(대판 2013.8.22. 2011다 100923).
[모의 16(2)]

14 외국의 공문서라고 하여 제출한 문서가 진정한 공문서로 추정되기 위하여는 제출한 문서의 방식이 외관상 외국의 공공기관이 직무상 작성하는 방식에 합치되어야 하고, 문서의 취지로부터 외국의 공공기관이 직무상 작성한 것이라고 인정되어야 한다. 법원은 이러한 요건이 충족되는지를 심사할 때 공문서를 작성한 외국에 소재하는 대한민국 공관의 인증이나 확인을 거치는 것이 바람직하지만 이는 어디까지나 자유심증에 따라 판단할 문제이므로 다른 증거와 변론 전체의 취지를 종합하여 인정할 수도 있다(대판 2016.12.15. 2016다205373).
[최신판례]

> **해설** 민사소송법 제356조 제1항은 "문서의 작성방식과 취지에 의하여 공무원이 직무상 작성한 것으로 인정한 때에는 이를 진정한 공문서로 추정한다."라고 규정하고, 제3항은 "외국의 공공기관이 작성한 것으로 인정한 문서에는 제1항의 규정을 준용한다."라고 규정하고 있다(대판 2016.12.15. 2016다205373).

15 특정한 사실을 증명하기 위해 판결서를 서증으로 제출하여 당해 판결서 중에 기재된 사실판단을 이용하는 경우 당해 판결서는 보고문서에 해당된다.
[모의 14(3)·17(1)]

> **해설** "판결서는 처분문서이기는 하지만 그것은 그 판결이 있었던가 또 어떠한 내용의 판결이 있었던가의 사실을 증명하기 위한 처분문서라는 의미일 뿐 판결서 중에서 한 사실판단을 그 사실을 증명하기 위하여 이용을 불허하는 것이 아니어서 이를 이용하는 경우에는 판결서도 그 한도 내에서는 보고문서이다"(대판 1980.9.9. 전합79다 1281).

16 甲이 乙에게 대여금반환을 청구하면서 乙명의의 차용증서를 증거로 제출하였는데 원본에 갈음하여 그 사본을 제출하였다. 차용증의 존재 및 원본의 성립의 진정에 관하여 다툼이 있고 사본을 원본에 갈음하는 데 대하여 乙로부터 이의가 있다면 사본으로써 원본에 갈음할 수 없다.
[변호 17, 모의14(3)]

> **해설** 문서는 원본·정본 또는 인증등본의 제출이 원칙이다(제355조 1항).
>
> (1) 사본을 원본에 갈음하여 제출하는 경우
> 사본을 원본에 갈음하여 제출하는 경우에 判例는 "문서제출은 원본으로 하여야 하고, 원본이 아닌 사본만에 의한 증거제출은 정확성의 보증이 없어 원칙적으로 부적법하므로, 원본의 존재 및 원본의 성립의 진정에 관하여 다툼이 있고 사본을 원본의 대용으로 하는 데 대하여 상대방으로부터 이의가 있는 경우에는 사본으로써 원본을 대용할 수 없다"(대판 2004.11.12. 2002다73319)고 하였다.
>
> (2) 사본 그 자체를 원본으로서 제출하는 경우
> 반면에 사본을 원본으로서 제출하는 경우에는 그 사본이 독립한 서증이 된다고 할 것이나 그 대신 이에 의하여 원본이 제출된 것으로 되지는 아니하고, 이때에는 증거(변론 전체의 취지에 의해서는 인정될 수 없다)에 의하여 사본과 같은 원본이 존재하고 또 그 원본이 진정하게 성립하였음이 인정되지 않는 한 그와 같은 내용의 사본이 존재한다는 것 이상의 증거가치는 없다(대결 2010.1.29. 2009마2050).

17 위 지문의 경우 甲이 제출한 차용증서가 乙이 백지로 된 문서에 날인한 후 乙이 아닌 자에 의하여 백지부분이 보충되었음이 밝혀진 경우에는, 문서제출자인 甲에게 백지부분 보충이 권한 있는 자에 의한 것이라는 점에 관하여 증명책임이 있다.
[변호 14·17 모의 17(1)]

[해설] "문서에 날인된 작성명의인의 인영이 작성명의인의 인장에 의하여 현출된 것임이 인정되는 경우에는 특단의 사정이 없는 한 그 인영의 진정성립 및 그 문서 전체의 진정성립까지 추정되는 것이기는 하나, 이는 어디까지나 먼저 내용기재가 이루어진 뒤에 인영이 압날된 경우에만 그러한 것이며 작성명의인의 날인만 되어 있고 그 내용이 백지로 된 문서를 교부받아 후일 그 백지 부분을 작성명의자가 아닌 자가 보충한 문서의 경우에 있어서는 문서제출자는 그 기재 내용이 작성명의인으로부터 위임받은 정당한 권원에 의한 것이라는 사실을 입증할 책임이 있으며, 이와 같은 법리는 그 문서가 처분문서라고 하여 달라질 것은 아니다"(대판 2000.6.9. 99다37009).

18　인영의 동일성이 인정된 이상 인영의 진정성립이 추정되므로, 상대방은 인영의 성립에 관하여 법원으로 하여금 의심을 품게 할 수 있는 사정을 입증하면 그 진정성립의 추정은 깨어진다.

[변호 14, 모의 16(2)·17(1)]

[해설]　"사문서에 날인된 작성 명의인의 인영이 그의 인장에 의하여 현출된 것이라면 특단의 사정이 없는 한 그 인영의 진정성립, 즉 날인행위가 작성 명의인의 의사에 기한 것임이 추정되고, 일단 인영의 진정성립이 추정되면 민사소송법 제358조에 의하여 그 문서 전체의 진정성립이 추정되나, 그와 같은 추정은 그 날인행위가 작성 명의인 이외의 자에 의하여 이루어진 것이 밝혀지거나 작성 명의인의 의사에 반하여 혹은 작성 명의인의 의사에 기하지 않고 이루어진 것임이 밝혀진 경우에는 깨어진다. 인영의 진정성립, 즉 날인행위가 작성 명의인의 의사에 기한 것이라는 추정은 사실상의 추정이므로, 인영의 진정성립을 다투는 자가 반증을 들어 인영의 진정성립, 즉 날인행위가 작성 명의인의 의사에 기한 것임에 관하여 법원으로 하여금 의심을 품게 할 수 있는 사정을 입증하면 그 진정성립의 추정은 깨어진다"(대판 1997.6.13. 96재다462).

☞ 이때의 반증은 반증 중에서도 간접반증이다. 날인의 진정을 깨기 위해 문서에 찍힌 인영이 자신의 인영임을 인정하고 이와 양립가능한 별개의 사실(인장도용, 강박날인, 자격모용의 사실)을 주장·증명하는 것이기 때문이다. 이때 인장도용, 강박날인 등의 사실 자체는 본증으로 법관에게 확신을 주어야 한다.

19　甲은 乙에게 대여금반환청구의 소를 제기하면서 乙명의의 차용증서를 증거로 제출하였다.

㉠ 차용증서에 날인된 乙의 인영이 그의 인장에 의하여 현출된 것이라면 특단의 사정이 없는 한 그 인영의 진정성립, 즉 날인행위가 乙의 의사에 기한 것임이 추정되고, 일단 인영의 진정성립이 추정되면 민사소송법 제358조에 의하여 차용증서 전체의 진정성립이 추정된다.

[변호 14·17, 모의 16(2)]

[해설]　"문서에 날인된 작성명의인의 인영이 작성 명의인의 인장에 의하여 현출된 인영임이 인정되는 경우에는 특단의 사정이 없는 한 그 인영의 성립 즉 날인행위가 작성명의인의 의사에 기하여 진정하게 이루어진 것으로 추정되고 일단 인영의 진정성립이 추정되면 민사소송법 제329조(현행 제358조)의 규정에 의하여 그 문서전체의 진정성립까지 추정된다"(대판 1986.2.11. 85다카1009).

㉡ 만약 乙이 백지로 된 문서에 날인만 하여 甲에게 교부하였다고 주장한다면, 문서를 백지에 날인만을 하여 교부하여 준다는 것은 이례에 속하는 것이므로 乙이 차용증서의 진정성립의 추정력을 뒤집으려면 그럴만한 합리적인 이유와 이를 뒷받침할 간접반증 등의 증거가 필요하다.

[변호 14]

[해설]　"문서를 백지에 서명만을 하여 교부하여 준다는 것은 이례에 속하는 것이므로 그 문서의 진정성립의 추정력을 뒤집으려면 그럴 만한 합리적인 이유와 이를 뒷받침할 증거가 필요하다"(대판 1988.9.27. 85다카1397).

ⓒ 제3자인 丙이 乙의 인장으로 차용증에 날인하였는데 丙에게 乙을 대리할 권한이 있었는지에 관하여 다툼이 있는 경우, 甲은 丙의 날인행위가 정당한 권원에 의한 것이라는 사실을 증명할 책임이 있다.

[변호 17, 모의 17(1)]

해설 "문서에 날인된 작성명의인의 인영이 그의 인장에 의하여 현출된 것이라면 특별한 사정이 없는 한 그 인영의 진정성립, 즉 날인행위가 작성명의인의 의사에 기한 것임이 사실상 추정되고, 일단 인영의 진정성립이 추정되면 그 문서 전체의 진정성립이 추정되나, 위와 같은 사실상 추정은 날인행위가 작성명의인 이외의 자에 의하여 이루어진 것임이 밝혀진 경우에는 깨어지는 것이므로, 문서제출자는 그 날인행위가 작성명의인으로부터 위임받은 정당한 권원에 의한 것이라는 사실까지 증명할 책임이 있다"(대판 2009.9.24. 2009다37831).

ⓔ 만약 차용증서의 진정성립이 인정되면 법원은 그 기재내용을 부인할 만한 분명하고도 수긍할 수 있는 반증이 없는 한 그 차용증서에 기재되어 있는 문언대로의 의사표시의 존재와 내용을 인정하여야 한다(대판 2010.11.11. 2010다56616).

[변호 14, 모의 16(2)]

ⓜ 법원은 차용증의 기재내용과 다른 묵시적인 약정사실이 인정될 경우에도 그 기재내용과 다른 사실을 인정할 수 있다.

[변호 17변형]

해설 "처분문서라 할지라도 그 기재 내용과 다른 명시적, 묵시적 약정이 있는 사실이 인정될 경우에는 그 기재 내용과 다른 사실을 인정할 수 있다"(대판 2006.4.13. 2005다34643).

20 감정증인은 특별한 학식과 경험을 통하여 얻은 과거의 구체적 사실을 보고하는 사람을 말하는데, 경험을 보고하는 이상 증인이므로 법원은 증인과 마찬가지의 절차로 조사한다(제340조).

[변호 12]

21 감정인은 수소법원·수명법관 또는 수탁판사가 지정한다(제335조). 감정신청을 할 때에는 감정인을 지정할 필요가 없으며, 설사 그것이 표시되어도 법원에 추천하는 이상의 의미가 있을 수 없고, 법원은 감정인의 지정을 위한 사람선택에 있어서 신청에 구속되지 않는다.

[모의 11(1)·12(2)·16(3)]

22 법원이 감정인을 지정하고 그에게 감정을 명하면서 착오로 감정인으로부터 선서를 받는 것을 누락함으로 말미암아 그 감정인에 의한 감정 결과가 증거능력이 없게 된 경우에도, 특별한 경우 이를 사실인정의 자료로 삼을 수 있다.

[모의 16(3)]

해설 "선서하지 아니한 감정인에 의한 감정 결과는 증거능력이 없으므로, 이를 사실인정의 자료로 삼을 수 없다 할 것이나(대판 1982.8.24. 82다카317판결), 한편 소송법상 감정인 신문이나 감정의 촉탁방법에 의한 것이 아니고 소송 외에서 전문적인 학식 경험이 있는 자가 작성한 감정의견을 기재한 서면이라 하더라도 그 서면이 서증으로 제출되었을 때 법원이 이를 합리적이라고 인정하면 이를 사실인정의 자료로 할 수 있는 것인바(대판 1999.7.13. 97다57979, 대판 2002.12.27. 2000다47361), 법원이 감정인을 지정하고 그에게 감정을 명하면서 착오로 감정인으로부터 선서를 받는 것을 누락함으로 말미암아 그 감정인에 의한 감정 결과가 증거능력이 없게 된 경우라도, 그 감정인이 작성한 감정 결과를 기재한 서면이 당사자에 의하여 서증으로 제출되고, 법원이 그 내용을 합리적이라고 인정하는 때에는, 이를 사실인정의 자료로 삼을 수 있다고 할 것이다"(대판 2006.5.25. 2005다77848).

23 소송법상 감정인 신문 등의 방법에 의하여 소송에 현출되지 않고, 소송 외에서 당사자가 직접 의뢰하여 작성된 감정서가 법원에 제출된 경우에도, 법원은 서증으로서 사실인정의 자료로 삼을 수 있다(대판 1999.7.13. 97다57979).

[모의 11(1)·13(2)]

24 감정인이 성실하게 감정할 수 없는 사정이 있는 때에 당사자는 그를 기피할 수 있다. 다만, 당사자는 감정인이 감정사항에 관한 진술을 하기 전부터 기피할 이유가 있다는 것을 알고 있었던 때에는 감정사항에 관한 진술이 이루어진 뒤에 그를 기피하지 못한다(제336조). [변호 12]

25 집단 폭행사건으로 인한 피해자가 제기한 가해자 A, B에 대한 손해배상청구소송에서, 법원은 가해자 B가 경영하는 영업소의 직원 C에 대한 증인신문을 하기 위해 C를 법정에 출석시켜 증언하게 하는 외에도 비디오 등 중계장치에 의한 증인신문을 할 수 있다.

26 A는 자신이 제기한 상속회복청구소송에서 자신이 정당한 상속인임을 입증하기 위해 우간다에 거주하는 자신의 사촌동생 C를 증인으로 내세웠다. 이 경우 법원은 당사자 A 및 상대방의 의견을 들어 비디오 등 중계장치에 의한 증인신문을 할 수 있다.

> **해설** 제327조의2 (비디오 등 중계장치에 의한 증인신문)_①항 법원은 다음 각 호의 어느 하나에 해당하는 사람을 증인으로 신문하는 경우 상당하다고 인정하는 때에는 당사자의 의견을 들어 비디오 등 중계장치에 의한 중계시설을 통하여 신문할 수 있다.
> 1. 증인이 멀리 떨어진 곳 또는 교통이 불편한 곳에 살고 있거나 그 밖의 사정으로 말미암아 법정에 직접 출석하기 어려운 경우
> 2. 증인이 나이, 심신상태, 당사자나 법정대리인과의 관계, 신문사항의 내용, 그 밖의 사정으로 말미암아 법정에서 당사자 등과 대면하여 진술하면 심리적인 부담으로 정신의 평온을 현저하게 잃을 우려가 있는 경우
> ☞ 위 지문에서 가해자 B에 대해 그의 영업소 직원 C는 재판당사자인 가해자 B와의 관계에 있어 대면진술 시 심리적인 부담을 가질 우려가 크므로, 법정에 출석케 하지 않고 비디오 등 중계장치에 의한 증인신문을 할 수 있다고 보아야 한다. 법정과 멀리 떨어진 곳에 살고 있는 증인인 아래지문의 경우에도 마찬가지이다.

27 감정인은 감정사항이 자신의 전문분야에 속하지 아니하는 경우 또는 그에 속하더라도 다른 감정인과 함께 감정을 하여야 하는 경우에는 곧바로 법원에 감정인의 지정 취소 또는 추가 지정을 요구하여야 한다. 아울러 감정인은 감정을 다른 사람에게 위임할 수 없다.

> **해설** 제335조의2 (감정인의 의무) ①항 감정인은 감정사항이 자신의 전문분야에 속하지 아니하는 경우 또는 그에 속하더라도 다른 감정인과 함께 감정을 하여야 하는 경우에는 곧바로 법원에 감정인의 지정 취소 또는 추가 지정을 요구하여야 한다. ②항 감정인은 감정을 다른 사람에게 위임하여서는 아니된다.

28 감정인신문은 재판장이 원칙적으로 신문하되, 당사자는 재판장에게 알리고 신문할 수 있다.

> **해설** 제339조의2 (감정인신문의 방식) ①항 감정인은 재판장이 신문한다. ②항 합의부원은 재판장에게 알리고 신문할 수 있다. ③항 당사자는 재판장에게 알리고 신문할 수 있다. 다만, 당사자의 신문이 중복되거나 쟁점과 관계가 없는 때, 그 밖에 필요한 사정이 있는 때에는 재판장은 당사자의 신문을 제한할 수 있다.

29 손해가 발생한 사실은 인정되나 구체적인 손해의 액수를 증명하는 것이 사안의 성질상 매우 어려운 경우에는 원고(피해자)의 증명이 없이도 법원은 변론 전체의 취지와 증거조사의 결과에 의하여 상당하다고 인정되는 금액을 손해배상 액수로 정할 수 있다.

> **해설** 제202조의2 (손해배상 액수의 산정) 손해가 발생한 사실은 인정되나 구체적인 손해의 액수를 증명하는 것이 사안의 성질상 매우 어려운 경우에 법원은 변론 전체의 취지와 증거조사의 결과에 의하여 인정되는 모든 사정을 종합하여 상당하다고 인정되는 금액을 손해배상 액수로 정할 수 있다.

30 불법행위로 인한 손해액 중 장래에 얻을 수 있는 이익은 과거사실에 대한 증명의 경우보다 증명도를 경감하여 피해자가 현실적으로 얻을 수 있을 구체적이고 확실한 이익의 증명이 아니라 합리성을 잃지 않는 범위 내에서 상당한 개연성이 있는 이익의 증명으로 충분하다. [최신판례]

해설 ※ 파산선고 시점에 불법행위가 성립한 경우, 그 이후에 파산관재인이 작성하여 법원에 제출한 보고서가 손해액 산정의 자료가 될 수 있는지 여부(적극) 불법행위로 인한 손해액 중 장래에 얻을 수 있는 이익에 관하여 요구되는 증명의 정도 및 이러한 법리는 파산채권자가 파산절차에서 향후 수령할 수 있는 금액을 산정하는 때에도 마찬가지로 적용되는지 여부(적극)

"불법행위로 인한 손해액은 불법행위의 성립 시점을 기준으로 하되 변론종결 시점까지의 모든 자료를 참고하여 산정할 수 있으므로, 파산선고 시점에 불법행위가 성립한 경우 그 이후에 파산관재인이 작성하여 법원에 제출한 보고서도 파산선고 시점을 기준으로 한 손해액 산정의 자료가 될 수 있다. 불법행위로 인한 손해액 중 장래에 얻을 수 있는 이익은 과거사실에 대한 증명의 경우보다 증명도를 경감하여 피해자가 현실적으로 얻을 수 있을 구체적이고 확실한 이익의 증명이 아니라 합리성을 잃지 않는 범위 내에서 상당한 개연성이 있는 이익의 증명으로 충분하고, 이러한 법리는 파산채권자가 파산절차에서 향후 수령할 수 있는 금액을 산정하는 때에도 마찬가지로 적용된다"(대판 2016.9.30. 2015다19117,19124).

31 어느 문서가 오로지 문서를 가진 사람이 이용할 목적으로 작성되고 외부자에게 개시하는 것이 예정되어 있지 않으며 이를 개시할 경우 문서를 가진 사람에게 간과하기 어려운 불이익이 생길 염려가 있다면 이는 자기이용문서에 해당한다. 그러나 기업의 각종 문서가 내부의 의사결정을 위하여 결재를 거쳐 작성되었더라도 항상 자기이용문서로서 문서제출 거부사유에 해당하는 것은 아니다. [최신판례]

해설 "주관적으로 내부 이용을 주된 목적으로 회사 내부에서 결재를 거쳐 작성된 문서일지라도, 신청자가 열람 등을 요구할 수 있는 사법상 권리를 가지는 문서와 동일한 정보 또는 그 직접적 기초·근거가 되는 정보가 당해 문서의 기재내용에 포함되어 있는 경우, 객관적으로 외부에서의 이용이 작성 목적에 전혀 포함되어 있지 않다고는 볼 수 없는 경우, 당해 문서 자체를 외부에 개시하는 것은 예정되어 있지 않더라도 당해 문서에 기재된 '정보'의 외부 개시가 예정되어 있거나 그 정보가 공익성을 가지는 경우 등에는 그 문서를 내부문서라는 이유로 자기이용문서라고 쉽게 단정할 것은 아니다. 한편 자기이용문서 등 문서제출 거부사유가 인정되지 아니하는 경우에도 법원은 민사소송법 제290조에 따라 그 제출명령신청의 대상이 된 문서가 서증으로서 필요하지 아니하다고 인정할 때에는 제출명령신청을 받아들이지 아니할 수 있고(대결 2008.9.26. 2007마672), 민사소송법 제347조 제1항에 따라 문서제출신청에 정당한 이유가 있다고 인정한 때에 결정으로 문서를 가진 사람에게 그 제출을 명할 수 있으므로, 당해 문서가 쟁점 판단이나 사실의 증명에 어느 정도로 필요한지, 다른 문서로부터 자료를 얻는 것이 가능한지 여부, 문서 제출로 인하여 얻게 될 소송상 이익과 피신청인이 문서를 제출함으로 인하여 받게 될 부담이나 재산적 피해 또는 개인의 프라이버시나 법인 내부의 자유로운 의사 형성 및 영업 비밀, 기타 권리에 대한 침해와의 비교형량 및 기타 소송에 나타난 여러 가지 사정을 고려하여 과연 문서제출이 필요한지 및 문서제출신청에 정당한 이유가 있는지 여부를 판단하여야 할 것이다"(대결 2016.7.1. 2014마2239).

※ 문서제출명령신청

(1) 문서제출명령의 의의

문서제출명령은 상대방·제3자가 가지고 있는 제출의무 있는 문서에 대한 서증신청방법이다(민사소송법 제343조 후단). 이는 현대형 소송에 있어서 증거의 구조적 편재현상에서 오는 당사자 간의 실질적 불평등을 시정하기 위한 제도이다.

(2) 제출의무 있는 문서

㉠ 1항에 열거된 제출의무 있는 문서와 거부사유(제344조 1항)

제344조 1항에서 문서제출의무가 있는 문서로 인용문서(1호), 인도 및 열람문서(2호), 이익문서·법률관

계문서(3호)(이익문서란 신청자의 실체적 이익을 위하여 작성된 문서를 말하며, 법률관계문서란 신청자와 소지자 사이의 법률관계 자체를 기재한 문서를 말한다)를 열거하고 있으며, 다만 이익문서·법률관계문서에 있어서 공무원의 직무상 비밀과 같이 동의를 필요로 하는 경우에 동의를 받지 아니한 문서, 증인의 증언거부사유와 같은 일정한 사유가 있는 문서는 제출을 거부할 수 있다(제344조 1항 3호 단서). [공, 증]

  ⓛ 2항의 일반문서와 거부사유(제344조 2항)

  개정법은 증거개시제도와 거의 같은 효과를 거둘 수 있도록 1항에서 정한 문서에 해당하지 아니하는 문서라도 원칙적으로 문서의 소지자는 이를 모두 제출할 의무가 있는 것으로 규정하여 문서제출의무를 일반적 의무로 확장하였다(제344조 2항). 다만, 공무원의 직무상 보관문서(동조 2항 본문), 증언거부사유가 있는 때(동조 2항 1호), 오로지 소지인이 이용하기 위한 문서(동조 2항 2호) 등은 제출의무대상에서 제외하였다. [공, 증, 이용]

(3) 문서의 불제출·훼손 등에 대한 제재

  제3자가 문서제출명령에 불응한 경우는 500만원 이하의 과태료의 제재를 받을 뿐이다(제351조). 그러나 당사자가 문서제출명령에 따르지 않는 경우 법원은 그 문서의 기재에 관한 상대방의 주장을 진실한 것으로 인정할 수 있다고 규정하는데(제349조), 判例는 이 의미에 대하여 "당사자가 문서제출명령에 따르지 아니한 경우에는 법원은 상대방의 그 문서에 관한 주장 즉, 문서의 성질, 내용, 성립의 진정 등에 관한 주장을 진실한 것으로 인정하여야 한다는 것이지 그 문서에 의하여 입증하고자 하는 상대방의 주장사실까지 반드시 증명되었다고 인정하여야 한다는 취지가 아니며, 주장사실의 인정 여부는 법원의 자유심증에 의하는 것"(대판 1993.6.25. 93다15991 ; 대판 1993.11.23. 93다41938)이라고 하여 자유심증설의 입장이다.

32 민사소송법 제344조 1항 1호에서 정하고 있는 인용문서가 공무원이 직무와 관련하여 보관하거나 가지고 있는 문서로서 공공기관의 정보공개에 관한 법률 제9조에서 정하고 있는 비공개대상 정보에 해당한다고 하더라도, 특별한 사정이 없는 한 그에 관한 문서 제출의무를 면할 수 없다 (대결 2017.12.28. 2015무423). [최신판례]

33 민사소송에서 당사자 일방이 일부가 훼손된 문서를 증거로 제출하였는데 상대방이 훼손된 부분에 잔존 부분의 기재와 상반된 내용이 기재되어 있다고 주장하는 경우, 문서제출자가 상대방의 사용을 방해할 목적 없이 문서가 훼손되었다고 하더라도 문서의 훼손된 부분에 잔존 부분과 상반되는 내용의 기재가 있을 가능성이 인정되어 문서 전체의 취지가 문서를 제출한 당사자의 주장에 부합한다는 확신을 할 수 없게 된다면 이로 인한 불이익은 훼손된 문서를 제출한 당사자에게 돌아가야 한다(대판 2015.11.17. 2014다81542). [최신판례]

34 甲이 乙을 상대로 제기한 소송에서 승소하기 위한 요건사실로 A, B, C의 3개가 있고, 이에 대해서 모두 甲이 증명책임을 지고 있다. 이 중 A, B 요건사실에 대해 甲이 신청한 증거는 각각 1개씩이고, C 요건사실에 대해서는 3개의 증거를 제출하였다. 乙은 B 요건사실을 탄핵하는 1개의 증거를 제출하였다. A, B 요건사실에 대해 甲이 제출한 증거는 유일한 증거이나, 乙이 B 요건사실에 대해 제출한 증거는 유일한 증거가 아니다. [모의 14(2)]

해설 유일한 증거라 함은 당사자로부터 신청된 주요사실에 관한 증거방법이 유일한 것으로서, 그 증거를 조사하지 않으면 증명의 길이 없어 아무런 입증이 없는 것으로 되는 경우의 증거를 말한다. 사건 전체에 대해서가 아니라 쟁점 단위로 유일한가 아닌가를 판단하여야 하므로, 사건 전체로 보아 수개의 증거가 있어도 어느 특정 쟁점에 관하여는 하나도 조사하지 아니하면 유일한 증거를 각하한 것이 된다. 주요사실에 대한 증거, 즉 직접증거라야 하므로 간접사실·보조사실에 대한 증거인 간접증거는 포함되지 않는다. 그러므로 甲이 이 소송과 관련하여 모두 5개의 증거를 제출하였더라도 A, B 요건사실에 대해 甲이 신청한 증거는 각각 1개씩인 이상 A, B 요건사실에 대해 제출한 증거는 유일한 증거이다.

유일한 증거는 자기에게 증명책임이 있는 사항에 대한 증거이기 때문에 본증에 한하는 것이지 반증은 해당되지 않는다는 것이 判例의 태도이다. 그러므로 乙이 B 요건사실을 탄핵하기 위하여 제출한 증거는 반증이므로 유일한 증거에 해당하지 않는다.

> **관련판례** "민사소송법 제290조 단서가 규정하는 유일한 증거라 함은 당사자가 입증책임이 있는 사항에 관한 유일한 증거를 말하는 것인바, 유언의 존재 및 내용이 입증사항인 이상 유서에 대한 필적과 무인의 감정은 반증에 불과하여 유일한 증거에 해당하지 않는다"(대판 1998.6.12. 97다38510).

35 증거조사로서 소송당사자인 비법인사단의 대표자를 신문해야 할 경우에 비법인사단의 대표자에게는 증인능력이 없으므로 당사자신문에 의하여야 하고, 이 경우 대표자의 진술은 소송주체로서 하는 진술로서의 소송자료가 아니다. [모의 11(1),12(3),16(3)변형]

해설 법원은 직권으로 또는 당사자의 신청에 따라 당사자 본인을 신문할 수 있는 바(제367조 전단), 법정대리인은 증인능력이 없으므로(제367조, 제372조) 당사자신문 방식에 의하고 이 경우 당사자 본인도 신문할 수 있다. 그런데 법인의 대표자 또는 법인 아닌 사단의 대표자 또는 관리인에게는 법정대리와 법정대리인에 관한 규정을 준용하므로(제52조, 제64조), 비법인사단의 대표자에게는 당사자신문을 하여야 한다.
"당사자 본인신문에 있어서의 당사자의 진술은 증거자료에 불과하여 이를 소송상 당사자의 주장과 같이 취급할 수 없다. 따라서 '피고의 재단기는 원고 집에 있다. 잘못된 것을 해결해주고 가지고 가라고 했었다'는 원고 본인신문결과를 가지고 원고가 유치권 항변을 한 것이라고 볼 수 없다"(대판 1981.8.11. 81다262).

36 민사소송법에 따르면 공무원의 직무관련 보관문서는 제출할 의무가 없다. [모의 14(2)]

해설 공무원의 직무관련 보관문서의 공개에 관하여는 공공기관의 정보공개에 관한 법률이 우선 적용되므로, 그 법에 따라 제출의무를 부여하고, 따라서 제344조 2항은 이를 제출의무 대상에서 제외시켰다.

37 공무원의 직무관련 보관문서라도 공무원이 당사자로서 소송에서 인용하였다면 제출할 의무가 있다. [모의 16(1)]

해설 "민사소송법 제344조 1항 제1호에서 말하는 '당사자가 소송에서 인용한 문서'라 함은 당사자가 소송에서 당해 문서 그 자체를 증거로서 인용한 경우뿐 아니라 자기 주장을 명백히 하기 위하여 적극적으로 문서의 존재와 내용을 언급하여 자기 주장의 근거 또는 보조로 삼은 문서도 포함한다고 할 것이고, 동법 제344조 1항 제1호의 인용문서에 해당하는 이상, 같은 조 2항에서 규정하는 바와는 달리, 그것이 '공무원이 그 직무와 관련하여 보관하거나 가지고 있는 문서'라도 특별한 사정이 없는 한 문서제출의무를 면할 수 없다"(대결 2008.6.12. 2006무82).

38 민사소송법 제344조 1항 2호에서 문서제출의무의 원인의 하나로서 규정하고 있는 '신청자가 문서소지자에 대하여 그 인도나 열람을 구할 수 있는 때'라 함은, 신청자가 문서의 인도 열람을 청구할 수 있는 실체법상의 권리를 가지는 모든 경우를 가리키며, 그것이 물권적이든 채권적이든, 또는 계약에 근거하는 것이든 법률규정에 근거하는 것이든 이를 묻지 않는다(대판 1993.6.18. 93마434). [모의 16(1)]

39 제출명령신청의 대상이 된 문서가 서증으로서 필요하지 않거나 대상 문서로 증명하고자 하는 사항이 청구와 직접 관련이 없는 경우, 신청을 받아들이지 않을 수 있다(대결 2016.7.1. 2014마2239). [모의 17(3)]

40 개인정보 보호법상 개인정보에 해당한다고 하더라도 이를 이유로 문서소지인인 피신청인들이 그 문서의 제출을 거부할 수 있는 것은 아니다(대결 2016.7.1. 2014마2239). [모의 17(3)]

41

> 평소부터 고관절에 문제가 있었던 X는 2014.4.13. 의사 Y에게서 고관절수술을 받았다. 그러나 이후 극심한 고통을 수반한 부작용이 발생하였고, 이에 X는 2015.1.1. Y를 상대로 불법행위에 기한 손해배상청구의 소를 제기하였다.

　⑦ X는 Y의 의료상 과실을 입증하기 위해 곧바로 X 자신의 신문을 구하는 증거신청을 할 수 있다. [변호 12, 모의 14(3)]

해설 구법은 당사자본인신문의 보충성을 규정하였지만, 사건의 내용을 누구보다 잘 아는 당사자 본인을 통해 빨리 사건의 개요를 파악하기 어려워지고 재판의 신속·적정을 해친다는 비판이 있었다. 이에 개정법 제367조는 보충성을 폐지하고 당사자본인이 독립한 증거방법임을 분명히 하였다.

　ⓛ 소 제기 전이라도 X는 Y가 진료기록부를 변조할 위험이 있음을 소명하여 증거보전신청을 통해 진료기록부를 증거로 확보할 수 있으며, 소송계속 중에는 X의 신청 외에 법원이 증거보전을 직권으로도 결정할 수 있다. [변호 13]

　ⓒ X 자신의 신문을 구하는 증거신청을 받아들인 경우, 당해 신문에서 X가 Y의 주장과 일치하는 진술을 하였더라도 이는 자백이 아니므로 법원은 그 진술에 구속되지 않는다. [모의 11(1),12(3),16(3)변형]

해설 "당사자신문에서 당사자의 진술은 증인의 증언과 마찬가지로 증거자료인 것이지 소송주체로서 하는 진술로서의 소송자료가 아니다"(대판 1981.8.11. 81다262). 따라서 당사자신문과정에서 상대방의 주장사실과 일치하는 부분이 있어도 이에 관해서는 자백이 성립하지 않는다.

　② 법원에 제출된 Y명의의 진료기록의 일부가 흑색볼펜으로 가필되어 원래의 진단명을 식별할 수 없도록 변조되어 있더라도 피고인 의사 Y가 자기에게 과실이 없음을 증명해야 하는 것은 아니다. [모의 13(2),15(2),(3),16(1)]

해설 "당사자 일방이 입증을 방해하는 행위를 하였더라도 법원으로서는 이를 하나의 자료로 삼아 자유로운 심증에 따라 방해자 측에게 불리한 평가를 할 수 있음에 그칠 뿐 입증책임이 전환되거나 곧바로 상대방의 주장사실이 증명된 것으로 보아야 하는 것은 아니다"(대판 1999.4.13. 98다9915).

42 민사재판에서 이미 확정된 관련 민사사건에서 인정된 사실은 특별한 사정이 없는 한 유력한 증거가 될 수 있으며, 법원이 그 확정된 관련사건 판결의 이유와 더불어 다른 증거들을 종합하여 확정판결에서 인정된 사실과 다른 사실을 인정하는 것 또한 법률상 허용될 수 있다(대판 2012.11.29. 2012다44471).

43 경험법칙상 통상적으로 받아들여야 할 증거를 믿을 수 없다고 하여 배척하거나 또는 일반적 상식에 비추어 증명력이 약한 증거를 받아들이는 경우에는 판결문에 그 이유를 기재하여야 한다 (대판 2004.3.26. 2003다60549). [모의 15(2)]

44 관련 형사사건의 판결에서 인정된 사실은 특별한 사정이 없는 한 민사재판에서 유력한 증거자료가 되나, 무죄판결이 있다고 하여 공소사실의 부존재가 증명되었음을 의미하는 것은 아니다(대판 2015.10.29. 2012다84479). [최신판례]

45 법관이 다툼이 있는 사실에 관하여 사실인정을 함에 있어서 위법하게 진행된 변론 또는 증거조사의 결과를 채용하거나 적법하게 진행된 변론 또는 증거조사의 결과를 간과하여 사실인정을 하였다면 위법하므로 상고사유가 된다. [모의 15(2)]

[해설] 사실의 인정은 사실심인 하급심의 전권사항이므로 항소심판결이 적법하게 확정한 사실은 상고법원을 기속한다(민소법 제432조). 따라서 원심이 증거를 채택하고 사실을 인정함에 있어서 잘못이 있다는 이유만으로는 상고이유가 될 수 없다. 그러나 자유심증주의란 사회정의와 형평의 이념에 입각하여 논리와 경험의 법칙에 따라 판단한다는(민소법 제202조) 원칙을 말하므로 위법한 증거조사절차에 의하여 사실을 인정한 경우나 논리와 경험법칙을 현저히 어긋나게 사실을 인정한 경우 등에는 자유심증주의의 내재적인 한계를 일탈한 것으로서 상고이유가 된다.

46 증거자료에의 접근이 용이한 당사자가 입증활동에 협력하지 않는다고 하여 이를 민사소송법상의 신의성실의 원칙에 위배되는 것이라고 단정할 수 없다. [변호 13변형]

[해설] ※ 증명방해
증명방해란 고의나 과실로 상대방의 증명을 곤란하게 하는 작위 또는 부작위를 말한다(예를 들어 법원이 가까운 병원으로 다시 지정해 주었음에도 불구하고 원고가 지정병원이 먼 거리임을 이유로 원고의 노동능력상실율 판단을 위한 신체재감정에 응하지 않는 것(대판 1999.2.26. 98다51831)). 명문의 요건이 없는 경우 증명방해가 되기 위해서는 ⅰ) 증거방법을 고의나 과실로 훼손하는 등 당사자의 작위나 부작위가 있고, ⅱ) 이로 인해 증명방해가 됨을 알았거나 부주의로 알지 못하였어야 한다(2단의 요건).

[관련판례] 判例는 "증거자료에의 접근이 훨씬 용이한 일방 당사자가 상대방의 증명활동에 협력하지 않는다고 하여 상대방의 입증을 방해하는 것이라고 단정할 수 없으며, 민사소송법 제1조에서 규정한 신의성실의 원칙을 근거로 하여 대등한 사인간의 법률적 쟁송인 민사소송절차에서 일방 당사자에게 소송의 승패와 직결되는 상대방의 증명활동에 협력하여야 할 의무가 부여되어 있다고 할 수 없으므로, 일방 당사자가 요증사실의 증거자료에 훨씬 용이하게 접근할 수 있다고 하는 사정만으로는 상대방의 증명활동에 협력하지 않는다고 하여 이를 민사소송법상의 신의성실의 원칙에 위배되는 것이라고 할 수 없다"(대판 1996.4.23. 95다23835)고 하였다.

47 X는 2013.2.16. Y의 운전과실로 전치 4주의 상해를 입었다. X는 Y에게 손해배상을 요구하였으나 Y가 모르쇠로 일관하자 2013.5.1. Y를 상대로 손해배상청구의 소를 제기하였다. 변론기일에서 Y는 자신이 과실로 운전을 하지 않았음을 위해 CCTV를 증거로 제출하였다(CCTV에는 Y의 차량이 X를 가격한 장면이 촬영되어 있었다).

㉠ X가 CCTV를 Y의 상해행위를 입증하기 위한 증거로 원용하지 않더라도 법원은 이를 Y의 상해행위를 입증하기 위한 증거로 채택할 수 있다. [모의 12(2),14(3)유사]

[해설] 자유심증주의에서는 증거방법이나 증거능력에 제한이 없고, 증거자료의 증거력은 법관의 자유평가에 의한다. 증거조사의 결과는 증거공통의 원칙이 적용되므로 증거는 어느 당사자에 의하여 제출되거나 또 상대방이 이를 원용하는 여부에 불구하고 이를 당사자 어느 쪽의 유리한 사실인정 증거로 할 수 있다(대판 1978.5.23. 78다358). 다만, 피고측에서 제출 신청한 증거를 원고가 원용한바 없다면 원고주장에 관련하여 여기에 대한 증거판단을 아니하였더라도 원고로선 판단유탈을 들고 원심을 공격할 수 없다(대판 1974.3.26. 73다160).

ⓛ A.의 경우, 법원이 CCTV를 증거로 삼지 않아 Y의 상해행위에 관한 입증이 없음을 이유로 청구기각판결을 선고하였다면, X는 판단유탈을 이유로 상고할 수 없다.

ⓒ X가 장래 일실이익을 함께 청구하는 경우, 이에 관한 증명도는 피해자가 현실적으로 얻을 수 있을 구체적이고 확실한 수익의 증명이 아니라 상당한 개연성이 있는 수익의 증명으로 족하다.

해설 "향후의 예상수익에 관한 입증에 있어서 그 증명도는 과거사실에 대한 입증에 있어서의 증명도보다 이를 경감하여 피해자가 현실적으로 얻을 수 있을 구체적이고 확실한 수익의 증명이 아니라 상당한 개연성이 있는 수익의 증명으로 족한 것이나, 이 경우에도 예상수익의 증명은 객관적으로 입증된 근거 사실에 기하여 합리성과 객관성을 잃지 않는 범위에서 이루어져야 한다"(대판 2003.7.25. 2002다39616).

ⓔ X가 구체적인 손해의 액수를 증명하지 못하더라도 법원은 변론 전체의 취지와 증거조사의 결과에 의하여 상당하다고 인정되는 금액을 손해배상 액수로 정할 수 있다.

해설 제202조의2 (손해배상 액수의 산정) 손해가 발생한 사실은 인정되나 구체적인 손해의 액수를 증명하는 것이 사안의 성질상 매우 어려운 경우에 법원은 변론 전체의 취지와 증거조사의 결과에 의하여 인정되는 모든 사정을 종합하여 상당하다고 인정되는 금액을 손해배상 액수로 정할 수 있다.

48 민소법 제356조(공문서 진정의 추정)는 증거법칙적 추정에 관한 규정으로 증명책임이 전환되지 않는다.

49 법률상 사실추정의 경우 그 증명책임을 지는 자는 요건사실을 직접 증명할 수도 있고 그보다 증명이 용이한 전제사실의 증명으로서 그에 갈음할 수도 있다. [모의 15(3)]

해설 '법률상 추정된 사실'은 법규화된 경험칙, 즉 추정규정에 의하여 추정되는 사실을 말한다. 이러한 '법률상 추정된 사실'의 경우 증명책임을 지는 자는 요건사실을 직접 증명할 수도 있고 그보다 증명이 용이한 전제사실의 증명으로서 그에 갈음할 수도 있다. 즉, 증명주제의 선택이 가능하다.
민법 제30조(동시사망의 추정), 제198조(점유계속의 추정), 제844조(부의 친생자 추정)이 이에 해당한다. 추정규정이 있는 경우 입증책임이 있는 당사자는 추정되는 사실을 직접 증명할 수도 있으나 보통은 그보다 증명하기 쉬운 전제사실을 증명함으로써 이에 갈음하게 되는데, 이러한 의미에서 법률상 추정되는 사실은 증명의 필요가 없는 사실이 된다.

50 甲은 乙을 상대로 대여금반환청구를 제기하였다. 乙이 위 채무의 변제조로 금원을 지급한 사실을 주장함에 대하여 甲이 이를 수령한 사실을 인정하고서 다만 다른 채무의 변제에 충당하였다고 주장하는 경우, 甲은 다른 채권이 존재하는 사실과 다른 채권에 대한 변제충당의 합의가 있었다거나 다른 채권이 법정충당의 우선순위에 있다는 사실을 주장, 증명하여야 한다(대판 1999.12.10. 99다14433). [변호 17]

51 피해자가 가해자를 상대로 대기오염이나 수질오염에 의한 공해로 인한 손해배상을 청구하는 소송에 있어서 가해자가 어떠한 유해한 원인물질을 배출하고 그것이 피해물건에 도달하여 손해가 발생하였음을 피해자가 증명하였다면, 가해자가 그것이 무해하다는 것을 증명하여야 한다(대판 2004.11.26. 2003다2123). [변호 14]

> **관련쟁점** 자연의 매개물을 통한 간접적인 것 또는 여러 원인이 경합해서 피해를 생기게 하는 환경오염에 있어서는, 손해결과와 원인행위 사이의 인과관계를 입증하기가 쉽지 않아 피해자의 보호가 어렵게 된다. 이에 대한 해결방안으로 다음과 같은 이론이 주장된다. 判例는 개연성(蓋然性)이라는 개념으로 접근하고 있는데, "원고는 인과관계의 개연성의 존재를 증명하면 족하고, 피고는 반증으로써 인과관계가 부존재함을 증명하지 않는 한 책임을 면할 수 없다는 것이다"라고 판시하고 있다. 더욱이 최근에는 기존의 개연성이론을 보다 구체화하여 원고(피해자)가 i) 피해발생의 원인(공해)물질의 배출, ii) 원인(공해)물질의 도달경로, iii) 그 후 피해가 있었다는 간접사실을 증명하면 일응의 인과관계가 추정되고, 피고(가해자)가 이에 대하여 원인물질의 무공해성과 안전성을 (간접)반증하지 못하는 한 인과관계가 성립한다고 하는 신개연성이론(간접반증이론)을 전개하고 있다. 결국 구체적 인과관계의 증명책임은 가해자가 부담한다.

52 의료소송에서 환자는 일반인의 상식에 바탕을 둔 의료상의 과실과 의료행위 이전에는 건강상의 결함이 없었다는 것을 증명하면 손해발생의 인과관계가 일응 추정되므로, 의사는 다른 원인에 의한 것임을 증명하여야 한다(대판 1995.3.10. 94다39567). [모의 14(3)]

> **관련판례** "의사의 의료행위가 그 과정에 주의의무 위반이 있어 불법행위가 된다고 하여 손해배상을 청구하는 경우에도 일반의 불법행위와 마찬가지로 의료행위상의 과실과 손해발생 사이에 인과관계가 있어야 하고, 이에 대한 증명책임은 환자 측에서 부담하지만, 의료행위는 고도의 전문적 지식을 필요로 하는 분야로서 전문가가 아닌 일반인으로서는 의사의 의료행위 과정에 주의의무 위반이 있었는지 여부나 그 주의의무 위반과 손해발생 사이에 인과관계가 있는지 여부를 밝혀내기가 극히 어려운 특수성이 있으므로, 수술 도중이나 수술 후 환자에게 중한 결과의 원인이 된 증상이 발생한 경우 그 증상의 발생에 관하여 의료상의 과실 이외의 다른 원인이 있다고 보기 어려운 간접사실들이 증명되면 그와 같은 증상이 의료상의 과실에 기한 것이라고 추정할 수 있다"(대판 2015.2.12. 2012다6851).

53 A부동산은 甲으로부터 乙에게 매매를 원인으로 소유권이전등기가 되어 있다. 이 부동산에 관하여 甲은 乙을 상대로 등기의 원인무효를 주장하며 A부동산에 관한 소유권이전등기말소청구의 소를 제기하려고 한다.

㉠ **매매계약이 무효라는 사실에 대하여 甲에게 증명책임이 있다.** [모의 12(2)]

해설 "일단 피고 명의의 등기가 경료된 이상, 등기는 적법하게 이루어진 것으로 '법률상 추정'되므로 원인무효임을 이유로 등기의 말소를 구하는 원고는 그 반대사실, 즉 등기원인의 무효사실 또는 등기절차의 위법사실까지 주장·증명하여야 한다"(대판 1997.4.8. 97다416). 따라서 현재 乙 명의의 등기는 적법하게 이루어진 것으로 법률상 추정되므로, 등기원인의 무효사실로서 매매계약이 무효라는 사실은 원고 甲에게 증명책임이 있다.

㉡ **등기원인의 무효를 뒷받침하는 개개의 사유는 별개의 청구원인을 구성하지 않는다.** [모의 12(2)]

해설 ※ 수개의 말소원인을 바탕으로 한 소유권이전등기말소청구권의 경우 소송물

대법원은 소송물이론에 관한 구실체법설의 입장에서, "동일 당사자 사이의 전후 두 개의 소유권이전등기말소청구사건에 있어서의 양 소송물은 당해 등기의 말소청구권이고, 그 동일성 식별의 표준이 되는 청구원인 즉 말소등기청구권의 발생원인은 당해 등기원인의 무효에 국한되므로 전소의 변론종결 전까지 주장할 수 있었던 무효사유는 그것이 무권대리행위, 불공정한 불법행위이거나 또는 통모허위 표시에 의한 매매 무효를 이유로 하거나 간에 다같이 청구원인인 등기원인이 무효임을 뒷받침하는 이른바 독립된 공격방어방법에 불과하여 서로 별개의 청구원인을 구성하는 것이 아니"(대판 1982.12.14. 82다카148,149)라고 한다.

ⓒ 乙이 甲의 대리인 丙과 매매계약을 체결하였다고 주장하는 경우, 乙은 丙의 대리권의 존재에 대하여 증명책임이 없다. [변호 12, 모의 12(2)·14(1)]

해설 ※ 대리권 존재의 추정

"부동산을 매수하여 등기한 자는 전 소유자의 대리인으로부터 매수하였다고 주장하는 경우에 그 대리권의 존재도 추정된다"(대판 1999.2.26. 98다56072). 따라서 등기부상 소유자명의가 乙로 되어 있을 때에 甲이 자기의 무권대리인이거나 등기서류를 위조한 丙이라는 제3자가 개입하여 乙 명의의 등기가 마쳐진 것이라고 주장하고 甲은 그렇지 않다고 다투면, 丙이 甲을 적법하게 대리한 것으로 추정되기 때문에 甲은 丙이 무권대리인이거나 그가 등기서류를 위조하였다는 등 무효사유에 대한 증명책임을 지게 된다(대판 2009.9.24. 2009다37831). 즉 법률상 추정법리에 따라 乙은 증명의 필요가 없다.

ⓔ 부동산등기의 적법성은 추정되는데 이는 법률상 권리추정이다. [모의 12(2)]

해설 ※ 등기의 추정력

등기권리의 적법추정은 법률상 권리추정이고(대판 1979.6.26. 79다741), 등기원인과 등기절차의 적법추정은 법률상 사실추정이다. 법률상 추정을 복멸하려면 상대방이 '본증(本證)'을 제출하여 '법관이 추정사실의 반대사실에 대한 확신을 갖게 하여야 한다'는 점에서 증명책임이 상대방에게 전환된다. 이에 반하여 '사실상의 추정'은 일반 경험칙을 적용하여 행하는 추정으로(매도증서의 보관 사실에서 매수사실의 추정), 사실상의 추정을 복멸하려면 '반증(反證)'으로 족하다는 점에서 법률상의 추정과 구별된다.

ⓜ 형식적 증거력이 인정된 매매계약서는 합리적 이유가 없는 한 그 내용을 배척하여서는 아니된다. [모의 12(2)]

해설 ※ 자유심증주의의 내재적인 한계

매매계약서와 같은 처분문서는 "그 성립(형식적 증거력)을 인정하는 이상 그 반증이 있거나 또는 이를 조신할 수 없는 합리적인 이유설시 없이는 그 기재내용을 조신할 수 없다고 하여 배척할 수 없는 것이라고 할 것이니 처분문서의 성립을 인정하면서 정당한 이유없이 그 기재내용을 배척하면 채증법칙 위배의 위법이 있다"(대판 1970.12.24. 전합70다1630).

21.6.1.~22.7.15. 제1심 소송절차 최신판례

1 금전채무에 관하여 채무자가 채권자를 상대로 채무부존재확인소송을 제기하였을 뿐 이에 대한 채권자의 이행소송이 없는 경우에는, 사실심의 심리 결과 채무의 존재가 일부 인정되어 이에 대한 확인판결을 선고하더라도 이는 금전채무의 전부 또는 일부의 이행을 명하는 판결을 선고한 것은 아니므로, 이 경우 지연손해금 산정에 대하여 소송촉진법 제3조의 법정이율을 적용할 수 없다.

1-1 A가 B에게 손해배상채무의 부존재확인을 구한 것에 대해 <u>B가 반소를 제기하는 등</u> 그 손해배상채무에 대한 이행소송을 제기한 바 없다면, A의 손해배상채무가 일부 인정되어 이에 대한 확인판결을 하더라도 그 지연손해금에 관하여 소송촉진법 제3조의 법정이율을 적용할 수는 없다.

대판 2021.6.3. 2018다276768

"소송촉진법 제3조의 문언상으로도 "금전채무의 전부 또는 일부의 이행을 명하는 판결을 선고할 경우"에 금전채무 불이행으로 인한 손해배상액 산정의 기준이 되는 법정이율에 관하여 정하고 있다"

2 보험회사가 보험수익자와 보험금 지급책임의 존부나 범위에 관하여 다툼이 있다는 사정만으로 채무부존재확인을 구할 확인의 이익이 인정된다.

대판 2021.6.17. 전합2018다257958,25796

3 판결이 확정된 채권자가 시효중단을 위한 신소를 제기하면서 확정 판결에 따른 원금과 함께 원금에 대한 확정 지연손해금 및 이에 대한 지연손해금을 청구하는 경우, 확정 지연손해금에 대한 지연손해금채권은 채권자가 신소로써 확정 지연손해금을 청구함에 따라 비로소 발생하는 채권으로서 전소의 소송물인 원금채권이나 확정 지연손해금채권과는 별개의 소송물이므로, 채무자는 확정 지연손해금에 대하여도 이행청구를 받은 다음 날부터 지연손해금을 별도로 지급하여야 하되 그 이율은 신소에 적용되는 법률이 정한 이율을 적용하여야 한다.

대판 2022.4.14. 2020다268760

"금전채무의 지연손해금채무는 금전채무의 이행지체로 인한 손해배상채무로서 이행기의 정함이 없는 채무에 해당하므로, 채무자는 확정된 지연손해금채무에 대하여 채권자로부터 이행청구를 받은 때부터 지체책임을 부담하게 된다. 한편 원금채권과 금전채무불이행의 경우에 발생하는 지연손해금채권은 별개의 소송물이다. 따라서 판결이 확정된 채권자가 시효중단을 위한 신소를 제기하면서 확정 판결에 따른 원금과 함께 원금에 대한 확정 지연손해금 및 이에 대한 지연손해금을 청구하는 경우, 확정 지연손해금에 대한 지연손해금채권은 채권자가 신소로써 확정 지연손해금을 청구함에 따라 비로소 발생하는 채권으로서 전소의 소송물인 원금채권이나 확정 지연손해금채권과는 별개의 소송물이므로, 채무자는 확정 지연손해금에 대하여도 이행청구를 받은 다음 날부터 지연손해금을 별도로 지급하여야 하되 그 이율은 신소에 적용되는 법률이 정한 이율을 적용하여야 한다"

4 지연손해금은 금전채무의 이행지체에 따른 손해배상으로서 기한이 없는 채무에 해당하므로, 확정된 지연손해금에 대하여 채권자가 이행청구를 하면 채무자는 그에 대한 지체책임을 부담하게 된다. 판결에 의해 권리의 실체적인 내용이 바뀌는 것은 아니므로, 이행판결이 확정된 지연손해금의 경우에도 채권자의 이행청구에 의해 지체책임이 생긴다.

대판 2022.3.11. 2021다232331

4-1 'A는 B에게 금전과 그에 대한 지연손해금을 지급하라'는 판결이 확정되자, C는 위 판결로 이행의무가 확정된 지연손해금 채권 일부를 B로부터 양수한 다음, A를 상대로 양수금에 대한 지급

명령을 신청하였다. A가 지급명령에 이의를 신청해 소송으로 이행되자, C는 양수금 원본은 소를 취하하고 그 돈에 대하여 지급명령 송달일부터 연 12%의 비율로 계산한 지연손해금만을 청구하였다. 이 경우 C가 양수한 지연손해금 채권은 기한이 없는 금전채권이므로 그에 대하여 이행을 청구하는 지급명령이 송달된 다음 날부터 지연손해금을 지급할 의무가 생기지만, 양수금 원본은 이 사건의 소송물이 아니므로 소송촉진법에 따라 가중된 법정이율이 적용되지 않는다.

대판 2022.3.11. 2021다232331

5 제3자를 위한 계약에서 제3자는 채무자(낙약자)에 대하여 계약의 이익을 받을 의사를 표시한 때에 채무자에게 직접 이행을 청구할 수 있는 권리를 취득하고(민법 제539조), 요약자는 제3자를 위한 <u>계약의 당사자로서</u> 원칙적으로 제3자의 권리와는 별도로 낙약자에 대하여 제3자에게 급부를 이행할 것을 요구할 수 있는 권리를 가진다. 이때 낙약자가 요약자의 이행청구에 응하지 아니하면 특별한 사정이 없는 한 요약자는 낙약자에 대하여 제3자에게 급부를 이행할 것을 소로써 구할 이익이 있다.

대판 2022.1.27. 2018다259565

"이행의 소는 원칙적으로 원고가 이행청구권의 존재를 주장하는 것으로서 권리보호의 이익이 인정되고"

6 민사소송에서 중복제소금지는 소송요건에 관한 것으로서 사실심의 변론종결 시를 기준으로 판단하여야 하므로, 전소가 후소의 변론종결 시까지 취하·각하 등에 의하여 소송계속이 소멸되면 후소는 중복제소금지에 위반되지 않는다.

대판 2021.5.7. 2018다259213

6-1 소의 취하는 소제기 후 종국판결의 '확정' 전까지 할 수 있으므로(제266조 1항), 항소심·상고심에서도 할 수 있으나 '본안에 대한 종국판결'이 있은 뒤에 소를 취하하면 재소금지의 제재가 따른다(제267조 2항). 그러나 선행 추심소송이 항소심에서 취하된 경우라면 <u>다른 채권자가</u> 제기한 추심금 청구의 소는 재소금지 원칙에 반하지 않는다.

대판 2021.5.7. 2018다259213

6-2 민소법 제267조 2항은 "본안에 대한 종국판결이 있은 뒤에 소를 취하한 사람은 같은 소를 제기하지 못한다."라고 정하고 있는데, 여기에서 '같은 소'는 반드시 기판력의 범위나 중복제소금지에서 말하는 것과 같은 것은 아니므로, <u>당사자와 소송물이 같더라도</u> 이러한 규정의 취지에 반하지 않고 소제기를 필요로 하는 정당한 사정이 있다면 다시 소를 제기할 수 있다.

대판 2021.5.7. 2018다259213

6-3 甲 주식회사가 乙 등에 대하여 가지는 정산금 채권에 대하여 甲 회사의 채권자 丙이 채권압류 및 추심명령을 받아 乙 등을 상대로 추심금 청구의 소를 제기하였다가 항소심에서 소를 취하하였는데, 그 후 甲 회사의 다른 채권자 丁 등이 위 정산금 채권에 대하여 다시 채권압류 및 추심명령을 받아 乙 등을 상대로 추심금 청구의 소를 제기하였다면, 丁 등은 선행 추심소송과 별도로 자신의 채권집행을 위하여 위 소를 제기한 것이므로 재소금지 규정에 반하지 않는다.

대판 2021.5.7. 2018다259213

7 제1심이 인용한 청구액을 항소심이 그대로 유지한 경우, 특별한 사정이 없는 한 피고가 항소심 절차에서 위 인용금액에 대하여 이행의무의 존재 여부와 범위를 다툰 것은 타당하다고 볼 수 없으므로 그 부분에 대해서는 소송촉진 등에 관한 특례법 제3조 제1항의 법정이율이 적용된다.

대판 2022.4.28. 2022다200768

[관련조문] 소송촉진 등에 관한 특례법 제3조 제1항 : 금전채무의 전부 또는 일부의 이행을 명하는 판결(심판을 포함한다. 이하 같다)을 선고할 경우, 금전채무 불이행으로 인한 손해배상액 산정의 기준이 되는 법정이율은 그 금전채무의 이행을 구하는 소장(訴狀) 또는 이에 준하는 서면(書面)이 채무자에게 송달된 날의 다음 날부터는 연 100분의 40 이내의 범위에서 「은행법」에 따른 은행이 적용하는 연체금리 등 경제 여건을 고려하여 대통령령으로 정하는 이율에 따른다. 다만, 「민사소송법」 제251조에 규정된 소(訴)에 해당하는 경우에는 그러하지 아니하다. [개정 2010.5.17 제10303호(은행법), 시행일 2010.11.18.]

소송촉진 등에 관한 특례법 제3조 제2항 : 채무자에게 그 이행의무가 있음을 선언하는 사실심(事實審) 판결이 선고되기 전까지 채무자가 그 이행의무의 존재 여부나 범위에 관하여 항쟁(抗爭)하는 것이 타당하다고 인정되는 경우에는 그 타당한 범위에서 제1항을 적용하지 아니한다.

소송촉진 등에 관한 특례법 제3조제1항 본문의 법정이율에 관한 규정 : 「소송촉진 등에 관한 특례법」 제3조제1항 본문에서 "대통령령으로 정하는 이율"이란 연 100분의 12를 말한다. [개정 2019.5.21, 시행일 2019.6.1.]

8 본안에 대한 종국판결이 있은 뒤에 '원고는 소를 취하하고, 피고는 이에 동의한다'는 내용의 화해권고결정이 확정되어 소송이 종결된 경우 소취하한 경우와 마찬가지로 재소금지의 효력이 있다. 22년 법원직

대판 2021.7.29. 2018다230229

8-1 재소금지는 소취하로 인하여 그동안 판결에 들인 법원의 노력이 무용화되고 종국판결이 당사자에 의하여 농락당하는 것을 방지하기 위한 제재적 취지의 규정이므로, 본안에 대한 종국판결이 있은 후 소를 취하한 자라 할지라도 이러한 취지에 반하지 아니하고 소제기를 필요로 하는 정당한 사정이 있다면 다시 소를 제기할 수 있다고 봄이 상당하다. 22년 법원직

대판 2021.7.29. 2018다230229

8-2 甲이 乙을 상대로 대여금청구 소송을 제기하여 승소판결을 선고받았고(甲소송), 그 후 甲으로부터 대여금 채권을 양수한 丙이 乙을 상대로 양수금청구 소송을 제기하여 승소판결을 선고받았으며(丙소송), 乙이 위 판결들에 대하여 항소를 제기하였는데, 양수금청구 소송의 항소심법원이 '丙 회사는 소를 취하하고, 乙은 소취하에 동의한다.'는 내용의 화해권고결정을 하였고, 화해권고결정이 확정되기 전 丙이 대여금청구 소송(甲소송)의 항소심에서 승계참가신청을 한 경우, 丙의 승계참가신청은 재소금지 원칙에 위반되지 않는다. 대판 2021.7.29. 2018다230229

"화해권고결정의 확정으로 양수금청구 소송이 취하된 것과 같은 효과가 발생하였는데, 이는 丙 회사가 乙의 추완항소로 인하여 생긴 소송계속의 중복상태를 해소하고 먼저 소가 제기된 대여금청구 소송을 승계하는 방법으로 소송관계를 간명하게 정리한 것일 뿐이므로"

8-3 동일한 채권에 대해 복수의 채권자들이 압류·추심명령을 받은 경우 어느 한 채권자가 제기한 추심금소송에서 확정된 판결의 기판력은 그 소송의 변론종결일 이전에 압류·추심명령을 받았던 다른 추심채권자에게 미치지 않는다. 22년 1차 모의

대판 2020.10.29. 2016다35390

"확정판결의 기판력이 미치는 주관적 범위는 신분관계소송이나 회사관계소송과 같이 법률에 특별한 규정이 있는 경우를 제외하고는 원칙적으로 당사자, 변론을 종결한 뒤의 승계인 또는 그를 위하여 청구의 목적물을 소지한 사람과 다른 사람을 위하여 원고나 피고가 된 사람이 확정판결을 받은 경우의 그 다른 사람에 국한되고(민사소송법 제218조 제1항, 제3항) 그 밖의 제3자에게는 미치지 않는다. 따라서 추심채권자들이 제기하는 추심금소송의 소송물이 채무자의 제3채무자에 대한 피압류채권의 존부로서 서로 같더라도 소송당사자가 다른 이상 그 확정판결의 기판력이 서로에게 미친다고 할 수 없다"

9   소장에서 청구의 대상으로 삼은 채권 중 일부만을 청구하면서 소송의 진행경과에 따라 장차 청구금액을 확장할 뜻을 표시하였으나 당해 소송이 종료될 때까지 실제로 청구금액을 확장하지 않은 경우, 나머지 부분에 대하여는 재판상 청구로 인한 시효중단의 효력이 발생하지 아니한다. 그러나 채권자는 '당해 소송이 종료된 때'부터 6월 내에 민법 제174조에서 정한 조치를 취함으로써 나머지 부분에 대한 소멸시효를 중단시킬 수 있다.   대판 2020. 2. 6. 2019다223723

9-1   소장에서 청구의 대상으로 삼은 금전채권 중 일부만을 청구하면서 소송의 진행경과에 따라 나머지 부분에 대하여 장차 청구금액을 확장할 뜻을 표시하였으나 당해 소송이 종료될 때까지 실제로 청구금액을 확장하지 않은 경우, 나머지 부분에 대하여는 재판상 청구로 인한 시효중단의 효력이 발생하지는 않지만 특별한 사정이 없는 한 소송이 계속 중인 동안에는 최고에 의한 권리행사가 지속되는 것으로 볼 수 있다. 21년 변호   대판 2020. 2. 6. 2019다223723

9-2   소장에서 청구의 대상으로 삼은 채권 중 일부만을 청구하면서 소송의 진행경과에 따라 장차 청구금액을 확장할 뜻을 표시하였더라도 그 후 채권의 특정 부분을 청구범위에서 명시적으로 제외하였다면, 그 부분에 대하여는 애초부터 소의 제기가 없었던 것과 마찬가지이므로 재판상 청구로 인한 시효중단의 효력이 발생하지 않는다.   대판 2020. 2. 6. 2019다223723

10   당사자의 주장이 법률적 관점에서 보아 현저한 모순이나 불명료한 부분이 있는 경우, 법원은 적극적으로 석명권을 행사하여 당사자에게 의견 진술의 기회를 주어야 하고, 이를 게을리한 경우에는 석명 또는 지적의무를 다하지 아니한 것으로서 위법한 평가를 받을 수 있다. 청구취지나 청구원인의 법적 근거에 따라 요건사실에 대한 증명책임이 달라지는 중대한 법률적 사항에 해당되는 경우라면 더욱 그러하다.   대판 2022. 4. 28. 2019다200843

11   공유물분할청구소송은 분할을 청구하는 공유자가 원고가 되어 다른 공유자 전부를 공동피고로 삼아야 하는 고유필수적 공동소송이다. 따라서 소송계속 중 원심 변론종결일 전에 공유자의 지분이 이전된 경우에는 원심 변론종결 시까지 민사소송법 제81조에서 정한 승계참가나 민사소송법 제82조에서 정한 소송인수 등의 방식으로 그 일부 지분권을 이전받은 자가 소송당사자가 되어야 한다. 그렇지 못할 경우에는 소송 전부가 부적법하게 된다.   대판 2022. 6. 30. 2020다210686, 210693

11-1   공시송달에 의하여 형식적으로 확정된 공유물분할판결에 대하여 적법한 추완항소가 제기된 경우, 공유물 분할소송의 당사자적격 판단시점은 항소심 변론종결일이다.
          대판 2022. 6. 30. 2020다210686, 210693

11-2   X부동산의 공유자인 A가 다른 공유자인 B를 상대로 공유물분할청구를 하였는데(본소), 제1심은 B에 대한 송달을 공시송달로 진행한 다음, 2018.10.17. A가 X 부동산을 단독으로 소유하되 B에게 가액배상금을 지급하는 내용의 공유물분할판결을 선고하였다. 이후 A는 X 부동산을 C에게 매도한 후 형식적으로 확정된 제1심 판결을 기초로 B에 대한 배상금을 공탁하고, B의 지분에 관하여 자신 앞으로 소유권이전등기를 마친 다음, 2019.1.29. X 부동산에 관하여 C명의로 소유권이전등기를 마쳐주었다. 이에 2019.2.22. B는 제1심 판결에 대하여 적법한 추완항소를 제기하고, 2019.8.26. A에 대하여 X 부동산의 매매대금 중 B의 지분에 상응하는 금액에서 A가 B를 위하여 공탁한 금액을 공제한 나머지 금액의 반환을 구하는 반소를 제기하였다. 그런데 이러한 반

소제기는 A의 B 지분에 대한 처분행위가 유효함을 전제로 한 것이므로 A의 처분행위를 묵시적으로 추인한 것이라고 볼 수 있다. 그렇다면 항소심 변론종결시를 기준으로 A는 X 부동산의 공유지분권자가 아니어서 본소인 공유물분할청구소송은 당사자적격을 갖추지 못하였고, 반소 청구 중 A가 B에게 반환할 부당이득금은 매매대금 중 B의 지분에 해당하는 부분에 한정된다.

대판 2022.6.30. 2020다210686,210693

12   추완항소와 관련하여 당사자가 다른 소송의 재판절차에서 송달받은 준비서면 등에 당해 사건의 제1심 판결문과 확정증명원 등이 첨부된 경우에는 그 시점에 제1심 판결의 존재 및 공시송달의 방법으로 송달된 사실까지 알았다고 볼 것이지만 다른 소송에서 선임된 소송대리인이 그 재판절차에서 위와 같은 준비서면 등을 송달받았다는 사정만으로 이를 당사자가 직접 송달받은 경우와 동일하게 볼 수는 없다.

대판 2022.4.14. 2021다305796

13   외국재판 과정에서 패소한 피고의 남편에게 소송서류가 '보충송달'된 경우 이러한 송달은 외국 법원의 확정재판 등을 국내에서 승인·집행하기 위한 요건을 규정한 민사소송법 제217조 제1항 제2호의 '적법한 송달'에 해당한다.

대판 2021.12.23. 전합2017다257746

"민사소송법 제186조 제1항과 제2항에서 규정하는 보충송달도 교부송달과 마찬가지로 외국법원의 확정재판 등을 국내에서 승인·집행하기 위한 요건을 규정한 민사소송법 제217조 제1항 제2호의 '적법한 송달'에 해당한다고 해석하는 것이 타당하다. 대법원은 보충송달은 공시송달 방식과 달리 피고에게 적절한 방어권 행사의 기회를 박탈할 우려가 현저히 적고, 기존 판례의 입장을 유지한다면 외국판결을 우리나라에서 승인·집행하기 위해서 우리나라 판결보다 더 엄격한 방식으로 송달이 이루어져야 하며, 사법절차의 국제적 신뢰가 훼손될 수 있는 점 등을 들어, 보충송달도 민사소송법 제217조 제1항 제2호의 적법한 송달 방식에 포함되는 것으로 판단하여 기존 판례를 변경하고(전원일치 의견)"

14   제1심법원이 소장부본과 변론기일통지서를 공시송달의 방법으로 피고에게 송달한 후 피고의 휴대전화번호로 전화하여 '소장부본을 피고의 주소지로 송달하겠다.'고 고지하고 변론기일과 장소를 알려주었는데, 이후 피고가 출석하지 않은 상태에서 소송절차를 진행하여 원고 승소판결을 선고한 다음 피고에게 판결정본을 공시송달의 방법으로 송달하였다면, 항소기간이 도과한 후라도 피고가 판결정본을 발급받아 추후보완항소를 제기할 수 있다.

대판 2021.8.19. 2021다228745

"피고는 책임질 수 없는 사유로 말미암아 항소기간을 지킬 수 없었다고 볼 여지가 크다"

15   교도소·구치소 또는 국가경찰관서의 유치장에 수감된 당사자에 대하여 민사소송법 제185조나 제187조에 따라 종전에 송달받던 장소로 발송송달을 한 경우, 적법한 송달의 효력을 인정할 수 없다.

대판 2021.8.19. 2021다53

15-1   항소심 소송 계속 중 원고 甲이 구속되어 구치소에 수감되었으나 법원에 그 사실을 밝히거나 수감된 장소를 신고하지 아니하였고, 이에 법원이 甲에 대하여 종전에 송달받던 장소로 등기우편에 의한 발송송달의 방법으로 변론재개기일통지서를 송달한 경우, 위 변론재개기일통지서의 발송송달은 적법한 송달로서의 효력을 가질 수 없다.

대판 2021.8.19. 2021다53

"민사소송법 제182조는 교도소·구치소 또는 국가경찰관서의 유치장에 체포·구속 또는 유치된 사람에게 할 송달은 교도소·구치소 또는 국가경찰관서의 장에게 하도록 규정하고 있으므로, 수감된 당사자에 대한 송달을 교도소장 등에게 하지 않고 당사자의 종전 주소나 거소로 한 것은 부적법한 송달로서 무효이고, 이는 법원이 서류를 송달받을 당사자가 수감된 사실을 몰랐거나, 수감된 당사자가 송달의 대상인 서류의 내용을 알았다고 하더라도 마찬가지이다.

따라서 수감된 당사자에 대하여 민사소송법 제185조나 제187조에 따라 종전에 송달받던 장소로 발송송달을 하였더라도 적법한 송달의 효력을 인정할 수 없다"

16 당사자가 소송 계속 중에 수감된 경우 법원이 판결정본을 민사소송법 제182조에 따라 교도소장 등에게 송달하지 않고 당사자 주소 등에 공시송달 방법으로 송달하였다면, 공시송달의 요건을 갖추지 못한 하자가 있다고 하더라도 재판장의 명령에 따라 공시송달을 한 이상 송달의 효력은 있다. 대판 2022.1.13. 2019다220618

17 변론기일의 송달절차가 적법하지 아니한 이상 비록 그 변론기일에 양쪽 당사자가 출석하지 아니하였다고 하더라도, 소 또는 상소를 취하한 것으로 보는 효과는 발생하지 않는다. 대판 2022.3.17. 2020다216462

제4편 　　　　　　소송의 종료

제1장 총 설
제2장 당사자의 행위

01 | X는 2011.3.19. Y로부터 2억 원을 변제기 2012.3.19.로 하여 대여하였다. 위 사실을 안 X의 채권자 Z는 2011.4.5. X를 대위하여 Y를 상대로 채무부존재확인의 소를 제기하였고 X에게 소송고지를 하였다. 그러나 Z는 X의 설득으로 청구기각판결 선고 후 소를 취하하였다.

① 이후 X가 Y를 상대로 채무부존재확인의 소를 제기한다면 이는 재소금지원칙에 위배되어 부적법하다.

[모의 15(1),16(2),17(2)]

해설 ※ **대위소송에 있어서 피대위자에게도 재소금지의 규정이 적용되는지 여부**(제한적 적극)
"채권자대위권에 의한 소송이 제기되어 본안에 대한 종국판결을 받은 경우에는 피대위자는 대위소송이 제기된 사실을 안 이상 위 대위소송에 관한 종국판결이 있은 후 그 소가 취하되거나 위 소송이 상소심에서 소 취하된 때에는 피대위자에게도 민사소송법 제240조 제2항(현행 제267조 2항) 소정의 재소금지 규정의 적용을 받아 위 대위소송과 동일한 소를 제기하지 못한다고 해석함이 상당하다"(대판 1981.1.27. 79다1618).

> **비교판례** ※ **권리귀속주체의 재소금지**
> "甲이 乙 및 丙을 상대로, 乙에 대하여는 매매를 원인으로 한 소유권이전등기 절차의 이행을, 丙에 대하여는 乙을 대위하여 소유권보존등기말소등기절차의 이행을 구하는 소를 제기한 전소에서, 乙은 甲의 청구를 인낙하였고, 丙에 대한 부분은 제1심에서 甲의 승소판결이 선고된 후 이에 대하여 丙이 항소를 제기하여 항소심에 계속 중 甲이 소를 취하한 경우, 나중에 甲의 乙에 대한 권리가 없음이 밝혀져 甲이 乙을 대위하여 乙의 권리를 행사할 자격이 없었다고 하더라도, 甲이 그와 같이 乙의 권리를 대위 행사할 적격이 있다고 주장함에 대하여 乙이 적극적으로 甲의 주장을 인정하면서 그의 청구를 인낙하여 그 소송에서 甲에게 대위 적격을 부여한 이상, 乙은 재소금지의 원칙상 丙을 상대로 동일한 소송을 제기할 수 없다"(대판 1995.7.28. 95다18406).

② 만일 Z의 소송에 대해 법원이 피보전채권의 부존재를 이유로 소각하판결을 선고한 경우라면, 소 취하 후에도 X는 다시 Y를 상대로 채무부존재확인의 소를 제기할 수 있다. [모의 13(2),16(3)]

해설 재소금지원칙은 본안의 종국판결 후 소를 취하한 경우에만 적용되므로, 소송판결 후에 소를 취하한 경우에는 재소금지원칙이 적용되지 않는다.

③ 만일 Z가 X의 기망에 의해 소를 취하한 경우 Z는 기일지정신청을 할 수 있으나 소취하무효확인의 소를 제기할 수는 없다.

해설 소 또는 상소의 취하(취하간주 포함)의 효력에 관한 다툼이 있어 당사자가 기일지정신청을 하는 경우, 법원은 기일을 열어 신청사유를 심리하고, 법원은 신청이 이유 없다고 인정하는 경우에는 판결로 소송의 종료를 선언하여야 하고, 신청이 이유 있다고 인정하는 경우에는 취하 당시의 소송정도에 따라 필요한 절차를 계속하여 진행하고 중간판결 또는 종국판결에 그 판단을 표시하여야 한다(규칙 제67조, 제68조). 별도로 소취하무효확인의 소를 제기하는 것은 소의 이익이 없어 부적법하다. 즉, 당해 절차에서 판단될 문제에 대하여는 별소를 제기하는 것이 허용되지 않는다.

④ Z는 상고심에서도 소를 취하할 수 있다.   [모의 13(2),16(3)]

해설▶ 소취하는 판결확정 전까지 허용(사실심 변론종결시까지가 아님)되므로(민소법 제266조 제1항), 소취하의 요건을 갖춘 경우라면 상고심에서도 할 수 있다.

※ [비교] 항소의 취하와 구별

판결의 확정시까지 가능한 '소의 취하'(제266조 1항)는 항소심판결 선고시까지 할 수 있는 '항소의 취하'(제393조 1항)와는 구별하여야 한다. 항소의 취하는 항소심의 소송계속이 소급적으로 소멸되므로 제1심판결을 그대로 유지·확정시키는 데 반하여(제393조 2항, 제267조 1항, 제498조), 소의 취하는 소송계속이 소급적으로 소멸되어 이미 행한 판결도 실효하게 한다(제267조 1항). 항소의 취하는 전판결이 확정되는 것이므로 오히려 피항소인에게 유리하여 피항소인이 응소하였다 하더라도 그의 동의가 필요 없으나(제393조 2항), 소취하는 동의가 필요하다(제266조 2항).

⑤ 만일 Y가 1차적으로 소각하를 구하고 예비적으로 청구기각판결을 구한 경우에는, Z는 Y의 동의 없이도 소를 취하할 수 있다.   [변호 14]

해설▶ 상대방이 본안에 관하여 준비서면을 제출하거나 변론준비기일에서 진술하거나 변론을 한 뒤에는 상대방의 동의를 받아야 소를 취하할 수 있는데(민소법 제266조 2항), 피고가 주위적으로 소각하판결을 구했다면 아직 본안에 관하여 변론 등을 한 것으로 볼 수 없으므로 피고의 동의가 필요없다.

02 매매를 원인으로 한 소유권이전등기 청구소송에서 승소판결을 받았으나, 항소심에서 토지거래허가신청절차 이행의 소로 변경함으로써 당초의 소가 종국판결 후 취하된 것으로 된 경우, 토지거래허가를 받은 후 다시 소유권이전등기 청구소송을 제기하는 것은 취하된 소와 권리보호의 이익이 달라 재소금지원칙이 적용되지 않는다(대판 1997.12.23. 97다45341).   [모의 16(2),17(2)]

03 같은 가옥명도청구라도 물권인 소유권에 기한 경우와 채권적인 약정에 기한 경우는 소송물을 달리하여 재소금지의 원칙에 저촉되지 않는다(대판 1991.1.15. 90다카25970).   [모의 16(2)]

04 원고가 면직처분 무효확인의 소를 제기하였다가 청구기각 판결을 선고받은 후 위 소를 취하하였는데, 그 후 면직무효를 전제로 면직기간 동안 받지 못한 임금을 청구하는 후소를 제기하는 것은 재소금지의 규정에 위배된다.   [모의 17(2)]

해설▶ ※ 후소가 전소의 소송물을 선결문제로 하는 경우 재소금지의 적용여부(적극)

"민사소송법 제240조 제2항(현행 제267조 제2항)의 규정은 임의의 소취하에 의하여 그때까지의 국가의 노력을 헛수고로 돌아가게 한 자에 대한 제재적 취지에서 그가 다시 동일한 분쟁을 문제 삼아 소송제도를 농락하는 것과 같은 부당한 사태의 발생을 방지할 목적에서 나온 것이므로 여기에서 동일한 소라 함은 반드시 기판력의 범위나 중복제소금지의 경우의 그것과 같이 풀이할 것은 아니고, 따라서 당사자와 소송물이 동일하더라도 재소의 이익이 다른 경우에는 동일한 소라고 할 수 없는 반면, 후소가 전소의 소송물을 선결적 법률관계 내지 전제로 하는 것일 때에는 비록 소송물은 다르지만 본안의 종국판결 후에 전소를 취하한 자는 전소의 목적이었던 권리 내지 법률관계의 존부에 대하여는 다시 법원의 판단을 구할 수 없는 관계상 위 제도의 취지와 목적에 비추어 후소에 대하여도 동일한 소로서 판결을 구할 수 없다고 풀이함이 상당하다"(대판 1989.10.10. 88다카18023).

[관련쟁점] ※ 중복제소의 경우
"소유권을 원인으로 하는 이행의 소가 계속 중인 경우에도 소유권 유무 자체에 관하여 당사자 사이에 분쟁이 있어 즉시확정의 이익이 있는 경우에는 그 소유권확인의 소를 아울러 제기할 수 있다"(대판 1967.1.31. 65다2371)고 하여 동일소송물에 한정하여[1] 중복소제기로 보는 것이 判例의 입장이다.

05 소취하의 효과로서 재소금지의 제재는 '본안에 관한 종국판결이 있는 경우'에 적용되므로 소각하 판결 후 소 취하의 경우에는 재소금지 효과가 발생하지 않는다(제267조 2항). [모의 13(1)]

06 본안에 대한 종국판결 후 소를 취하한 경우 다시 전소의 원고가 동일한 소를 제기한 경우, 전소의 피고가 재소금지항변을 하지 않더라도 법원은 직권으로 재소 여부를 조사하여 소를 각하할 수 있다. [변호 15, 모의 16(3)]

> 해설 ※ 재소금지 위반 여부의 심리
>
> 재소금지 위반 여부는 소송요건이므로 당사자의 주장을 불문하고 직권으로 심리·조사해야 하는 직권조사사항이다. "직권으로 보건대 원고는 본건을 甲 법원에 제소한 후 乙 법원에 동일한 청구원인으로 이중으로 소송을 제기하고 乙 법원에서 원고 일부 승소판결이 선고되자 피고의 항소로 丙 법원에 계속 중 원고는 소를 취하하여 사건이 종결된 것으로 처리되었음을 알 수 있는 바 이 사실에 대한 탐지 없이 본건에 관하여 다시 원고승소판결을 하였음은 위법하다"(대판 1967.10.31. 67다1848).

07 변론종결 뒤의 특정승계인은 민소법 제267조 제2항의 소를 취하한 자에 포함되지만, 전소취하 후 토지를 양수한 원고는 소유권을 침해하고 있는 피고에 대하여 그 배제를 구할 새로운 권리보호이익이 있으니, 그가 동일 소송물에 대해 제기한 소는 재소금지원칙에 위배되지 않는다.

> 해설 재소가 금지되기 위해서는 ⅰ) 당사자가 동일해야 하고, ⅱ) 소송물이 동일해야 하며, ⅲ) 권리보호이익도 동일해야 하고, ⅳ) 본안에 관한 종국판결 이후에 소를 취하한 경우이어야 한다. 변론종결 뒤 특정승계인의 경우 당사자의 동일성이 충족되는지 여부에 관해 判例는 "민사소송법 제267조 제2항 소정의 소를 취하한 자에는 변론종결한 뒤의 특정승계인을 포함한다"(대판 1981.7.14. 81다64,65)고하여 긍정설의 입장이지만, "전소 취하 후 토지를 양수한 원고는 소유권을 침해하고 있는 피고에 대하여 그 배제를 구할 새로운 권리보호이익이 있으니 전소와 본건 소는 동일한 소라고 할 수 없다"(대판 1998.3.13. 95다48599,48605)고 하여 새로운 권리보호이익이 있어 재소가 금지되지 않는다고 한다.

08 본안에 대한 종국판결이 있은 후 소를 취하한 경우, 피고가 소취하의 전제조건인 약정사항을 지키지 아니하여 동 약정이 해제 또는 실효되는 사정변경이 발생한 경우라면, 원고가 동일한 소를 다시 제기하더라도 재소금지원칙에 위배되지 않는다. [모의 15(1),17(2)]

> 해설 ※ 종국판결 후 소를 취하하였다 하더라도 새로운 권리보호의 이익이 있으면 재소할 수 있는지 여부(적극)
>
> "민사소송법 제240조 제2항(현행 제267조 2항) 소정의 재소금지원칙이 적용되기 위하여는 소송물이 동일한 외에 권리보호의 이익도 동일하여야 할 것인데, 피고가 전소 취하의 전제조건인 약정사항을 지키지 아니함으로써 위 약정이 해제 또는 실효되는 사정변경이 발생하였다면, 이 사건 지상권이전등기 말소등기청구와 전소가 소송물이 서로 동일하다 하더라도, 소제기를 필요로 하는 사정이 같지 아니하여 권리보호의 이익이 다르다 할 것이므로, 결국 이 사건 청구는 위 재소금지원칙에 위배되지 아니한다"(대판 1993.8.24. 93다22074).

09 본안에 관한 종국판결이 있은 후에 구청구를 신청구로 교환적 변경을 한 다음 다시 본래의 구청구로 교환적 변경을 하는 경우 교환적으로 변경된 구청구는 부적법하다. [모의 14(1),15(1),16(1),(2)유사]

> 해설 '재소금지원칙'이란 본안에 대한 종국판결이 있은 뒤에 소를 취하한 사람은 같은 소를 제기하지 못한다는 것이다(민소법 제267조 2항). 교환적 변경의 성격에 대해 구소취하, 신소제기의 성격이 있다는 判例에 의하면 교환적으로 변경된 구청구는 취하되었다가 다시 소제기한 것이 되어 재소금지원칙에 위반된다.

---

1) 엄밀히 본 판례는 반전된 형태의 선결관계나 중복제소에서는 본래적인 선결관계이든 반전된 선결관계이든 크게 구별하지 않고 선결관계라는 큰 카테고리 안에서 설명하는 것이 일반적이다.

관련판례 "소의 교환적 변경은 신청구의 추가적 병합과 구청구의 취하의 결합형태로 볼 것이므로 본안에 대한 종국판결이 있은 후 구청구를 신청구로 교환적 변경을 한 다음 다시 본래의 구청구로 교환적 변경을 한 경우에는 종국판결이 있은 후 소를 취하하였다가 동일한 소를 다시 제기한 경우에 해당하여 부적법하다"(대판 1987.11.10. 87다카1405).

10 소취하를 할 수 있는 대리권을 부여받지 않은 소송대리인도 상대방의 소취하에 동의를 할 수 있다. [모의 16(1)]

해설 ※ 소취하에 대한 소송대리인의 동의

"소취하에 대한 소송대리인의 동의는 민사소송법 제82조 제2항(현행 제90조 제2항) 소정의 특별수권사항이 아닐 뿐 아니라, 소송대리인에 대하여 특별수권사항인 소취하를 할 수 있는 대리권을 부여한 경우에도 상대방의 소취하에 대한 동의권도 포함되어 있다고 봄이 상당하므로 그 같은 소송대리인이 한 소취하의 동의는 소송대리권의 범위내의 사항으로서 본인에게 그 효력이 미친다"(대판 1984.3.13. 82므40). 원고 측의 소송대리인이 소의 취하를 하기 위해서는 특별수권이 있어야 하나(제90조 2항 2호), 피고 측의 소송대리인이 원고의 소 취하에 동의하기 위해서는 특별수권이 필요없다.

11 재소금지 위반을 이유로 소를 각하당한 자가 상대방에 대하여 부당이득반환청구를 할 수는 없다. [모의 16(2)]

해설 ※ 재소금지 위반의 효과

"본안에 대한 종국판결이 있은 후 소를 취하한 자는 동일한 소를 제기하지 못할 것이지만 그 실체법상의 권리가 소멸하는 것이 아니고 단지 상대방에 대하여 의무의 이행을 소구할 수 없게 된 것이므로 상대방이 실체법상의 의무를 면하게 되었음을 전제로 하는 부당이득반환청구는 부당하다"(대판 1969.4.22. 68다1722).

12 甲이 乙을 상대로 X 토지의 소유권에 기한 방해배제로써 X 토지에 관하여 乙 명의로 마쳐진 소유권이전등기의 말소를 구하는 소송 중에 甲과 乙 사이에 "乙은 甲에게 X 토지에 관하여 진정명의회복을 원인으로 한 소유권이전등기절차를 이행한다."라는 내용의 화해권고결정이 2005. 11. 24. 확정되었다. 이후 乙은 丙에게 X 토지에 관한 소유권이전등기를 마쳐주었다.

① 위 화해권고결정의 기판력은 2005. 11. 24.을 기준으로 발생한다.

해설 "민사소송법 제231조는 '화해권고결정은 결정에 대한 이의신청 기간 이내에 이의신청이 없는 때, 이의신청에 대한 각하결정이 확정된 때, 당사자가 이의신청을 취하하거나 이의신청권을 포기한 때에 재판상 화해와 같은 효력을 가진다.'라고 정하고 있으므로, 확정된 화해권고결정은 당사자 사이에 기판력을 가진다. 그리고 화해권고결정에 대한 이의신청이 적법한 때에는 소송은 화해권고결정 이전의 상태로 돌아가므로(민소법 제232조 제1항), 당사자는 화해권고결정이 송달된 후에 생긴 사유에 대하여도 이의신청을 하여 새로운 주장을 할 수 있고, 화해권고결정이 송달된 후의 승계인도 이의신청과 동시에 승계참가신청을 할 수 있다고 할 것이다. 이러한 점 등에 비추어 보면, 화해권고결정의 기판력은 그 확정시를 기준으로 하여 발생한다고 해석함이 상당하다"(대판 2012.5.10. 2010다2558).

② 위와 달리 甲이 乙을 상대로 대물변제약정을 원인으로 소유권이전등기절차를 이행하라는 소를 제기하여 소송계속중 원고 청구와 같은 화해권고결정이 확정된 경우라면 丙은 변론종결 뒤 승계인에 해당하지 않는다.

해설 "전소의 소송물이 채권적 청구권의 성질을 가지는 소유권이전등기청구권인 경우에는 전소의 변론종결 후에 그 목적물에 관하여 소유권등기를 이전받은 사람은 전소의 기판력이 미치는 '변론종결 후의 승계인'에 해당하지 아니한다. 이러한 법리는 화해권고결정이 확정된 후 그 목적물에 관하여 소유권등기를 이전받은 사람에 관하여도 다를 바 없다고 할 것이다"(대판 2012.5.10. 2010다2558).

③ 丙은 화해권고결정에도 불구하고 여전히 물권적인 방해배제의무를 진다.

해설 아래 해설 참고.

④ 화해권고결정 확정 후에 등기를 이전 받은 丙에게도 이 사건 화해권고결정의 기판력이 미친다.
[변호 13변형]

해설 "소유권에 기한 물권적 방해배제청구로서 소유권등기의 말소를 구하는 소송이나 진정명의 회복을 원인으로 한 소유권이전등기절차의 이행을 구하는 소송 중에 그 소송물에 대하여 화해권고결정이 확정되면 상대방은 여전히 물권적인 방해배제의무를 지는 것이고, 화해권고결정에 창설적 효력이 있다고 하여 그 청구권의 법적 성질이 채권적 청구권으로 바뀌지 아니한다"(대판 2012.5.10. 2010다2558).

☞ 判例는 진정명의회복을 위한 소유권이전등기청구권의 법적성질을 소유권에 기한 방해배제청구권으로 보는 바, 사안의 경우 甲은 乙을 상대로 물권적 청구권을 행사한 것이고, 따라서 丙은 변론종결 뒤의 승계인에 해당하여 화해권고결정의 기판력을 받는다. 즉, 判例는 소송물인 청구가 대세적 효력을 갖는 물권적 청구권일 때에는 피고의 지위를 승계한 자가 변론종결 뒤의 승계인으로 기판력을 받는다는 입장이다.

⑤ 만일 화해권고결정 전에 丙이 X토지에 처분금지가처분을 한 다음 자기 앞으로 이전등기를 마쳤는데, 이후 甲이 乙을 상대로 X 토지에 관하여 乙 명의로 마쳐진 소유권이전등기의 말소를 구하는 소송 중에 甲과 乙 사이에 "乙은 甲에게 X 토지에 관하여 진정명의회복을 원인으로 한 소유권이전등기절차를 이행한다."라는 내용의 화해권고결정이 확정되었다면, 丙은 화해권고결정의 기판력이 미치는 승계인에 해당한다고 볼 수 없다.

해설 判例는 "丙은 화해권고결정 확정 전의 처분금지가처분에 기하여 소유권이전등기를 마친 가처분채권자로서 피보전권리의 한도에서 가처분 위반의 처분행위 효력을 부정할 수 있는 지위에 있고, 따라서 丙은 甲의 X토지에 관하여 가처분에 반하여 행하여진 소유권이전등기의 말소를 구할 수 있다는 이유로, 丙은 화해권고결정의 기판력이 미치는 승계인에 해당한다고 볼 수 없다"(대판 2012.5.10. 2010다2558)고 하였다.

☞ 乙명의의 등기 및 丙의 처분금지가처분 및 그 근거가 된 약정에 기한 소유권이전등기 역시 유효함을 전제로 한 것.

13 ┌───┐
甲은 乙에게 1억 원을 대여하면서 그 담보로 약속어음을 받았다. 乙이 변제기에 대여금을 반환하지 않자 甲은 乙을 상대로 1억 원의 대여금청구의 소를 제기하였는데, 제1심 법원이 乙에게 5,000만 원의 지급을 명하는 판결을 하자 甲이 이 판결에 대하여 항소하였다. 甲과 乙은 항소심 계속 중 소송 외에서 '乙이 甲에게 3개월 내에 8,000만 원을 지급하면 甲은 소를 취하하기로 한다'는 내용의 화해를 하였다.
[변호 18]
└───┘

① 위 화해만으로는 위 소가 당연히 종료되지 않는다.

해설 判例의 입장인 사법계약설에 따르면 소취하계약에 의해 사법상 권리·의무가 발생할 뿐이고 소송법상 효력이 발생하지 않는다고 본다. 따라서 이 사건 화해만으로는 이 사건 소가 당연히 종료되지 않는다.

[쟁점정리] 甲과 乙은 항소심 계속 중 소송 외에서 '乙이 甲에게 3개월 내에 8,000만 원을 지

급하면 甲은 소를 취하하기로 한다'는 내용의 조건부 소취하계약을 하였는바, 이러한 명문의 규정이 없는 소송상합의의 법적성질과 관련하여 견해가 대립한다. 判例는 소취하계약의 법적 성질을 사법계약으로 보고 있으며, "소취하계약을 위반하여 소를 유지하는 경우 그 취하이행의 소구는 허용되지 않는다"(대판 1966.5.31. 66다564)고 하여 사법계약설 중 의무이행소구설을 배척하였고, "소취하계약을 어긴 경우에 권리보호이익이 없다고 하여 소각하를 구하는 본안 전 항변권이 발생한다"(대판 1997.9.5. 96후1743 등)고하여 항변권발생설의 입장이다. 이러한 입장은 재판상 화해에 대해서도 마찬가지이다.

② 甲이 乙로부터 3개월 내에 8,000만 원을 지급받았음에도 소를 취하하지 않은 경우, 乙이 변론기일에 출석하여 위 화해사실 및 이에 따른 8,000만 원 지급사실을 주장·증명하면 법원은 소각하판결을 하여야 한다.

[해설] 判例의 입장인 항변권발생설에 따르면 甲이 乙로부터 3개월 내에 8,000만원을 지급받았음에도 소를 취하하지 않은 경우, 乙이 변론기일에 출석하여 위 화해사실 및 이에 따른 8,000만 원 지급사실을 주장·증명한다면 법원은 권리보호이익이 없다고 하여 소각하판결을 하여야 한다.

③ 乙이 甲에게 3개월 내에 8,000만 원을 지급하지 않은 경우, 위 소송을 계속 유지할 甲의 법률상의 이익을 부정할 수 없다.

[해설] 당사자 사이에 그 소를 취하하기로 하는 합의가 이루어졌다면 특별한 사정이 없는 한 소송을 계속 유지할 법률상의 이익이 없어 그 소는 각하되어야 하는 것이지만, 조건부 소취하의 합의를 한 경우에는 조건의 성취사실이 인정되지 않는 한 그 소송을 계속 유지할 법률상의 이익을 부정할 수 없다(대판 2013.7.12. 2013다19571). 따라서 乙이 甲에게 3개월 내에 8,000만 원을 지급하지 않은 경우 이 사건 소송을 계속 유지할 甲의 법률상의 이익을 부정할 수 없다.

④ 위 화해는 甲과 乙 사이의 묵시적 합의로 해제될 수 있다.

[해설] 判例의 입장인 사법계약설에 의하면 위 화해는 민법규정에 따라 甲과 乙 사이의 묵시적 합의로 해제될 수 있다.

⑤ 위 화해에 따른 소 취하 후 甲이 다시 乙을 상대로 위 어음금의 지급을 구하는 소를 제기하더라도 재소금지의 원칙에 위배되지 않는다.

[해설] 사안에서 위 화해에 따른 소 취하 후 甲이 다시 乙을 상대로 위 어음금의 지급을 구하는 소를 제기한 경우, 원인채권과 어음채권은 별개의 소송물(대판 1976.11.23. 76다1391)이므로 재소금지의 원칙에 위배되지 않는다.

14 지방법원 합의부가 재판한 간접강제결정을 대상으로 한 청구이의의 소나 집행문부여에 대한 이의의 소는 위 합의부의 전속관할에 속한다(대판 2017.4.7. 2013다80627). [최신판례]

15 甲이 乙을 상대로 한 소유권에 기한 건물인도청구의 소에서 乙이 그 건물 소유권자가 甲이라고 인정하는 진술을 하더라도 인낙으로 인정되지는 않는다.

[해설] 소유권확인의 소에서는 소유권을 인정하면 인낙이 된다. 그러나 사안과 같이 인도청구권이 소송물인 경우에는 '인도청구권을 인정'하여야 인낙이 된다. 인도청구소송에서 소유권을 인정하는 것은 선결적 법률관계에 대한 자백의 문제일 뿐이다.

16 조정은 당사자 사이에 합의된 사항을 조서에 기재함으로써 성립하고 조정조서는 재판상의 화해 조서와 같이 확정판결과 동일한 효력이 있다(대판 2014.3.27. 2009다104960). [모의 13(1),14(1)]

17 제1심 판결을 취소하여 사건을 제1심 법원에 이송한다는 항소심 판결은 그 항소심의 입장에서 보면 사건이 그 심급의 계속에서 이탈되나, 그 사건의 본안으로서는 위 이송판결로써 종결되었 다고 할 수 없어 중간판결에 불과하므로 이에 대하여는 독립하여 상고할 수 없다(대판 1979.10.10. 78므39). [모의 14(2)]

18 포기조서나 인낙조서는 확정판결과 같은 효력이 있으므로 조서확정 후에 다투려면 준재심의 소 를 제기하여야 한다. [모의 13(1)]

> **비교판례** "재판상의 화해를 조서에 기재한 때에는 그 조서는 확정 판결과 같은 효력이 있고 당사자 간에 기판력이 생기는 것이므로 재심의 소에 의하여 취소 또는 변경이 없는 한 당사자는 그 화해의 취지 에 반하는 주장을 할 수 없다 할 것인바, 재판상 화해를 한 당사자는 재심의 소송에 의하지 아니 하고서 그 화해를 사법상의 화해 계약임을 전제로 하여 그 화해의 해제를 주장하는 것과 같은 화해 조서 의 취지에 반하는 주장을 할 수 없다"(대판 1962.2.15. 4294민상914).

19 판결에 대한 불복방법은 항소·상고이고, 결정이나 명령에 대한 불복방법은 이의 또는 항고·재 항고이다. [모의 13(2)]

> **해설** 판결과 결정은 법원의 재판이고, 명령은 재판장·수명법관·수탁판사 등 법관의 재판이다. 판결의 경우에 는 판결서를 작성하여 그에 기하여 선고에 의함에 비하여(제205조), 결정·명령의 경우에는 조서의 기재 로 대용할 수 있으며 상당한 방법에 의하면 고지하면 된다(제221조 1항). 불복방법에 있어서, 판결에 대해 서는 항소·상고로 하며, 결정·명령에 대해서는 이의신청 또는 항고·재항고이다. 판결의 경우에 법원은 자기 의 판결에 기속됨에 반하여, 결정·명령의 경우에는 원칙적으로 기속되지 아니하므로 취소변경을 할 수 있다(제141조, 제222조 참조 ; 재도의 고안).

20 인낙은 소송행위로서 이를 조서에 기재한 때에는 확정판결과 동일한 효력이 발생되어 소송을 종료시키는 효력이 있을 뿐, 실체법상 채권채무 발생원인이 되는 법률행위라고 볼 수는 없으므 로 그의 불이행 또는 이행불능을 이유로써 손해배상청구권이 발생하는 것은 아니다(대판 1957.3.14. 56민상439). [모의 14(2)변형]

> **해설** 이행청구에 관한 인낙조서는 기판력뿐만 아니라 집행력도 발생하나, 포기조서는 기판력만 발생할 뿐 집행력 이나 형성력이 발생하지 않는다.

21 판결에 잘못된 계산이나 기재, 그 밖에 이와 비슷한 잘못이 있음이 분명한 때에 법원은 직권으 로 또는 당사자의 신청에 따라 경정결정을 할 수 있다(제211조 1항). [모의 14(2)]

22 판결이유에 청구가 이유 없다고 설시되어 있더라도 판결주문에 그 설시가 없으면 특별한 사정 이 없는 한 재판이 누락되었다고 보아야 한다(대판 2004.8.30. 2004다24083 대판 2009.11.26. 2009다58692). [변호 18, 모의 10(1)]

23 3필지의 토지에 대한 소유권이전등기의 말소청구사건에서, 청구취지에 3필지의 토지 중 1필지 토지에 관한 기재가 누락되어 있고, 판결이유에도 나머지 2필지의 토지에 관한 설시만 있고 1필 지의 토지에 관하여는 아무런 설시가 없다면, "원고의 청구를 기각한다"는 주문을 청구 전부에

대한 판단이라고 볼 수는 없으므로 청구취지와 판결이유에서 누락된 1필지 토지에 관하여는 판단이 없다고 보아야 한다(대판 2003.5.30. 2003다13604). [모의 10(1)]

24 甲은 대여금 1억 원과 지연손해금 5,000만 원을 구하는 소를 제기하였다. 이에 법원이 甲의 대여금 1억 원 청구를 인용하면서 지연손해금 5,000만 원에 대해서는 판단하지 아니한 판결을 선고한 경우, 乙이 그 판결에 대해 항소하더라도 지연손해금 청구는 항소심으로 이심되지 않는다. [모의 16(2)]

> **해설** "확장된 지연손해금 청구 부분에 대하여 원심법원이 판결 주문이나 이유에서 아무런 판단을 하지 아니한 재판의 탈루가 발생한 경우에, 이 부분 소송은 아직 원심에 계속 중이라고 보아야 할 것이어서 적법한 상고의 대상이 되지 아니하므로, 이 부분에 대한 상고는 부적법하다"(대판 1996.2.9. 94다50274).

25 소송판결의 기판력은 그 판결에서 확정한 소송요건의 흠결에 관하여 미치는 것이므로, 당사자가 그러한 소송요건의 흠결을 보완하여 다시 소를 제기한 경우에는 그 기판력에 의한 제한을 받지 않는다. [변호 15, 모의 13(2)]

> **해설** ※ 소송판결과 기판력
> "소송판결의 기판력은 그 판결에서 확정한 소송요건의 흠결에 관하여 미친다"(대판 1997.12.9. 97다25521). 그러나 기판력은 사실심 변론종결시를 기준으로 발생하므로 그 이후에 발생한 사정에는 기판력 미치지 않는다. 따라서 "소송요건 흠결을 보완하여 다시 소를 제기한 경우에는 기판력의 제한을 받지 않는다"(대판 2003.4.8. 2002다70181).

26 확정된 조정을 갈음하는 결정에 인정되는 확정판결과 동일한 효력은 소송물인 권리관계의 존부에 관한 판단에만 미치므로, 소송절차 진행 중에 조정을 갈음하는 결정이 확정된 경우에 소송물 외의 권리관계에도 효력이 미치려면 특별한 사정이 없는 한 권리관계가 결정사항에 특정되거나 결정 중 청구의 표시 다음에 부가적으로 기재됨으로써 결정의 기재 내용에 의하여 소송물인 권리관계가 되었다고 인정할 수 있어야 한다(대판 2017.4.26. 2017다200771). [최신판례]

> **해설** "조정을 갈음하는 결정에 대하여 이의신청 기간 내에 이의신청이 없으면 그 결정은 재판상의 화해와 같이 확정판결과 동일한 효력이 있고(민사조정법 제30조, 제34조 참조) 이는 창설적 효력을 가지므로, 당사자 사이에 종전의 다툼 있는 법률관계를 바탕으로 한 권리의무관계는 소멸하고 결정된 내용에 따른 새로운 권리의무관계가 성립한다(대판 2017.4.26. 2017다200771).

27 부동산 소유자가 부동산 소유권이전등기에 관한 조정의 당사자로서 조정조서의 기판력으로 말미암아 부동산등기부에 소유명의를 회복할 방법이 없어졌다고 하더라도, 그러한 소유자는 소유권을 부인하는 조정의 상대방을 비롯하여 제3자에 대하여 다툼의 대상이 된 부동산이 자기의 소유라는 확인을 구할 법률상 이익이 있다(대판 2017.12.22. 2015다205086). [최신판례]

> **해설** "조정조서는 재판상의 화해조서와 같이 확정판결과 동일한 효력이 있고, 조정의 내용에 따라 권리의 취득과 소멸이라는 창설적 효력이 인정된다(민사조정법 제29조, 민사소송법 제220조, 민법 제732조). 당사자 사이에 조정이 성립하면 종전의 다툼 있는 법률관계를 바탕으로 한 권리·의무관계는 소멸하고 조정의 내용에 따른 새로운 권리·의무관계가 성립한다. 그러나 조정조서에 인정되는 확정판결과 동일한 효력은 소송물인 법률관계에만 미치고 그 전제가 되는 법률관계에까지 미치지는 않는다. 부동산 소유권이전등기에 관한 조정조서의 기판력은 소송물이었던 이전등기청구권의 존부에만 미치고 부동산의 소유권 자체에까지 미치지는 않는다. 따라서 부동산 소유자가 부동산 소유권이전등기에 관한 조정의 당사자로서 조정조서의 기판력으로

말미암아 부동산등기부에 소유명의를 회복할 방법이 없어졌다고 하더라도 소유권이 그에게 없음이 확정된 것은 아니고, 부동산등기부에 소유자로 등기되어 있지 않다고 하여 소유권을 행사하는 것이 전혀 불가능한 것도 아니다. 그러한 소유자는 소유권을 부인하는 조정의 상대방을 비롯하여 제3자에 대하여 다툼의 대상이 된 부동산이 자기의 소유라는 확인을 구할 법률상 이익이 있다"(대판 2017.12.22. 2015다205086).

28 甲이 乙을 상대로 제기한 5,000만 원 대여금반환청구의 소에서 乙이 甲에게 3,000만 원을 지급하기로 하되 제3자 丙의 이의가 있으면 화해는 실효되는 것으로 하는 소송상 화해도 가능하다.

[모의 12(2), 15(2)]

해설 ※ 실효조건부 화해에 있어 그 조건이 성취된 경우의 화해의 효력 및 실효의 주장시기

"재판상의 화해가 성립되면 그것은 확정판결과 같은 효력이 있는 것이므로 그것을 취소·변경하려면 재심의 소에 의해서만 가능하다 할 것이나 재판상의 화해의 내용은 당사자의 합의에 따라 자유로 정할 수 있는 것이므로 화해조항 자체로서 특정한 제3자의 이의가 있을 때에는 화해의 효력을 실효시키기로 하는 내용의 재판상의 화해가 성립되었다면 그 조건의 성취로써 화해의 효력은 당연히 소멸된다 할 것이고 그 실효의 효력은 언제라도 주장할 수 있다"(대판 1988.8.9. 88다카2332).

☞ 소송상 화해의 법적 성질과 관련하여 判例는 '소송행위설'(대판 1962.5.31. 4293민재항6)을 취하면서도 위 판시에서 보는 바와 같이 실효조건부 화해를 허용하고 있다.

29 甲이 乙에게 X 토지에 관하여 신탁해지를 원인으로 한 소유권이전등기절차를 이행하기로 한 제소전 화해에 기하여 X 토지에 관하여 乙 명의의 소유권이전등기가 마쳐진 경우, 위 제소전 화해의 기판력은 甲이 乙을 상대로 위 소유권이전등기가 원인무효라고 주장하며 그 말소등기절차의 이행을 구하는 소에 미친다.

[변호 13, 모의 13(2)]

해설 ※ 제소전 화해에 기하여 마쳐진 소유권이전등기가 원인무효라고 주장하며 말소등기절차의 이행을 청구하는 것이 기판력에 저촉되는지 여부(적극)

"전후 양소의 소송물이 동일하지 않다고 하더라도, 후소의 소송물이 전소에서 확정된 법률관계와 모순되는 정반대의 사항을 소송물로 삼았다면 이러한 경우에는 전소 판결의 기판력이 후소에 미치는 것이고, 제소전 화해조서는 확정판결과 같은 효력이 있어 당사자 사이에 기판력이 생기는 것이므로, 원고가 피고에게 이 사건 각 토지에 관하여 신탁해지를 원인으로 한 소유권이전등기절차를 이행하기로 한 이 사건 제소전 화해가 준재심에 의하여 취소되지 않은 이상, 그 제소전 화해에 기하여 마쳐진 소유권이전등기가 원인무효라고 주장하며 말소등기절차의 이행을 청구하는 것은 제소전 화해에 의하여 확정된 소유권이전등기청구권을 부인하는 것이어서 그 기판력에 저촉된다"(대판 2002.12.6. 2002다44014).

30 화해조항이 조서에 기재되면 소송법상 확정판결과 동일한 효력이 있으므로 사법상 무효 또는 취소의 사유가 있더라도 재심의 소에 의하여 취소 또는 변경되지 않는 한, 그 효력을 부인할 수 없다(대판 1962.2.15. 4294민상914).

[모의 13(1)]

31 민사소송법 제451조 제1항 제5호 소정의 형사상 처벌 받을 타인의 행위로 인한 사유가 소송상의 화해에 대한 준재심사유로 될 수 있는 것은 그것이 당사자가 화해의 의사표시를 하게 된 직접적 원인이 된 경우만이다(대판 1979.5.15. 78다1094).

[변호 14·17 모의 17(1)]

제3장 종국판결

01 당사자가 주장한 사항에 대한 구체적·직접적인 판단이 판결 이유에 표시되어 있지 아니하더라도 판결 이유의 전반적인 취지에 비추어 그 주장을 인용하거나 배척하였음을 알 수 있는 정도라면 판단누락이라고 할 수 없고, 설령 실제로 판단을 하지 아니하였더라도 판결 결과에 영향이 없다면 판단누락의 위법이 있다고 할 수 없다(대판 2016.1.14. 2015다231894,대판 2017.12.5. 2017다9657).

[변호 18]

02 판결이유에 청구가 이유 없다고 설시되어 있더라도 판결주문에 그 설시가 없으면 특별한 사정이 없는 한 '재판이 누락'되었다고 보아야 한다(대판 2017.12.5. 2017다237339).

[변호 18]

03 물건 점유자를 상대로 한 물건의 인도판결이 확정되더라도 실체적 법률관계에 영향을 미치는 것은 아니므로 인도판결의 기판력으로 인해 위 판결이 확정된 다음날부터 점유자의 점유가 위법하게 되어, 점유를 반환할 때까지 상대방에게 불법점유에 대한 손해배상책임을 물을 수 있는 것은 아니다.

[19년 최신판례]

> **해설** ※ 물건 점유자를 상대로 한 물건의 인도판결이 확정된 경우 점유자가 인도판결의 효력으로 상대방에게 물건을 인도해야 할 실체적 의무가 생기는지 여부(소극)
> "물건 점유자를 상대로 한 물건의 인도판결이 확정되면 점유자는 인도판결 상대방에 대하여 소송에서 더 이상 물건에 대한 인도청구권의 존부를 다툴 수 없고 인도소송의 사실심 변론종결 시까지 주장할 수 있었던 정당한 점유권원을 내세워 물건의 인도를 거절할 수 없다. 그러나 의무 이행을 명하는 판결의 효력이 실체적 법률관계에 영향을 미치는 것은 아니므로, 점유자가 그 인도판결의 효력으로 판결 상대방에게 물건을 인도해야 할 실체적 의무가 생긴다거나 정당한 점유권원이 소멸하여 그때부터 그 물건에 대한 점유가 위법하게 되는 것은 아니다. 나아가 물건을 점유하는 자를 상대로 하여 물건의 인도를 명하는 판결이 확정되더라도 그 판결의 효력은 이들 물건에 대한 인도청구권의 존부에만 미치고, 인도판결의 기판력이 이들 물건에 대한 불법점유를 원인으로 한 손해배상청구 소송에 미치지 않는다"(대판 2019.10.17. 2014다46778).

04 등기신청에 대한 각하결정이나 이의신청에 대한 기각결정에는 기판력이 발생하지 않는다. [최신판례]

> **해설** "판결에 기재된 피고가 등기의무자와 동일인이라면 등기권리자는 등기절차에서 등기의무자의 주소에 관한 자료를 첨부정보로 제공하여 등기신청을 할 수 있고, 등기관이 등기신청을 각하하면 등기관의 처분에 대한 이의신청의 방법으로 불복할 수 있다. 등기신청에 대한 각하결정이나 이의신청에 대한 기각결정에는 기판력이 발생하지 않으므로 각하결정 등을 받더라도 추가 자료를 확보하여 다시 등기신청을 할 수 있다. 그리고 확정된 승소판결에는 기판력이 있으므로, 승소 확정판결을 받은 당사자가 위와 같은 절차를 거치는 대신 피고의 주소가 등기기록상 주소로 기재된 판결을 받기 위하여 전소(전소)의 상대방이나 그 포괄승계인을 상대로 동일한 소유권이전등기청구의 소를 다시 제기하는 경우 그 소는 권리보호의 이익이 없어 부적법하다"(대판 2017.12.22. 2015다73753).

05 甲이 乙을 상대로 제기한 상속회복청구소송 중 상속재산인 부동산이 수용되어 乙이 수용보상금을 수령하자 甲이 대상청구로서 금전지급을 구하는 청구(2억)로 변경하였고 그 후 甲과 乙 사이에 화해권고결정이 확정되었는데, 甲이 乙이 수령한 보상금 중 甲의 상속분 해당 금원에서 화해권고결정에 따라 받은 금원(1억 원) 등을 공제한 나머지 금원의 지급(1억 원) 등을 구한 경우 甲의 청구는 기각되어야 한다.

[모의 14(3)]

> **해설** ※ 화해권고결정의 효력 및 그 기판력의 범위
> "화해권고결정에 대하여 소정의 기간 내에 이의신청이 없으면 화해권고결정은 재판상 화해와 같은 효력을

가지며(민사소송법 제231조), 한편 재판상 화해는 확정판결과 동일한 효력이 있고 창설적 효력을 가지는 것이어서 화해가 이루어지면 종전의 법률관계를 바탕으로 한 권리·의무관계는 소멸함과 동시에 재판상 화해에 따른 새로운 법률관계가 유효하게 형성된다. 그리고 소송에서 다투어지고 있는 권리 또는 법률관계의 존부에 관하여 동일한 당사자 사이의 전소에서 확정된 화해권고결정이 있는 경우 당사자는 이에 반하는 주장을 할 수 없고 법원도 이에 저촉되는 판단을 할 수 없다"(대판 2014.4.10. 2012다29557).

☞ 甲이 이 사건 화해권고결정의 '청구의 표시'란에 가분채권인 원고의 금전 청구 중 일부를 유보하는 취지를 명시하였다는 등의 특별한 사정이 없는 한 위 수용보상금 중 원고의 상속분에 해당하는 부분에 관한 법률관계에 대하여 원고는 확정된 이 사건 화해권고결정에 반하는 주장을 할 수 없으므로 기판력에 저촉되어 기각된 사안(1억 원을 먼저 청구한다는 취지를 표시하지 않은 이상, 2억 원 전부에 기판력이 발생하므로 패소한 1억 원을 다시 청구하는 것은 判例의 모순금지설에 따라 기각되는 것)

06 채권양도인 A가 채권양수인 B에게 채권을 양도하면서 채무자 C에게 그 양도사실을 통지하는 등 채권양도의 대항요건을 갖추었다는 점을 인정할 증거가 없어 전소인 양수금 청구소송에서 B의 C에 대한 청구가 기각된 이상, 그 확정된 채권의 소멸시효의 중단을 위하여 제기된 후소에서 A가 C에 대하여 B에게 채권을 양도한 사실을 통지하였는지에 관하여 다시 심리할 수는 없다. [최신판례]

해설 "확정된 승소판결에는 기판력이 있으므로 당사자는 확정된 판결과 동일한 소송물에 기하여 신소를 제기할 수 없는 것이 원칙이나, 시효중단 등 특별한 사정이 있는 경우에는 예외적으로 신소가 허용되는데, 이러한 경우에 신의 판결이 전소의 승소확정판결의 내용에 저촉되어서는 아니 되므로, 후소 법원으로서는 그 확정된 권리를 주장할 수 있는 모든 요건이 구비되어 있는지에 관하여 다시 심리할 수 없다"(대판 2018.4.24. 2017다293858).

07 승소 확정판결을 받은 당사자가 시효중단을 목적으로 동일한 청구의 소를 다시 제기할 수 있다.

해설 "확정된 승소판결에는 기판력이 있으므로, 승소 확정판결을 받은 당사자가 그 상대방을 상대로 다시 승소 확정판결의 전소(前訴)와 동일한 청구의 소를 제기하는 경우 그 후소(後訴)는 권리보호의 이익이 없어 부적법하다. 하지만 예외적으로 확정판결에 의한 채권의 소멸시효기간인 10년의 경과가 임박한 경우에는 그 시효중단을 위한 소는 소의 이익이 있다(대판 1987.11.10. 87다카1761, 대판 2006.4.14. 2005다74764). 이러한 법리는 현재에도 여전히 타당하다. 다른 시효중단사유인 압류·가압류나 승인 등의 경우 이를 1회로 제한하고 있지 않음에도 유독 재판상 청구의 경우만 1회로 제한되어야 한다고 보아야 할 합리적인 근거가 없다. 또한 확정판결에 의한 채무라 하더라도 채무자가 파산이나 회생제도를 통해 이로부터 전부 또는 일부 벗어날 수 있는 이상, 채권자에게는 시효중단을 위한 재소를 허용하는 것이 균형에 맞다"(대판 2018.7.19. 전합 2018다22008).

08 소송물이 동일한 경우라도 판결 내용이 특정되지 아니하여 집행을 할 수 없는 경우에는 다시 소송을 제기할 권리보호의 이익이 있다(대판 1998.5.15. 97다57658). [모의 18(1)]

09 소유권확인청구에 대한 판결이 확정된 후 다시 동일 피고를 상대로 소유권에 기한 물권적 청구권을 청구원인으로 하는 소송을 제기한 경우에는 전소의 확정판결에서의 소유권의 존부에 관한 판단에 구속되어 당사자로서는 이와 다른 주장을 할 수 없다(대판 1994.12.27. 94다46844). [모의 18(1)]

10 甲이 원고 A종중 대표자로서 乙을 상대로 제기한 소유권이전등기말소청구의 소가 대표권 없는 자에 의하여 제기된 소라는 이유로 각하판결을 받고 확정되었다. 그 후 소집된 종중총회에서 甲은 적법하게 대표자로 선출되었고 다시 乙을 상대로 소유권이전등기말소청구의 소를 제기한 경우 이는 기판력에 저촉되지 않는다. [변호 15, 모의 13(2)]

해설 "원심은 이 사건 소가 대표권 없는 자에 의하여 제기되어 부적법하다고 하면서도, 이 사건 소는 확정된 종전의 소각하판결에서 판시된 대표권흠결의 하자를 그대로 둔 채 거듭 제기된 것이기 때문에 종전의 확정판결의 기판력에 저촉되어 기각을 면치 못한다고 하고 있는바, 소송판결도 그 판결에서 확정한 소송요건의 흠결에 관하여 기판력이 발생함은 물론이나, 이 사건에서 종전 소송의 원고 종중 대표자로서 소를 제기한 자는 자신이 종전 소송판결의 확정 후에 소집된 종중총회에서 새로이 대표자로 선임되었음을 들어 대표권을 주장하는 것이어서 종전 확정판결의 기판력이 미칠 여지가 없다"(대판 1994.6.14. 93다45015).

☞ 소송판결에도 기판력이 발생하나, 당사자가 소송요건의 흠을 보완하여 다시 소를 제기하는 경우에는 전소의 기판력이 미치지 않는다. 따라서 사안에서 대표권흠결의 하자를 이유로 소각하된 전소판결의 기판력은 새로이 대표자로 선임되었음을 들어 제기한 후소에는 미치지 아니하고, 소송판결의 기판력은 그 판결에서 확정한 소송요건의 흠결에 관하여만 발생하므로 전소법원이 A종중이 실재함을 전제로 甲의 대표권 흠결에 대하여 판단하였더라도 A종중의 실재여부에 대한 판단에는 기판력이 발생하지 아니하여 후소 법원은 당사자능력 유무를 판단할 수 있다.

11 위 문제에서 후소 법원은 A종중이 실재하지 아니한 종중으로서 당사자 능력이 없음을 이유로 소각하 판결을 할 수 있다.

해설 위 해설 참고.

12 외국법원의 확정재판 등에 표시된 특정이행 명령의 형식 및 기재 방식이 우리나라 판결의 주문 형식이나 기재 방식과 상이하다 하더라도 집행국인 우리나라 법원으로서는 민사집행법에 따라 외국법원의 확정재판 등에 의한 집행과 같거나 비슷한 정도의 법적구제를 제공하는 것이 원칙이나, 특정이행 명령의 대상이 되는 계약상 의무가 충분히 특정되지 못하여 판결국인 미국에서도 곧바로 강제적으로 실현하기가 어렵다면 우리나라 법원에서는 그 강제집행을 허가하여서는 아니된다(대판 2017.5.30. 2012다23832). [최신판례]

13 외국법원의 확정재판 등이 당사자가 실제로 입은 손해를 전보하는 손해배상을 명하는 경우, 민사소송법 제217조의2 제1항을 근거로 승인을 제한할 수 없다. [최신판례]

해설 "민사소송법 제217조의2 제1항은 '법원은 손해배상에 관한 확정재판 등이 대한민국의 법률 또는 대한민국이 체결한 국제조약의 기본질서에 현저히 반하는 결과를 초래할 경우에는 해당 확정재판 등의 전부 또는 일부를 승인할 수 없다'라고 규정하고 있는데, 이는 징벌적 손해배상과 같이 손해전보의 범위를 초과하는 배상액의 지급을 명한 외국법원의 확정판결 또는 이와 동일한 효력이 인정되는 재판(이하 '확정재판 등'이라 한다)의 승인을 적정 범위로 제한하기 위하여 마련된 규정이므로, 외국법원의 확정재판 등이 당사자가 실제로 입은 손해를 전보하는 손해배상을 명하는 경우에는 민사소송법 제217조의2 제1항을 근거로 승인을 제한할 수 없다"(대판 2015.10.15. 2015다1284).

14 법정지인 재판국에서 송달에 관한 방식과 절차를 따르지 아니하였더라도 패소한 피고가 외국법원의 소송절차에서 실제로 자신의 이익을 방어할 기회를 가졌다고 볼 수 있는 경우라면 외국판결의 승인요건인 제217조 1항 2호의 '피고의 응소'에 해당하고, 4호의 '상호보증'이란 외국의 법령, 판례 및 관례 등에 따라 승인요건을 비교하여 인정되면 충분하고 당사국과의 조약이 체결되어 있을 필요는 없으며, 같은 종류의 판결을 승인한 사례가 없더라도 실제로 승인할 것이라고 기대할 수 있는 정도이면 충분하다(대판 2016.1.28. 2015다207747). [최신판례]

15 확정판결의 기판력은 변론종결 후에 새로 발생한 사유가 있어 전소 판결과 모순되는 사정 변경 이 있는 경우에는 차단된다. 여기에서 변론종결 후에 발생한 새로운 사유라 함은 새로운 사실관 계를 말하는 것일 뿐 기존의 사실관계에 대한 새로운 증거자료가 있다거나 새로운 법적 평가 또는 그와 같은 법적 평가가 담긴 다른 판결이 존재한다는 등의 사정은 그에 포함되지 아니한 다(대판 2016.8.30. 2016다222149).

[최신판례]

16 甲은 乙에게 3억 원을 대여하였음을 이유로 乙을 상대로 위 대여금 원금의 지급을 구하는 소를 제기하였는데 법원은 대여사실이 인정되지 아니한다는 이유로 甲의 청구를 기각하는 판결을 선 고하여 확정되었고, 그 후 甲은 乙을 상대로 위 대여금 3억 원 및 이에 대하여 위 대여일 부터 다 갚는 날까지 이자 또는 지연손해금의 지급을 구하는 소를 제기하였다. 이 경우 후소의 청구 중 대여금 3억 원 및 이에 대한 전소의 변론종결일부터의 지연손해금 청구부분은 전소확정판결 의 기판력에 저촉되나, 대여금 원금에 대한 대여일부터 전소의 변론종결일의 전일까지의 이자 또는 지연손해금청구 부분은 기판력에 저촉되지 아니한다.

[모의 16(1)]

> **해설** 표준시 이전의 권리관계에 대하여는 법원이 판단하지 않아 기판력이 발생하지 않는다. 예컨대 判例는 "확정판결 의 기판력은 사실심의 최종변론종결 당시의 권리관계를 확정하는 것이므로, 원고의 청구 중 확정판결의 사실심 변론종결시 후의 이행지연으로 인한 손해배상(이자) 청구부분은 그 선결문제로서 확정판결에 저촉 되는 금원에 대한 피고의 지급의무의 존재를 주장하게 되어 논리상 확정판결의 기판력의 효과를 받게 되 는 것이라고 할 것이나 그 외의 부분(변론종결당시까지의 분)의 청구는 확정판결의 기판력의 효과를 받지 않 는다"(대판 1976.12.14. 76다1488)고 판시하고 있다. 다만 전소에서 판단한 대여사실이 인정되지 아니한다는 사실 은 후소법원의 유력한 증거가 될 뿐이다.

17 소유권에 기한 등기말소청구소송에서 패소한 피고가 동일부동산에 관하여 전소의 변론종결 전 에 매수하였다고 주장하며 매매를 원인으로 한 소유권이전등기청구의 소를 후소로 제기한 경우, 후소와 전소는 기판력에 저촉되지 아니한다.

[모의 11(1), 12(3)변형]

> **해설** 전소의 소송물은 이 사건 부동산에 대하여 경료된 소유권이전등기에 대한 말소등기청구권의 존부이고, 후 소의 소송물은 비록 동일한 부동산에 관한 것이지만 매매로 인한 소유권이전등기절차이행청구권의 존부 이므로, 후소는 위 확정된 전소판결의 기판력에 저촉되지 아니한다(대판 1995.6.13. 93다43491).
>
> > **동지판례** 변론종결 전 취득시효 완성을 주장하며 이전등기청구한 사건(대판 1994.11.11. 94다30430)

18 동일한 소송물에 대한 후소에서 전소 변론종결 이전에 존재하고 있던 공격방어방법을 주장하여 전소 확정판결에서 판단된 법률관계의 존부와 모순되는 판단을 구하는 것은 전소 확정판결의 기판력에 반하는 것이고, 전소에서 당사자가 그 공격방어방법을 알지 못하여 주장하지 못하였는 지 나아가 그와 같이 알지 못한 데 과실이 있는지는 묻지 아니한다(대판 2014.3.27. 2011다49981).

19 甲은 乙의 토지거래허가구역 내 X토지를 매수하는 계약을 체결한 후 乙을 상대로 소유권이전등 기청구의 소를 제기한바 토지거래허가가 없음을 이유로 甲의 청구를 기각한 판결이 확정되었다. 변론종결 전에 X토지가 토지거래허가구역에서 해제되어 甲과 乙의 매매계약이 확정적으로 유효 가 되었다면, 甲이 위 토지가 토지거래허가구역에서 해제되었음을 들어 乙을 상대로 소유권이전 등기절차의 이행을 구하는 소를 제기할 경우 기판력에 저촉되어 기각되어야 한다.

해설 ※ 표준시 이전의 사실자료 – 실권효

"이 사건 전소는 이 사건 토지가 토지거래허가구역 내에 위치하고 있음을 전제로 하는 장래이행 청구인 반면 이 사건 소는 이 사건 토지에 대한 토지거래허가구역 지정이 해제되었음을 전제로 하는 청구라고 하더라도 이 사건 소의 소송물과 이 사건 전소 중 소유권이전등기청구의 소송물은 모두 이 사건 매매계약을 원인으로 하는 소유권이전등기청구권으로서 동일하다고 할 것이다. 또한 이 사건 토지가 토지거래허가구역에서 해제되어 이 사건 매매계약이 확정적으로 유효하게 되었다는 사정은 이 사건 전소의 변론종결 전에 존재하던 사유이므로, 원고가 그러한 사정을 알지 못하여 이 사건 전소에서 주장하지 못하였다고 하더라도 이를 이 사건 소에서 새로이 주장하여 이 사건 전소에서의 법률관계의 존부에 관한 판단, 즉 이 사건 매매계약에 기한 원고의 피고에 대한 소유권이전등기청구권의 존부에 대한 판단과 모순되는 판단을 구하는 것은 이 사건 전소 확정판결의 기판력에 반하는 것이다"(대판 2014.3.27. 2011다79968). 기판력의 본질에 관한 통설·判例의 태도인 모순금지설은 기판력은 확정판결과 모순된 판단을 불허하는 효력이라 보아 승소한 자가 동일한 후소를 제기한 경우에는 소의 이익의 흠결로 후소를 각하하고, 패소한 자가 동일한 소를 제기한 때에는 기각해야 한다고 한다. 따라서 후소는 전소의 기판력에 저촉되어 기각되어야 한다.

20 | X는 2011.3.4. Y로부터 1억 원을 변제기 2012.3.4.로 하여 대여하였다. 그러나 변제기에 이르러 Y의 거센 독촉을 받은 X는 2012.4.4. 화병으로 사망하였고 X의 상속인으로는 甲이 존재한다. 이에 Y는 2012.5.1. 甲을 상대로 대여금반환청구의 소를 제기하였다.

㉠ 甲이 위 소송에서 한정승인을 하여 집행권원인 판결에 한정승인의 취지가 반영된 경우, 甲은 Y가 甲의 고유재산에 대하여 행한 강제집행에 대해 청구이의의 소를 제기할 수 없다.

해설 "상속채무의 이행을 구하는 소송에서 피고의 한정승인 항변이 받아들여져서 원고 승소판결인 집행권원 자체에 '상속재산의 범위 내에서만' 금전채무를 이행할 것을 명하는 이른바 유한책임의 취지가 명시되어 있음에도 불구하고, 상속인의 고유재산임이 명백한 임금채권 등에 대하여 위 집행권원에 기한 압류 및 전부명령이 발령되었을 경우에, 상속인인 피고로서는 책임재산이 될 수 없는 재산에 대하여 강제집행이 행하여졌음을 이유로 제3자이의의 소를 제기하거나, 그 채권압류 및 전부명령 자체에 대한 즉시항고를 제기하여 불복하는 것은 별론으로 하고, 청구에 관한 이의의 소에 의하여 불복할 수는 없다"(대결 2005.12.19. 2005그128).

㉡ 甲이 한정승인을 하고도 위 소송에서 그 사실을 주장하지 아니하여 책임의 범위에 관한 유보없는 판결이 선고되고 확정된 경우, 甲은 Y가 甲의 고유재산에 대하여 행한 강제집행에 대해 한정승인 사실을 내세워 청구이의의 소를 제기할 수 있다. [변호 12, 모의 14(3),15(1),16(1)]

해설 ※ 변론종결 전의 한정승인 사실

"채권자가 피상속인의 금전채무를 상속한 상속인을 상대로 그 상속채무의 이행을 구하여 제기한 소송에서 채무자가 한정승인 사실을 주장하지 않으면 책임의 범위는 현실적인 심판대상으로 등장하지 아니하여 주문에서는 물론 이유에서도 판단되지 않으므로 그에 관하여 기판력이 미치지 않는다. 그러므로 채무자가 한정승인을 하고도 채권자가 제기한 소송의 사실심 변론종결시까지 그 사실을 주장하지 아니하여 책임의 범위에 관한 유보가 없는 판결이 선고되어 확정되었다고 하더라도, 채무자는 그 후 위 한정승인 사실을 내세워 청구에 관한 이의의 소를 제기할 수 있다"(대판 2006.10.13. 2006다23138).

㉢ 甲이 상속을 포기하고도 위 소송에서 그 사실을 주장하지 않아 상속채권자의 승소판결이 확정된 경우, 甲은 Y가 甲의 상속재산과 甲의 고유재산에 대하여 행한 강제집행에 대해 상속포기를 이유로 청구이의의 소를 제기할 수 없다. [변호 12, 모의 14(3),15(1)]

해설 ※ 변론종결 전의 상속포기 사실

"채무자가 한정승인을 하였으나 채권자가 제기한 소송의 사실심 변론종결시까지 이를 주장하지 아니하는 바람에 책임의 범위에 관하여 아무런 유보 없는 판결이 선고·확정된 경우라 하더라도 채무자가 그 후 위 한정승인 사실을 내세워 청구에 관한 이의의 소를 제기하는 것이 허용되는 것은, 한정승인에 의한 책임의 제한은 상속채무의 존재 및 범위의 확정과는 관계없이 다만 판결의 집행 대상을 상속재산의 한도로 한정함으로써 판결의 집행력을 제한할 뿐으로, 채권자가 피상속인의 금전채무를 상속한 상속인을 상대로 그 상속채무의 이행을 구하여 제기한 소송에서 채무자가 한정승인 사실을 주장하지 않으면 책임의 범위는 현실적인 심판대상으로 등장하지 아니하여 주문에서는 물론 이유에서도 판단되지 않는 관계로 그에 관하여는 기판력이 미치지 않기 때문이다. 위와 같은 기판력에 의한 실권효 제한의 법리는 채무의 상속에 따른 책임의 제한 여부만이 문제되는 한정승인과 달리 상속에 의한 채무의 존재 자체가 문제되어 그에 관한 확정판결의 주문에 당연히 기판력이 미치게 되는 상속포기의 경우에는 적용될 수 없다"(대판 2009.5.28. 2008다79876).

㉣ **甲이 위 소송에서 상계권을 행사할 수 있었음에도 행사하지 않아 Y의 승소판결이 확정되었다면, 甲은 Y가 甲의 상속재산에 대하여 행한 강제집행에 대해 상계권을 행사한다는 의사표시를 한 후 청구이의의 소를 제기할 수 있다.** [모의 13(2),14(2),16(3)]

해설 ※ **표준시 이후의 형성권 행사**

대법원은 표준시 전에 행사할 수 있었던 취소권(대판 1959.9.24. 4291민상830), 해제권(대판 1979.8.14. 79다1105), 백지보충권(대판 2008.11.27. 2008다59230)에 대하여는 표준시 후에 행사하면 차단된다고 한다. 즉 확정된 법률관계에 있어 동 확정판결의 구두변론종결전에 이미 발생하였던 취소권(또는 해제권)을 그 당시에 행사하지 않음으로 인하여 취소권자(또는 해제권자)에게 불리하게 확정되었다 할지라도 확정 후 취소권(또는 해제권)을 뒤늦게 행사함으로써 동 확정의 효력을 부인할 수는 없게 되는 것이다(대판 1979.8.14. 79다1105). 그러나 **상계권**에 관하여는 "채무명의인 확정판결의 변론종결 전에 상대방에 대하여 상계적상에 있는 채권을 가지고 있었다 하여도 변론종결 이후에 비로소 상계의 의사표시를 한 때에는 그 청구이의의 원인이 변론종결 이후에 생긴 때에 해당하는 것으로서 당사자들이 그 변론종결 전에 상계적상에 있는 여부를 알았던 몰랐던 간에 적법한 이의의 사유가 된다"(대판 1998.11.24. 98다25344)고 판시하여 상계권비실권설의 입장이다.

> **관련판례** 임차인이 건물매수청구권을 행사한 경우에는 전소인 토지인도 및 건물철거 청구소송과 후소인 매매대금 청구소송은 서로 그 소송물을 달리하는 것이라는 점을 이유로, "토지의 임차인이 임대인에 대하여 건물매수청구권을 행사할 수 있음에도 불구하고 이를 행사하지 아니한 채, 토지의 임대인이 임차인에 대하여 제기한 토지인도 및 건물철거청구 소송에서 패소하여 그 패소판결이 확정되었다고 하더라도, 그 확정판결에 의하여 건물철거가 집행되지 아니한 이상 토지의 임차인으로서는 건물매수청구권을 행사하여 별소로써 임대인에 대하여 건물매매대금의 지급을 구할 수 있다"(대판 1995.12.26. 95다42195)고 하였다.

21 **정기금판결에 대한 변경의 소는 판결 확정 뒤에 발생한 사정변경을 요건으로 하므로, 단순히 종전 확정판결의 결론이 위법·부당하다는 등의 사정을 이유로 정기금의 액수를 바꾸어 달라고 하는 것은 허용될 수 없다**(대판 2016.3.10. 2015다243996). [최신판례]

해설 정기금의 지급을 명한 판결이 확정된 뒤에 그 액수산정의 기초가 된 사정이 현저하게 바뀜으로써 당사자 사이의 형평을 크게 침해할 특별한 사정이 생긴 때에는 그 판결의 당사자는 장차 지급할 정기금 액수를 바꾸어 달라는 소를 제기할 수 있다(민소법 제252조 1항).

> **관련판례** 장래이행판결 당시 판단 기초로 한 사정이 현저하게 바뀐 경우(임대료 폭등) 당사자 간 형평을 위해 추가청구를 허용함이 타당하다. 그러나 변경의 소가 명문화되기 이전에는 추가청구가

전소 장래이행판결의 기판력에 저촉되지 않는다는 점을 어떻게 풀어나가야 할 것인지 문제였고, 判例는 "일부청구를 명시하지 않았지만 명시한 경우처럼 그 청구가 일부이었던 것으로 보아, 전소판결의 기판력이 차액상당의 부당이득반환청구에 미치지 않는다"(대판 1993.12.21. 전합92다46226)라고 하여 기판력 저촉의 문제를 일부청구의 문제로 보아 해결했다. 그러나 이는 일부청구는 전체로서 소구 가능한 채권의 일부만 청구한 것으로 전체로서 소구할 수 없었던 부분을 사정변경으로 인하여 추가 청구하는 것과 다르며, 또 명시하지 않았음에도 명시한 것으로 보는 것도 지나친 의제라는 비판을 받았다. 이후 이러한 문제점은 2002년 변경의 소가 입법됨으로써 해결되었다.

22 점유 토지의 인도 시까지 정기금의 지급을 명하는 판결이 확정된 뒤에 그 판결의 변경을 구하는 취지의 소가 제기된 사안에서, 전소의 변론종결일 후 후소의 원심변론종결 당시까지 점유토지의 공시지가가 2.2배 상승하고 ㎡당 연임료가 약 2.9배 상승한 것만으로는, 전소의 확정판결 후에 그 액수 산정의 기초가 된 사정이 현저하게 바뀜으로써 당사자 사이의 형평을 크게 침해할 특별한 사정이 생겼다고 할 수 없으므로, 그 정기금의 증액 지급을 구할 수 없다(대판 2009.12.24. 2009다64215).

23 식물인간 피해자의 여명이 종전의 예측에 비하여 수년 연장되어 그에 상응한 향후치료, 보조구 및 개호 등이 추가적으로 필요하게 된 것은 전소의 변론종결 당시에는 예견할 수 없었던 새로운 중한 손해로서 전소의 기판력에 저촉되지 않는다(대판 2007.4.13. 2006다78640). [모의 13(2)]

> **해설** ※ 피해자의 기대여명이 연장된 경우

24 甲이 乙의 불법행위로 상해를 입자, 甲은 乙을 상대로 손해배상청구소송을 제기하였다. 위 소송에서 乙은 甲의 기대여명이 3년으로 평가된 것을 기초로 산정된 손해배상액을 지급하였다. 그 후 1년 만에 甲이 사망하자, 乙은 甲의 상속인을 상대로 "甲이 손해배상액의 기초가 된 기대여명보다 일찍 사망하였기 때문에 지급받은 손해배상금 중 일부는 법률상 원인 없는 이득에 해당한다."고 주장하면서 반환청구를 하였다. 이 소는 전소의 기판력에 저촉된다. [모의 16(1)]

> **해설** ※ 피해자가 기대여명보다 일찍 사망한 경우
> 불법행위로 인한 손해배상청구소송의 판결이 확정된 후 피해자가 그 판결에서 손해배상액 산정의 기초로 인정된 기대여명보다 일찍 사망하자 기지급된 손해배상금 일부를 부당이득으로 반환을 구한 사례에서 判例는 "확정판결이 실체적 권리관계와 다르다 하더라도 그 판결이 재심의 소 등으로 취소되지 않는 한 그 판결의 기판력에 저촉되는 주장을 할 수 없어 그 판결의 집행으로 교부받은 금원을 법률상 원인 없는 이득이라 할 수 없는 것이므로, 불법행위로 인한 인신손해에 대한 손해배상청구소송에서 판결이 확정된 후 피해자가 그 판결에서 손해배상액 산정의 기초로 인정된 기대여명보다 일찍 사망한 경우라도 그 판결이 재심의 소 등으로 취소되지 않는 한 그 판결에 기하여 지급받은 손해배상금 중 일부를 법률상 원인 없는 이득이라 하여 반환을 구하는 것은 그 판결의 기판력에 저촉되어 허용될 수 없다"(대판 2009.11.12. 2009다56665)고 판시하였다.

25 甲이 어음발행인 乙을 상대로 어음금청구의 소를 제기하였다가 어음요건 흠결을 이유로 패소판결을 받은 경우에 그 백지부분을 보충하여 乙을 상대로 재차 어음금청구의 소를 제기하는 것은 기판력에 저촉된다. [모의 15(1),17(3)]

> **해설** 이러한 경우 判例는 "전소와 후소는 동일한 권리 또는 법률관계의 존부를 목적으로 하는 것이어서 그 소송물은 동일한 것이라고 보아야 한다. 그리고 확정판결의 기판력은 동일한 당사자 사이의 소송에 있어서 변론종결 전에 당사자가 주장하였거나 주장할 수 있었던 모든 공격 및 방어방법에 미치는 것이므로, 약속어음의 소지인이 전소의 사실심 변론종결일까지 백지보충권을 행사하여 어음금의 지급을 청구할 수 있었음

에도 위 변론종결일까지 백지 부분을 보충하지 않아 이를 이유로 패소판결을 받고 그 판결이 확정된 후에 백지보충권을 행사하여 어음이 완성된 것을 이유로 전소 피고를 상대로 다시 동일한 어음금을 청구하는 경우에는, 위 백지보충권 행사의 주장은 특별한 사정이 없는 한 전소판결의 기판력에 의하여 차단되어 허용되지 않는다"(대판 2008.11.27. 2008다59230)고 판시하였다.

26 전소에서 원고가 단독상속인이라고 주장하여 소유권확인을 구하였으나 공동상속인에 해당한다는 이유로 상속분에 해당하는 부분에 대해서만 원고의 청구를 인용하고 나머지 청구를 기각하는 판결이 선고되어 확정되었다면, 전소의 기판력은 전소 변론종결 후에 상속재산분할협의에 의해 원고가 소유권을 취득한 나머지 상속분에 관한 소유권확인을 구하는 후소에는 미치지 않는다.

> **해설** ※ 상속재산분할협의가 전소 변론종결 후에 이루어졌다면 전소 변론종결 후에 발생한 사유에 해당하는지 여부(적극)
>
> "소유권확인청구의 소송물은 소유권 자체의 존부이므로, 전소에서 원고가 소유권을 주장하였다가 패소 판결이 확정되었다고 하더라도, 전소 변론종결 후에 소유권을 새로이 취득하였다면 전소의 기판력이 소유권확인을 구하는 후소에 미칠 수 없는데, 상속재산분할협의가 전소 변론종결 후에 이루어졌다면 비록 상속재산분할의 효력이 상속이 개시된 때로 소급한다 하더라도, 상속재산분할협의에 의한 소유권 취득은 전소 변론종결 후에 발생한 사유에 해당한다. 따라서 전소에서 원고가 단독상속인이라고 주장하여 소유권확인을 구하였으나 공동상속인에 해당한다는 이유로 상속분에 해당하는 부분에 대해서만 원고의 청구를 인용하고 나머지 청구를 기각하는 판결이 선고되어 확정되었다면, 전소의 기판력은 전소 변론종결 후에 상속재산분할협의에 의해 원고가 소유권을 취득한 나머지 상속분에 관한 소유권확인을 구하는 후소에는 미치지 않는다"(대판 2011.6.30. 2011다24340).

27 전소에서 정지조건 미성취를 이유로 패소판결이 확정된 경우, 그 사실심 변론종결 후에 조건이 성취되었다면 동일한 청구에 대하여 다시 소를 제기할 수 있다. [모의 12(3)]

> **해설** ※ 기판력의 시적 범위 및 전소에서 정지조건 미성취를 이유로 청구가 기각된 경우 그 사실심 변론종결 후에 조건이 성취되었다면 동일한 청구에 대하여 다시 소를 제기할 수 있는지 여부(적극)
>
> "일반적으로 판결이 확정되면 법원이나 당사자는 확정판결에 반하는 판단이나 주장을 할 수 없는 것이나, 이러한 확정판결의 효력은 그 표준시인 사실심 변론종결시를 기준으로 하여 발생하는 것이므로, 그 이후에 새로운 사유가 발생한 경우까지 전소의 확정판결의 기판력이 미치는 것은 아니므로, 전소에서 정지조건 미성취를 이유로 청구가 기각되었다 하더라도 변론종결 후에 그 조건이 성취되었다면, 이는 변론종결 후의 취소권이나 해제권과 같은 형성권 행사의 경우와는 달리 동일한 청구에 대하여 다시 소를 제기할 수 있다"(대판 2002.5.10. 2000다50909).

28 표준시 전에 당사자가 제출할 수 있었던 공격방어방법은 기판력의 실권효(차단효)에 의해서 차단되어 후소에서 이를 주장할 수 없고, 이 경우 소송자료를 제출하지 못한 데 과실유무는 불문한다(대판 1980.5.13. 80다473). [모의 12(3),13(2)변형]

> **해설** 예를 들어 전소에서 피고의 과실을 증명하지 못하여 손해배상청구소송에서 패소한 원고가 사고를 목격한 증인을 발견하였더라도 동일한 사고를 원인으로 하는 손해배상청구의 후소에서 그를 증인으로 신청하여 피고의 과실을 증명하는 것은 허용되지 아니한다.

29 불법행위로 인한 적극적 손해의 배상을 명한 전소송의 변론종결 후에 새로운 적극적 손해가 발생한 경우에 그 소송의 변론종결당시 그 손해의 발생을 예견할 수 없었고 또 그 부분 청구를 포기하였다고 볼 수 없는 등 특별한 사정이 있다면 전소송에서 그 부분에 관한 청구가 유보되어 있지 않다고 하더라도 이는 전소송의 소송물과는 별개의 소송물이므로 전소송의 기판력에 저촉되는 것이 아니다(대판 1980.11.25. 80다1671). [모의 17(1)]

해설 ※ 후유증 발생으로 추가 청구하는 경우와 기판력

30 확정판결의 기판력은 주문에 포함된 기간까지의 청구권의 존부에 대하여 미치는 것이 원칙이고, 다만 장래 이행기 도래분까지의 정기금의 지급을 명하는 판결이 확정된 경우 그 소송의 사실심 변론종결 후에 액수 산정의 기초가 된 사정이 뚜렷하게 바뀜으로써 당사자 사이의 형평을 크게 해할 특별한 사정이 생긴 때에는 전소에서 명시적인 일부청구가 있었던 것과 동일하게 평가하여 전소판결의 기판력이 차액 부분에는 미치지 않는다(대판 2011.10.13. 2009다102452).

31 불법행위의 피해자가 일부청구임을 명시하여 그 손해의 일부만을 청구한 경우 그에 대한 판결의 기판력은 청구의 인용여부에 관계없이 청구의 범위에 한하여 미치고 잔부청구에는 미치지 않는다(대판 1989.6.27. 87다카2478). [변호 17, 모의 17(3)]

32 일부청구임을 명시하는 방법으로는 일부청구하는 채권의 범위를 잔부청구와 구별하여 심리의 범위를 특정할 수 있는 정도의 표시를 하여 전체 채권의 일부로서 우선 청구하고 있는 것임을 밝히는 것으로 충분하다(대판 1986.12.23. 86다카536). [변호 17]

33 일부청구임을 명시한 경우에는 그 일부청구에 대한 확정판결의 기판력은 잔부청구에 미치지 아니한다. 이 경우 일부청구임을 명시하였는지를 판단함에 있어서는 소장, 준비서면 등의 기재뿐만 아니라 소송의 경과 등도 함께 살펴보아야 한다(대판 2016.7.27. 2013다96165). [최신판례]

34 일부청구임을 명시하지 않은 채 적극적 재산상 손해를 구성하는 손해항목 중 일부를 청구금액으로 하여 본안의 확정판결을 받았다면 그 사실심 변론종결 이전에 발생했던 나머지 적극적 재산상 손해의 항목에 대하여서도 기판력이 미친다(대판 1993.6.25. 92다33008). [모의 17(1)]

35
> X는 2011.4.13. Y로부터 A부동산을 1억 원에 매수하였으나, Y가 소유권이전등기절차에 협력하지 않자 2011.5.1. Y를 상대로 소유권이전등기청구의 소를 제기하였다. 변론기일에서 Y는 건물매수대금 지급과 동시에 소유권이전등기절차에 협력하겠다고 동시이행 항변하였고, 이에 X는 자신이 Y에 대하여 별도로 가지고 있던 2억원의 대여금채권을 가지고 상계의 재항변을 하였는바, 재항변이 받아들여져 X의 전부승소판결이 확정되었다. 이후 Y는 X를 상대로 매매대금지급청구의 후소를 제기하였다.

㉠ 상계항변에는 기판력이 발생하지 않는다. [변호 16]

해설 아래 해설 참고

㉡ 후소는 기판력에 저촉되지 않는다.

해설 ※ 상계항변 기판력의 발생 요건

"상계 주장에 관한 판단에 기판력이 인정되는 경우는, 상계 주장의 대상이 된 수동채권이 소송물로서 심판되는 소구채권이거나 그와 실질적으로 동일하다고 보이는 경우(가령 원고가 상계를 주장하면서 청구이의의 소송을 제기하는 경우 등)로서 상계를 주장한 반대채권과 그 수동채권을 기판력의 관점에서 동일하게 취급하여야 할 필요성이 인정되는 경우를 말한다고 봄이 상당하므로 만일 상계 주장의 대상이 된 수동채권이 동시이행항변에 행사된 채권일 경우에는 그러한 상계 주장에 대한 판단에는 기판력이 발생하지 않는다고 보아야 할 것인바, 위와 같이 해석하지 않을 경우 동시이행항변이 상대방의 상계의 재항변에 의하여 배

척된 경우에 그 동시이행항변에 행사된 채권을 나중에 소송상 행사할 수 없게 되어 민사소송법 제216조가 예정하고 있는 것과 달리 동시이행항변에 행사된 채권의 존부나 범위에 관한 판결 이유 중의 판단에 기판력이 미치는 결과에 이르기 때문이다"(대판 2005.7.22. 2004다17207). 사안에서 수동채권은 매매대금채권으로서 동시이행항변에 제공된 채권이므로 이에 대해 상계항변을 하였더라도 기판력은 발생하지 않는다.

ⓒ **만일 상계항변이 배척되어 상환이행판결이 선고된 경우에도, 반대채권의 존부에 기판력이 발생하지는 않는다.**

[모의 17(1)]

해설 ※ 판결이유 중의 판단 : 일반적 항변의 경우 기판력발생 여부(소극)

"제소전화해의 내용이 채권자 등은 대여금 채권의 원본 및 이자의 지급과 상환으로 채무자에게 부동산에 관한 가등기의 말소등기절차를 이행할 것을 명하고, 채무자는 가등기담보등에관한법률 소정의 청산금 지급과 상환으로 채권자 등에게 가등기에 기한 소유권이전의 본등기절차를 이행할 것과 그 부동산의 인도를 명하고 있는 경우, 그 제소전화해는 가등기말소절차 이행이나 소유권이전의 본등기절차 이행을 대여금 또는 청산금의 지급을 그 조건으로 하고 있는 데 불과하여 그 기판력은 가등기말소나 소유권이전의 본등기절차 이행을 명한 화해내용이 대여금 또는 청산금 지급의 상환이 조건으로 붙어 있다는 점에 미치는 데 불과하고, 상환이행을 명한 반대채권의 존부나 그 수액에 기판력이 미치는 것이 아니다"(대판 1996.7.12. 96다19017).

36

> 甲은 乙에게 과실로 인한 손해배상으로 3,000만 원을 청구하는 이 사건 소를 제기하였고, 이에 대해 乙은 甲에 대하여 가지는 5,000만 원의 대여금채권으로 상계한다는 항변을 하였다.

㉠ **만일 乙이 '손해배상채권과 대여금채권을 상계하기로 합의하였다'는 취지의 항변을 한 경우라면 이에 대해서는 기판력이 발생하지 않는다.**

해설 ※ 민사소송법 제216조 상계의 의미

"원칙적으로 확정판결의 기판력은 주문에 포함된 것에 한하여 인정되지만, 이유에 포함된 것이라도 상계항변으로 주장된 자동채권에 관해서는 상계로써 대항한 액수에 한하여 기판력이 미친다(민사소송법 제216조). 그러나 여기서 말하는 상계는 민법 제492조 이하에 규정된 단독행위로서의 상계를 의미하는데, 원심판결 이유와 기록에 의하면 위 피고는 상계항변을 한 것이 아니라 위 피고와 소외인과의 사이에 원고의 위 피고에 대한 임대수익금 채권과 위 피고의 ○○농산에 대한 농산물대금 채권을 상계하여 정산하기로 하는 내용의 합의를 하였다는 취지의 항변을 한 것에 지나지 않음을 알 수 있고, 이는 부대상고이유의 주장 자체로 보아도 분명하다. 결국 위 피고의 항변은 본래 의미의 상계를 주장하는 것이 아니므로 원심의 이 부분 판단에 관하여는 기판력이 미치지 않는다"(대판 2014.4.10. 2013다54390).

㉡ **이 사건 소송에서 乙의 상계항변이 인정되어 甲의 전부패소판결이 선고된 경우, 乙은 甲의 3,000만 원의 손해배상채권이 원래부터 부존재함을 이유로 항소할 수 있다.**

[변호 12]

해설 상계는 대가적 출혈인 점에서 예비적 상계항변이 있는 경우 승소한 자도 소구채권의 부존재를 다툴 이익이 인정된다. 즉, 예비적 상계의 항변이 이유 있다고 하여 승소한 피고는 원고의 소구채권 부존재를 이유로 승소한 것보다도 결과적으로 불이익이 되기 때문에(제216조 2항 참조) 상소이익이 있다.

> **관련판례** "원고의 청구를 전부 기각한 판결에 대하여는 피고가 판결이유 중의 판단에 불복이 있더라도, 상계를 주장한 청구가 성립되어 원고의 청구가 기각된 때와 같이 예외적으로 기판력이 있는 경우를 제외하고는, 상소를 할 이익이 없다"(대판 1993.12.28. 93다47189).

ⓒ 乙의 상계항변 없이 甲의 승소판결이 확정된 경우, 乙은 상계권을 행사하여 甲의 집행을 저지할 수 있다.
[변호 12, 모의 13(2),14(2),16(3)]

해설 ※ 변론종결 후의 상계권의 행사(적극)

대법원은 "채무명의인 확정판결의 변론종결 전에 상대방에 대하여 상계적상에 있는 채권을 가지고 있었다 하여도 변론종결 이후에 비로소 상계의 의사표시를 한 때에는 그 청구이의의 원인이 변론종결 이후에 생긴 때에 해당하는 것으로서 당사자들이 그 변론종결 전에 상계적상에 있은 여부를 알았던 몰랐던 간에 적법한 이의의 사유가 된다"(대판 1998.11.24. 98다25344)고 하여 상계권 비실권설의 입장이다.

37 甲은 乙에 대하여 가지는 A채권을 보전하기 위하여 乙을 대위하여 丙을 피고로 乙이 丙에 대하여 가지는 B채권의 이행을 구하는 소(대위소송이라고 칭함)를 제기하였다.

㉠ 대위소송 제기 전에 甲이 乙을 피고로 하여 A채권의 이행을 구하는 소를 제기하였다가 패소판결을 선고받아 확정된 사실이 있다면 법원은 대위소송을 각하하여야 한다. [모의 17(1)]

해설 "채권자가 채무자를 상대로 소유권이전등기절차이행의 소를 제기하여 패소의 확정판결을 받게 되면 채권자는 채무자의 제3자에 대한 권리를 행사하는 채권자대위소송에서 그 확정판결의 기판력으로 말미암아 더 이상 채무자에 대하여 동일한 청구원인으로 소유권이전등기청구를 할 수 없으므로 그러한 권리를 보전하기 위한 채권자대위소송은 그 요건을 갖추지 못하여 부적법하다"(대판 2003.5.13. 2002다64148).

㉡ 대위소송 제기 전에 乙이 丙을 피고로 B채권의 이행을 구하는 소를 제기하여 그 소송이 계속 중인 사실이 있다면 법원은 대위소송을 각하하여야 한다. [모의 17(1)]

해설 "채무자가 제3채무자를 상대로 제기한 소송이 계속 중 채권자대위소송을 제기한 경우에는 양 소송은 동일소송이므로 후소는 중복소제기금지 규정에 저촉되어 각하될 수 밖에 없다"(대판 1981.7.7. 80다2751).

㉢ 대위소송 제기 전에 乙이 丙을 피고로 B채권의 이행을 구하는 소를 제기하여 패소판결을 선고받아 확정된 경우, 그 확정판결의 기판력은 대위소송에 미친다. [모의 17(1)]

해설 判例는 "채권자가 채무자를 대위하여 제3채무자에 대하여 제기한 이 사건 소송과 이미 확정된 채무자의 제3채무자에 대한 소송은, 비록 당사자가 다르지만 실질상 동일 소송이라 할 것이므로, 위 확정판결의 효력이 이 사건에 미친다"(대판 1981.7.7. 80다2751 : 대판 1979.3.13. 76다688)고 하여 대위소송에 기판력이 미친다고 하였다. 다만 이 경우 判例는 "채권자대위권은 채무자가 제3채무자에 대한 권리를 행사하지 아니하는 경우에 한하여 채권자가 자기의 채권을 보전하기 위하여 행사할 수 있는 것이어서 채권자가 대위권을 행사할 당시는 이미 채무자가 권리를 재판상 행사하였을 때에는 설사 패소의 본안판결을 받았더라도 채권자는 채무자를 대위하여 채무자의 권리를 행사할 당사자적격이 없다"(대판 1993.3.26. 92다32876)고 하면서 소각하판결을 내렸다. 기판력의 본질에 관한 모순금지설에 따르면 전소에서 패소한 원고의 후소제기가 기판력에 반할 경우 청구기각을 선고해야 하지만 소송요건흠결사유도 함께 있는 경우는 소송요건의 선순위성 원칙에 따라 소각하판결을 하게 된다(대판 1990.12.11. 88다카4727).

㉣ 대위소송이 진행 중에 甲이 乙을 피고로 A채권의 이행을 구하는 별소를 제기하였는데, 그 소송 도중 乙이 A채권의 시효소멸을 주장하였고, 그러한 사유가 현출된 대위소송에서의 심리 결과 A채권의 소멸시효가 완성된 것으로 판단되면 법원은 대위소송을 각하하여야 한다. [모의 17(1)]

해설 "채권자가 채권자대위권을 행사하여 제3자에 대하여 하는 청구에 있어서, 제3채무자는 채무자가 채권자에 대하여 가지는 항변으로 대항할 수 없고, 채권의 소멸시효가 완성된 경우 이를 원용할 수 있는 자는 원칙적으로는 시효이익을 직접 받는 자뿐이고, 채권자대위소송의 제3채무자는 이를 행사할 수 없다고 할 것이나(대판 2004.2.12. 2001다10151 참조), 채권자가 채무자에 대한 채권을 보전하기 위하여 제3채무자를 상대로 채무자의 제3채무자에 대한 채권에 기한 이행청구의 소를 제기하는 한편, 채무자를 상대로 피보전채권에 기한 이행청구의 소를 제기한 경우, 채무자가 그 소송절차에서 소멸시효를 원용하는 항변을 하였고, 그러한 사유가 현출된 채권자대위소송에서 심리를 한 결과, 실제로 피보전채권의 소멸시효가 적법하게 완성된 것으로 판단되면, 채권자는 더 이상 채무자를 대위할 권한이 없게 된다고 할 것이다(대판 2000.5.26. 98다40695 참조)"(대판 2008.1.31. 2007다64471).

> (관련판례) "채권자대위소송에서 대위에 의하여 보전될 채권자의 채무자에 대한 권리(피보전채권)가 존재하는지 여부는 소송요건으로서 법원의 직권조사사항이므로, 법원으로서는 그 판단의 기초자료인 사실과 증거를 직권으로 탐지할 의무까지는 없다 하더라도, 법원에 현출된 모든 소송자료를 통하여 살펴보아 피보전채권의 존부에 관하여 의심할 만한 사정이 발견되면 직권으로 추가적인 심리·조사를 통하여 그 존재 여부를 확인하여야 할 의무가 있다"(대판 2009.4.23. 2009다3234).

ⓜ 대위소송이 A채권의 부존재를 이유로 소각하 판결을 받아 확정된 경우, 그 판결의 기판력은 甲이 乙을 상대로 A채권의 이행을 구하는 후소에 미치지 않는다.   [변호 15,17]

해설 ※ 대위소송의 소각하판결의 효력이 채권자가 채무자를 상대로 한 소송에 미치는지 여부(소극)
"민사소송법 제218조 제3항은 '다른 사람을 위하여 원고나 피고가 된 사람에 대한 확정판결은 그 다른 사람에 대하여도 효력이 미친다.'고 규정하고 있으므로, 채권자가 채권자대위권을 행사하는 방법으로 제3채무자를 상대로 소송을 제기하고 판결을 받은 경우 채권자가 채무자에 대하여 민법 제405조 제1항에 의한 보존행위 이외의 권리행사의 통지, 또는 민사소송법 제84조에 의한 소송고지 혹은 비송사건절차법 제49조 제1항에 의한 법원에 의한 재판상 대위의 허가를 고지하는 방법 등 어떠한 사유로 인하였든 적어도 채권자대위권에 의한 소송이 제기된 사실을 채무자가 알았을 때에는 그 판결의 효력이 채무자에게 미친다고 보아야 한다. 이때 채무자에게도 기판력이 미친다는 의미는 채권자대위소송의 소송물인 피대위채권의 존부에 관하여 채무자에게도 기판력이 인정된다는 것이고, 채권자대위소송의 소송요건인 피보전채권의 존부에 관하여 당해 소송의 당사자가 아닌 채무자에게 기판력이 인정된다는 것은 아니다. 따라서 채권자가 채권자대위권을 행사하는 방법으로 제3채무자를 상대로 소송을 제기하였다가 채무자를 대위할 피보전채권이 인정되지 않는다는 이유로 소각하 판결을 받아 확정된 경우 그 판결의 기판력이 채권자가 채무자를 상대로 피보전채권의 이행을 구하는 소송에 미치는 것은 아니다"(대판 2014.1.23. 2011다108095).

ⓗ 취득시효 완성을 원인으로 한 소유권이전등기절차의 이행(B채권)을 구하는 대위소송이 A채권의 부존재를 이유로 소각하 판결을 받아 확정된 후 丙이 甲을 상대로 제기한 토지인도청구소송에서, 甲이 乙에 대한 A채권의 존재를 항변사유로 주장하는 것을 허용한다면 확정판결의 기판력에 저촉된다.

해설 ※ 대위소송의 소각하판결의 효력이 제3채무자가 채권자를 상대로 한 소송에 미치는지 여부(적극)
"甲이 乙을 대위하여 丙을 상대로 취득시효 완성을 원인으로 한 소유권이전등기 소송을 제기하였다가 乙을 대위할 피보전채권의 부존재를 이유로 소각하 판결을 선고받고 확정된 후, 丙이 제기한 토지인도 소송에서 甲이 다시 위와 같은 권리가 있음을 항변사유로서 주장하는 것을 허용한다면 甲에게 피보전채권의 존재를 인정하는 것이 되어 전소판결의 판단과 서로 모순관계에 있다고 하지 않을 수 없으므로 기판력에 저촉되어 허용될 수 없다"(대판 2001.1.16. 2000다41349).
☞ 判例는 모순관계로 판시하고 있으나, 후소의 소송물이 전소에서 확정된 법률관계(소송판결에도 그 판결에서 확정한 소송요건의 흠결에 관하여 기판력이 발생하므로 甲에게 乙을 대위할 피보전채권이 없

다는 사실에 기판력이 발생)를 선결관계로 하는 경우로서, 구체적으로는 전소의 기판력이 후소의 항변사실에 선결관계로 작용하는 경우이다. 이 때는 후소 제기 자체가 허용되지 않는 것이 아니므로 후소 법원은 기판력이 미친다고 하여 각하해서는 안 되고 본안판결을 해야 한다.

Ⓐ **甲이 乙을 피고로 A채권의 이행을 구하는 소를 대위소송에 병합 제기하였는데, 그 소송 도중 乙이 A채권의 시효소멸을 주장, 증명하고 丙이 이를 원용하면 법원은 대위소송을 각하 하여야 한다.** [변호 16, 모의 17(1) · 16(3) · 15(1) · 13(1)]

> **해설** "피보전채권이 없으면 채권자 스스로 원고가 되어 채무자의 권리를 행사할 당사자적격이 없게 되므로 대위소송은 부적법하여 각하할 수 밖에 없다"(대판 1994.6.24. 94다14339).

38 소유권이전등기말소를 구하는 전소에서 한 사기에 의한 매매의 취소 주장과, 동일한 당사자를 상대로 제기한 후소에서 한 매매의 부존재 또는 불성립의 주장은 다 같이 청구원인인 등기원인의 무효를 뒷받침하는 독립된 공격방어방법에 불과하므로 전소 확정판결의 기판력은 후소에 미친다(대판 1993.6.29. 93다11050). [변호 17]

39 전 등기명의인이 현 등기명의인을 상대로 제기한 소유권이전등기 말소청구소송에서 원고에게 소유권이 없다는 이유로 원고패소판결이 확정되었더라도, 패소한 원고는 동일인을 상대로 하여 다시 소유권확인의 후소를 제기할 수 있다. [변호 17, 모의 16(3)]

> **해설** "확정판결의 기판력은 소송물로 주장된 법률관계의 존부에 관한 판단의 결론에만 미치고 그 전제가 되는 법률관계의 존부에까지 미치는 것은 아니므로, 계쟁 부동산에 관한 피고 명의의 소유권이전등기가 원인무효라는 이유로 원고가 피고를 상대로 그 등기의 말소를 구하는 소송을 제기하였다가 청구기각의 판결을 선고받아 확정되었다고 하더라도, 그 확정판결의 기판력은 소송물로 주장된 말소등기청구권이나 이전등기청구권의 존부에만 미치는 것이지 그 기본이 된 소유권 자체의 존부에는 미치지 아니하고, 따라서 원고가 비록 위 확정판결의 기판력으로 인하여 계쟁 부동산에 관한 등기부상의 소유 명의를 회복할 방법은 없게 되었다고 하더라도 그 소유권이 원고에게 없음이 확정된 것은 아닐 뿐만 아니라, 등기부상 소유자로 등기되어 있지 않다고 하여 소유권을 행사하는 것이 전혀 불가능한 것도 아닌 이상, 원고로서는 그의 소유권을 부인하는 피고에 대하여 계쟁 부동산이 원고의 소유라는 확인을 구할 법률상 이익이 있으며, 이러한 법률상의 이익이 있는 이상에는 특별한 사정이 없는 한 소유권확인 청구의 소제기 자체가 신의칙에 반하는 것이라고 단정할 수 없는 것이다"(대판 2002.9.24. 2002다11847).

40 전소에서 피담보채무의 변제로 양도담보권이 소멸하였음을 원인으로 한 소유권이전등기의 회복청구가 기각되었다고 하더라도, 장래 잔존 피담보채무의 변제를 조건으로 소유권이전등기의 회복을 청구하는 것은 전소의 확정판결의 기판력에 저촉되지 아니한다(대판 2014.1.23. 2013다64793).

> **해설** "확정판결의 기판력은 사실심 변론종결시 이후의 권리관계를 확정하는 것은 아니다. 그러나 표준시 이후의 권리관계의 선결관계가 된다. 표준시 이후에 발생한 사유에는 실권효가 미치지 않으므로 그 새로운 사정에 기하여 후소를 제기할 수 있다.

41 甲이 말소등기청구소송에서 패소 확정판결을 받은 후, 乙을 상대로 진정명의회복을 원인으로 하는 소유권이전등기청구의 소를 제기하는 경우, 청구취지는 다르지만 소송물이 동일하므로 기판력에 저촉된다. [변호 12 · 15변형]

> **해설** ※ 청구취지가 달라도 소송물이 동일하다고 본 경우
> "진정한 등기명의의 회복을 위한 소유권이전등기청구는 이미 자기 앞으로 소유권을 표상하는 등기가 되어

있었거나 법률에 의하여 소유권을 취득한 자가 진정한 등기명의를 회복하기 위한 방법으로 현재의 등기명
의인을 상대로 그 등기의 말소를 구하는 것에 갈음하여 허용되는 것인데, 말소등기에 갈음하여 허용되는 진
정명의회복을 원인으로 한 소유권이전등기청구권과 무효등기의 말소청구권은 어느 것이나 진정한 소유자의 등
기명의를 회복하기 위한 것으로서 실질적으로 그 목적이 동일하고, 두 청구권 모두 소유권에 기한 방해배
제청구권으로서 그 법적 근거와 성질이 동일하므로, 비록 전자는 이전등기, 후자는 말소등기의 형식을 취하고
있다고 하더라도 그 소송물은 실질상 동일한 것으로 보아야 하고, 따라서 소유권이전등기 말소청구소송에서
패소확정판결을 받았다면 그 기판력은 그 후 제기된 진정명의회복을 원인으로 한 소유권이전등기청구소
송에도 미친다"(대판 2001.9.20. 전합99다37894).

42

> 甲은 2011.4.1. 乙로부터 A부동산 중 특정부분(1/4)에 관한 매매계약을 체결하고 중도금까
> 지 지급하였다. 그런데 그 후 甲은 잔금지급일자에 잔금을 지급하고 소유권이전등기에
> 필요한 서류를 교부받고자 하였으나 乙이 이를 거부하므로 乙을 상대로 매매를 원인으로
> 특정부분에 관한 소유권이전등기청구의 소를 제기하였다.

① 법원이 특정부분을 매수하였다는 증거가 없다고 보아 청구기각판결을 선고한 경우, 甲이 제
기한 A부동산의 25%의 지분이전등기청구의 후소는 전소의 기판력에 저촉되지 않는다.

[모의 16(3)변형]

해설 ※ 청구취지가 달라 소송물이 다르다고 본 경우
1필의 토지의 일부인 특정 부분에 대한 소유권이전등기청구가 기각된 이후 같은 청구원인으로 그 1필
전체 토지 중 일정 지분에 대한 소유권이전등기를 청구한 경우 判例는 "전소와 후소는 그 각 청구취지를
달리하여 소송물이 동일하다고 볼 수 없으므로, 전소의 기판력은 후소에 미칠 수 없다"(대판
1995.4.25. 전합94다17956)고 판시하였다.

> **관련판례** ※ 청구취지가 같아도 소송물이 다르다고 본 경우
> "대물변제예약에 기한 소유권이전등기청구권과 매매계약에 기한 소유권이전등기청구권은 그 소송
> 물이 서로 다르므로 동일한 계약관계에 대하여 그 계약의 법적 성질을 대물변제의 예약이라고
> 하면서도 새로운 매매계약이 성립되었음을 인정하여 매매를 원인으로 한 소유권이전등기 절
> 차를 이행할 의무가 있다고 하는 것은 위법하다"(대판 1997.4.25. 96다32133).

② 甲이 승소판결을 받은 뒤에 이전등기를 하지 않고 있는 사이 乙로부터 丙, 丁에게 순차로 소
유권이전등기가 되었다면, 甲은 乙에 대한 승소판결에 승계집행문을 부여받아 丁으로부터 직
접 이전등기를 받을 수 없다.

[모의 11(1),12(3),15(2)]

해설 丙, 丁은 계쟁물인 A부동산의 승계인이고, 소송물인 甲의 乙에 대한 소유권이전등기청구권은 매매계약
에 의한 것으로서 채권적 청구권이므로, 判例에 의하면 丙, 丁은 변론종결 뒤의 '승계인'에 해당하지 않는다
(대판 1993.2.12. 92다25151). 따라서 甲의 乙에 대한 승소확정판결의 집행력은 丙, 丁에게 확장되지 않으므로,
甲은 乙에 대한 승소판결에 승계집행문을 부여받아 丁으로부터 직접 이전등기를 받을 수는 없다.

③ 甲의 소유권이전등기청구소송의 계속 중 乙이 A부동산을 丙에게 등기 이전하여 준 경우에는
甲이 승소판결을 받더라도 그 판결에 승계집행문을 부여받아 丙으로부터 이전등기를 받을
수 없다.

[모의 12(3),15(2)]

해설 ※ 변론종결한 뒤의 소송물의 승계인 : 권리의 이전에 등기가 필요한 경우 등기시가 기준
"소유권이전등기말소 청구소송을 제기당한 자가 소송 계속 중 당해 부동산의 소유권을 타인에게 이전

한 경우에는, 부동산물권 변동의 효력이 생기는 때인 소유권이전등기가 이루어진 시점을 기준으로 그 승계가 변론종결 전의 것인지 변론종결 후의 것인지 여부를 판단하여야 한다"(대판 2005.11.10. 2005다34667,34674)는 判例의 태도에 따르면, 丙은 계쟁물 승계인으로서 변론종결 '전' 승계인에 해당한다. ⅰ) 소송이 법원에 계속되어 있는 동안에 제3자가 소송목적인 권리 또는 의무의 전부나 일부를 승계한 때에는 법원은 당사자의 신청에 따라 그 제3자로 하여금 소송을 인수하게 할 수 있으나(민소법 제82조 제1항. 인수승계), 지문의 경우에는 甲이 인수승계 신청을 했다는 사정이 보이지 않으므로 원칙적으로 甲의 乙에 대한 승소판결의 집행력은 丙에게 미치지 않는다(민소법 제218조 제1항). ⅱ) 다만 피승계인인 乙이 그 승계 사실을 변론을 종결할 때까지 소송에서 진술하지 않은 경우, 변론종결 뒤에 승계한 것으로 추정되어 집행력이 미칠 수 있다(민소법 제218조 제2항. 추정승계인).

④ ③의 경우, 乙이 '丙은 변론종결 전에 당사자의 지위를 승계한 자'라는 사실을 입증할 경우, 종전소송에서 당사자가 그 승계에 관한 진술을 하였는지 여부와 상관없이, 그 승계인이 종전의 확정판결의 기판력이 미치는 변론종결 후의 승계인이라는 민사소송법 제218조 제2항의 추정은 깨어진다.

해설 ※ 민사소송법 제218조 제2항의 취지
"민사소송법 제218조 제2항의 취지는, 변론종결 전의 승계를 주장하는 자에게 그 입증책임이 있다는 뜻을 규정하여 변론종결 전의 승계사실이 입증되면 확정판결의 기판력이 그 승계인에게 미치지 아니한다는 것으로 해석되므로, 종전의 확정판결의 기판력의 배제를 원하는 당사자 일방이 변론종결 전에 당사자 지위의 승계가 이루어진 사실을 입증한다면, 종전소송에서 당사자가 그 승계에 관한 진술을 하였는지 여부와 상관없이, 그 승계인이 종전의 확정판결의 기판력이 미치는 변론종결 후의 승계인이라는 민사소송법 제218조 제2항의 추정은 깨어진다고 보아야 한다"(대판 2005.11.10. 2005다34667).

⑤ 사안과 달리 甲이 소유권에 기한 소유권이전등기청구의 승소판결을 받은 뒤에 이전등기를 하지 않고 있는 사이 乙로부터 丙에게 순차로 소유권이전등기가 된 경우, 丙이 취득시효를 완성하였다면 丙은 변론종결 뒤 승계인에 해당하지 않는다.

해설 ※ 승계인에게 실체법상 고유의 방어방법이 있는 경우 기판력의 작용
丙은 승계인이자 취득시효를 완성한 자로서 승소한 원고에게 대항할 실체법상 고유의 방어방법이 있는 자에 해당하는바, 동산의 선의취득자, 부동산의 점유취득시효완성자, 해제에 있어 보호받는 제3자와 같이 승계인이 고유의 방어방법을 갖고 있는 경우에 승계인에게 기판력이 미치는지 여부에 대해서 견해가 대립한다. 判例는 원고가 명의신탁해지를 원인으로 이전등기를 청구하여 수탁자에게 승소하였으나 수탁자가 목적물을 처분한 사안에서 "소유권이전등기를 명하는 확정판결의 변론종결 후에 그 청구 목적물을 매수하여 등기를 한 제3자는 변론종결후의 승계인에 해당되지 아니한다"(대판 1980.11.25. 80다2217)고 하여 실질설의 입장이다.

43 사해행위취소판결의 기판력은 그 취소권을 행사한 채권자와 그 상대방인 수익자 또는 전득자와의 상대적인 관계에서만 미칠 뿐 그 소송에 참가하지 아니한 채무자 또는 채무자와 수익자 사이의 법률관계에는 미치지 아니한다(대판 1988.2.23. 87다카1989). [변호 12변형]

44 토지의 전 소유자가 제기한 부당이득반환청구소송의 변론종결 후에 그 토지의 소유권을 취득한 사람에 대해서는 위 소송에서 내려진 정기금지급을 명하는 확정판결의 기판력이 미치지 아니하므로, 이러한 토지의 새로운 소유자가 그 토지의 무단 점유자를 상대로 다시 부당이득반환청구의 소를 제기하지 아니하고, 그 토지의 전 소유자가 앞서 제기한 위 부당이득반환청구소송에서 내려진 정기금판결에 대하여 변경의 소를 제기하는 것은 부적법하다. [최신판례]

해설 ※ 토지의 전 소유자가 토지의 무단 점유자를 상대로 제기한 부당이득반환청구소송의 변론종결 후에 그 토지의 소유권을 취득한 사람이 위 부당이득반환청구소송에서 선고되어 확정된 정기금판결에 대한 변경의 소를 제기할 수 있는지 여부(소극)

"ⅰ) 민사소송법 제252조 제1항은 "정기금의 지급을 명한 판결이 확정된 뒤에 그 액수산정의 기초가 된 사정이 현저하게 바뀜으로써 당사자 사이의 형평을 크게 침해할 특별한 사정이 생긴 때에는 그 판결의 당사자는 장차 지급할 정기금 액수를 바꾸어 달라는 소를 제기할 수 있다."라고 규정하고 있다. 이러한 정기금판결에 대한 변경의 소는 정기금판결의 확정 뒤에 발생한 현저한 사정변경을 이유로 확정된 정기금판결의 기판력을 예외적으로 배제하는 것을 목적으로 하므로, 확정된 정기금판결의 당사자 또는 민사소송법 제218조 제1항에 의하여 그 확정판결의 기판력이 미치는 제3자만이 정기금판결에 대한 변경의 소를 제기할 수 있다고 봄이 타당하다. ⅱ) 한편 토지의 소유자가 소유권에 기하여 그 토지의 무단 점유자를 상대로 차임 상당의 부당이득반환을 구하는 소송을 제기하여 무단 점유자가 그 점유 토지의 인도시까지 매월 일정금액의 차임 상당 부당이득을 반환하라는 판결이 확정된 경우, 이러한 소송의 소송물은 채권적 청구권인 부당이득반환청구권이므로, 위 소송의 변론종결 후에 위 토지의 소유권을 취득한 사람은 민사소송법 제218조 제1항에 의하여 위 확정판결의 기판력이 미치는 변론을 종결한 뒤의 승계인에 해당한다고 볼 수 없다. ⅲ) 따라서 토지의 전 소유자가 제기한 부당이득반환청구소송의 변론종결 후에 그 토지의 소유권을 취득한 사람에 대해서는 위 소송에서 내려진 정기금 지급을 명하는 확정판결의 기판력이 미치지 아니하므로, 이러한 토지의 새로운 소유자가 그 토지의 무단 점유자를 상대로 다시 부당이득반환청구의 소를 제기하지 아니하고, 그 토지의 전 소유자가 앞서 제기한 위 부당이득반환청구소송에서 내려진 정기금판결에 대하여 변경의 소를 제기하는 것은 부적법하다"(대판 2016.6.28. 2014다31721).

45 원고가 피고를 상대로 건물에 관한 소유권이전등기말소의 소를 제기하여 승소확정판결을 받았는데, 그 변론종결 후에 피고로부터 소유권이전등기를 받아 원고를 상대로 동일 건물의 인도 및 차임상당부당이득의 반환을 구하는 소를 제기한 제3자는 기판력이 미치는 변론종결 후의 승계인에 해당하지 않는다.

[모의 15(3)]

해설 "甲 등이 乙을 상대로 건물 등에 관한 소유권이전등기의 말소등기절차 이행을 구하는 소를 제기하여 승소확정판결을 받았는데, 위 판결의 변론종결 후에 乙로부터 건물 등의 소유권을 이전받은 丙이 甲 등을 상대로 위 건물의 인도 및 차임 상당 부당이득의 반환을 구하는 소를 제기한 사안에서, 전소 판결에서 소송물로 주장된 법률관계는 건물 등에 관한 말소등기청구권의 존부이고 건물 등의 소유권의 존부는 전제가 되는 법률관계에 불과하여 전소 판결의 기판력이 미치지 아니하고, 전소인 말소등기청구권에 대한 판단이 건물인도 등 청구의 소의 선결문제가 되거나 건물인도청구권 등의 존부가 전소의 소송물인 말소등기청구권의 존부와 모순관계에 있다고 볼 수 없어 전소의 기판력이 건물인도 등 청구의 소에 미친다고 할 수 없으며, 이는 丙이 전소 판결의 변론종결 후에 乙로부터 건물을 매수하여 소유권이전등기를 마쳤더라도 마찬가지이다"(대판 2014.10.30. 2013다53939).

46 소유권에 기한 가등기말소등기청구 소송에서 패소한 원고측으로부터 변론종결 후 저당권을 이전받은 제3자는 민사소송법 제218조 제1항에서 정한 확정판결의 기판력이 미치는 '변론을 종결한 뒤의 승계인'에 해당하지 않는다.

[20년 최신판례]

해설 "토지 소유권에 기한 물권적 청구권을 원인으로 하는 가등기말소청구소송의 소송물은 가등기말소청구권이므로 그 소송에서 청구기각된 확정판결의 기판력은 가등기말소청구권의 부존재 그 자체에만 미치고, 소송물이 되지 않은 토지 소유권의 존부에 관하여는 미치지 않는다. 나아가 위 청구기각된 확정판결로 인하여 토지 소유자가 갖는 토지 소유권의 내용이나 토지 소유권에 기초한 물권적 청구권의 실체적인 내용이 변경, 소멸되는 것은 아니다.

위 가등기말소청구소송의 사실심 변론종결 후에 토지 소유자로부터 근저당권을 취득한 제3자는 적법하게 취득한 근저당권의 일반적 효력으로서 물권적 청구권을 갖게 되고, 위 가등기말소청구소송의 소송물인 패소자의 가등기말소청구권을 승계하여 갖는 것이 아니며, 자신이 적법하게 취득한 근저당권에 기한 물권적 청구권을 원인으로 소송상 청구를 하는 것이므로, 위 제3자는 민사소송법 제218조 제1항에서 정한 확정판결의 기판력이 미치는 '변론을 종결한 뒤의 승계인'에 해당하지 않는다.

따라서 토지 소유권에 기한 가등기말소청구소송에서 청구기각된 확정판결의 기판력은 위 소송의 변론종결 후 토지 소유자로부터 근저당권을 취득한 제3자가 근저당권에 기하여 같은 가등기에 대한 말소청구를 하는 경우에는 미치지 않는다"(대판 2020.5.14. 2019다261381).

47 민소법 제218조 제1항의 청구의 목적물의 소지자란 당사자뿐만 아니라 변론 종결 뒤의 승계인을 위하여 소지하는 자를 포함하며, 소지의 시기는 변론종결 전후를 불문한다.

48 중첩적 채무인수인에 대하여는 민사집행법 제31조 제1항의 승계집행문을 부여할 수 없으나, 면책적 채무인수인은 위 조항에서 말하는 승계인에 해당하므로 승계집행문을 부여할 수 있다(대판 2016.5.27. 2015다21967). [최신판례]

49
> X는 2011.4.13. Y에게 1억 원을 변제기 2012.4.13.로 정하여 대여해 주고 Y의 유일재산인 A부동산에 대하여 가압류를 하였다. 그러나 Y는 채무초과상태에서 Z의 甲에 대한 채권을 물상보증하기 위하여 A부동산에 채권최고액을 1억원으로 정하여 근저당권을 설정해주었다. 이에 X는 Z를 상대로 'Y와 Z사이에 A부동산에 관하여 체결된 근저당권설정계약을 취소한다. Z는 Y에게 A부동산에 관하여 경료된 근저당권설정등기의 말소등기절차를 이행하라'라는 취지의 소를 제기하였다.

① 법원이 원상회복을 가액배상으로 하는 경우에는 그 이행의 상대방은 X여야 한다.

[해설] ※ 채권자취소소송에서 가액배상의 경우 그 이행의 상대방 : 채권자

채권자취소권은 채무자의 사해행위를 채권자와 수익자 또는 전득자 사이에서 상대적으로 취소하고 채무자의 책임재산에서 일탈한 재산을 회복하여 채권자의 강제집행이 가능하도록 하는 것을 본질로 하는 권리이므로, 원상회복을 가액배상으로 하는 경우에 그 이행의 상대방은 채권자이어야 한다(대판 2008.4.24. 2007다84352).

② 소송도중 Y의 다른 채권자 乙이 동일한 근저당권설정계약에 기하여 사해행위취소의 소를 제기하여 승소판결을 받고 가액의 회복을 마친 경우라면, X의 소는 그와 중첩되는 범위 내에서 권리보호이익이 없게 된다.

[해설] ※ 채권자취소소송과 권리보호이익

"채권자취소권의 요건을 갖춘 각 채권자는 고유의 권리로서 채무자의 재산처분 행위를 취소하고 그 원상회복을 구할 수 있는 것이므로 여러 명의 채권자가 동시에 또는 시기를 달리하여 사해행위취소 및 원상회복청구의 소를 제기한 경우 이들 소가 중복제소에 해당하지 아니할 뿐만 아니라, 어느 한 채권자가 동일한 사해행위에 관하여 사해행위취소 및 원상회복청구를 하여 승소판결을 받아 그 판결이 확정되었다는 것만으로는 그 후에 제기된 다른 채권자의 동일한 청구가 권리보호의 이익이 없게 되는 것은 아니고, 그에 기하여 재산이나 가액의 회복을 마친 경우에 비로소 다른 채권자의 사해행위취소 및 원상회복청구는 그와 중첩되는 범위 내에서 권리보호의 이익이 없게 된다"(대판 2008.4.24. 2007다84352).

③ 만일 X가 소송도중 근저당권설정행위를 전세권설정행위로 달리 주장하였다면 이는 소송물 자체를 달리하는 것으로 볼 수 없다.

[해설] "채권자가 채무자의 어떤 금원지급행위가 사해행위에 해당된다고 하여 그 취소를 청구하면서 다만 그

금원지급행위의 법률적 평가와 관련하여 증여 또는 변제로 달리 주장하는 것은 그 사해행위취소권을 이유 있게 하는 공격방법에 관한 주장을 달리하는 것일 뿐이지 소송물 또는 청구 자체를 달리하는 것으로 볼 수 없다"(대판 2005.3.25. 2004다10985).

④ **만일 X가 소송도중 피보전채권을 변경하였다면 이는 소송물 자체를 변경한 것으로 볼 수 없다.**
[모의 16(1)]

해설 채권자가 사해행위취소 및 원상회복청구를 하면서 보전하고자 하는 채권을 추가하거나 교환하는 것은 사해행위취소권과 원상회복청구권을 이유 있게 하는 공격방법에 관한 주장을 변경하는 것일 뿐이지 소송물 또는 청구 자체를 변경하는 것이 아니므로, 채권자가 보전하고자 하는 채권을 달리하여 동일한 법률행위의 취소 및 원상회복을 구하는 채권자취소의 소를 이중으로 제기하는 경우 전소와 후소는 소송물이 동일하다고 보아야 하고, 이는 전소나 후소 중 어느 하나가 승계참가신청에 의하여 이루어진 경우에도 마찬가지이다(대판 2012.7.5. 2010다80503).

⑤ **만일 Y가 자신의 기존채권자 乙에 대한 채무를 담보하기 위하여 A부동산에 근저당권설정등기를 경료해 준 경우, 위 설정행위는 사해행위에 해당하지 않는다.**

해설 ※ 기존채무자의 채무담보를 위한 근저당권설정행위와 선순위 가압류채권자의 채권자취소권 행사의 가부 (원칙 소극)
"부동산에 대하여 가압류등기가 먼저 되고 나서 근저당권설정등기가 마쳐진 경우에 경매절차의 배당관계에서 근저당권자는 선순위 가압류채권자에 대하여는 우선변제권을 주장할 수 없으므로 그 가압류채권자는 근저당권자와 일반 채권자의 자격에서 평등배당을 받을 수 있고, 따라서 가압류채권자는 채무자의 근저당권설정행위로 인하여 아무런 불이익을 입지 않으므로 채권자취소권을 행사할 수 없다. 그러나 채권자의 실제 채권액이 가압류 채권금액보다 많은 경우 그 초과하는 부분에 관하여는 가압류의 효력이 미치지 아니하여 그 범위 내에서는 채무자의 처분행위가 채권자들의 공동담보를 감소시키는 사해행위가 되므로 그 부분 채권을 피보전채권으로 삼아 채권자취소권을 행사할 수 있다"(대판 2008.2.28. 2007다77446).

> **비교판례** 채권자가 이미 자기 채권의 보전을 위하여 가압류를 한 바 있는 부동산을 채무자가 제3자가 부담하는 채무의 담보로 제공하여 근저당권을 설정하여 줌으로써 물상보증을 한 경우에는 일반채권자들이 만족을 얻는 물적 기초가 되는 책임재산이 새로이 감소된다. 따라서 비록 당해 부동산의 환가대금으로부터는 가압류채권자가 위와 같이 근저당권을 설정받은 근저당권자와 평등하게 배당을 받을 수 있다고 하더라도, 일반적으로 그 배당으로부터 가압류채권의 충분한 만족을 얻는다는 보장이 없고 가압류채권자는 여전히 다른 책임재산을 공취할 권리를 가지는 이상, 원래 위 가압류채권을 포함한 일반채권들의 만족을 담보하는 책임재산 전체를 놓고 보면 위와 같은 물상보증으로 책임재산이 부족하게 되거나 그 상태가 악화되는 경우에는 역시 가압류채권자도 자기 채권의 충분한 만족을 얻지 못하게 되는 불이익을 받는다. 그러므로 위와 같은 가압류채권자라고 하여도 채무자의 물상보증으로 인한 근저당권 설정행위에 대하여 채권자취소권을 행사할 수 있다(대판 2010.1.28. 2009다90047).

50
> 甲에 대하여 채무를 부담하고 있던 乙은 무자력 상태에서 소송절차를 통해 丙에게 자신의 X토지를 이전하기로 丙과 합의하였다. 이후 丙은 乙을 상대로 X토지에 관한 소유권이전등기 청구의 소를 제기하였고, 乙이 이 소송에서 자백함으로써 청구인용판결(A판결)이 선고되어 확정되었으며, A판결에 기해 丙 앞으로 X토지에 대한 소유권이전등기가 마쳐졌다. 이에 甲은 丙을 상대로 사해행위 취소 및 원상회복으로서 위 소유권 이전등기의 말소를 구하는 소를 제기하여 청구인용판결(B판결)을 선고받았고, B판결은 확정되었다.
> [모의 18(1)]

ⓐ 乙과 丙 사이의 이전합의는 위 사해행위 취소의 소송에서 취소의 대상이 될 수 있다.

해설▶ "무자력상태의 채무자가 소송절차를 통해 수익자에게 자신의 책임재산을 이전하기로 하여, 수익자가 제기한 소송에서 자백하는 등의 방법으로 패소판결 또는 그와 같은 취지의 화해권고결정 등을 받아 확정시키고, 이에 따라 수익자 앞으로 책임재산에 대한 소유권이전등기 등이 마쳐졌다면, 이러한 일련의 행위의 실질적인 원인이 되는 채무자와 수익자 사이의 이전합의는 다른 일반채권자의 이익을 해하는 사해행위가 될 수 있다"(대판 2017.4.7. 2016다204783).

ⓑ B판결에 의하여 위 소유권이전등기가 말소된 후 乙이 X토지를 제3자에게 처분한 경우, 乙로부터 제3자에게 마쳐진 소유권이전등기는 원인무효이다.

해설▶ "채무자가 사해행위 취소로 등기명의를 회복한 부동산을 제3자에게 처분하더라도 이는 무권리자의 처분에 불과하여 효력이 없으므로, 채무자로부터 제3자에게 마쳐진 소유권이전등기나 이에 기초하여 순차로 마쳐진 소유권이전등기 등은 모두 원인무효의 등기로서 말소되어야 한다. 이 경우 취소채권자나 민법 제407조에 따라 사해행위 취소와 원상회복의 효력을 받는 채권자는 채무자의 책임재산으로 취급되는 부동산에 대한 강제집행을 위하여 원인무효 등기의 명의인을 상대로 등기의 말소를 청구할 수 있다"(대판 2017.3.9. 2015다217980).

ⓒ 아직 B판결에 기한 위 소유권이전등기의 말소등기가 마쳐지지 아니한 상태에서 乙의 다른 채권자가 B판결에 기하여 乙을 대위하여 위 말소등기를 신청하여 위 말소등기가 마쳐졌다면 그 등기는 유효이다.

해설▶ "사해행위 취소의 효력은 채무자와 수익자의 법률관계에 영향을 미치지 아니하고, 사해행위 취소로 인한 원상회복 판결의 효력도 소송의 당사자인 채권자와 수익자 또는 전득자에게만 미칠 뿐 채무자나 다른 채권자에게 미치지 아니하므로, 어느 채권자가 수익자를 상대로 사해행위 취소 및 원상회복으로 소유권이전등기의 말소를 명하는 판결을 받았으나 말소등기를 마치지 아니한 상태라면 소송의 당사자가 아닌 다른 채권자는 위 판결에 기하여 채무자를 대위하여 말소등기를 신청할 수 없다. 그럼에도 불구하고 다른 채권자의 등기신청으로 말소등기가 마쳐졌다면 등기에는 절차상의 흠이 존재한다. 그러나 채권자가 사해행위 취소의 소를 제기하여 승소한 경우 취소의 효력은 민법 제407조에 따라 모든 채권자의 이익을 위하여 미치므로 수익자는 채무자의 다른 채권자에 대하여도 사해행위의 취소로 인한 소유권이전등기의 말소등기의무를 부담하는 점, 등기절차상의 흠을 이유로 말소된 소유권이전등기가 회복되더라도 다른 채권자가 사해행위취소판결에 따라 사해행위가 취소되었다는 사정을 들어 수익자를 상대로 다시 소유권이전등기의 말소를 청구하면 수익자는 말소등기를 해 줄 수밖에 없어서 결국 말소된 소유권이전등기가 회복되기 전의 상태로 돌아가는데 이와 같은 불필요한 절차를 거치게 할 필요가 없는 점 등에 비추어 보면, 사해행위 취소 및 원상회복으로 소유권이전등기의 말소를 명한 판결의 소송당사자가 아닌 다른 채권자가 위 판결에 기하여 채무자를 대위하여 마친 말소등기는 등기절차상의 흠에도 불구하고 실체관계에 부합하는 등기로서 유효하다"(대판 2015.11.17. 2013다84995).

ⓓ 위 소유권이전등기가 B판결에 의하여 말소된다고 하더라도, 그것이 A판결의 효력에 반하거나 모순되는 것이라고는 할 수 없다.

해설▶ "채권자가 사해행위의 취소와 함께 수익자 또는 전득자로부터 책임재산의 회복을 명하는 사해행위취소의 판결을 받은 경우 수익자 또는 전득자가 채권자에 대하여 사해행위의 취소로 인한 원상회복 의무를 부담하게 될 뿐, 채권자와 채무자 사이에서 취소로 인한 법률관계가 형성되는 것은 아니다. 따라서 위와 같이 채무자와 수익자 사이의 소송절차에서 확정판결 등을 통해 마쳐진 소유권이전등기가 사해행위취소로 인한 원상회복으로써 말소된다고 하더라도, 그것이 확정판결 등의 효력에 반하거나 모순되는 것이라고는 할 수 없다"(대판 2017.4.7. 2016다204783).

51   甲 회사와 乙 회사가 기업의 형태·내용이 실질적으로 동일하고, 甲 회사는 乙 회사의 채무를 면탈할 목적으로 설립된 것으로서 甲 회사가 乙 회사의 채권자에 대하여 乙 회사와는 별개의 법인격을 가지는 회사라는 주장을 하는 것이 신의성실의 원칙에 반하거나 법인격을 남용하는 것으로 인정되는 경우에도, 권리관계의 공권적인 확정 및 그 신속확실한 실현을 도모하기 위하여 절차의 명확안정을 중시하는 소송절차 및 강제집행절차에 있어서는 그 절차의 성격상 乙 회사에 대한 판결의 기판력 및 집행력의 범위를 甲 회사에까지 확장하는 것은 허용되지 아니한다(대판 1995.5.12. 93다44531).

[변호 13]

> **비교판례** "기존회사가 채무를 면탈할 목적으로 기업의 형태·내용이 실질적으로 동일한 신설회사를 설립하였다면, 신설회사의 설립은 기존회사의 채무면탈이라는 위법한 목적달성을 위하여 회사제도를 남용한 것이므로, 기존회사의 채권자에 대하여 위 두 회사가 별개의 법인격을 갖고 있음을 주장하는 것은 신의성실의 원칙상 허용될 수 없다 할 것이어서 기존회사의 채권자는 위 두 회사 어느 쪽에 대하여서도 채무의 이행을 청구할 수 있다"(대판 2004.11.12. 2002다66892).

52   확정판결의 변론종결 후 동 확정판결상의 채무자로부터 영업을 양수하여 양도인의 상호를 계속 사용하는 영업양수인은 상법 제42조 제1항에 의하여 그 양도인의 영업으로 인한 채무를 변제할 책임이 있다 하여도, 그 확정판결상의 채무에 관하여 이를 면책적으로 인수하는 등 특별사정이 없는 한, 그 영업양수인을 곧 민사소송법상의 변론종결후의 승계인에 해당된다고 할 수 없다(대판 1979.3.13. 78다2330).

[변호 13]

53   원인없이 이전된 소유권이전등기라 하여 그 등기를 말소하라는 판결이 확정된 경우에 그 확정판결의 변론종결 후에 피고로부터 소유권이전등기 또는 담보권설정등기를 차례로 받은 자들은 이른바 변론종결 후의 승계인에 해당하고 따라서 전소의 기판력은 이 자에게 미치는 것이다(대판 1963.9.27. 63마14).

[모의 15(2)]

54   소유권에 기한 가등기말소등기청구 소송에서 패소한 원고측으로부터 변론종결 후 저당권을 이전받은 제3자는 민사소송법 제218조 제1항에서 정한 확정판결의 기판력이 미치는 '변론을 종결한 뒤의 승계인'에 해당하지 않는다.

[20년 최신판례]

해설 "토지 소유권에 기한 물권적 청구권을 원인으로 하는 가등기말소청구소송의 소송물은 가등기말소청구권이므로 그 소송에서 청구기각된 확정판결의 기판력은 가등기말소청구권의 부존재 그 자체에만 미치고, 소송물이 되지 않은 토지 소유권의 존부에 관하여는 미치지 않는다. 나아가 위 청구기각된 확정판결로 인하여 토지 소유자가 갖는 토지 소유권의 내용이나 토지 소유권에 기초한 물권적 청구권의 실체적인 내용이 변경, 소멸되는 것은 아니다. 위 가등기말소청구소송의 사실심 변론종결 후에 토지 소유자로부터 근저당권을 취득한 제3자는 적법하게 취득한 근저당권의 일반적 효력으로서 물권적 청구권을 갖게 되고, 위 가등기말소청구소송의 소송물인 패소자의 가등기말소청구권을 승계하여 갖는 것이 아니며, 자신이 적법하게 취득한 근저당권에 기한 물권적 청구권을 원인으로 소송상 청구를 하는 것이므로, 위 제3자는 민사소송법 제218조 제1항에서 정한 확정판결의 기판력이 미치는 '변론을 종결한 뒤의 승계인'에 해당하지 않는다. 따라서 토지 소유권에 기한 가등기말소청구소송에서 청구기각된 확정판결의 기판력은 위 소송의 변론종결 후 토지 소유자로부터 근저당권을 취득한 제3자가 근저당권에 기하여 같은 가등기에 대한 말소청구를 하는 경우에는 미치지 않는다"(대판 2020.5.14. 2019다261381) ☞ A가 자기 소유 토지에 설정된 가등기권리자인 B를 상대로 (A의 소유권에 기하여) 가등기말소청구의 소를 제기했다가 패소하고 그 판결이 확정된 후에, A로부터 근저당권을 설정 받은 C가 B를 상대로 가등기말소의 소를 제기한 것은 기판력에 저촉되지 않는다.

55 추심금소송에서 추심채권자가 제3채무자와 '피압류채권 중 일부 금액을 지급하고 나머지 청구를 포기한다.'는 내용의 재판상 화해를 한 경우, '나머지 청구포기 부분'은 추심채권자가 제3채무자 에게 더 이상 추심권을 행사하지 않고 소송을 종료하겠다는 의미로 보아야 한다. [21년최신판례]

해설 " 금전채권에 대해 압류·추심명령이 이루어지면 채권자는 민사집행법 제229조 제2항에 따라 대위절차 없이 압류채권을 직접 추심할 수 있는 권능을 취득한다. 추심채권자는 추심권을 포기할 수 있으나(민사집 행법 제240조 제1항), 그 경우 집행채권이나 피압류채권에는 아무런 영향이 없다. 한편 추심채권자는 추 심 목적을 넘는 행위, 예를 들어 피압류채권의 면제, 포기, 기한 유예, 채권양도 등의 행위는 할 수 없다. 추심금 소송에서 추심채권자가 제3채무자와 '피압류채권 중 일부 금액을 지급하고 나머지 청구를 포기한다.'는 내 용의 재판상 화해를 한 경우 '나머지 청구 포기 부분'은 추심채권자가 적법하게 포기할 수 있는 자신의 '추심권'에 관한 것으로서 제3채무자에게 더 이상 추심권을 행사하지 않고 소송을 종료하겠다는 의미로 보아야 한다. 이와 달리 추심채권자가 나머지 청구를 포기한다는 표현을 사용하였다고 하더라도 이를 애초에 자신에게 처분 권한이 없는 '피압류채권' 자체를 포기한 것으로 볼 수는 없다. 따라서 위와 같은 재판상 화해의 효력은 별도의 추 심명령을 기초로 추심권을 행사하는 다른 채권자에게 미치지 않는다."(대판 2020.10.29. 2016다35390)

56 동일한 채권에 대해 복수의 채권자들이 압류·추심명령을 받은 경우 어느 한 채권자가 제기한 추심금소송에서 확정된 판결의 기판력은 그 소송의 변론종결일 이전에 압류·추심명령을 받았 던 다른 추심채권자에게 미치지 않는다. [21년 최신판례]

해설 "① 확정판결의 기판력이 미치는 주관적 범위는 민사소송법 제218조 제1항, 제3항의 경우에 국한되고, 그 밖에 제3자에 대하여는 미치지 않으므로, 추심채권자들이 제기하는 추심금소송의 소송물이 채무자의 제3 채무자에 대한 피압류채권의 존부로서 서로 같더라도 '소송당사자가 다른 이상' 그 확정판결의 기판력이 서로에게 미친다고 볼 수 없는 점, ② 민사집행법 제249조 제3항, 제4항의 규정 내용 및 취지, ③ 제3채무 자는 추심의 소에서 다른 압류채권자에게 위와 같이 참가명령을 신청하는 등으로 다른 채권자가 계속 자 신을 상대로 소를 제기하는 것을 피할 수 있어 어느 한 채권자가 제기한 추심금소송에서 확정된 판결의 효 력이 다른 채권자에게 미치지 않는다고 해도 제3채무자에게 부당하지 않는다는 점을 고려하면, 동일한 채 권에 대해 복수의 채권자들이 압류 추심명령을 받은 경우 어느 한 채권자가 제기한 추심금 소송에서 확정 된 판결의 기판력은 그 소송의 변론종결일 이전에 압류 추심명령을 받았던 다른 추심채권자에게 미치지 않는다"(대판 2020.10.29. 2016다35390).

57 A가 집행채무자 X의 제3채무자 Y에 대한 채권(약 1억8000만원)에 관하여 채권압류 및 추심명령 을 받은 직후 X가 Y를 상대로 위 채권의 이행을 구하는 소를 제기하자 (비록 약 9980만원의 채 권이 인정되었지만) 위 압류명령으로써 이미 원고적격을 상실했다는 이유로 소각하판결이 내려 지고 확정되었다. 그 후 X에 대한 채권자 B가 X의 Y에 대한 위 채권에 관하여 채권압류 및 추 심명령을 받은 다음 추심금 청구의 소를 제기하여(선행 추심금소송) B가 9000만원을 지급받되 나머지 청구를 포기한다는 내용의 화해권고결정이 확정되었고 Y는 9000만원을 집행공탁하였다. 그 후 A가 자신의 추심명령에 기하여 추심금 청구의 소를 제기하여(후행 추심금소송) X의 Y에 대한 채권 중 화해권고결정액 외 나머지 980만원의 지급을 구하자, Y는 그 980만원을 포기한 화해권고결정의 효력이 A에게 미친다고 다투었다. 그러나 A에게는 선행 추심금소송의 기판력이 미치지 않는다(대판 2020.10.29. 2016다35390). [21년 최신판례]

58 대금분할을 명한 공유물분할 확정판결의 당사자인 공유자가 신청하여 진행된 공유물분할을 위 한 경매절차에서 매수인이 매각대금을 완납한 경우, 위 판결의 변론이 종결된 뒤(또는 변론 없 이 한 판결의 경우에는 판결을 선고한 뒤) 해당 공유자의 공유지분에 마쳐진 소유권이전청구권 의 순위보전을 위한 가등기상 권리는 소멸한다. [21년 최신판례]

해설 "대금분할을 명한 공유물분할 확정판결의 당사자인 공유자가 공유물분할을 위한 경매를 신청하여 진행된 경매절차에서 공유물 전부에 관하여 매수인에 대한 매각허가결정이 확정되고 매각대금이 완납된 경우, 매수인은 공유물 전부에 대한 소유권을 취득하게 되고, 이에 따라 각 공유지분을 가지고 있던 공유자들은 지분소유권을 상실하게 된다. 그리고 대금분할을 명한 공유물분할판결의 변론이 종결된 뒤(변론 없이 한 판결의 경우에는 판결을 선고한 뒤) 해당 공유자의 공유지분에 관하여 소유권이전청구권의 순위보전을 위한 가등기가 마쳐진 경우, 대금분할을 명한 공유물분할 확정판결의 효력은 민사소송법 제218조 제1항이 정한 변론종결 후의 승계인에 해당하는 가등기권자에게 미치므로, 특별한 사정이 없는 한 위 가등기상의 권리는 매수인이 매각대금을 완납함으로써 소멸한다"(대판 2021.3.11. 2020다253836).

59 채권양수인이 소송계속 중의 승계인이라고 주장하며 참가신청을 한 경우에, 채권자로서의 지위의 승계가 소송계속 중에 이루어진 것인지 여부는 채권양도의 합의가 이루어진 때가 아니라 대항요건이 갖추어진 때를 기준으로 판단한다.
[20년 최신판례]

해설 " 채권을 양수하기는 하였으나 아직 양도인에 의한 통지 또는 채무자의 승낙이라는 대항요건을 갖추지 못하였다면 채권양수인은 채무자와 사이에 아무런 법률관계가 없어 채무자에 대하여 아무런 권리주장을 할 수 없고, 양도인이 채무자에게 채권양도통지를 하거나 채무자가 이를 승낙하여야 채무자에게 채권양수를 주장할 수 있다. 이에 따라 채권양수인이 소송계속 중의 승계인이라고 주장하며 참가신청을 한 경우에, 채권자로서의 지위의 승계가 소송계속 중에 이루어진 것인지 여부는 채권양도의 합의가 이루어진 때가 아니라 대항요건이 갖추어진 때를 기준으로 판단하는 것과 마찬가지로, 채권양수인이 민사소송법 제218조 제1항에 따라 확정판결의 효력이 미치는 변론종결 후의 승계인에 해당하는지 여부 역시 채권양도의 합의가 이루어진 때가 아니라 대항요건이 갖추어진 때를 기준으로 판단하여야 한다"(대판 2020.9.3. 2020다210747).

60 甲이 乙을 상대로 X토지에 관해 소유권에 기한 이전등기청구를 하여 승소 확정된 경우, 乙이 X토지에 관한 소유권이 자신에게 있다고 주장하면서 소유권확인청구의 후소를 제기하더라도 기판력에 저촉되지 않는다.
[모의 16(1)변형]

해설 ※ 후소가 전소의 선결관계인 경우 기판력 저촉여부(소극)
확정판결은 주문에 포함된 것에 한하여 기판력이 발생하므로(제216조 1항), 판결이유에는 기판력이 발생하지 않는다. 따라서 소송물 판단의 전제가 되는 선결적 법률관계에도 기판력은 발생하지 않고, 이 경우 기판력을 발생시키려면 중간확인의 소를 제기하여 선결적 법률관계를 소송물로 삼아야 한다(제264조). 判例도 "소유권이전등기가 원인무효라는 이유로 그 말소등기청구를 인용한 판결이 확정되었어도 그 확정판결의 기판력은 그 소송물이었던 말소등기청구권의 존부에만 미치는 것이고 그 기본인 부동산의 소유권 자체의 존부에 관하여는 미치지 아니한다"(대판 1998.11.27. 97다22904)고 판시하였다. 다만 전소 판결에서 인정된 사실은 후소에서 유력한 증거자료가 되므로 乙의 청구는 기각될 것이다.

61 甲이 乙을 상대로 X토지에 관한 소유권확인청구를 하여 승소 확정된 경우, 甲이 乙을 상대로 소유권에 기하여 X토지에 대한 목적물반환 및 이전등기청구를 하는 후소에서 乙이 X토지에 관한 甲의 소유권을 다투는 것은 기판력에 저촉된다.
[모의 16(1)변형]

해설 ※ 전소가 후소의 선결관계인 경우 기판력 저촉여부(적극)
전소의 기판력이 후소에 작용하려면 후소의 소송물이 전소의 소송물과 동일하거나, 전소의 소송물을 선결관계로 하거나, 전소의 소송물과 모순관계여야 한다. 사안은 전소가 후소의 선결관계인 경우이므로 후소는 기판력에 저촉된다. 判例도 "확정된 전소의 기판력 있는 법률관계가 후소의 소송물 자체가 되지 아니하여도 후소의 선결문제가 되는 때에는 전소의 확정판결의 판단은 후소의 선결문제로서 기판력이 작용한다고 할 것이므로, 소유권확인청구에 대한 판결이 확정된 후 다시 동일 피고를 상대로 소유권에 기한 물권적 청구권을 청구원인으로 하는 소송을 제기한 경우에는 전소의 확정판결에서의 소유권의 존부에 관한 판단에 구속되어 당사자로서는 이와 다른 주장을 할 수 없을 뿐만 아니라 법원으로서도 이와 다른 판단은 할 수 없다"(대판 2000.6.9. 98다18155)고 판시하였다.

62 민사사건의 확정판결에서 '주의의무 위반'과 같은 불확정개념을 인정할 증거가 없거나 부족하다는 이유로 당사자의 주장을 받아들이지 않았다면, 당해 민사소송에 제출된 다른 증거 내용에 비추어 확정된 관련 민사판결의 사실인정을 그대로 채용하기 어려운 경우에 해당하므로 합리적인 이유를 설시하여 이를 배척할 수 있다(대판 2018.8.30. 2016다46338,46345). [최신판례]

63 상계 주장에 관한 법원의 판단에 기판력이 인정되려면 반대채권과 수동채권을 기판력의 관점에서 동일하게 취급하여야 할 필요성이 인정되어야한다(대판 2018.8.30. 2016다46338,46345). [최신판례]

64 소송상 상계항변은 상계에 관한 법원의 실질적 판단이 이루어지는 경우에야 비로소 실체법상 상계의 효과가 발생한다(대판 2018.8.30. 2016다46338,46345). [최신판례]

65 '소구채권 자체를 부정하여 원고의 청구를 배척한 판결'과 '소구채권의 존재를 인정하면서도 상계항변을 받아들인 결과 원고의 청구를 기각한 판결'은 기판력의 범위가 서로 다르기 때문에 후자의 경우 피고에게 상소의 이익이 인정된다(대판 2018.8.30. 2016다46338,46345). [최신판례]

66 법원이 수동채권의 전부 또는 일부의 존재를 인정하는 판단을 한 다음 상계항변에 대한 판단으로 나아가 반대채권의 존재를 인정하지 않고 상계항변을 배척하는 판단을 한 경우, 반대채권이 부존재한다는 판결이유 중의 판단에 관하여는 '법원이 반대채권의 존재를 인정하였더라면 상계에 관한 실질적 판단으로 나아가 수동채권의 상계적상일까지의 원리금과 대등액에서 소멸하는 것으로 판단할 수 있었던 반대채권의 원리금 액수'의 범위에서 기판력이 발생한다(대판 2018.8.30. 2016다46338,46345). [최신판례]

67 피고가 상계항변으로 2개 이상의 반대채권을 주장하였는데 법원이 일부는 인용, 나머지는 배척한 경우 나머지 반대채권들이 부존재한다는 판단에 관하여 기판력이 발생하는 전체 범위는 '상계를 마친 후의 수동채권의 잔액'을 초과할 수는 없고 이러한 법리는 피고가 주장하는 2개 이상의 반대채권의 원리금 액수 합계가 법원이 인정하는 수동채권의 원리금 액수를 초과하는 경우에도 마찬가지이며, 이때 '상계를 마친 후의 수동채권의 잔액'은 수동채권 '원금'의 잔액만을 의미한다(대판 2018.8.30. 2016다46338,46345). [최신판례]

68 甲은 乙을 상대로 대여금 2,000만 원과 지연손해금 100만 원의 지급을 청구하였다. 이에 乙은 甲의 불법행위 손해배상채권 5억 원과 다른 대여금 200만 원을 반대채권으로 하여 甲의 소구채권과의 상계를 주장하면서 반소를 청구하였다. 심리결과 법원은 甲의 대여금채권 2,000만 원과 지연손해금채권 100만 원의 존재를 인정하였고, 乙이 주장한 반대채권 중 대여금채권 200만 원을 제외한 나머지 부분은 부존재하는 것으로 판단되었다. 이에 甲의 상계항변을 받아들여 甲의 대여금 원금 1,900만 원과 이에 대한 지연손해금을 인용하는 판결이 선고되었고 그대로 확정되었다. 그 후 甲은 乙을 상대로 전소와 동일한 내용의 소를 제기하였고, 乙 또한 동일한 내용의 상계항변을 제출하면서 그 금액에 대해 반소를 제기하였다. 이에 법원은 乙의 5억 원의 손해배상채권을 인정하면서 그 중 2,000만 원 부분이 전소 판결의 기판력에 저촉되어 허용될 수 없다고 판결하였다. 이에 대해 甲만 항소한 경우 항소심법원은 불이익변경금지의 원칙상 원심판결을 파기하여 甲에게 더 불리한 판결을 선고할 수는 없다. [최신판례]

해설 대법원은 "원심은 이 사건에서 원고의 동업계약상의 주의의무 위반으로 인한 피고의 위 손해배상채권을 반대채권으로 하는 상계항변 및 위 채권을 청구채권으로 하는 반소청구 중 각 2,000만 원 부분이 이 사건 전소 판결의 기판력에 저촉되어 허용될 수 없다고 판단하였다. 이러한 원심의 판단에는 상계항변에 관한 판단의 기판력의 범위에 관한 법리를 오해한 잘못이 있으나, 원고만이 상고한 이 사건에서 불이익변경금지의 원칙상 원심판결을 파기하여 원고에게 더 불리한 판결을 선고할 수는 없으므로, 원심의 위와 같은 잘못은 판결 결과에 영향이 없다"(대판 2018.8.30. 2016다46338,46345)고 판시하였다. 즉, 전소에서 乙의 甲에 대한 반대채권들이 부존재한다는 판단에 대하여 기판력이 발생하는 전체 범위는 상계를 마친 후의 수동채권의 잔액을 초과할 수 없으므로 1,900만 원만이 전소판결의 기판력에 저촉되어 허용될 수 없으나, 甲만이 상한 이 사건에서 불이익변경금지의 원칙상 원심판결을 파기하여 甲에게 더 불리한 판결을 선고할 수는 없다.

69

> X는 2013.4.1. Y를 상대로 A건물에 관하여 매매를 원인으로 하는 소유권이전등기청구의 소를 제기하였다. X는 Y가 거주하고 있는 장소를 알면서도 소재불명을 이유로 하여 공시송달을 신청하였다. 법원의 공시송달명령에 의해 절차가 진행되어 2013.5.1. X승소판결이 선고되었고, 2013.5.14. 그 판결정본도 Y에게 공시송달되었다.

① 위 판결은 위법하나 당연무효에 해당하지 않는다.   [변호 13,17, 모의 13(2)]

② 판결정본이 공시송달 됨으로써 항소제기기간은 경과한다.   [변호 13,17, 모의 13(2)]

③ Y는 추후보완항소 또는 재심을 청구하여 구제받을 수 있다.   [모의 12(3),13(1)변형]

해설 ※ 편취판결과 소송법적 구제책 : 대법원의 원칙적 입장은 상소추후보완 · 재심설이다.

判例는 "피고의 주소지를 허위로 하여 소를 제기하고 그 주소에 송달불능 됨으로써 공시송달방법에 의하여 피고에 대한 소송서류를 송달하여 소송절차를 진행한 결과 원고승소의 제1심판결이 선고되어 공시송달의 방법에 의하여 판결정본이 송달된 경우 피고의 주소지를 허위로 하여 소가 제기된 경우라 하더라도 그 송달은 유효한 것이고 그때부터 상소제기기간이 도과되면 그 판결은 확정되는 것이므로 피고는 재심의 소를 제기하거나 추완항소를 제기하여 그 취소변경을 구하여야 한다"(대판 1980.7.8. 79다1528)고 하여 상소추후보완 · 재심설의 입장이다(반면 허위주소송달에 의한 피고모용으로 판결을 편취한 경우 항소설에 따른다 : 아래 문제 ㉠번과 비교).

④ Y는 X가 허위의 주장으로 법원을 기망하는 등 부정한 방법으로 실체의 권리관계와 다른 내용의 확정판결을 취득하여 강제집행을 하였음을 입증하여 X에게 민법 제750조의 손해배상청구를 할 수 있다.

해설 ※ 편취판결과 실체법적 구제책 중 불법행위로 인한 손해배상청구소송

"판결이 확정되면 기판력에 의하여 대상이 된 청구권의 존재가 확정되고 그 내용에 따라 집행력이 발생하는 것이므로, 그에 따른 집행이 불법행위를 구성하기 위하여는 소송당사자가 상대방의 권리를 해할 의사로 상대방의 소송 관여를 방해하거나 허위의 주장으로 법원을 기망하는 등 부정한 방법으로 실체의 권리관계와 다른 내용의 확정판결을 취득하여 집행을 하는 것과 같은 특별한 사정이 있어야 하고, 그와 같은 사정이 없이 확정판결의 내용이 단순히 실체적 권리관계에 배치되어 부당하고 또한 확정판결에 기한 집행 채권자가 이를 알고 있었다는 것만으로는 그 집행행위가 불법행위를 구성한다고 할 수 없다"(대판 1995.12.5. 95다21808).

> **관련판례** "확정판결에 기한 강제집행이 불법행위로 되는 것은 당사자의 절차적 기본권이 근본적으로 침해된 상태에서 판결이 선고되었거나 확정판결에 재심사유가 존재하는 등 확정판결의 효력을 존중하는 것이 정의에 반함이 명백하여 이를 묵과할 수 없는 경우로 한정하여야 한다"(대판 2010.2.11. 2009다82046,82053).

⑤ 위 소송의 확정판결의 집행단계에서 Y는 청구이의의 소를 제기할 수 없다.

해설 "대지에 대한 수분양자 명의변경 절차의 이행을 소구함은 채무자의 의사의 진술을 구하는 소송으로서 그 청구를 인용하는 판결이 선고되고 그 소송이 확정되었다면, 그와 동시에 채무자가 수분양자 명의변경 절차의 이행의 의사를 진술한 것과 동일한 효력이 발생하는 것이므로 위 확정판결의 강제집행은 이로써 완료되는 것이고 집행기관에 의한 별도의 집행절차가 필요한 것이 아니므로, 특별한 사정이 없는 한 위 확정판결 이후에 집행절차가 계속됨을 전제로 하여 그 채무명의가 가지는 집행력의 배제를 구하는 청구이의의 소는 허용될 수 없다"(대판 1995.11.10. 95다37568).

☞ 사안은 소유권이전등기청구소송인바, 이는 채무자의 의사의 진술을 구하는 소송으로서 판결확정으로 집행은 완료된 것이므로 별도의 집행절차가 필요 없다. 즉, 집행단계의 개념을 상정할 수 없는 것이다.

> **비교판례** "민사집행법 제44조에서 청구에 관한 이의의 소를 규정한 것은 부당한 강제집행이 행하여지지 않도록 하려는데 있다 할 것으로 판결에 의하여 확정된 청구가 그 판결의 변론종결 후에 변경 소멸된 경우 뿐 만 아니라 판결을 집행하는 자체가 불법인 경우에는 그 불법은 당해 판결에 의하여 강제집행에 착수함으로써 외부에 나타나 비로소 이의의 원인이 된다고 보아야 하기 때문에 이 경우에도 이의의 소를 허용함이 상당하다 할 것이다"(대판 1984.7.24. 84다카572).

70 甲 소유의 부동산에 대하여, 乙은 甲의 주소를 허위로 기재하여 그 주소에 소장부본을 송달케 한 후 자신이 송달받아 법원으로 하여금 甲이 송달받고도 답변서를 제출하지 않는 것으로 속게 만들었다. 乙은 甲의 자백간주로 무변론으로 승소판결을 받았고, 甲의 허위주소로 판결정본이 송달되어 항소기간이 도과되었다. 乙은 위 판결에 기하여 자기 앞으로 소유권이전등기를 마쳤다. 위 부동산은 그 후 丙, 丁에게 순차 매도되고 그에 따른 소유권이전등기가 마쳐졌다.

㉠ 위 판결정본은 甲에게 적법하게 송달되었다고 할 수 없으므로 그 판결은 형식적으로 확정되었다고 할 수 없어 소송행위의 추후보완 문제는 발생하지 않는다.
[변호 18]

해설 ※ 편취판결과 소송법적 구제책 : 허위주소송달에 의한 피고모용으로 판결을 편취한 경우 항소설에 따른다(위 문제 ①.②.번과 비교).

"원고가 피고의 주소를 허위로 기재하여 피고가 아닌 원고에게 소장부본이 송달되어 자백간주에 의한 원고 승소판결이 선고되고 판결정본 역시 위와 같은 방법으로 송달된 것으로 처리된 경우, 판결정본은 피고에게 적법하게 송달되었다고 할 수 없으므로 그 판결은 형식적으로 확정되었다고 할 수 없다. 따라서 피고는 언제든지 통상의 방법에 의한 상소를 제기할 수 있고, 판결이 확정됨을 전제로 하는 상소의 추후보완이나 재심청구는 허용되지 않는다"(대판 1978.5.9. 75다634).

㉡ 甲은 위 판결에 대하여 항소를 제기하지 않고 乙, 丙, 丁에 대하여 소유권이전등기말소를 청구하거나 丁에 대하여 진정한 등기명의의 회복을 원인으로 하여 직접 소유권이전등기를 청구할 수 있다.
[모의 12(3),13(1)변형]

해설 判例는 허위주소송달에 의한 피고모용으로 판결을 편취한 경우 판결정본의 송달을 무효라 보아 항소기간이 진행하지 않으며, 판결이 미확정 상태라고 한다(대판 1978.5.9. 전합75다634). 따라서 제451조 1항 11호에 의한 재심청구의 대상이 아니라고 한다(즉 判例는 허위주소에 송달불능이 되어 공시송달된 경우만 재심사유 11호에 해당한다고 판시하여 11호를 제한해석한다 : 위 문제 ③.번과 비교). 항소기간은 판결정본의 송달 후 2주일인데(제396조 참조) 판결정본의 유효한 송달이 없으므로, 당해 사건의 항소기간은 그 기간의 정함이 없는 무기한인 것으로 본다. 이에 따르면 설문에서 甲은 언제든지 항소를 제기할 수 있다.

그리고 위의 경우 판결이 확정되지 않아서 "사위 판결에 기판력이 부정되므로 사위 판결에 의거하여 경료된 소유권이전등기는 실체적 권리관계에 부합될 수 있는 다른 사정이 없는 한 말소될 처지에 있는 것이어서 사위판결에 대하여 항소를 제기하지 아니하고(본건 사위 판결을 그대로 둔 채) 별소인 말소등기청구를 할 수 있다"(대판 1978.5.9. 전합75다634). 즉 乙의 승소판결을 미확정인 것으로 보는 이상, 乙 명의의 소유권이전등기는 원인무효의 등기이다. 따라서 乙로부터 등기를 이전받은 丙, 丁은 무효인 乙 명의의 등기를 유효한 것으로 믿고 소유권이전등기를 한 것으로 주장할 것이나, 부동산등기에는 공신력이 인정되지 않으므로 甲은 丙, 丁에게 순차로 말소등기를 청구할 수 있으며, 丁을 상대로 진정명의회복을 원인으로 한 소유권이전등기를 청구할 수도 있다(민법 제214조).

ⓒ **만약 甲이 법인인 경우, 乙이 甲법인의 진정한 대표자 A가 아닌 참칭대표자 B를 甲법인의 대표자로 표시하여 B에게 소장부본 등을 송달되게 하고 B의 불출석으로 무변론원고승소판결이 선고된 경우, 이는 적법한 대표자인 A가 변론기일소환장을 송달받지 못하였기 때문에 실질적인 소송행위를 하지 못한 관계로 의제자백 판결이 선고된 것이므로, 민사소송법 제451조 제1항 제3호 소정의 재심사유에 해당한다.**

[모의 13(1),16(3)]

해설 ※ **편취판결에 대한 불복방법**
"법원이 참칭대표자에게 적법한 대표권이 있는 것으로 알고 그를 송달받을 자로 지정하여 소송서류 등을 송달하고 그 송달받을 자로 지정된 참칭대표자가 송달받은 경우에는 그 송달이 무효라고 할 수는 없는 것이므로 판결이 판결에서 종중의 대표자로 표시된 자를 송달받을 자로 하여 송달되었고 실제로 그가 보충송달의 방법에 의하여 송달을 받았다면 그때로부터 항소기간이 진행되고 그 판결은 항소기간이 만료된 때에 확정된다"(대판 1994.1.11. 92다47632 ; 재심설). 즉, 피고의 대표자를 참칭대표자로 적어 그에게 소장부본 등을 송달하게 하고 자백간주에 의한 판결을 받아낸 경우에 判例는 "이 경우에도 송달은 유효하기 때문에 항소기간이 진행하므로 재심사유가 된다"(대판 1994.1.11. 92다47632 ; 재심설)고 하였다.

ⓔ **만약 위 ㄷ.지문이 타당하더라도 민사소송법 제451조 제1항 제3호의 대리권의 흠은 무권대리인이 실질적인 대리행위를 한 경우뿐만 아니라, 당사자 본인이나 그의 대리인이 실질적인 소송행위를 하지 못한 경우도 포함하므로, A에게 실질적인 소송행위를 할 기회가 박탈되지 아니한 경우라면 참칭대표자에 대한 송달로써 편취판결이 이루어 졌더라도 재심으로써 구제받을 수 없다.**

[변호 18변형]

해설 "민사소송법 제422조 제1항 제3호 소정의 소송대리권 또는 대리인이 소송행위를 함에 필요한 수권의 흠결을 재심사유로 주장하려면 무권대리인이 소송대리인으로서 본인을 위하여 실질적인 소송행위를 하였거나 소송대리권의 흠결로 인하여 본인이나 그의 소송대리인이 실질적인 소송행위를 할 수 없었던 경우가 아니면 안된다고 봄이 상당하므로, 본인에게 송달되어야 할 소송서류 등이 본인이나 그의 소송대리인에게 송달되지 아니하고 무권대리인에게 송달된 채 판결이 확정되었다 하더라도 그로 말미암아 본인이나 그의 소송대리인이 그에 대응하여 공격 또는 방어방법을 제출하는 등의 실질적인 소송행위를 할 기회가 박탈되지 아니하였다면 그 사유를 재심사유로 주장할 수 없다"(대판 1992.12.22. 92재다259).

21.6.1.~22.7.15. 소송의 종료 최신판례

1   청구의 인낙은 피고가 원고의 주장을 승인하는 소위 관념의 표시에 불과한 소송상 행위로서 이를 조서에 기재한 때에는 확정판결과 동일한 효력이 발생되어 그로써 소송을 종료시키는 효력이 있을 뿐이고, 실체법상 채권·채무의 발생 또는 소멸의 원인이 되는 법률행위라 볼 수 없다.

대판 2022.3.31. 2020다271919

1-1   주채무자 A의 차용금 채무를 연대보증한 B는 채권자인 C로부터 연대보증금 지급을 구하는 소송을 제기당하여 패소한 후, A와 함께 C를 상대로 채무부존재확인 소송을 제기하였는데, C가 제1심에서 주채무자 A에 대하여만 청구인낙을 하고 B에 대하여 다투어 B만 패소하자 B가 항소한 경우, 항소심법원은 C가 주채무자 A의 채무부존재확인 청구를 인낙한 이상 A의 주채무가 소멸되어 B의 연대보증채무도 함께 소멸하였다고 보아야 하므로 B의 청구를 인용하여야 한다.

틀린지문

[사실관계]   주채무자 A의 차용금 채무를 연대보증한 원고는 채권자인 피고로부터 연대보증금 지급을 구하는 소송을 제기당하여 패소한 후, A와 함께 피고를 상대로 채무부존재확인 소송을 제기하였는데, 피고가 제1심에서 주채무자 A에 대하여만 청구인낙을 하고 원고에 대하여 다투어 원고만 패소하자 원고가 항소한 사건(그 후 원고는 소를 청구이의의 소로 변경하였음)에서, 피고가 주채무자의 채무부존재확인 청구를 인낙한 이상 A의 주채무가 소멸되어 원고의 연대보증채무도 함께 소멸하였다고 본 원심이 청구인낙의 효력에 관하여 법리를 오해하였다고 보아 원심판단을 파기환송한 사례

2   별소로 계속 중인 채권을 자동채권으로 하는 소송상 상계의 주장은 허용되고, 먼저 제기된 소송에서 상계 항변을 제출한 다음 소송계속 중에 자동채권과 동일한 채권에 기한 소송을 별도의 소나 반소로 제기하는 것도 가능하다.대판 2022.2.17. 2021다275741

2-1   소의 취하와 달리 소송상 방어방법으로서의 상계 항변은 상대방의 동의 없이 철회할 수 있고, 먼저 제기된 소송의 제1심에서 상계 항변을 제출하여 제1심판결로 본안에 관한 판단을 받았다가 항소심에서 상계 항변을 철회한 경우에도, 자동채권과 동일한 채권에 기한 소송을 별도로 제기할 수 있다.

대판 2022.2.17. 2021다275741

★ 상계항변과 중복소송금지

1. 중복소송 금지의 요건 [당, 소, 계]

중복소제기에 해당하려면, i) 전·후소 당사자의 동일, ii) 소송물의 동일, iii) 전소계속 중 별소제기라는 요건을 갖추어야 한다(제259조).

2. 항변으로 제출된 권리의 별소제기

(1) 문제점

소송물이 아닌 공격방어방법을 이루는 선결적 법률관계나 항변으로 주장한 권리에까지 소송계속이 발생하지 아니하므로, 이에 대해 별소를 제기하여도 중복소송의 문제는 발생하지 않는다. 하지만 상계항변은 기판력이 발생하는 점(제216조 2항)에서 중복소송으로 볼 수 있는지 문제된다. 이러한 문제는 상계항변으로 주장한 채권을 별소로 제기한 경우나 그 반대로서 자동채권에 대한 이행의 소 이후에 그 자동채권에 기하여 상계항변을 하는 경우에도 발생한다.

(2) 판 례

① 별소로 청구한 반대채권을 가지고 상계항변을 한 사건에서(별소선행형) "사실심 재판부로서는 전소와 후소를 같은 기회에 심리·판단하기 위하여 이부, 이송 또는 변론병합 등을 시도함으로써 기판력의 저촉·모순을 방지함과 아울러 소송경제를 도모함이 바람직하였다고 할 것이나, 그렇다고 하여 특별한 사정이 없는 한 별소로 계속 중인 채권을 자동채권으로 하는 소송상 상계의 주장이 허용되지 않는다고 볼 수는 없다"(대판 2001.4.27. 2000다4050)(1회, 3회, 4회, 5회, 8회, 11회 선택형)고 하여, 중복소제기가 아니라는 입장이다. ② 상계항변으로 제출한 자동채권과 동일한 채권으로 별소를 제기(상계항변선행형)한 경우에 대해서는 판시한 바기 없었으나, 최근판례는 별소선행형 사안과 마찬가지로 중복소제기에 해당하지 않는다고 판시하였다(대판 2022.2.17. 2021다275741).

(3) 검 토

상계항변이 판결에서 판단되어 기판력이 발생할 것인지 분명하지도 않은데 전면적으로 반대채권의 별소를 배척하는 것은 피고의 권리보호를 외면하는 것이므로 원칙적으로 중복소제기 유추를 부정하되, 판결의 모순을 막기 위해 별소 제기시에 이송·이부·변론의 병합으로 병합심리하는 것이 바람직하다.

3 매도인이 악의인 계약명의신탁에서 명의수탁자로부터 명의신탁의 목적물인 주택을 임차하여 주택 인도와 주민등록을 마침으로써 주택임대차보호법 제3조 제1항에 의한 대항요건을 갖춘 임차인은 부동산실명법 제4조 제3항의 규정에 따라 명의신탁약정 및 그에 따른 물권변동의 무효를 대항할 수 없는 제3자에 해당하므로, 명의수탁자의 소유권이전등기가 말소됨으로써 등기명의를 회복하게 된 매도인 및 매도인으로부터 다시 소유권이전등기를 마친 명의신탁자에 대해 자신의 임차권을 대항할 수 있고, 위의 방법으로 소유권이전등기를 마친 명의신탁자는 주택임대차보호법 제3조 제4항에 따라 임대인의 지위를 승계한다.

대판 2022.3.17. 2021다210720

3-1 임차인이 임대인을 상대로 보증금반환의 승소확정판결을 받았으나 이후 주택 양수인을 상대로 이를 반환받고자 할 경우 승계가 명확하지 않거나 임대인 지위의 승계를 증명할 수 없는 때에는 임차인이 양수인을 상대로 승계집행문 부여의 소를 제기하여 승계집행문을 부여받음이 원칙이나, 이미 임차인이 양수인을 상대로 임대차보증금의 반환을 구하는 소를 제기하여 양수인과 사이에 임대인 지위의 승계 여부에 대해 상당한 정도의 공격방어 및 법원의 심리가 진행됨으로써 사실상 승계집행문 부여의 소가 제기되었을 때와 큰 차이가 없다면, 소의 이익이 없다고 섣불리 단정하여서는 안 된다.

대판 2022.3.17. 2021다210720

주택임대차보호법 제3조 제4항에 따라 임차주택의 양수인은 임대인의 지위를 승계한 것으로 보므로 임대차보증금 반환채무도 부동산의 소유권과 결합하여 일체로서 임대인의 지위를 승계한 양수인에게 이전되고 양도인의 보증금반환채무는 소멸하는 것으로 해석되므로, 변론종결 후 임대부동산을 양수한 자는 민사소송법 제218조 제1항의 변론종결 후의 승계인에 해당한다. 승계집행문은 그 승계가 법원에 명백한 사실이거나 증명서로 승계를 증명한 때에 한하여 내어 줄 수 있고(민사집행법 제31조 제1항), 승계를 증명할 수 없는 때에는 채권자가 승계집행문 부여의 소를 제기할 수 있다(제33조). 따라서 임차인이 임대인을 상대로 보증금반환의 승소확정판결을 받았으나 이후 주택 양수인을 상대로 이를 반환받고자 할 경우 승계가 명확하지 않거나 임대인 지위의 승계를 증명할 수 없는 때에는 임차인이 양수인을 상대로 승계집행문 부여의 소를 제기하여 승계집행문을 부여받음이 원칙이나, 이미 임차인이 양수인을 상대로 임대차보증금의 반환을 구하는 소를 제기하여 양수인과 사이에 임대인 지위의 승계 여부에 대해 상당한 정도의 공격방어 및 법원의 심리가 진행됨으로써 사실상 승계집행문 부여의 소가 제기되었을 때와 큰 차이가 없다면, 그럼에도 법원이 소의 이익이 없다는 이유로 후소를 각하하고 임차인으로 하여금 다시 승계집행문 부여의 소를 제기하도록 하는 것은 당사자들로 하여금 그동안의 노력과 시간을 무위로 돌리고 사실상 동일한 소송행위를 반복하도록 하는 것이어서 당사자들에게 가혹할 뿐만 아니라 신속한 분쟁해결이나 소송경제의 측면에서 타당하다고 보기 어려우므로 이와 같은 경우 소의 이익이 없다고 섣불리 단정하여서는 안 된다"

4 A는 B에 대한 집행력 있는 판결을 집행권원으로 하여, B의 C에 대한 납품대금채권에 관한 채권압류 및 추심명령을 받았고, 이에 A는 위 채권압류 및 추심명령에 터 잡아 C를 상대로 B의 납품대금 7천만 원을 청구하는 소를 제기하였다. 제1심은 그 중 3천만 원에 대한 청구 부분은 인용하고 나머지 4천만 원에 대한 청구는 기각하였는데, C만 항소하였고 항소심은 항소기각 판결을 선고하였다. 한편, 추심소송 상고심 계속 중 추심명령이 취소됨으로써 A의 소는 당사자적격이 없는 사람에 의하여 제기된 것으로서 부적법하게 되었지만, 제1심판결 중 항소심의 심판대상이 되지 않는 4천만 원에 대한 청구는 항소심판결 선고와 동시에 확정되어 소송이 종료되었다고 할 것이다. 　　　　　　　　　　　　　　　　　　　　대판 2021.9.15. 2020다297843

"원고의 1개의 청구 중 일부를 기각하는 제1심판결에 대하여 피고만 항소를 하였더라도 제1심판결의 심판대상이었던 청구 전부가 불가분적으로 항소심에 이심되나, 항소심의 심판범위는 이심된 부분 가운데 피고가 불복 신청한 한도로 제한되고, 나머지 부분은 원고가 불복한 바가 없어 항소심의 심판대상이 되지 아니하므로, 그 부분에 대해서는 원심판결의 선고와 동시에 확정되어 소송이 종료된다"

5 원래 민사재판에 있어서는 형사재판의 사실인정에 구속을 받는 것이 아니라고 하더라도 동일한 사실관계에 관하여 이미 확정된 형사판결이 유죄로 인정한 사실은 유력한 증거자료가 된다고 할 것이므로 민사재판에서 제출된 다른 증거들에 비추어 형사재판의 사실판단을 채용하기 어렵다고 인정되는 특별한 사정이 없는 한 이와 반대되는 사실을 인정할 수 없다.
　　　　　　　　　　　　　　　　　　　　대판 2021.10.14. 2021다243430

제5편   병합소송

제1장 병합청구소송

01   병합요건에 흠결이 있는 경우 변론을 분리하여 심판하여야 하고, 소송요건 흠결로 보아 소를 각하할 것은 아니다.

02   여러 개의 청구는 같은 종류의 소송절차에 따르는 경우에만 하나의 소로 제기할 수 있다(제253조).

[모의 13(3)]

03   甲이 乙에 대한 확정판결에 기하여 X토지에 관한 소유권이전등기를 마친 경우, 乙은 甲을 상대로 위 확정판결에 대한 재심의 소를 제기하면서 위 소유권이전등기의 말소청구를 병합하여 제기할 수 없다.

[변호 13변형, 모의 13(3),15(1),16(1),16(3)]

> **해설** ※ 재심청구에 통상의 민사상의 청구를 병합할 수 있는지 여부(소극)
>
> 判例는 "피고들이 재심대상판결의 취소와 그 본소청구의 기각을 구하는 외에, 원고와 승계인을 상대로 재심대상판결에 의하여 경료된 원고 명의의 소유권이전등기와 그 후 승계인의 명의로 경료된 소유권이전등기의 각 말소를 구하는 청구를 병합하여 제기하고 있으나, 그와 같은 청구들은 별소로 제기하여야 할 것이고 재심의 소에 병합하여 제기할 수 없다."(대판 1997.5.28. 96다41649)고 하여 **병합가능성을 부정한다.**
>
> > **비교판례** "재심의 소를 제기함에 있어서 재심청구가 인용될 것을 전제로 당초의 청구를 교환적으로 변경하는 경우 재심의 소가 부적법하다면 소의 교환적 변경에 대하여는 따로 판단할 필요가 없다"
> > (대판 1993.4.27. 92다24608).
> >
> > **비교판례** "재심의 소송절차에서 중간확인의 소를 제기하는 것은 재심청구가 인용될 것을 전제로 하여 재심대상소송의 본안청구에 대하여 선결관계에 있는 법률관계의 존부의 확인을 구하는 것이므로, 재심사유가 인정되지 않아서 재심청구를 기각하는 경우에는 중간확인의 소의 심판대상인 선결적 법률관계의 존부에 관하여 나아가 심리할 필요가 없으나, 한편 중간확인의 소는 단순한 공격방어방법이 아니라 독립된 소이므로 이에 대한 판단은 판결의 이유에 기재할 것이 아니라 종국판결의 주문에 기재하여야 할 것이므로 재심사유가 인정되지 않아서 재심청구를 기각하는 경우에는 중간확인의 소를 각하하고 이를 판결 주문에 기재하여야 한다"(대판 2008.11.27. 2007다69834).

04   청구를 추가적으로 변경하여 단순병합이 되었음에도 이를 간과하여 어느 한 청구에 대해서만 판결한 경우, 판결하지 않은 청구는 그 법원에 계속 중이므로 추가판결의 대상이다.   [모의 15(2)]

> **해설** 단순병합의 경우 병합된 청구 전부에 대하여 판결하기에 성숙하면 전부판결을 한다. 모든 청구에 대하여 판단하여야 하기 때문에 어느 하나의 청구에 대해 재판누락을 하면 추가판결의 대상이 된다. 즉, 단순병합은 판결의 모순, 저촉의 우려가 없으므로 일부판결이 허용되며, 일부판결 사실을 제1심법원이 알지 못하고 판결시, 이를 재판누락이라고 한다. 이에 대해 당사자의 구제책과 관련하여, 누락된 부분의 상소는 상소의 대상적격이 없어 부적법하고, 누락된 부분은 원심의 추가판결의 대상이 된다.

05 청구사이의 논리적 관련성이 없는 예비적 병합청구의 경우 법원이 단순병합 청구로 보정하게 하는 등의 조치를 취하지 아니하고 일부만을 인용하고 나머지 청구에 대한 심리·판단을 모두 생략하는 내용의 판결을 하였다면, 이에 대해 피고만이 항소한 경우 제1심법원이 심리·판단하여 인용한 청구만이 항소심으로 이심될 뿐, 나머지 심리·판단하지 않은 청구는 여전히 제1심에 남아 있게 된다. [모의 13(1),16(1),(3)]

해설 ※ 청구사이의 논리적 관련성이 없는 예비적 병합청구와 일부판결(부적법하고 추가판결로 해결)

"논리적으로 전혀 관계가 없어 순수하게 단순병합으로 구하여야 할 수개의 청구를 선택적 또는 예비적 청구로 병합하여 청구하는 것은 부적법하여 허용되지 않는다. 따라서 원고가 그와 같은 형태로 소를 제기한 경우 제1심법원이 본안에 관하여 심리·판단하기 위해서는 소송지휘권을 적절히 행사하여 이를 단순병합 청구로 보정하게 하는 등의 조치를 취하여야 하는바, 법원이 이러한 조치를 취함이 없이 본안판결을 하면서 그 중 하나의 청구에 대하여만 심리·판단하여 이를 인용하고 나머지 청구에 대한 심리·판단을 모두 생략하는 내용의 판결을 하였다 하더라도 그로 인하여 청구의 병합 형태가 선택적 또는 예비적 병합 관계로 바뀔 수는 없으므로, 이러한 판결에 대하여 피고만이 항소한 경우 제1심법원이 심리·판단하여 인용한 청구만이 항소심으로 이심될 뿐, 나머지 심리·판단하지 않은 청구는 여전히 제1심에 남아 있게 된다"(대판 2008.12.11. 2005다51495). ☞ 청구사이의 논리적 관련성이 없는 경우 원고가 심판순서를 붙여 청구하였더라도 이는 여전히 단순병합 청구에 해당하므로(법원의 보정조치가 없더라도) 일부판결이 허용되고, 누락된 부분은 추가판결의 대상이 될 뿐이다. [청구사이의 논리적 관련성이 인정되어 단순병합 청구에 심판순서를 붙인 경우에도(아래 사례 문제 ③번 지문) 判例는 단순병합으로 보나 이 경우에는 일부판결 허부에 대해 아직까지 판단한 적 없으므로 구별할 것.]

06 甲은 乙소유의 X부동산에 대하여 채권최고액 4억 5천만 원의 근저당권설정등기를 경료하였으나, 乙은 丙과 공모하여 위 근저당권설정등기를 불법말소하였다. 이에 甲은 乙을 상대로 주위적으로 근저당권설정등기의 회복등기절차 이행을 구하면서, 예비적으로 乙이 丙과 공모하여 등기를 불법말소한 데 대한 손해배상금과 지연손해금 지급을 구하는 소를 제기하였다. 제1심법원이 주위적 청구를 인용하면서 예비적 청구를 기각하였고, 甲은 기각된 부분에 대하여 항소를 제기하였다.

① 위 병합형태는 진정예비적 병합에 해당하지 않는다. [모의 13(3)]

해설 ※ 주위적청구와 전보배상청구(대상청구)

判例는 "위 예비적 청구는 주위적 청구인 근저당권설정등기 회복의무가 이행불능 또는 집행불능이 될 경우를 대비한 전보배상으로서 대상청구라고 보아야 하고, 이러한 주위적·예비적 병합은 현재 급부청구와 장래 급부청구의 단순병합에 해당한다"(대판 2011.8.18. 2011다30666)고 판시하였다.

> 비 교 ⅰ) 인도청구대상이 종류물 또는 불특정물인 경우, 判例는 "고철의 '인도불능일 때' 또는 '인도하지 않을 때'라는 문언은 '집행불능의 때'의 의미로 보아야 한다"(대판 1975.5.13. 75다308)고 판시하여 집행불능에 대비한 대상청구(단순병합)로 보았다. ⅱ) 반면, 특정물인도청구의 경우에는 대상청구가 변론종결시의 이행불능에 대비한 것인지, 장래의 집행불능에 대비한 것인지는 우선 원고의 의사에 따를 것이다. 이행불능에 대비한 청구라면 (진정)예비적 병합이다.

② 위 병합된 청구는 상호 양립 가능하더라도 허용될 수 있다. [모의 13(1),16(1),(3)]

해설 ※ 부진정예비적병합의 허부(원칙적 허용)

㉠ 부진정 예비적 병합의 허용여부에 대하여 대법원은 "청구의 예비적 병합은 논리적으로 양립할 수 없는 수 개의 청구에 관하여 주위적 청구의 인용을 해제조건으로 예비적 청구에 대하여 심판을 구하는

형태의 병합이라 할 것이지만, 논리적으로 양립할 수 있는 수 개의 청구라 하더라도 당사자가 심판의 순위를 붙여 청구를 할 합리적 필요성이 있는 경우에는 당사자가 붙인 순서에 따라서 당사자가 먼저 구하는 청구를 심리하여 이유가 없으면, 다음 청구를 심리하여야 한다"(대판 2002.2.8. 2001다17633 ; 선택적 병합에 심판 순서를 붙인 판례)고 판시하여 허용하는 입장이다. ["부진정 예비적 병합은 진정 예비적 병합에서와 마찬가지로 규율해야 한다"(대판 2002.2.8. 2001다17633)라고 하여 선택적 병합에 심판 순서를 붙인 경우 판례는 부진정 예비적 병합이라고 칭한다.]

ⓒ 본 사안에서 判例는 "채권자가 본래적 급부청구에다가 이에 대신할 전보배상을 부가하여 대상청구를 병합하여 소구한 경우의 대상청구는 본래적 급부청구권이 현존함을 전제로 하여 이것이 판결확정 전에 이행불능(특정물 인도청구의 경우랑 구별)되거나 또는 판결확정 후에 집행불능이 되는 경우에 대비하여 전보배상을 미리 청구하는 경우로서 양자의 병합은 현재의 급부청구와 장래의 급부청구와의 단순병합에 속하는 것으로 허용된다"(대판 1975.7.22. 75다450)고 하여 양립가능한 청구에 심판순서를 붙이는 것을 선택적 병합과 단순 병합에서 허용한다. (다만 선택적 병합에 순서 붙인 경우와 달리 단순 병합에 순서를 붙인 경우 判例는 부진정 예비적 병합으로 칭하지 않는다).

③ **만일 1심 법원이 주위적 청구가 이유없다고 판단했다면 예비적 청구에 대해서는 심리할 것도 없이 배척하여야 한다.**

[모의 12(3),14(2),15(1)]

해설 ※ 집행불능에 대비한 대상청구의 심리(본위적 청구가 이유 없는 때)

判例는 "본위적 청구에 부가한 대상청구에 대하여는 본위적 청구가 이유 없는 때에는 예비적 청구(단순병합)인 대상청구에 관하여는 심리할 필요 없이 이를 배척하여야 할 것이다"(대판 1969.10.28. 68다158 ; 주청구 인용을 조건으로 대상청구 한 것이므로)고 본다. ☞ 원칙적으로 단순병합 청구의 심리는 한 청구가 이유 없더라도 다른 청구에 대해서는 심리 판단하여 인용, 기각이 전부 가능하나, 사안은 논리적 관련성이 있는 단순병합 청구에 심판 순서를 붙여 청구한 경우로서 본위적 청구가 이유 없는 경우에 예비적 청구도 배척함이 논리적으로 타당하기 때문이다.

> **비 교** ※ 집행불능에 대비한 대상청구의 심리(본위적 청구가 인용 될 때)
>
> 이러한 대상청구를 본래의 급부청구에 예비적으로 병합한 경우에도 본래의 급부청구가 인용된다는 이유만으로 예비적 청구에 대한 판단을 생략할 수는 없다(대판 1975.5.13. 75다308).
> ☞ 단순병합의 경우 원칙적으로 일부판결이 가능하므로 예비적 청구에 대해 판단을 하지 않았더라도 이는 추가판결의 대상이 될 뿐이라고 할 수도 있지만, 판례는 더 나아가 이에 대한 판단은 하지 않았다. 그러므로 위 판례는 단순병합 청구 심리 전반에 해당하는 것이 아닌 단순병합 청구에 심판순서를 붙인 경우(집행불능에 대비한 대상청구)에만 해당하는 판례임을 주의할 필요가 있다.

④ **만일 甲명의의 등기가 불법말소된 후 乙이 X의 소유권을 丁에게 이전하였다면 甲은 말소당시의 소유자인 乙을 상대로 말소회복등기청구의 소를 제기하여야 한다**(대판 1969.3.18. 68다1617).

⑤ **주위적 청구가 인용되어 전부 승소한 甲에게도, 패소한 예비적 청구부분에 대해서는 항소의 이익이 있다.**

[모의 13(3)]

해설 "이러한 주위적·예비적 병합은 현재 급부청구와 장래 급부청구의 단순병합에 속하므로, 甲이 항소한 부분인 예비적 청구의 당부를 판단하여야 함에도 주위적 청구가 인용된 이상 예비적 청구는 판단할 필요가 없다고 보아 이 부분 항소를 각하한 원심판결에는 법리오해 등의 위법이 있다"(대판 2011.8.18. 2011다30666).

07 명예훼손행위를 원인으로 한 손해배상청구소송에서 패소한 원고가 항소심에서 청구취지를 변경하지 아니한 채 피고가 제1심판결 선고 후 행한 새로운 명예훼손행위를 청구원인으로 추가한 경우, 이를 선택적 병합청구로 볼 수 있으며, 항소심이 원고의 청구를 기각하며 위 추가된 병합

청구에 관하여 아무런 판단도 하지 아니한 것은 판단누락에 해당한다.

해설 ※ 새로운 명예훼손행위를 청구원인으로 추가 (선택적 병합의 취지)

"제1심판결 선고 전의 명예훼손행위에 관하여 손해배상청구를 하였으나 피고가 그 내용이 진실이라고 믿을 만한 상당한 이유가 있다는 이유로 청구를 기각당한 원고가 그 항소심에서 청구취지를 변경하지 아니한 채 피고가 제1심판결 선고 후 행한 새로운 명예훼손행위를 청구원인으로 추가하였다면 이는 다른 특별한 사정이 없는 한 피고의 새로운 명예훼손행위를 원인으로 하는 손해배상청구를 선택적으로 병합하는 취지라고 볼 것이다. 그러므로 항소심이 새로운 명예훼손행위를 원인으로 한 선택적 병합청구에 관하여 아무런 판단도 하지 아니한 채 원고의 청구를 기각하는 것은 판단누락에(주 : 정확히는 판단누락에 준하는 위법이 있다는 의미)해당한다"(대판 2010.5.13. 2010다8365). ☞ 따라서 추가판결이 아니라 상고로서 구제를 받아야 한다. [원고의 의사가 1심 판결 선고 전 명예훼손 행위든 1심 판결 선고 후 명예훼손 행위든 어느 하나만 인용되면 족하다는 의사였다면 선택적 병합이지만, 각각의 행위 모두에 대해 배상받기를 원하고 청구취지를 변경하였더라면(별개의 행위에 기한 손해배상청구권) 단순병합이 될 수도 있는 사안이었다.]

08 선택적 병합의 어느 한 청구를 인용할 경우 다른 청구에 대해서는 심판을 요하지 않는다. 따라서 원고의 승소 판결에 대해 다른 청구에 대한 인용을 구하면서 하는 상소는 판결이유에 대한 상소로 상소이익이 없다.

[모의 15(3)]

09 선택적 병합의 경우에 한 개의 청구를 인용한 판결에 대하여 피고가 항소한 경우에 제1심에서 심판하지 않은 청구까지 모두 항소심으로 이심된다.

[모의 15(1)]

해설 ※ 수개의 청구가 제1심에서 선택적으로 병합되고 그 중 어느 하나의 청구에 대한 인용판결이 선고되어 피고가 항소를 제기한 경우, 항소심의 심판 범위

"수개의 청구가 제1심에서 선택적으로 병합되고 그 중 어느 하나의 청구에 대한 인용판결이 선고되어 피고가 항소를 제기한 때에는 제1심이 판단하지 아니한 나머지 청구까지도 항소심으로 이심되어 항소심의 심판 범위가 되므로, 항소심이 원고의 청구를 인용할 경우에는 선택적으로 병합된 수개의 청구 중 어느 하나를 임의로 선택하여 심판할 수 있으나, 원고의 청구를 모두 기각할 경우에는 원고의 선택적 청구 전부에 대하여 판단하여야 한다"(대판 2010.5.27. 2009다12580). ☞ 선택적 병합의 경우 하나의 전부판결이므로 확정차단 및 이심의 범위, 항소심의 심판대상은 전부이다.

10 수 개의 청구가 제1심에서 선택적으로 병합되고 그 중 어느 하나의 청구에 대한 인용판결이 선고되어 피고가 항소를 제기한 경우 항소심에서는 선택적으로 병합된 위 수 개의 청구 중 어느 하나를 임의로 선택하여 인용할 수 있고, 1심에서 판단하지 아니한 청구를 이유로 인용판결을 하는 경우에도 피고의 항소를 기각하여서는 아니된다.

[변호 13, 모의 13(2),16(1)]

해설 ※ 선택적 병합에서 원심과 다른 청구를 인용시 항소심 판결주문 (判例는 항소인용설)

대법원은 "수개의 청구가 제1심에서 처음부터 선택적으로 병합되고 그 중 어느 한 개의 청구에 대한 인용판결이 선고되어 피고가 항소를 제기한 경우는 물론, 원고의 청구를 인용한 판결에 대하여 피고가 항소를 제기하여 항소심에 이심된 후 청구가 선택적으로 병합된 경우에 있어서도 항소심은 제1심에서 인용된 청구를 먼저 심리하여 판단할 필요는 없고, 선택적으로 병합된 수개의 청구 중 제1심에서 심판되지 아니한 청구를 임의로 선택하여 심판할 수 있다고 할 것이나, 심리한 결과 그 청구가 이유 있다고 인정되고 그 결론이 제1심판결의 주문과 동일한 경우에도 피고의 항소를 기각하여서는 안되며 제1심판결을 취소한 다음 새로이 청구를 인용하는 주문을 선고하여야 할 것이다"(대판 1992.9.14. 92다7023)고 하여 취소자판설(항소인용설)의 입장이다(제416조).

11 선택적으로 병합된 수개의 청구를 모두 기각한 항소심판결에 대하여 원고가 상고한 경우에 상고법원이 선택적 청구 중 어느 하나의 청구에 관한 상고가 이유 있다고 인정할 때에는 원심판결을 전부 파기하여야 한다.   [모의 19(1)]

해설▶ "선택적 병합의 경우에는 여러 개의 청구가 하나의 소송절차에 불가분적으로 결합되어 있기 때문에, 선택적 청구 중 하나만을 기각하고 다른 선택적 청구에 대하여 아무런 판단을 하지 아니한 것은 위법하다. 선택적으로 병합된 수개의 청구를 모두 기각한 항소심판결에 대하여 원고가 상고한 경우에 상고법원이 선택적 청구 중 어느 하나의 청구에 관한 상고가 이유 있다고 인정할 때에는 원심판결을 전부 파기하여야 한다"(대판 2017.10.26. 2015다42599, 대판 2018.6.15. 2016다229478).

12 제1심에서 청구가 기각되어 원고가 항소한 다음 항소심에서 청구를 선택적으로 병합한 경우 제1심에서 기각된 청구를 먼저 심리하여야 하는 것은 아니다.   [모의 15(1)]

해설▶ "제1심에서 원고의 청구가 기각되어 원고가 항소한 다음 항소심에서 청구를 선택적으로 병합한 경우에는 제1심에서 수개의 청구가 선택적으로 병합되었다가 그 청구가 모두 이유 없다고 인정되어 청구기각 판결이 선고되고 이에 원고가 항소한 경우와 마찬가지로 법원은 병합된 수개의 청구 중 어느 하나의 청구를 선택하여 심리할 수 있고, 제1심에서 기각된 청구를 먼저 심리할 필요는 없으며, 어느 한 개의 청구를 심리한 결과 그 청구가 이유 있다고 인정될 경우에는 원고의 청구를 기각한 제1심 판결을 취소하고 이유 있다고 인정되는 청구를 인용하는 주문을 선고하여야 한다"(대판 1993.10.26. 93다6669).

13 원고가 제1심에서 선택적으로 구한 두 개의 청구 중 1개의 청구가 인용되었는데, 원고가 항소심에서 병합의 형태를 변경하여 제1심에서 심판되지 않은 청구부분을 주위적 청구로, 제1심에서 인용된 위 청구 부분을 예비적 청구로 구하였고 항소심이 주위적 청구가 이유 있다고 인정하는 경우, 결론이 제1심판결의 주문과 동일하더라도 새로이 청구를 인용하는 주문을 선고하여야 한다.   [20년 최신판례]

해설▶ 불법행위를 원인으로 한 손해배상청구와 부당이득반환청구가 선택적으로 병합된 사안에서, 제1심은 그중 불법행위를 원인으로 한 손해배상청구 부분을 인용하여 원고 승소판결을 선고하였다. 이에 피고가 항소를 제기하자 항소심에서 원고는 위 각 청구 부분에 관하여 주위적으로 부당이득반환청구를, 예비적으로 불법행위를 원인으로 한 손해배상청구를 하는 것으로 병합의 형태를 달리하여 청구하였다. 이에 항소심은 제1심에서 심판되지 않은 부당이득반환청구 부분(원심에서 주위적 청구로 변경된 부분)을 심리하여 그 청구가 이유 있다고 인정하면서 결론이 제1심판결과 같다는 이유로 피고의 항소를 기각하는 내용의 판결을 선고하였다. 그러나 대법원은 비록 위 돈의 지급을 명하는 결론은 제1심판결의 주문과 동일하지만, 항소심에서 변경된 주위적 청구에 따라 제1심에서 심판되지 아니한 부당이득반환청구 부분을 인정하는 것이므로 피고의 항소를 기각하여서는 아니 되고 새로이 청구를 인용하는 주문을 선고하여야 한다고 판시하였다(파기자판한 사례).(대판 2020.10.15. 2018다229625)

13 주위적으로 무조건적인 소유권이전등기절차의 이행을 구하고, 예비적으로 금전 지급과 상환으로 소유권이전등기절차의 이행을 구하는 것은 예비적 청구라고 볼 수 없다.   [모의 16(2)]

해설▶ ※ 양적·질적 감축된 예비적 청구가 예비적 병합인지 여부(소극)
"주위적으로 무조건적인 소유권이전등기절차의 이행을 구하고, 예비적으로 금전 지급과 상환으로 소유권이전등기절차의 이행을 구하는 경우, 위 예비적 청구는 주위적 청구를 질적으로 일부 감축하여 하는 청구에 지나지 아니할 뿐, 그 목적물과 청구원인은 주위적 청구와 완전히 동일하므로 소송상의 예비적 청구라고는 볼 수 없다"(대판 1999.4.23. 98다61463).

> ※ 양적으로 감축된 예비적 청구가 예비적 병합이 아니라는 판례
> "주위적 청구로서 석회석광업에 관한 보험료율인 62/1,000에 의하여 산출한 산재보험료 부과처분이 위법하다 하여 그 전체의 취소를 구하고 예비적 청구로서 위 부과처분 전체가 위법하지 않을 때를 전제로 하여 위 부과처분 중 시멘트원료 채굴 및 제조업에 관한 보험료율인 15/1,000에 의하여 산정한 보험료를 초과한 부분만이 위법하다 하여 그 부분의 취소를 구하는 경우, 위 예비적 청구는 주위적 청구와 동일한 목적물에 관하여 동일한 청구원인을 내용으로 하고 있고 다만 주위적 청구에 대한 수량적 일부분을 감축하는 것에 지나지 아니하여 소송상 예비적 청구라고 할 수 없다"(대판 1991.5.28. 90누1120).

14 제1심 법원이 甲의 주위적 청구인 소유권이전등기청구를 기각하면서 예비적 청구인 매매대금반환청구에 대하여 판단하지 아니하는 판결을 한 경우, 甲이 그 판결에 대하여 항소를 제기하면 매매대금반환청구 역시 항소심으로 이심된다. [변호 16, 모의 12(3),13(1)]

> 해설 ※ 예비적 병합의 일부판결 가부
> 判例는 "주위적 청구를 배척하면서 예비적 청구에 대해 판단하지 않은 판결에 대한 상소가 제기되면 판단이 누락된 예비적 청구도 상소심으로 이심이 되고 판단되지 않은 청구 부분이 재판의 탈루에 해당하여 원심에 계속 중이라고 볼 것은 아니다."(대판 2000.11.16. 전합98다22253)라고 판시하여 원심이 추가판결을 할 것이 아니고 상소, 재심으로 구제되어야 한다는 입장이다. 나아가 判例는 선택적 병합과 부진정 예비적 병합(선택적 병합에 순서 붙인 경우)에서도 동일한 입장이다.

15 1심 원고 승소판결에 대해 피고가 항소를 제기하여 항소심에서 원고가 예비적 청구를 추가한 경우, 항소심 법원이 주위적 청구가 이유 없고 예비적 청구를 이유로 인용판결 하는 경우에도 피고의 항소를 기각하여서는 아니된다.

> 해설 "제1심에서 인용된 종래의 청구에 대하여 피고가 항소한 사건에서, 원고가 항소심에서 예비적 청구를 추가하여 심리한 결과, 주위적 청구는 이유 없고 항소심에서 추가된 예비적 청구가 인용되어 결과적으로 주위적 청구를 인용한 제1심판결의 주문과 같거나 유사한 결과가 된다고 하더라도, 단순히 항소를 기각한다는 주문을 내어서는 안 되고, 제1심판결을 취소하여 주위적 청구를 기각한 다음 예비적 청구에 따라서 다시 주문을 내야 한다"(대판 2011.2.10. 2010다87702).

16 예비적 병합의 경우에 주위적 청구를 기각하고 예비적 청구를 인용한 원판결에 대하여 피고가 그 패소부분에 대하여 항소한 때에는 불복하지 아니한 주위적 청구의 기각부분도 이심하지만 원고가 항소나 부대항소를 하지 아니하는 한 항소심의 심판의 대상이 되지 않는다. [모의 12(3),15(1),17(1)]

> 해설 ※ 주위적 청구 기각판결, 예비적 청구 인용판결에 피고만이 항소한 경우
> "제1심 법원이 원고들의 주위적 청구와 예비적 청구를 병합 심리한 끝에 주위적 청구는 기각하고 예비적 청구만을 인용하는 판결을 선고한 데 대하여 피고만이 항소한 경우, 항소제기에 의한 이심의 효력은 당연히 사건 전체에 미쳐 주위적 청구에 관한 부분도 항소심에 이심되는 것이지만, 항소심의 심판범위는 이에 관계없이 피고의 불복신청의 범위에 한하는 것으로서 예비적 청구를 인용한 제1심 판결의 당부에 그치고 원고들의 부대항소가 없는 한 주위적 청구는 심판대상이 될 수 없다"(대판 1995.2.10. 94다31624).

> 동지판례 "원고의 주위적 청구를 기각하면서 예비적 청구를 일부 인용한 환송 전 항소심판결에 대하여 피고만이 상고하고 원고는 상고도 부대상고도 하지 않은 경우에, 주위적 청구에 대한 항소심판단의 적부는 상고심의 조사대상으로 되지 아니하고 환송 전 항소심판결의 예비적 청구 중 피고 패소 부분만이 상고심의 심판대상이 되는 것이므로, 피고의 상고에 이유가 있는 때에는 상고심은 환송 전 항소심판결 중 예비적 청구에 관한 피고 패소 부분만 파기하여야 하고, 파기환송의 대상이 되지 아니한 주위적 청구부분은 예비적 청구에 관한 파기환송판결의 선고와 동시에 확정되며 그 결과 환송 후 원심에서의 심판범위는 예비적 청구 중 피고 패소 부분에 한정된다"(대판 2001.12.24. 2001다62213).

17 원고 패소의 제1심판결에 대하여 원고가 항소한 후 항소심에서 예비적 청구를 추가한 경우, 항소심이 주위적 청구에 대한 항소가 이유 없다고 판단한 때에는 예비적 청구에 대하여 제1심으로서 판단한다(대판 2017.3.30. 2016다253297). [최신판례]

> **비교판례** "한편 예비적 병합의 경우에는 수개의 청구가 하나의 소송절차에 불가분적으로 결합되어 있기 때문에 주위적 청구를 배척하면서 예비적 청구에 대하여 판단하지 아니한 경우 그 판결에 대한 상소가 제기되면 판단이 누락된 예비적 청구 부분도 상소심으로 이심이 되고 그 부분이 재판의 탈루에 해당하여 원심에 계속 중이라고 볼 것은 아니다"(대판 2017.3.30. 2016다253297).

18 위의 경우 항소심은 추가된 예비적 청구부분에 관해서는 별도로 인용 또는 기각 주문을 내어야 한다. 따라서 제1심이 기존의 청구를 기각한 데 대하여 원고가 항소하였고 항소심이 기존의 청구와 항소심에서 추가된 청구를 모두 배척할 경우 단순히 "원고의 항소를 기각한다."라는 주문 표시만 해서는 안 되고, 이와 함께 항소심에서 추가된 청구에 대하여 "원고의 청구를 기각한다."라는 주문 표시를 해야 한다 [21년 최신판례]

> **해설** "항소심에 이르러 새로운 청구가 추가된 경우 항소심은 추가된 청구에 대해서는 실질상 제1심으로서 재판하여야 한다. 제1심이 기존의 청구를 기각한 데 대하여 원고가 항소하였고 항소심이 기존의 청구와 항소심에서 추가된 청구를 모두 배척할 경우 단순히 '원고의 항소를 기각한다.'라는 주문 표시만 해서는 안 되고, 이와 함께 항소심에서 추가된 청구에 대하여 '원고의 청구를 기각한다.'라는 주문 표시를 해야 한다"(대판 2021.5.7. 2020다292411).

> **관련판례** "원고의 청구가 제1심에서 기각된 후 원고가 항소하면서 예비적 청구를 추가한 사실은 앞서 본 바와 같은바, 원심이 추가된 예비적 청구의 일부를 인용하는 경우에는 제1심판결 중 인용하는 금액에 해당하는 원고 패소 부분을 취소하고 그 인용액의 지급을 명할 것이 아니라, 원고의 항소를 기각하고 새로이 추가된 예비적 청구에 따라 인용금액의 지급을 명하였어야 한다"(대판 2017.3.30. 2016다253297).

19 주위적 청구를 배척하면서 예비적 청구에 대하여 판단하지 아니한 경우 상소가 제기되면 판단이 누락된 예비적 청구 부분도 상소심으로 이심된다. 그리고 이러한 법리는 부진정 예비적병합의 경우에도 마찬가지 이다. 따라서 원고가 제1심에서 재산상 손해배상 청구만을 하다가 청구가 기각되자, 항소심에서 재산상 손해배상이 인정되지 않을 경우 예비적으로 동액의 손해배상을 구한다고 청구를 추가하였는데, 항소심에서 주문 항소기각을 하고 예비적 청구에 대하여 이유에서 배척만 하고 주문 청구기각을 하지 않은 채 상고가 된 경우, 상소가 제기되면 누락된 예비적 청구도 상소심으로 이심된다. [21년 최신판례]

> **해설** "예비적 병합의 경우에는 수 개의 청구가 하나의 소송절차에 불가분적으로 결합되어 있기 때문에 주위적 청구를 먼저 판단하지 않고 예비적 청구만을 인용하거나 주위적 청구만을 배척하고 예비적 청구에 대하여 판단하지 않는 등의 일부판결은 예비적 병합의 성질에 반하는 것으로서 법률상 허용되지 않는다. 그런데도 주위적 청구를 배척하면서 예비적 청구에 대하여 판단하지 않은 판결을 한 경우에는 그 판결에 대한 상소가 제기되면 판단이 누락된 예비적 청구 부분도 상소심으로 이심이 되고 그 부분이 재판의 누락에 해당하여 원심에 계속 중이라고 볼 것은 아니다. 이러한 법리는 부진정 예비적 병합의 경우에도 달리 볼 이유가 없다"(대판 2021.5.7. 2020다292411). ☞ **[사실관계]** 원고가 제1심에서 재산상 손해배상 청구만을 하다가 청구가 기각되자, 항소심에서 재산상 손해배상이 인정되지 않을 경우 예비적으로 동액의 정신적 손해배상을 구한다고 청구를 추가하였는데, 항소심에서 주문 항소기각을 하고 예비적 청구에 대하여 이유에서 배척만 하고 주문 청구기각을 하지 않은 채 상고가 된 사건에서, 위와 같은 형태의 부진정 예비적 병합 청구도 인정되고, 이 경우 상소가 제기되면 누락된 예비적 청구도 상소심으로 이심된다고 본 사례

20 실질적으로 선택적 병합 관계에 있는 두 청구에 관하여 당사자가 주위적·예비적으로 순위를 붙여 청구하였고, 그에 대하여 제1심법원이 주위적 청구를 기각하고 예비적 청구만을 인용하는 판결을 선고하여 피고만이 항소를 제기한 경우에도, 항소심으로서는 두 청구 모두를 심판의 대상으로 삼아 판단하여야 한다(대판 2014.5.29. 2013다96868). [최신판례]

21 주위적 청구가 전부 인용되지 않을 경우 주위적 청구에서 인용되지 아니한 수액 범위 내에서 예비적 청구에 대하여 판단하여 주기를 바라는 취지로 불가분적으로 결합시켜 제소할 수 있다 (대판 2002.9.4. 98다17145).

> **해설** 예를 들어 1억 원의 어음채권청구 중 5천만 원만 인용시 인용되지 않은 5천만 원도 예비적으로 청구한 1억 원의 원인채권청구의 소송에서 판단해주기로 바라는 취지로 결합 가능

> **관련판례** ※ 예비적병합의 심판방법
> "주위적 청구 중 일부를 인용한 제1심판결에 대하여 쌍방이 항소하자 항소심이 제1심판결 중 피고 패소 부분을 취소하고 그에 해당하는 주위적 청구를 기각하면서, 원고의 예비적 청구의 취하 여부에 대하여 석명을 구하지 아니한 채 그에 대한 판단을 하지 아니한 것은 위법하다. 원심으로서는 원고에게 주위적 청구가 인용되지 아니할 경우 남아 있는 예비적 청구도 판단하여 주기를 원하는 취지인지, 또는 예비적 청구는 취하하는 취지인지에 대하여 석명을 구한 후 그 결과에 따라 예비적 청구에 대한 판단 여부를 정하였어야 할 것이다"(대판 2007.10.11. 2007다37790).

22
> B는 2011.4.1. C로부터 甲건물을 3억 원에 매수하였으나, 대금을 완납하지 못한 상태에서 2011.5.1. D에게 위 부동산을 미등기전매하였다. D는 대금을 완납하지 못한 상태에서 2011.6.1. A에게 위 부동산을 미등기전매하였으며, A는 소유권을 취득할 수 없을지도 모른 다는 불안감에 D에게 甲건물에 대한 자신명의의 근저당권설정등기를 경료해 줄 것을 요구하였다. 이에 D는 C에게 부탁하여 A명의의 근저당권설정등기를 경료해 주었다. 그러나 D는 이후 A명의의 근저당권설정등기를 불법말소하였다. 이에 A는 C를 상대로 주위적으로 이 사건 근저당권설정등기가 위법하게 말소되었음을 이유로 그 회복등기절차의 이행을 구함과 아울러, 예비적으로 근저당권이 말소됨으로 인한 부당이득의 반환을 구하는 소를 제기하였다.

① 위 병합형태는 예비적 병합으로서 법원은 A의 청구순위에 구속되어 판결해야 한다.

> **해설** ※ 예비적병합의 심판방법
> 청구의 예비적 병합이란 양립할 수 없는 수개의 청구 중 주위적 청구(제1차 청구)가 인용되지 않을 것에 대비하여 그 인용을 해제조건으로 예비적 청구(제2차 청구)에 관하여 심판을 구하는 병합형태를 말한다. 사안의 주위적 청구는 근저당권의 불법말소로 인한 말소회복등기청구에 해당하고, 예비적 청구는 근저당권의 말소회복이 불가능을 전제로 한 부당이득반환청구에 해당하므로 상호 양립이 불가능하다. 따라서 사안의 병합은 예비적 병합에 해당한다. 예비적 병합시 법원은 당사자가 지정한 청구의 순위에 구속되어 심판하여야 한다.

② 제1심이 주위적 청구를 모두 인용하였고 이에 C가 항소하였다면, 항소하지 않은 예비적 청구도 항소심에 이심되고, 항소심은 주위적 청구를 배척할 경우 예비적 청구에 대해서도 심판하여야 한다. [변호 16, 모의 16(3),13(3)]

> **해설** ※ 피고의 항소와 예비적병합의 심판방법
> "예비적 병합의 경우에는 원고가 붙인 순위에 따라 심판하여야 하며 주위적 청구를 배척할 때에는 예

비적 청구에 대하여 심판하여야 하나 주위적 청구를 인용할 때에는 다음 순위인 예비적 청구에 대하여 심판할 필요가 없는 것이므로, 주위적 청구를 인용하는 판결은 전부판결로서 이러한 판결에 대하여 피고가 항소하면 제1심에서 심판을 받지 않은 다음 순위의 예비적 청구도 모두 이심되고 항소심이 제1심에서 인용되었던 주위적 청구를 배척할 때에는 다음 순위의 예비적 청구에 관하여 심판을 하여야 하는 것이다"(대판 2000.11.16. 전합98다22253).

③ **제1심이 주위적 청구 중 근저당권설정등기의 회복등기청구 중 2/3 부분을 인용하고 그 나머지 청구와 예비적 청구를 모두 기각하였다면, 적어도 위 일부인용부분과 관련된 예비적 청구를 기각한 부분은 효력이 발생하지 않는다.**

해설 "원고들은 이 사건 예비적 청구가 주위적 청구 전체에 대한 예비적 청구인지, 아니면 주위적 청구 중 일부에 대한 예비적 청구인지 등에 관하여 그 의사를 명확히 밝히지 아니하고 있으나, 원고들이 제1심에서 이 사건 주위적 청구 일부에 대하여 승소하였다면 적어도 그 승소 부분과 관련한 예비적 청구 부분은 특별한 사정이 없는 한 제1심의 심판대상이 될 수 없는 것이고, 이와 같이 심판대상이 될 수 없는 청구에 대하여 제1심이 판단하였다 하더라도 그 효력이 없다 할 것이므로(대판 1995.1.24. 94다29065, 대판 1995.7.25. 94다62017 등 참조), 원고들이 제1심에서 기각된 예비적 청구에 대하여 항소를 하지 아니하였다는 사유만으로 이 사건 예비적 청구가 원심의 심판대상으로 될 수 없는 것은 아니라고 할 것이다. 이 사건 주위적 청구는 불법 말소된 근저당권설정등기의 회복등기청구와 매매계약에 따른 토지거래허가신청청구인바, 이들 청구 사이의 관계에 비추어 볼 때, 제1심이 이 사건 주위적 청구 중 근저당권설정등기의 회복등기청구를 일부 인용하였다면 적어도 이와 관련된 예비적 청구는 제1심의 심판대상이 되지 않았다고 볼 것이므로(제1심은 이 사건 주위적 청구 중 토지거래허가신청청구를 기각하면서, 이 사건 예비적 청구에 대하여도 판단하여 이를 기각하였는바, 제1심에서 기각된 예비적 청구는 이 사건 주위적 청구 중 토지거래허가신청청구에 관한 것으로 보인다), 원심으로서는 이 사건 주위적 청구인 근저당권설정등기의 회복등기청구 중 원고들이 일부 승소한 부분에 대하여 피고 고선오가 항소를 하여, 원심이 이 부분에 관한 제1심판결을 취소하고 취소 부분에 해당하는 원고들의 주위적 청구를 기각하는 경우에는 나아가 이 부분과 관련된 예비적 청구를 심판대상으로 삼아 이를 판단하여야 한다고 할 것이다"(대판 2000.11.16. 98다22253). ☞ 주청구 중 일부인용된 부분과 관련하여서는 예비적 청구를 심판할 필요가 없으나 심판하였더라도 이는 효력이 발생하지 아니한다. 주청구 중 일부만 인용되었으므로 원고, 피고 모두 항소할 수 있으나 피고가 항소한 경우 패소한 일부 인용부분(피고가 승소한 주청구 중 원고 일부 패소부분은 아님)과 그 부분과 관련된 예비적 청구가 모두 이심되고, 항소심에서 일부 인용된 주청구를 기각할 경우에는 이와 관련된 예비적 청구가 심판대상이 된다.

④ **제1심이 주위적 청구를 배척하면서 예비적 청구에 대해 판단하지 않는다면, A는 추가판결을 구하는 것이 아니라 패소 부분에 대하여 항소하여야 한다.** [변호 16, 모의 12(3),13(1),14(2),15(1)]

해설 ※ **예비적병합의 일부판결과 구제방법**
判例는 "예비적 병합의 경우에는 수개의 청구가 하나의 소송절차에 불가분적으로 결합되어 있기 때문에 주위적 청구를 먼저 판단하지 않고 예비적 청구만을 인용하거나 주위적 청구만을 배척하고 예비적 청구에 대하여 판단하지 않는 등의 일부판결은 예비적 병합의 성질에 반하는 것으로서 법률상 허용되지 아니하며, 그럼에도 불구하고 주위적 청구를 배척하면서 예비적 청구에 대하여 판단하지 아니하는 판결을 한 경우에는 그 판결에 대한 상소가 제기되면 판단이 누락된 예비적 청구 부분도 상소심으로 이심이 되고 그 부분이 재판의 탈루에 해당하여 원심에 계속중이라고 볼 것은 아니다"(대판 2000.11.16. 전합98다22253)고 판시하여 상소·재심으로 구제되어야 한다는 입장이다.

관련판례 선택적 병합의 경우에도 判例는 "제1심법원이 원고의 선택적 청구 중 하나만을 판단하여 기각하고 나머지 청구에 대하여는 아무런 판단을 하지 아니한 조치는 위법한 것이고, 원고가 이와 같이 위법한 제1심판결에 대하여 항소한 이상 원고의 선택적 청구 전부가 항소심으로 이심되었다고 할 것이므로, 선택적 청구 중 판단되지 않은 청구 부분이 재판의 탈루로서 제1심법원에 그대로 계속되어 있다고 볼 것은 아니다"(대판 1998.7.24. 96다99)고 판시하였다.

☞ 判例는 청구의 선택적·예비적 병합의 경우에는 일부판결이 허용되지 않으므로, 일부의 청구에 대한 판단을 간과한 경우에는 상소·재심에 의해 문제를 해결해야 한다고 본다(대판 2000.11.16. 전합98다 22253, 대판 1998.7.24. 96다99).

> [비교판례] 단순병합에서 청구의 일부에 대한 판결을 간과한 것은 재판의 누락에 해당하며, 判例는 "확장된 지연손해금 청구 부분에 대하여 원심법원이 판결 주문이나 이유에서 아무런 판단을 하지 아니한 재판의 탈루가 발생한 경우에, 이 부분 소송은 아직 원심에 계속 중이라고 보아야 할 것이어서 적법한 상고의 대상이 되지 아니하므로, 이 부분에 대한 상고는 부적법하다"(대판 1996.2.9. 94다50274)고 보아 추가판결에 의해 문제를 해결해야 한다고 본다.

⑤ 만일 A가 제1심이 주위적 청구를 배척하면서 예비적 청구에 대해 판단하지 않았다는 것을 알고도 조치를 취하지 않아 판결이 확정되었다면, A는 상소에 의해 구제받을 수 있음에도 불구하고 이를 방치한 이상 별소를 제기하는 것은 허용되지 않는다. [최신판례, 모의 13(1)]

> [해설] "예비적 병합의 경우에는 수개의 청구가 하나의 소송절차에 불가분적으로 결합되어 있기 때문에 주위적 청구를 배척하면서 예비적 청구에 대하여 판단하지 아니한 경우 그 판결에 대한 상소가 제기되면 판단이 누락된 예비적 청구 부분도 상소심으로 이심이 되고 그 부분이 재판의 탈루에 해당하여 원심에 계속 중이라고 볼 것은 아니다"(대판 2017.3.30. 2016다253297).

※ 소의 이익(소제기의 장애사유가 없을 것)

判例는 "항소심판결상 예비적 청구에 관하여 이루어져야 할 판단이 누락되었음을 알게 된 당사자가 상고를 통하여 그 오류의 시정을 구하였어야 함에도 상고로 다툴 수 없는 특별한 사정이 없었음에도 상고로 다투지 아니하여 그 항소심판결을 확정시킨 후 그 예비적 청구의 전부나 일부를 소송물로 하는 별도의 소송을 새로 제기하는 것이 권리보호 요건을 갖추지 못한 부적법한 소제기이다"(대판 2002.9.4. 98다17145)고 판시하였다.

23 청구의 변경은 소송절차를 지연함이 현저한 경우가 아닌 한 청구의 기초에 변경이 없는 한도에서 사실심의 변론종결시까지 할 수 있는 것이므로(민사소송법 제262조 제1항), 청구의 변경이 있는 경우에 법원은 새로운 청구의 심리를 위하여 종전의 소송자료를 대부분 이용할 수 없고 별도의 증거제출과 심리로 인하여 소송절차를 현저히 지연시키는 경우에는 이를 허용하지 아니하는 결정을 할 수 있다(대판 2017.5.30. 2017다211146). [최신판례]

24 제1심에서 청구기각판결을 선고받은 원고가 항소심에서 청구를 교환적으로 변경한 경우, 항소법원이 신청구 역시 기각하여야 한다면 그 신청구에 대한 청구기각의 주문을 표시하여야하고, 항소기각의 주문표시를 하여서는 아니된다(대판 1997.6.10. 96다25449). [모의 15(2)]

> [관련판례] "항소심에서 청구의 교환적 변경이 이루어져 항소심이 그 판결의 청구취지로 변경된 청구를 기재하고 판결 이유에서 변경된 청구에 대하여 판단하였음에도 주문에서 '원고의 항소를 기각한다'고 기재한 경우, 그 이유의 결론 및 주문에서 원고의 항소를 기각한다고 기재한 것은 항소심에서 교환적으로 변경된 원고의 청구를 기각한다고 할 것을 잘못 표현한 것이 명백하므로 항소심 법원은 그 판결의 주문과 이유의 결론 부분을 바로 잡는 판결경정 결정을 할 수 있다"(대판 1999.10.22. 98다21953).

25 항소심에서 청구가 교환적으로 변경된 경우, 항소심 법원은 구청구가 취하된 것으로 보아 교환된 신청구에 대하여만 사실상 제1심으로 재판한다(대판 1989.3.28. 87다카2372). [변호 14,17]

> [관련판례] "원고의 청구가 일부 인용된 환송 전 원심판결에 대하여 피고만이 상고하고 상고심은 이 상고를 받아들여 원심판결 중 피고 패소부분을 파기환송하였다면 피고 패소부분만이 상고되었으므로 위의 상고심에서의 심리대상은 이 부분에 국한되었으며, 환송되는 사건의 범위, 다시 말하자면 환송 후 원심의 심판 범위도 환송 전 원심에서 피고가 패소한 부분에 한정되는 것이 원칙이고, 환송 전 원심판결 중 원고 패소부분은 확정되었다 할 것이므로 환송 후 원심으로서는 이에 대하여 심리할 수 없다. 그러나 환송 후 원심의 소송절차는 환송 전 항소심의 속행이므로 당사자는 원칙적으로 새로운 사실과 증거를 제출할 수 있음은 물론, 소의 변경, 부대항소의 제기뿐만 아니라 청구의 확장 등 그 심급에서 허용되는 모든 소송행위를 할 수 있고, 이때 소를 교환적으로 변경하면, 제1심판결은 소취하로 실효되고 항소심의 심판대상은 교환된 청구에 대한 새로운 소송으로 바뀌어 항소심은 사실상 제1심으로 재판하는 것이 된다"(대판 2013.2.28. 2011다31706).

26 가등기에 기한 본등기청구를 하면서 가등기의 피담보채권을 처음에는 대여금채권이라고 주장하였다가 나중에는 손해배상채권이라고 주장한 경우 이는 소의 변경에 해당하지 않는다.[변호 17유사]

[해설] ※ 공격방법에 관한 주장을 변경할 뿐인 경우 소의 변경이 아니다.

判例는 ㉠ "가등기에 기한 본등기청구를 하면서 그 등기원인을 매매예약완결이라고 주장하는 한편 위 가등기의 피담보채권을 처음에는 대여금채권이라고 주장하였다가 나중에는 손해배상채권이라고 주장한 경우 가등기에 기한 본등기청구의 등기원인은 위 주장의 변경에 관계없이 매매예약완결이므로 등기원인에 변경이 없어 청구의 변경에 해당하지 아니하고, 위 가등기로 담보되는 채권이 무엇인지는 공격방어방법에 불과하다"(대판 1992.6.12. 92다11848)고 하였고, ㉡ "채권자가 사해행위의 취소를 청구하면서 그 보전하고자 하는 채권을 추가하거나 교환하는 것은 그 사해행위취소권을 이유 있게 하는 공격방법에 관한 주장을 변경하는 것일 뿐이지 소송물 또는 청구 자체를 변경하는 것이 아니므로 소의 변경이라 할 수 없다"(대판 2003.5.27. 2001다13532)고 하였다.

27 甲이 乙을 상대로 매매계약에 기한 소유권이전등기 청구의 소를 제기하였고 제1심에서 승소하자 乙이 항소하였다. 그런데 항소심에서 甲은 乙에게 불법행위를 원인으로 하는 손해배상을 구하는 것으로 교환적 변경을 하였고, 그 후 乙이 항소를 취하하였다면, 항소취하는 아무런 효력이 없다.

[모의 16(2)]

[해설] ※ 교환적 변경 후 항소취하의 효력

"피고의 항소로 인한 항소심에서 소의 교환적 변경이 적법하게 이루어졌다면 제1심판결은 소의 교환적 변경에 의한 소취하로 실효되고, 항소심의 심판대상은 새로운 소송으로 바뀌고 항소심이 사실상 제1심으로 재판하는 것이 되므로, 그 뒤에 피고가 항소를 취하한다 하더라도 항소취하는 그 대상이 없어 아무런 효력을 발생할 수 없다"(대판 1995.1.24. 93다25875).

28 압류채권에 대한 추심명령을 받아 추심금청구소송을 제기, 진행 중 청구금액을 감축한 것은 소의 일부취하를 뜻하는 것이고 취하된 부분의 청구를 포기한 것이라고 볼 수는 없다.

[변호 16, 모의 14(1),16(1),(3)]

[해설] ※ 원고의 의사가 불분명한 경우에 청구금액을 감축한 것의 성격(판례는 소의 일부취하설)

원고의 의사가 불분명한 경우에 청구금액을 감축한 것의 성격이 무엇인지가 문제되는바, 判例는 "압류채권에 대한 추심명령을 받아 추심금청구소송을 제기, 진행중 청구금액을 감축한 것은 소의 일부취하를 뜻하는 것이고 취하된 부분의 청구를 포기하였다고 볼 수 없으며, 위 채권압류는 추심하고 남은 잔여채권에 대하여 그 효력을 지속하는 것이다"(대판 1983.8.23. 83다카450)고 판시하여 소의 일부취하설의 입장이다. 원고에게 보다 불이익이 적은 소의 일부취하로 보는 것이 타당하다.

> **비교판례** 判例는 청구취지 확장의 경우 "매매 또는 취득시효 완성을 원인으로 하는 소유권이전등기청구
> 소송에서 그 대상을 1필지 토지의 일부에서 전부로 확장하는 것은 청구의 양적 확장으로서 소의 추가적
> 변경에 해당(대판 1997.4.11. 96다50520)"한다고 본다. 다수설도 청구취지의 확장은 피고가 예상하지 못한
> 판결을 받을 가능성이 생겼기 때문에 명시여부를 불문하고 소변경으로 보는 것이 타당하다고 한다.

29

> 甲은 乙로부터 2013.6.12. X부동산을 매수하였다. 이후 乙이 X부동산의 소유권이전등기절
> 차에 협력하지 않자 소송비용을 고려해 우선 X부동산의 1/2부분에 관한 소유권이전등기
> 청구의 소를 제기하였다. 이후 甲은 X부동산 전체로 청구취지를 확장하여 전부승소판결
> 을 선고받았다. 乙은 이에 대해 항소하였으나, 甲은 X부동산이 토지거래허가구역내에 소
> 재하고 있다는 사실을 알고는 항소심에서 토지거래허가신청절차이행청구로 교환적 변경
> 을 신청하였다.

① 甲이 1심에서 청구취지를 확장하지 않은 채 전부승소판결을 받았다면(일부청구임을 명시하지
  않은 경우), 부동산 전체로 청구취지를 확장하기 위한 항소를 제기할 수 있다. [모의 16(1),17(1)]

해설 ※ 제1심에서 전부승소한 원고가 항소인으로서 소의 변경을 할 수 있는지 여부(제한적 적극)
  원고가 전부승소한 경우 소의 변경만을 위한 항소는 상소이익이 없으나 가분채권의 묵시적인 일부청구
  라고 볼 수 있다면 가능하다(대판 2007.6.15. 2004다37904). 즉, 判例는 "가분채권에 대한 이행청구의 소를
  제기하면서 그것이 나머지 부분을 유보하고 일부만 청구하는 것이라는 취지를 명시하지 아니한 경우에는
  그 확정판결의 기판력은 나머지 부분에까지 미치는 것이어서 별소로써 나머지 부분에 관하여 다시 청구
  할 수는 없는 것이므로, 일부 청구에 관하여 전부 승소한 채권자는 나머지 부분에 관하여 청구를 확장
  하기 위한 항소가 허용되지 아니한다면 나머지 부분을 소구할 기회를 상실하는 불이익을 입게 된다 할
  것이고, 따라서 이러한 경우에는 예외적으로 전부 승소한 판결에 대해서도 나머지 부분에 관하여 청구를 확
  장하기 위한 항소의 이익을 인정함이 상당하다고 할 것이다"(대판 2010.11.11. 2010두14534)고 판시하였다.

② 위 ①의 경우, 乙만이 항소한 항소심에서 甲이 X부동산 전체로 청구취지를 확장한 경우에는
  乙에게 불리하게 되는 한도에서 부대항소를 한 취지로 보아 항소법원이 제1심 판결의 범위
  를 초과하여 원고의 청구를 인용하더라도 불이익변경금지의 원칙에 반하는 것은 아니다.
  [변호 14, 모의 11(1)]

해설 ※ 제1심에서 전부승소한 원고가 피항소인으로서 소의 변경을 할 수 있는지 여부(적극)
  원고가 전부승소한 경우 소의 변경만을 위한 항소는 상소이익이 없다(대판 2007.6.15. 2004다37904). 그
  러나 피고가 항소한 경우 피항소인인 원고는 소의 변경을 위한 부대항소를 할 수 있다. 부대항소란 피항
  소인이 상대방의 항소에 의하여 개시된 항소심절차에 편승하여 원판결에 대한 불복을 주장하여 항
  소심의 심판범위를 자기에게 유리하게 확장시키는 신청(제403조)으로서, 부대항소에 의해 항소심
  절차가 개시되는 것이 아니므로 항소의 성질을 갖지 못한다(비항소설). 따라서 항소의 이익이 필요 없으므
  로 제1심에서 전부 승소한 원고도 항소심 계속 중 그 청구취지를 확장, 변경할 수 있다. 判例도 "제1심에서 전
  부 승소한 원고도 항소심 계속 중 그 청구취지를 확장 · 변경할 수 있고, 그것이 피고에게 불리하게
  하는 한도 내에서는 부대항소를 한 취지로도 볼 수 있다"(대판 1995.6.30. 94다58261)고 판시하였다. 같은
  이유로 "원고의 청구가 모두 인용된 제1심판결에 대하여 피고가 지연손해금 부분에 대하여만 항소
  를 제기하고, 원금 부분에 대하여는 항소를 제기하지 아니하였다고 하더라도 제1심에서 전부 승소
  한 원고가 항소심 계속중 부대항소로서 청구취지를 확장할 수 있는 것이므로, 항소심이 원고의 부대항
  소를 받아들여 제1심판결의 인용금액을 초과하여 원고 청구를 인용하였더라도 거기에 불이익변경금지의 원칙
  이나 항소심의 심판범위에 관한 법리오해의 위법이 없다"(대판 2003.9.26. 2001다68914)고 판시하기도 하였다.

③ 1심법원의 소송계속 중 甲은 청구원인을 취득시효로 바꾸어 구술로 소의 변경을 신청할 수 있다.

해설 ※ **소변경의 요건(청구기초의 동일성)과 청구원인의 변경을 구술로 할 수 있는지 여부(적극)**

소송물이론에 관한 구실체법설(判例)은 실체법상의 권리 또는 법률관계의 주장을 소송물로 보아 실체법상의 권리마다 소송물이 별개로 된다는 입장이다. 따라서 매매를 원인으로하는 소유권이전등기청구권에서 취득시효를 원인으로 하는 소유권이전등기청구권으로 변경하는 것은 별개의 소송물로 소의 교환적 변경에 해당한다. 또한 判例는 "채권자의 각 청구가 동일한 생활사실 또는 경제적 이익에 관한 분쟁에 있어서 그 해결방법에 차이가 있음에 불과하고 그 청구의 기초에 변경이 있는 것이 아닌 경우에는 각 청구취지 및 청구원인의 변경을 인정할 수 있다"(대판 1997.4.25. 96다32133)고 판시하였는바, 매매와 취득시효는 청구원인은 다르나 소유권이전등기라는 동일한 분쟁에 있어서 해결방법에 차이가 있음에 불과하므로 청구기초의 동일성이 인정된다. 또한, 判例는 제262조 2항의 반대해석상 청구원인의 변경은 반드시 서면에 의할 필요는 없고 말로 해도 무방하다고 본다(대판 1961.10.19. 4293민상531).

> ※ **청구의 기초의 동일성** [원, 목, 변형, 해결]
> 判例는 "동일한 사실 또는 경제적 이익에 관한 분쟁에 있어서 그 해결 방법에 차이가 있는 것에 지나지 않는 경우"(대판 1997.4.25. 96다32133)라고 한다. 구체적으로 보면, ⅰ) 청구원인이 동일한데 청구취지만 변경한 경우, ⅱ) 청구취지(목적)는 동일한데 법적 구성만 달리하는 경우, ⅲ) 한 청구가 타 청구의 변형물인 경우, ⅳ) 동일한 생활사실 또는 경제적 이익에 관한 분쟁에 있어서 해결방법에 차이가 있음에 불과한 경우가 있다.

④ 위 교환적 변경은 乙의 동의가 없더라도 허용된다.   [모의 10(1)]

해설 ※ **교환적변경의 법적성질(결합설)과 피고의 동의요부(判例는 불요설)**

判例는 소의 교환적 변경의 법적 성질에 대해서 "소의 교환적 변경은 신청구의 추가적 병합과 구청구의 취하의 결합형태"라고 하여 결합설의 입장이다. 다만, 判例는 교환적 변경에도 불구하고 청구기초의 동일성은 유지되므로 교환적 변경시에 피고의 동의는 필요 없다고 한다(대판 1962.1.31. 4294민상310).

⑤ 甲이 토지거래허가를 받은 이후에 다시 소유권이전등기청구의 소를 제기한 경우, 권리보호이익이 동일하다고 볼 수 없어 후소는 허용된다.
                                                      [모의 14(1),15(1)]

해설 ※ **새로운 권리보호이익이 있는 경우에는 재소가 허용된다**

判例는 "소의 교환적 변경은 신청구의 추가적 병합과 구청구의 취하의 결합형태로 볼 것이므로 본안에 대한 종국판결이 있은 후 구청구를 신청구로 교환적 변경을 한 다음 다시 본래의 구청구로 교환적 변경을 한 경우에는 종국판결이 있은 후 소를 취하하였다가 동일한 소를 다시 제기한 경우에 해당하여 부적법하다"(대판 1987.11.10. 87다카1405)라고 하여 재소금지에 해당하므로 동일한 후소는 각하되어야 한다는 입장이다. 그러나, 당사자에게 소취하 후 재소를 제기할 새로운 권리보호이익이 있는 경우에는 재소가 허용되는바, 토지거래허가 전에 소유권이전등기청구의 소를 제기하여 승소판결을 받은 후 취하했는데 그 뒤에 허가를 받은 경우 등에는 권리보호이익이 동일하다고 볼 수 없어 후소는 허용된다.

30 항소취하합의 후 항소심에서 청구의 교환적 변경 신청이 있는 경우, 그 시점에 항소취하서가 법원에 제출되지 않은 이상 법원은 특별한 사정이 없는 한 민사소송법 제262조에서 정한 청구변경의 요건을 갖추었는지에 따라 허가 여부를 결정하면 된다.
                                                      [변호 20]

해설 "당사자 사이에 항소취하의 합의가 있는데도 항소취하서가 제출되지 않는 경우 상대방은 이를 항변으로 주장할 수 있고, 이 경우 항소심 법원은 항소의 이익이 없다고 보아 그 항소를 각하함이 원칙이다. 청구의 교환적 변경은 기존 청구의 소송계속을 소멸시키고 새로운 청구에 대하여 법원의 판단을 받고자 하는 소송법상 행위이다. 항소심의 소송절차에는 특별한 규정이 없으면 제1심의 소송절차에 관한 규정이 준용되므로(민사소송법 제408

조), 항소심에서도청구의 교환적 변경을 할 수 있다(대판 1984.2.14. 83다카514 등 참조). 청구의 변경 신청이나 항소취하는 법원에 대한 소송행위로서, 청구취지의 변경은 서면으로 신청하여야 하고(민사소송법 제262조 제2항), 항소취하는 서면으로 하는 것이 원칙이나 변론 또는 변론준비기일에서 말로 할 수도 있다(같은 법 제393조 제2항, 제266조 제3항). 항소심에서 청구의 교환적 변경 신청이 있는 경우 그 시점에 항소취하서가 법원에 제출되지 않은 이상 법원은 특별한 사정이 없는 한 민사소송법 제262조에서 정한 청구변경의 요건을 갖추었는지에 따라 허가 여부를 결정하면 된다. 항소심에서 청구의 교환적 변경이 적법하게 이루어지면, 청구의 교환적 변경에 따라 항소심의 심판대상이었던 제1심 판결이 실효되고 항소심의 심판대상은 새로운 청구로 바뀐다. 이러한 경우 항소심은 제1심 판결이 있음을 전제로 한 항소각하 판결을 할 수 없고, 사실상 제1심으로서 새로운 청구의 당부를 판단하여야 한다"(대판 2018.5.30. 2017다21411).

31 사해행위인 계약 전부의 취소와 부동산 자체의 반환을 구하는 경우 법원은 청구취지의 변경이 없더라도 바로 가액반환을 명할 수 있다.　　　　　　　　　　　　　　　　　　　　[모의 15(1),16(3)]

> **해설** ※ **청구취지의 변경**
> "사해행위인 계약 전부의 취소와 부동산 자체의 반환을 구하는 청구취지 속에는 위와 같이 일부취소를 하여야 할 경우 그 일부취소와 가액배상을 구하는 취지도 포함되어 있다고 볼 수 있으므로 청구취지의 변경이 없더라도 바로 가액반환을 명할 수 있다"(대판 2002.11.8. 2002다41589).

32 제1심 법원에서 청구를 추가하여 단순병합으로 구하였음에도 그중 일부의 청구에 대하여만 판단한 경우, 나머지 청구는 재판누락으로 제1심에 계속 중이므로 추가판결의 대상이 될 뿐이고 항소심은 이심된 부분에 대하여만 판단한다.　　　　　　　　　　　　　　　　　　[변호 14]

> **해설** ※ **소변경의 간과효과**
> 단순병합의 경우 병합된 청구 전부에 대하여 판결하기에 성숙하면 전부판결을 한다. 모든 청구에 대하여 판단하여야 하기 때문에 어느 하나의 청구에 대해 재판누락을 하면 추가판결의 대상이 된다. 단순병합은 판결의 모순·저촉의 우려가 없어 일부판결이 가능한 것이므로, 신청구를 간과하여 판단시 항소심에서는 구청구에 대한 판단의 당부만 심판하고 원심에서 누락된 신청구에 대해 추가판결을 해야한다.

33 제1심 법원에서 교환적 변경을 간과하여 신청구에 대하여는 아무런 판단도 하지 아니한 채 구청구만을 판단한 경우, 이는 취하되어 재판의 대상이 아닌 것에 대하여 판단한 것이어서 항소심 법원은 제1심 판결을 취소하고 구청구에 대하여는 소송종료 선언을 하여야 하며, 신청구 재판의 탈루에 해당되어 원심에 그대로 계속되어 있다고 보아야 한다.　　　　　　　　　　[변호 14]

> **해설** 判例는 "항소심에서 청구가 교환적으로 변경된 경우에는 구청구는 취하되고 신청구가 심판의 대상이 되는 것이므로(대판 1980.11.11. 80다1182 참조), 원고들의 2002. 6. 19.자 소의 교환적 변경으로 구청구인 손해배상청구는 취하되고 신청구인 정리채권확정청구가 심판의 대상이 되었음에도 원심이 신청구에 대하여는 아무런 판단도 하지 아니한 채(신청구에 대하여는 재판의 탈루에 해당되어 원심에 그대로 계속되어 있다) 구청구에 대하여 심리·판단한 것은 소의 변경의 효력에 관한 법리를 오해한 위법이 있다 할 것이다"(대판 2003.1.24. 2002다56987)고 판시한 바 있다.

34 원고가 제1심에서 부당이득반환청구를 하였다가 항소심에서 명의신탁해지를 원인으로 한 소유권이전등기청구로 청구를 교환적으로 변경하였음에도 항소심이 신청구에 대하여 아무런 판단을 하지 아니한 것은 '재판의 누락'에 해당하여 신청구에 대한 소송은 항소심에 그대로 계속된다(대판 2017.2.21. 2016다45595).　　　　　　　　　　　　　　　　　　　　　　　　　[20모의(1)]

35 청구 기초의 동일성은 피고의 방어권을 보장하기 위한 사익적 요건이다. 따라서 소 변경 요건을 갖추지 못했다고 하더라도 피고가 동의하거나 이의 없이 응소한 경우에는 이의권을 상실한다.

> **관련판례** "청구의 기초의 변경에 대하여 피고가 지체 없이 이의를 진술하지 아니하고 변경된 청구에 관한 본안의 변론을 한 때에는 피고는 책문권을 상실하여 다시 이의를 세기하시 못한다"(대판 1982.1.26. 81다546)

36 원고가 제기하는 중간확인의 소는 소의 추가적 변경에 해당하고, 피고가 제기하는 중간확인의 소는 일종의 반소이다.　　　　　　　　　　　　　　　　　　　　　　　　　　　[모의 12(3)변형]

> **해설** 중간확인의 소를 원고가 제기하는 것은 청구의 추가적 변경에 해당하며, 피고가 제기하는 경우에는 일종의 반소이나, 다만 그 부수적 성질에 착안하여 현행법은 별도의 규정을 두어 별도의 제도로 하였다. 중간확인의 소는 원고만이 아니라 피고 제기할 수 있다. 제264조의 규정이 원고에 한정하고 있지 않고 무기평등의 원칙에도 부합하기 때문이다(통설).

37 본소의 계속은 중간확인의 소의 제기요건이자 존속요건이다. 따라서 재심의 소송절차에서 중간확인의 소를 제기할 때, 재심청구를 기각하는 경우 중간확인의 소는 더 이상 심리할 필요가 없으므로 이를 각하하고 판결 주문에 기재하여야 한다.　　　　　　　　　　　　　[모의 16(1)]

> **해설** "재심의 소송절차에서 중간확인의 소를 제기하는 것은 재심청구가 인용될 것을 전제로 하여 재심대상소송의 본안청구에 대하여 선결관계에 있는 법률관계의 존부의 확인을 구하는 것이므로, 재심사유가 인정되지 않아서 재심청구를 기각하는 경우에는 중간확인의 소의 심판대상인 선결적 법률관계의 존부에 관하여 나아가 심리할 필요가 없으나, 한편 중간확인의 소는 단순한 공격방어방법이 아니라 독립된 소이므로 이에 대한 판단은 판결의 이유에 기재할 것이 아니라 종국판결의 주문에 기재하여야 할 것이므로 재심사유가 인정되지 않아서 재심청구를 기각하는 경우에는 중간확인의 소를 각하하고 이를 판결 주문에 기재하여야 한다"(대판 2008.11.27. 2007다69834).
>
> > **비교판례** "반소가 적법하게 제기된 이상 그 후 본소가 취하되더라도 반소의 소송계속에는 아무런 영향이 없다"(대판 1970.9.22. 69다446).

38 피고가 원고 이외의 제3자를 추가하여 반소피고로 하는 반소는 원칙적으로 허용되지 아니하고, 다만 피고가 제기하려는 반소가 필수적 공동소송이 될 때에는 민사소송법 제68조의 필수적 공동소송인 추가의 요건을 갖추면 허용될 수 있다(대판 2015.5.29. 2014다235042,235059,235066).　[최신판례]

39 피고가 원고의 본소청구가 인용될 경우를 대비하여 예비적 반소를 제기한 경우, 법원이 원고의 본소청구를 기각한다면 반소청구에 대하여서는 판단할 필요가 없다.　　　　　　　[모의 15(2)]

> **해설** ※ 예비적 반소
> 예비적 반소는 일반적으로 본소청구가 인용될 때를 대비하여 조건부로 반소청구에 대하여 심판을 구하는 것으로, 본소가 배척될 것을 해제조건으로 반소를 제기하는 조건부 반소이다. 예비적 반소의 심판방법은 본소청구가 각하·취하되면 반소청구는 소멸되며, 본소청구가 기각되면 반소청구에는 아무런 판단을 요하지 아니한다.

40 원고의 본소청구와 피고의 예비적 반소청구에 대해 제1심 법원이 원고의 청구를 기각하는 판결을 선고하였고 이에 원고만이 항소한 경우, 항소심 법원이 원고의 항소를 받아들여 원고의 본소청구를 인용한 이상 피고의 예비적 반소청구를 심판대상으로 삼아 이를 판단하여야 한다(대판 2006.6.29. 2006다19061).　　　　　　　　　　　　　　　　　　　　[모의 12(3),15(3),16(2),17(1)]

해설 ※ **본소청구를 기각하는 판결에 원고만이 항소한 경우 피고의 예비적 반소청구**

예비적 반소는 본소 청구가 인용될 것에 대하여 조건부로 제기하는 반소이다. 따라서 본소 청구가 배척된 이상 반소 역시 심판할 필요가 없고, 이 경우 1심에서 반소에 대해서 심판하였으나(각하 판결) 이는 효력이 없어 불이익변경금지원칙에 반하는 것도 아니다. (반소에 대해서 심판하지 않았더라도 동일)

41 지방법원 합의부가 지방법원 단독판사의 판결에 대한 항소사건을 제2심으로 심판하는 도중에 지방법원 합의부의 관할에 속하는 반소가 제기되었더라도 이미 정하여진 항소심 관할에는 영향이 없고, 민사소송법 제35조는 전속관할인 심급관할에는 적용되지 않아 손해나 지연을 피하기 위한 이송의 여지도 없다(대결 2011.7.14. 2011그65).

해설 단독사건의 심리 중 피고가 합의부에 속하는 반소를 제기한 경우 법원은 직권 또는 당사자의 신청으로 본소와 반소를 합의부에 이송하여야 한다는 내용의 민소법 제269조 2항은 1심에서 반소가 제기된 경우에만 적용된다.

42 원고가 피고에 대하여 손해배상채무의 부존재확인을 구할 이익이 있어 본소로 그 확인을 구하였으나 피고가 그 후에 그 손해배상채무의 이행을 구하는 반소를 제기하였더라도 본소는 소의 이익이 없어 부적법하게 되는 것은 아니다(대판 2010.7.15. 2010다2428). [변호 12,15, 모의 11(1),13(3)]

43 반소로 제기된 사해행위취소소송에서 사해행위의 취소를 명하는 판결을 선고하는 경우에는, 그 판결이 확정되기 전에도 사해행위인 법률행위가 취소되었음을 전제로 본소 청구를 심리하여 본소 청구를 기각할 수 있다. [최신판례]

해설 ※ **반소 판결의 확정을 기다리지 않고 이를 이유로 본소 청구를 기각할 수 있는지 여부**

"원고의 본소 청구에 대하여 피고가 본소 청구를 다투면서 사해행위의 취소 및 원상회복을 구하는 반소를 적법하게 제기한 경우, 그 사해행위의 취소 여부는 반소의 청구원인임과 동시에 본소 청구에 대한 방어방법이자, 본소 청구 인용 여부의 선결문제가 될 수 있다. 그 경우 법원이 반소 청구가 이유 있다고 판단하여, 사해행위의 취소 및 원상회복을 명하는 판결을 선고하는 경우, 비록 그 반소 청구에 대한 판결이 확정되지 않았다고 하더라도, 원고의 소유권 취득의 원인이 된 법률행위가 취소되었음을 전제로 원고의 본소청구를 심리하여 판단할 수 있다고 봄이 타당하다. 그 때에는 반소 사해행위취소 판결의 확정을 기다리지 않고, 반소 사해행위취소 판결을 이유로 원고의 본소 청구를 기각할 수 있다. 본소와 반소가 같은 소송절차 내에서 함께 심리, 판단되는 이상, 반소 사해행위취소 판결의 확정 여부가 본소 청구 판단시 불확실한 상황이라고 보기 어렵고, 그로 인해 원고에게 소송상 지나친 부담을 지운다거나, 원고의 소송상 지위가 불안정해진다고 볼 수도 없다. 오히려 이로써 반소 사해행위취소소송의 심리를 무위로 만들지 않고, 소송경제를 도모하며, 본소 청구에 대한 판결과 반소 청구에 대한 판결의 모순 저촉을 피할 수 있다"(대판 2019.3.14. 2018다277785,277792).

[사실관계] 차량 소유자가 본소로 저당권의 말소를 청구하자 저당권자가 차량 소유권 취득의 원인이 된 매매계약이 사해행위라고 주장하면서 반소로 그 취소를 청구한 사건에서 사해행위의 취소를 명하는 한편 이를 이유로 본소 청구를 기각한 원심의 판단을 수긍한 사안

44 A는 2011.4.3. B로부터 X건물을 1억에 매수하였으나, B가 소유권이전등기절차에 협력하지 않자 2011.6.1. B를 상대로 소유권이전등기청구의 소를 제기하였다. 이에 B는 A의 본소청구가 인용될 것에 대비하여 A를 상대로 소유권이전등기청구가 인용되면 잔금을 지급하라는 취지의 반소를 제기하였다. 제1심법원은 소의 이익이 없음을 이유로 A의 본소와 B의 반소를 모두 각하하였고, 이에 A만 항소하였다.

① B의 반소는 예비적 반소에 해당한다.

해설 단순반소란 본소청구가 인용되든 기각되든 관계없이 반소청구에 대하여 심판을 구하는 것을 가리키고, 예비적 반소는 본소청구가 인용될 때를 대비하여 조건부로 반소청구에 대하여 심판을 구하는 것을 말한다. 사안의 반소는 A의 본소청구가 인용될 것에 대비하여 심판을 구하는 형태의 반소로서 예비적 반소에 해당한다.

② A의 항소제기에 의해 B의 반소청구도 확정이 차단되고 항소심으로 이심된다.

해설 ※ 예비적 반소와 본소의 각하판결에 대하여 원고만 항소한 경우 항소심의 이심의 범위

원고가 제1심에서 각하된 본소 청구에 대해 항소를 한 경우에 예비적 반소도 본소 청구와 함께 확정이 차단되고 이심된다. 항소심에서 제1심에서 각하한 본소가 인용되는 것으로 판단될 때에는 예비적 반소가 심판의 대상이 될 수 있어야 하기 때문이다.

③ 반소에 대해서는 제1심이 판단하였다고 하더라도 효력이 없다

해설 ※ 1심의 원고 본소청구 배척과 예비적 반소의 심판가부(소극) 및 심판의 효력(무효)

"피고의 예비적 반소는 본소청구가 인용될 것을 조건으로 심판을 구하는 것으로서 제1심이 원고의 본소청구를 배척한 이상 피고의 예비적 반소는 제1심의 심판대상이 될 수 없는 것이고, 이와 같이 심판대상이 될 수 없는 소에 대하여 제1심이 판단하였다고 하더라도 그 효력이 없다"(대판 2000.11.16. 전합98다22253).

④ A만 항소하였더라도 항소심은 A의 본소청구를 인용한 이상 B의 반소청구를 심판대상으로 삼아 판단하여야 한다.

[모의 12(3),15(3),16(2),17(1)]

해설 ※ 예비적 반소와 본소의 각하판결에 대하여 원고만 항소한 경우 항소심의 심판대상

" 피고가 제1심에서 각하된 반소에 대하여 항소를 하지 아니하였다는 사유만으로 이 사건 예비적 반소가 원심의 심판대상으로 될 수 없는 것은 아니라고 할 것이고, 따라서 원심으로서는 원고의 항소를 받아들여 원고의 본소청구를 인용한 이상 피고의 예비적 반소청구를 심판대상으로 삼아 이를 판단하였어야 할 것이다"(대판 2006.6.29. 2006다19061).

⑤ 만일 B의 반소가 반소요건을 흠결한 경우라면 법원은 소각하판결을 하여야 한다.

해설 ※ 반소요건을 결한 경우 법원의 처리(판례는 각하설, 통설은 분리심판설)

判例는 "항소심에서 상대방의 동의없이 제기한 반소는 그 반소자체가 부적법한 것이어서 단순한 관할법원을 잘못한 소제기와는 다른 것이므로 이를 각하하였음이 부당한 것이라 할 수 없다"(대판 1965.12.7. 65다2034)고 보아 반소를 각하하여야 한다고 본다. 통설은 소송경제를 고려해 분리심판하는 것이 타당하다고 본다. 주의할 것은 보기 ⑤는 반소의 요건의 흠이 있는 경우의 논의이고, 반소도 소이므로 '일반소송요건'(소의 이익 등)을 갖추지 못한 경우 분리하여 심판할 수도 없으므로 각하하여야 한다는 것에 이견이 없다.

제2장 다수당사자소송

01 甲은 乙을 상대로 3,000만 원의 대여금반환청구의 소를 제기하였다. 의류도매업자인 乙의 의류매매대금 채권 1억 원의 상계항변이 항소심에서 받아들여져 甲은 패소하였고 상고하였으나 상고가 기각되었다. 이후 甲이 乙을 상대로 의류인도청구소송을 제기하자 乙은 예비적 반소로 1억 원의 매매대금지급청구의 소를 제기하였다.

㉠ 예비적 반소의 원인채권에 기한 상계항변이 다른 사건에서 인용되어 이미 확정되었으므로, 乙의 예비적 반소는 3,000만 원의 한도에서 기판력이 발생하여 그 부분에 한해 기판력에 저촉되어 예비적 반소는 부적법하다.

해설 ※ 상계항변의 기판력(상계항변이 인용된 경우)

"예비적 반소의 원인채권에 기한 상계항변이 다른 사건에서 인용되어 이미 확정되었으므로 그 예비적 반소는 소의 이익이 없게 되어 부적법하다"(대판 2010.8.26. 2010다30966). 피고가 상계항변을 제출한 경우 비록 판결이유 중의 판단임에도 자동채권의 존부에 대하여 상계로써 대항한 액수의 한도 내에서 기판력이 발생한다(제216조 2항). 그러므로 3,000만 원의 한도에서 기판력이 발생하여 그 부분에 한해 기판력에 저촉되어 예비적 반소는 부적법하다.

㉡ 乙의 반소청구 중 3,000만 원 부분은 각하하고, 특별한 사정이 없는 한 나머지 7,000만 원 청구는 인용될 것이다.

해설 ※ 확정판결의 증명력

"민사재판에서 이미 확정된 관련 민사사건에서 인정된 사실은 특별한 사정이 없는 한 유력한 증거가 될 수 있으나, 법원이 그 확정된 관련사건 판결의 이유와 더불어 다른 증거들을 종합하여 확정판결에서 인정된 사실과 다른 사실을 인정하는 것 또한 법률상 허용되며, 그와 같은 사실인정이 자유심증주의의 한계를 벗어나지 아니하고 그 이유 설시에 합리성이 인정되는 한 이는 사실심의 전권에 속하는 사실인정의 문제로서 위법하다 할 수 없다"(대판 2012.11.29. 2012다44471).

☞ 그러므로 乙의 반소청구 중 3,000만 원 부분은 기판력에 저촉되어 권리보호 이익이 없음을 이유로 각하되고, 특별한 사정이 없는 한 나머지 7,000만 원 부분은 전소 확정판결의 증명력에 의해 인용될 것이다.

㉢ 만일 전소에서 乙이 상계항변에 제공한 자동채권이 존재하지 않는다는 이유로 항변을 배척하고 甲승소 판결이 확정된 경우라면, 乙의 예비적 반소는 기판력에 저촉된다.   [모의 15(1)]

해설 ※ 상계항변의 기판력(상계항변이 자동채권의 부존재를 이유로 배척된 경우)

판결이유에서 판단되는 피고의 유치권, 동시이행항변권 등의 항변에 대해서는 원칙적으로 기판력이 발생하지 않는다. 그러나 예외적으로 피고가 상계의 항변을 제출한 경우 자동채권 존부에 대해 비록 판결이유에서 판단하지만 예외적으로 기판력이 발생한다(제216조 2항). 상계로 주장한 청구에 기판력을 인정하지 않으면 소구채권에 관한 분쟁이 후소에서 반대채권에 관한 분쟁으로 모습만 바뀌어 반복되므로 전소판결이 무의미해지기 때문이다. 피고의 상계항변에 제공된 자동채권의 부존재를 이유로 그 항변이 배척된 경우에는 현재 자동채권(반대채권)이 부존재 한다는 판단에 기판력이 발생한다는데 이견이 없다. 따라서 피고가 다시 후소에서 그 자동채권의 이행을 구하는 소를 제기하는 것은 기판력에 저촉된다.

㉣ 乙이 항소심에서 반소를 제기한 경우에도 甲의 동의는 필요없다.   [변호 13, 모의 13(3)]

해설 항소심에서 반소 제기는 상대방의 심급의 이익을 해할 우려가 없는 경우 또는 상대방의 동의를 받은 경우에만 제기할 수 있다(제412조 제1항)고 규정하였다. 여기서 '심급의 이익을 해할 우려가 없는 경우'란, ⅰ) 중간확인의 반소, ⅱ) 본소와 청구원인을 같이하는 반소, ⅲ) 제1심에서 이미 충분히 심리한 쟁점과 관련된 반소, ⅳ) 항소심에서 반소의 변경으로 예비적 반소를 추가하는 경우 등을 의미한다. [중, 원, 충, 예] 乙의 반소는 甲의 본소와 청구원인을 같이하므로(동일한 의류매매계약) 甲의 동의가 없더라도 항소심에서도 허용된다.

㉤ 乙의 소송대리인이 반소를 제기하기 위해서는 특별수권을 받아야 한다.   [모의 13(1)]

해설 반소의 제기는 특별수권사항에 해당하므로(민소법 제90조 2항 1호), 피고의 소송대리인이 반소를 제기하기 위해서는 특별수권을 받아야 한다.

02 甲은 乙소유의 X토지를 무단으로 점유하고 있었다. 이에 乙은 甲의 점유를 무단으로 침탈하였고 이에 甲은 乙을 상대로 점유회복청구의 소를 제기하는 한편, 乙은 불법점유로 인한 손해배상청구의 소를 별소로 제기하였다.

① 乙은 점유회복청구의 소에 대해 소유권에 기한 방해배제청구의 반소를 제기할 수 있다.

해설 ※ 점유의 소와 본권의 소의 관계

점유권에 기인한 소와 본권에 기인한 소는 서로 영향을 미치지 아니한다(민법 제208조 1항). 즉 양 소는 그 기초를 달리하므로 서로 관계없는 것으로 다루어지며, 일방이 타방에 영향을 주는 일이 없다. 따라서 양 소를 동시에 제기할 수도 있고 따로 제기할 수도 있으며, 한쪽의 소에서 패소하더라도 다른 쪽의 소에 영향을 주지 않는다. 점유권에 기인한 소는 본권에 관한 이유로 재판하지 못한다(민법 제208조 2항). 양 소는 독립된 것이므로 점유권에 기인한 소에서는 점유권에 관한 항변만이 가능할 뿐이다. 반소를 인정하지 않으면 절차가 불필요하게 복잡하게 되고 분쟁의 조속한 종국적 해결에 도움이 되지 않는다. 따라서 判例와 같이 점유권에 기인한 소에서 소유권에 기인한 반소를 인정하는 것이 타당하다(대판 1957.11.14. 4290민상454). 이점에 비추어 보면 민법 제208조의 실제적 의의도 상당히 상실될 것이다.

② 甲은 손해배상청구의 소송 중 자신이 가지고 있는 별도의 乙에 대한 채권으로 상계항변을 하면서 별소로 위 채권의 지급청구의 반소를 제기할 수 없다. [모의 14(1)]

해설 ※ 반소의 요건인 상호관련성 : 본소의 청구 또는 '방어방법(사안)'과 서로 관련

반소청구가 본소청구의 항변사유와 대상·발생원인에 있어서 사실상 또는 법률상 공통성이 있는 경우를 말하며, 본소의 방어방법과 관련된 반소는 ⅰ) 그 방어방법이 반소제기 당시에 현실적으로 제출되어야 하며 ⅱ) 법률상 허용되어야 한다. 사안의 상계항변은 민법 제496조에 위배되어 허용되지 않으므로, 위 채권지급청구의 반소는 허용되지 않는다.

③ ②의 경우 乙이 반소에서 이의를 제기함 없이 변론한 경우에는 반소는 적법하게 된다.

해설 ※ 반소의 요건인 상호관련성 : 사익적 요건으로 이의권 상실에 의해 하자가 치유될 수 있다.

반소의 적법요건인 상호관련성은 사익적 요건으로서 이의권 상실에 의해 하자가 치유될 수 있다(대판 1968.11.26. 68다1886). 따라서 乙이 반소에서 이의를 제기함 없이 변론한 경우 반소의 하자는 치유된다.

④ ①의 경우 甲이 점유회복청구의 소를 취하한 경우라도 乙의 반소취하는 적법하며, 甲의 소가 각하된 경우에 乙은 甲의 동의가 있어야 반소를 취하할 수 있다. [모의 12(1),17(1)]

해설 ※ 반소가 제기된 후 본소가 취하(원고의 동의 없이 반소취하 가능) 또는 각하된 경우(원고의 동의가 있어야 반소취하 가능)

본소의 소송계속은 반소제기의 요건이고 존속요건은 아니다. 따라서 반소제기 후에 본소가 취하·각하되어도 예비적 반소가 아닌 한 반소에는 영향이 없다. 반소의 취하도 상대방의 동의가 필요하지만(제266조 2항) 본소가 취하되면 피고는 원고의 응소 후라도 원고의 동의 없이 반소를 취하할 수 있다(제271조). 본소가 각하된 경우 피고가 반소 취하시 원고의 동의를 요하는지 여부에 관해 판례는 "민사소송법 제271조의 규정은 원고가 반소의 제기를 유발한 본소는 스스로 취하해 놓고 그로 인하여 유발된 반소만의 유지를 상대방에게 강요한다는 것은 공평치 못하다는 이유에서 원고가 본소를 취하한 때에는 피고도 원고의 동의 없이 반소를 취하할 수 있도록 한 규정이므로 본소가 원고의 의사와 관계없이 부적법하다 하여 각하됨으로써 종료된 경우에까지 유추적용할 수 없고, 원고의 동의가 있어야만 반소취하의 효력이 발생한다 할 것이다"(대판 1984.7.10. 84다카298)고 하여 동의가 필요하다는 입장이다.

⑤ 乙이 항소심에서 소유권에 기한 방해배제청구의 반소를 제기한 경우, 甲이 반소기각 답변을 하였더라도 乙이 위 반소제기에 동의한 것으로 볼 수 없다. [모의 16(2)변형]

해설 ※ 반소기각의 답변은 민사소송법 제412조 2항의 이의없이 반소의 본안에 관해 변론한 때가 아니다. 항소심에서의 반소는 상대방의 심급의 이익을 해할 우려가 없는 경우 또는 상대방의 동의를 받은 경우에 제기할 수 있다(민소법 제412조 1항). 상대방이 이의를 제기하지 아니하고 반소의 본안에 관하여 변론을 한 때에는 반소제기에 동의한 것으로 본다(동조 2항). 그러나, 항소심에서 피고가 반소장을 진술한 데 대하여 원고가 '반소기각 답변'을 한 것만으로는 민사소송법 412조 제2항소정의 '이의 없이 반소의 본안에 관하여 변론을 한 때'에 해당한다고 볼 수 없다(대판 1991.3.27. 91다1783,1790).

03 A는 자신의 父인 甲소유의 X부동산에 관한 서류를 보관하고 있음을 기화로 2001.4.1.자신 앞으로 소유권이전등기를 경료한 뒤, 2001.5.1. 乙에게 X부동산을 1억 원에 매도한 후 이전등기를 경료해 주었다. 이후 乙은 2001.8.1. 丙에게 X부동산을 1억 2천만 원에 매도한 후 이전등기를 경료해 주었으며, 丙은 2001.12.1. 丁에게 위 부동산을 1억 5천만 원에 매도한 후 이전등기를 경료해 주었다.

① 甲은 丙만을 상대로도 소유권에 기한 말소등기청구의 소를 제기할 수 있다. [변호 12,17]

해설 ※ 순차로 경료된 일련의 소유권이전등기 : 각 등기의무자에 대하여 이를 각각 청구할 수 있다. 判例는 "원인없이 경료된 최초의 소유권이전등기와 이에 기하여 순차로 경료된 일련의 소유권이전등기의 각 말소를 구하는 소송은 필요적 공동소송이 아니므로 그 말소를 청구할 권리가 있는 사람은 각 등기의무자에 대하여 이를 각각 청구할 수 있는 것"(대판 1987.10.13. 87다카1093)이라고 판시하였다.

② 甲이 乙·丙·丁을 상대로 제기한 말소등기청구소송에서 乙이 원인무효사실을 자백하였더라도 법원은 丙·丁에 대해서는 원인무효사실을 증거에 의해 확정하여야 한다. [변호 15, 모의 16(2)]

해설 ※ 통상공동소송인 독립의 원칙 : 소송자료의 독립
判例는 "통상 공동소송에 있어서 공동 소송인의 일인의 소송행위는 다른 공동 소송인에게 영향을 미치지 아니하므로 공동 소송인의 일인인 피고 3이 원고 주장사실을 자백한 경우에도 다른 공동 소송인인 피고 2, 1에게 대하여는 아무런 효력이 생기지 아니하므로 법원은 원고의 주장을 다투는 피고 2, 1에게 대한 관계에 있어서는 그 사실을 증거에 의하여 확정하여야 한다"(대판 1968.5.14. 67다2787)고 판시하였다.

③ 甲의 乙·丙·丁에 대한 말소등기청구의 소에서 甲의 청구인용판결이 선고되었고 이에 乙만이 항소하였다면, 甲은 丙을 상대로 부대항소를 제기할 수 없다. [변호 17]

해설 ※ 통상공동소송인 독립의 원칙 : 상소가분
통상공동소송에는 공동소송인독립원칙이 적용되는바, 判例는 "통상의 공동소송에 있어 공동당사자 일부만이 항소를 제기한 때에는 피항소인은 항소인인 공동소송인 이외의 다른 공동소송인을 상대방으로 하거나 상대방으로 보태어 부대항소를 제기할 수는 없다"(대판 2015.4.23. 2014다89287,89294)고 보았다.

④ 甲의 丙과 丁을 상대로 제기한 말소등기청구의 소에서 丁에 대한 청구가 기각되었더라도, 丙이 원인무효등기명의자로서 甲에 대해 말소등기의무를 부담하는 이상, 법원은 丙에 대한 청구를 인용할 수 있다. [모의 15(3)유사]

해설 ※ 통상공동소송인 독립의 원칙 : 재판의 독립
判例는 순차적으로 경료된 소유권이전등기의 각 말소등기절차이행을 청구한 사건에서 "후순위등기의 말소등기절차이행청구가 인용되지 않아 그 전순위등기의 말소등기의 실행이(집행이) 불가능해도, 전순위

등기명의자에 대한 관계에서 그 전순위등기의 말소절차를 이행할 의무가 있다고 인정되면 말소절차이 행을 명해야 한다"(대판 1983.3.8. 80다3198 등)고 판시하여 소의 이익을 긍정했다.

'집행이 불가능하거나 현저히 곤란한 경우'에도 소의 이익이 긍정된다. 판결절차는 분쟁의 관념적 해결절차로서 사실적인 강제집행절차와는 별도로 독자적인 의미가 있고 집행권을 얻게 되면 채무자에 대한 심리적 압박도 가능하기 때문이다.

⑤ 甲이 丙과 丁을 상대로 제기한 말소등기청구의 소에서 丁이 불출석하여 자백간주의 효력이 발생하였더라도 법원은 丙에 대해서 이와 다른 판단을 할 수 있다. [변호 12,15, 모의 15(3)]

> **해설** ※ 통상공동소송인 독립의 원칙 : 재판의 독립
>
> 判例는 통상공동소송의 경우 "민사소송법 제150조에 의하면 당사자가 공시송달에 의하지 아니한 적법한 소환을 받고도 변론기일에 출석하지 아니하고 답변서 기타 준비서면마저 제출하지 아니하여 상대방이 주장한 사실을 명백히 다투지 아니한 때에는 그 사실을 자백한 것으로 간주하도록 되어 있으므로, 그 결과 의제자백이 된 피고들과 원고의 주장을 다툰 피고들 사이에서 동일한 실체관계에 대하여 서로 배치되는 내용의 판단이 내려진다고 하더라도 이를 위법하다고 할 수 없다"(대판 1997.2.28. 96다53789).

04 필수적 공동소송에서는 일부 당사자에 대한 판결부분에만 위법이 있더라도 판결 전체를 파기하여야 한다. [모의 15(2)]

05 甲, 乙, 丙의 합유로 소유권이전등기가 된 X 토지에 관하여 丁이 甲, 乙, 丙을 피고로 명의신탁해지를 원인으로 한 소유권이전등기절차의 이행을 구하는 소를 제기한 경우, 甲만이 변론기일에 출석하더라도 乙과 丙은 기일해태의 불이익을 받지 않는다. [변호 13]

> **해설** 피고 등의 합유로 소유권이전등기가 마쳐진 부동산에 대하여 원고의 명의신탁해지로 인한 소유권이전등기이행청구소송은 합유 재산에 관한 소송으로서 고유필수적 공동소송에 해당하고(대판 1983.10.25. 83다카850), 고유필수적 공동소송의 경우 소송자료의 통일ㆍ소송진행의 통일의 원칙이 적용되므로, 사안의 경우 甲만이 변론기일에 출석하더라도 乙과 丙은 기일해태의 불이익을 받지 아니한다.

06 동업자들이 공동명의로 예금한 동업자금의 반환을 청구하는 소송은 고유필수적 공동소송에 해당하므로 동업자 전원이 공동으로 원고가 되어야 한다. [모의 12(3),14(3),15(1),17(2)]

> **해설** 피※ 공동명의 예금채권자들의 은행을 상대로 한 예금반환청구소송이 필요적 공동소송인지 여부
>
> 동업자들이 동업자금을 공동명의로 예금한 경우라면 채권의 준합유관계에 있어 합유의 성질상 은행에 대한 예금반환청구가 필요적 공동소송에 해당한다고 볼 것이나, 공동명의 예금채권자가 자신의 예금에 대하여도 혼자서는 인출할 수 없도록 방지, 감시하고자 하는 목적으로 공동명의로 예금을 개설한 경우에는 은행에 대한 예금반환청구가 민사소송법상의 필요적 공동소송에 해당한다고 할 수 없다"(대판 1994.4.26. 93다31825).

07 공동소송인 중 1인에 대한 상대방의 소송행위는 공동소송인에게 유리ㆍ불리를 불문하고 공동소송인 전원에게 효력이 있다(제67조 2항). [모의 15(2)]

08 제3자가 무단으로 점유하고 있는 합유물의 반환을 청구하는 소송은 합유지분권자 각자가 할 수 있다. [모의 14(3),15(1)]

> **해설** 합유물을 처분 또는 변경함에는 합유자 전원의 동의가 있어야 하고(민법 제272조), 합유자는 전원의 동의 없이 합유물에 대한 지분을 처분하지 못한다(민법 제273조). 이처럼 합유관계에 있는 자들은 실체법상 관리처분권이 공동으로 귀속되는 관계에 있으므로, 조합원의 물품대금청구소송, 동업자의 예금반환청구소송 등 합유재산에 관한 능동소송은 고유필수적 공동소송이다. 다만 합유물의 보존행위는 각자가 할 수 있으므로(민법 제272조 단서), 보존행위는 고유필수적 공동소송이 아니다.

비교판례 ※ 합유관계의 수동소송은 원칙적으로 통상공동소송이나 조합의 합유물에 관한 소송은 조합원인 피고들 전부를 공동피고로 하여야 하는 고유필수적 공동소송에 해당한다.
조합의 채권자가 조합원에 대하여 조합재산에 의한 공동책임을 묻는 것이 아니라 각 조합원의 개인적 책임에 기하여 당해 채권을 행사하는 경우에는 조합원 각자를 상대로 하여 그 이행의 소를 제기할 수 있어(대판 1991.11.22. 91다30705), 이는 통상공동소송에 해당한다. 그러나 조합의 합유물에 관한 소송은 조합인 피고들 전부를 공동피고로 하여야 하는 고유필수적 공동소송에 해당한다(대판 2010.4.29. 2008다50691). 따라서 조합원 중 1인만을 가압류채무자로 한 가압류명령으로써 조합재산에 가압류집행을 할 수 없다(대판 2015.10.29. 2012다21560).

비교판례 ※ 총유재산에 관한 소송은 능동소송, 수동소송 모두 비법인사단이 그 명의로 제기하거나 구성원 전원이 소송을 수행해야 하는 고유필수적 공동소송이다.
총유의 경우에는 공유나 합유의 경우처럼 보존행위는 구성원 각자가 할 수 있다(민법 제265조 단서, 제272조)는 규정이 없으므로 보존행위를 함에도 제276조 1항에 따른 사원총회의 결의를 거치거나 정관이 정하는 바에 따른 절차(민법 제275조 2항)를 거쳐야 한다(대판 2014.2.13. 2012다112299). 특히 총유재산에 관한 소송행위와 관련(당사자적격의 문제)하여 최근 判例는 "총유재산에 관한 소송은 법인 아닌 사단이 그 명의로 사원총회의 결의를 거쳐 하거나(민사소송법 제52조 참조) 또는 그 구성원 전원이 당사자가 되어 필수적 공동소송의 형태로 할 수 있을 뿐 총회의 결의를 거치더라도 (설령 대표자라도)구성원 개인이 할 수는 없다"(대판 2005.9.15. 전합2004다44971)고 판시하고 있다. 그럼에도 불구하고 비법인사단의 대표자 개인(또는 구성원 개인)이 총유재산의 보존행위로서 소를 제기한 때에는 법원은 당사자적격 흠결을 이유로 부적법 각하하여야 한다.

09 甲은 乙이 발행한 액면 금 1억 원, 발행일 2014.6.20, 지급기일 2014.10.20, 지급장소 주식회사 丙은행, 발행지 서울특별시, 지급지 및 수취인 각 백지, 제1배서인 丁, 제2배서인 戊로 된 약속어음 1장을 소지하고 있다. 甲은 지급지란에는 서울특별시, 수취인란에는 丁으로 보충한 후 2014.10.20. 위 지급장소에서 적법한 지급제시를 하였으나 예금 부족을 이유로 지급거절되었다. 배서인들의 어음금채무는 합동책임이므로 甲이 丁, 戊를 상대로 위 어음금 지급을 구하는 소를 제기할 경우 통상 공동소송에 해당한다. [변호 15]

해설 동일한 어음 위에 수개의 어음채무가 병존하는 경우 각 채무는 서로 독립적이지만 각 어음채무자는 소지인에 대하여 합동하여 책임을 부담한다(어음법 제47조). 합동책임은 연대책임과 유사하나 그 책임의 발생원인 및 범위가 각 채무자마다 다르고, 상환의무자의 1인에 대하여 이행을 청구하더라도 다른 의무자에 대하여 당연히 이행청구의 효력이 미치는 것은 아닌 등의 차이가 있다. 따라서 이는 공동소송인간 합일확정의 필요성이 없으므로 통상공동소송이다.

10 공유물분할청구의 소가 적법하게 제기되어 계속 중 사실심 변론종결 전에 공유자 중 1인인 甲의 공유지분이 공유자 아닌 乙에게 양도되었다면, 乙은 사실심 변론종결 시까지 「민사소송법」상 승계참가나 소송인수 등의 방식으로 소송의 당사자가 되어야 하며, 만일 그렇게 되지 않은 경우에 위 소는 부적법한 것이 된다. [변호 18, 모의 17(1)]

해설 ※ 고유필수적공동소송의 경우 공유자 중 일부가 소송의 당사자가 되지 못한 경우(소송전부가 부적법)
"공유물분할청구의 소는 분할을 청구하는 공유자가 원고가 되어 다른 공유자 전부를 공동피고로 하여야 하는 고유필수적 공동소송이다"(대판 2014.1.29. 2013다78556). 判例는 공유물분할에 관한 소송계속 중 변론종결일 전에 공유자 중 1인인 甲의 공유지분의 일부가 乙 및 丙 주식회사 등에게 이전된 사안에서, "변론종결 시까지 민사소송법 제81조에서 정한 승계참가나 민사소송법 제82조에서 정한 소송인수 등의 방식으로 일부 지분권을 이전받은 자가 소송의 당사자가 되었어야 함에도 그렇지 못하였으므로 위 소송 전부가 부적법하게 되었다"(대판 2014.1.29. 2013다78556)고 판시하였다.

11 편면적 대세효 있는 회사관계소송인 주주총회결의 취소·무효·부존재 확인의소(상법 제376조, 제380조)도 (유사) 필수적 공동소송에 해당한다. [21년 최신판례]

해설 "이 사건 소는 주주총회결의의 부존재 또는 무효 확인을 구하는 소로서, 상법 제380조에 의해 준용되는 상법 제190조 본문에 따라 청구를 인용하는 판결은 제3자에 대하여도 효력이 있다. 이러한 소를 여러 사람이 공동으로 제기한 경우 당사자 1인이 받은 승소 판결의 효력이 다른 공동소송인에게 미치므로 공동소송인 사이에 소송법상 합일확정의 필요성이 인정되고, 상법상 회사관계소송에 관한 전속관할이나 병합심리 규정(상법 제186조, 제188조)도 당사자 간 합일확정을 전제로 하는 점 및 당사자의 의사와 소송경제 등을 함께 고려하면, 이는 민사소송법 제67조가 적용되는 필수적 공동소송에 해당한다"(대판 2021.7.22. 전합 2020다284977).

12 공동점유자 甲·乙 전원을 상대로 점유물의 인도를 청구한 경우에 서로 상반된 판결이 있으면 사실상 인도 청구의 목적을 달성할 수 없는 경우가 있을 것이나, 그와 같은 사실상의 필요가 있다는 점만으로는, 이를 필요적 공동소송이라고는 할 수 없다. [변호 12, 모의 12(3)]

해설 ※ 공유관계 소송에서 수동소송은 원칙적으로 통상의 공동소송이다.
☞ 즉, 判例는 공유물분할청구와 경계확정의 소를 제외하고는 통상공동소송에 의한다.
"점유는, 물건을 사실상 지배하는 객관적 관계이며, 공동점유는 수인이 하나의 물건을 공동으로 사실상 지배하는 관계이므로, 공동점유자 각자는 그 점유물의 일부분씩만을 반환할 수는 없고, 그 점유물 전부에 대하여 반환하여야 함은 물론이나 그 점유물의 인도를 청구하는 경우에 그 공동점유자 각자에게 대하여 그 점유물의 인도를 청구하면 족하고, 반드시 그 공동점유자 전원을 상대로 하여야만 인도를 청구할 수 있다는 것이 법률상 요건은 아니다. 공동점유자 전원을 상대로 점유물의 인도를 청구한 경우에, 서로 상반된 판결이 있으면 사실상 인도 청구의 목적을 달성할 수 없는 경우가 있을 것이나, 그와 같은 사실상의 필요가 있다는 점만으로서는, 이를 필요적 공동소송이라고는 할 수 없는 것이다"(대판 1966.3.15. 65다2455).

> 관련판례 ㉠ "타인 소유의 토지 위에 설치되어 있는 공작물을 철거할 의무가 있는 수인을 상대로 그 공작물의 철거를 청구하는 소송은 필수적 공동소송이 아니다"(대판 1993.2.23. 92다49218). ㉡ "건물의 공동상속인 전원을 피고로 하여서만 건물의 철거청구를 할 수 있는 것은 아니고 공동상속인 중의 한 사람만을 상대로 그 상속분의 한도에서만 건물의 철거를 청구할 수 있다"(대판 1968.7.31. 68다1102). ㉢ "토지를 수인이 공유하는 경우에 공유자들의 소유권이 지분의 형식으로 공존하는 것뿐이고, 그 처분권이 공동에 속하는 것은 아니므로 공유토지의 일부에 대하여 취득시효완성을 원인으로 공유자들을 상대로 그 시효취득 부분에 대한 소유권이전등기절차의 이행을 청구하는 소송은 필수적 공동소송이라고 할 수 없다"(대판 1994.12.27. 93다32880).

	총유관계	합유관계	공유관계
능동소송	능동소송과 수동소송 모두 고유 필수적 공동소송 (예외 없음)	원칙 : 고유필수적공동소송 예외 : 민법 제272조 단서의 보존행위는 통공	원칙 : 통공 예외 : 고필
수동소송		원칙 : 통상공동소송(개인재산에 책임) 예외 : 필수적공동소송(공동재산에 책임)	공유물분할청구와 경계확정의 소를 제외하고는 통상공동소송

13 공동상속재산의 지분에 관한 지분권존재확인을 구하는 소송은 통상 공동소송이다(대판 2010.2.25. 2008다96963). [모의 11(1)]

해설 ※ 공유관계의 능동소송은 원칙적으로 통상공동소송이다.

관련판례 ㉠ "공동상속재산은 상속인들의 공유이고, 또 부동산의 공유자인 한 사람은 그 공유물에 대한 보존행위로서 그 공유물에 관한 원인 무효의 등기 전부의 말소를 구할 수 있다"(대판 1996.2.9. 94다61649 : 그러나 지분권이 아닌 공유관계 자체에 의하여 말소청구를 하는 경우에는 고유필수적 공동소송이 됨) [3회 사례형] ㉡ "공유자 중 한 사람은 공유물에 경료된 원인무효의 등기에 관하여 각 공유자에게 해당 지분별로 진정명의회복을 원인으로 한 소유권이전등기를 이행할 것을 단독으로 청구할 수 있다"(대판 2005.9.29. 2003다40651).

14 복수의 채권자들이 채무자가 변제기까지 채권을 변제하지 못하면 당연히 매매예약완결의 의사표시가 있는 것으로 약정하고 채무자 소유의 부동산에 관하여 채권자를 공동 명의로 하여 각자의 채권액 비율에 따라 지분을 특정하여 소유권이전등기청구권보전의 가등기를 마친 경우, 변제기 이후 채권자들이 채무자를 상대로 소유권이전등기절차 이행을 구하는 소는 통상의 공동소송이다(대판 2012.2.16. 전합2010다82530).　　　　　　　　　　　　　　　[변호 14]

15 통상공동소송인 중 1인의 주장이나 항변이 다른 공동소송인에게 유리한 경우라도 명시적인 원용 없으면 다른 공동소송인에게 효력이 미치지 않는다.　　　[변호 17, 모의 12(2),18(1)]

해설 判例는 "민사소송법 제66조의 명문의 규정과 우리 민사소송법이 취하고 있는 변론주의 소송구조 등에 비추어 볼 때, 통상의 공동소송에 있어서 이른바 주장공통의 원칙은 적용되지 아니한다"(대판 1994.5.10. 93다47196)고 하여 주장공통의 원칙을 부정한다.

16 甲이 乙·丙·丁으로부터 각 3,000만 원씩 합계 9,000만 원을 차용하고 그 담보의 뜻으로 甲명의로 소유권이전등기가 되어 있던 A 건물에 대하여 乙·丙·丁앞으로 가등기에 기한 소유권이전등기를 경료 하여 주었다. 그 후 甲은 위 채무원리금을 모두 변제하였다고 주장하면서 乙·丙·丁을 공동피고로 하여 乙·丙·丁명의의 각 소유권이전등기말소청구의 소를 제기하였다. 위 소송계속 중 乙이 사망한 경우에 乙의 상속인들이 소송수계절차를 밟을 때까지 乙의 소송이 중단되더라도 丙·丁과 甲의 소송은 중단되지 아니한다.　　　　　　　[모의 12(2)]

해설 ※ 공동소송인 독립의 원칙의 내용 중 '소송진행의 독립'
통상공동소송에서는 소송진행의 불통일로 인해 당사자 1인에 대한 중단사유는 다른 공동소송인에게 영향을 주지 않는다(제66조, 제233조).

17 건축주 명의변경 동의의 의사표시에 갈음하는 판결은 반드시 변경 전 건축주 전원을 공동피고로 하여 받을 필요는 없으며, 부동의하는 건축주별로 피고로 삼아 그 판결을 받을 수 있다(대판 2015.9.10. 2012다23863).　　　　　　　　　　　　　　　[최신판례]

18 제3자가 부부를 공동피고로 하여 제기하는 혼인 무효·취소의 소는 고유필수적 공동소송이다.　　　　　　　　　　　　　　　[모의 13(1)]

해설 제3자가 혼인무효·취소의 소를 제기할 때에는 부부를 상대방으로 하고, 부부 중 어느 한 쪽이 사망한 경우에는 그 생존자를 상대방으로 한다(가사소송법 제24조). 따라서 반드시 부부를 공동피고로 해야 하므로 고유필수적 공동소송에 해당한다.

19 유언집행자가 수인인 경우 유언집행자에게 유증의무의 이행을 구하는 소송은 유언집행자 전원을 피고로 하는 고유필수적 공동소송에 해당한다(대판 2011.6.24. 2009다8345).　　[모의 12(3)]

20
> A · B · C는 공동사업을 목적으로 甲조합을 설립하면서 X부동산을 합유로 등기하였다. 다만, 위 등기시 A는 자신의 합유지분 1/3에 해당하는 소유권이전등기를 B · C에게 명의신탁하였다(명의신탁은 유효임을 전제한다). 이후 자금사정이 좋지 않던 A는 甲조합에서 탈퇴할 것을 결심하고 B · C를 상대로 명의신탁해지를 원인으로 한 소유권이전등기청구의 소를 제기하였고, 제1심법원은 원고의 청구인용판결을 선고하였다.

① 위 소송은 합유물에 관한 소송으로서 합유자 전원에 대하여 합일적으로 확정되어야 하는 고유필수적 공동소송에 해당한다(대판 1996.12.10. 96다232380).　　　　[변호 15,17, 모의 14(1),17(2)]

② 위 판결에 대해 B가 항소를 제기하였다면 항소심은 C에 대해 심리 · 판단할 수 있다.
　　　　[변호 14, 모의 12(2)]

해설 ※ 고유필수적 공동소송은 공동소송이 법률상 강제되고, 합일확정이 법률상 필수적으로 요구된다.
"고유필수적 공동소송에 있어서는 공동소송인 중 일부가 제기한 상소 또는 공동소송인 중 일부에 대한 상대방의 상소는 다른 공동소송인에게도 그 효력이 미치는 것이므로 공동소송인 전원에 대한 관계에서 판결의 확정이 차단되고 그 소송은 전체로서 상소심에 이심되며, 상소심판결의 효력은 상소를 하지 아니한 공동소송인에게 미치므로 상소심으로서는 공동소송인 전원에 대하여 심리 · 판단하여야 한다"(대판 2003.12.12. 2003다44615).

③ 위 판결에 대해 B가 항소를 제기하였다면 항소심은 C에 대해 추가판결을 할 수 없다.
　　　　[모의 14(1)]

해설 ※ 고유필수적 공동소송의 본안판결(공동소송인 전원에 대한 하나의 종국판결)
"고유필수적 공동소송에 대하여 본안판결을 할 때에는 공동소송인 전원에 대하여 하나의 종국판결을 선고하여야 하고 공동소송인 일부에 대해서만 판결하거나 남은 공동소송인에 대해 추가판결을 하는 것은 모두 허용될 수 없다"(대판 2010.4.29. 2008다50691).

④ 위 판결에 대해 B와 C가 항소를 제기한 경우, B는 A의 동의를 받아 항소를 취하할 수 없다.
　　　　[모의 12(3)유사,17(3)]

해설 ※ 고유필수적 공동소송의 심판방법 : 소송자료의 통일
"고유필수적 공동소송에서는 원고들 일부의 소 취하 또는 피고들 일부에 대한 소취하는 특별한 사정이 없는 한 그 효력이 생기지 않는다"(대판 2007.8.24. 2006다40980).

⑤ 만일 B가 소송대리인을 선임(상소의 특별수권을 부여받은바 없다)하여 소송을 수행하던 도중 사망한 경우, 판결이 송달되면 그와 동시에 C에 대하여 중단의 효과가 발생한다.　　[변호 13]

해설 ※ 고유필수적 공동소송의 심판방법 : 소송진행의 통일
"고유필요적 공동소송에 있어서 공동소송인 중 1인에게 중단 또는 중지의 원인이 발생한 때에는 다른 공동소송인에 대하여도 중단 또는 중지의 효과가 미치므로 공동소송인 전원에 대하여 소송절차의 진행이 정지되고 그 정지기간 중에는 유효한 소송행위를 할 수 없다. 피고 중 1인이 사망 당시 소송대리인이 있어 소송중단의 효과가 발생하지 아니하였다고 하더라도 판결이 송달되면 그와 동시에(고유필요적) 공동소송인 전원에 대하여 중단의 효과가 발생한다"(대판 1983.10.25. 83다카850).

21

> A는 2010.3.12. B로부터 X토지를 3억 원에 매수하고 2010.4.1. 중도금과 잔금을 모두 지급
> 하였다. 그러나 B는 X부동산을 4억에 구입하겠으니 자신에게 매도하라는 C의 유혹에 못
> 이겨 2011.4.5. C와 위 부동산에 관한 매매계약을 체결하고 당일 소유권이전등기를 경료
> 해 주었다. 이에 A는 B에 대한 소유권이전등기청구권을 보전하기 위하여 B를 대위해 C
> 에 대하여 X토지의 소유권이전등기말소등기청구의 소를 제기하였다. B는 위 소송에 출석
> 하여 A와 매매계약을 체결한 사실을 증언하였으나, A는 소송계속 중인 2011.6.27. 사망하
> 였고 A의 상속인인 甲과 乙이 소송수계를 하였다.

① C의 등기는 원인무효의 등기이므로 특별한 사정이 없는 한, A는 B를 대위하여 C명의의 등
기의 말소등기청구의 소를 제기하여 인용판결을 받을 수 있다. [변호 12]

해설 C는 B의 이중매매라는 배임행위에 적극가담하였으므로 C명의의 등기는 원인무효의 등기에 해당한다
(대판 1994.3.11. 93다55289). 또한, 判例는 구체적인 논거를 제시함 없이 "반사회적인 이중매매의 경우에
제1매수인은 매도인을 대위하여 제2매수인에 대해 등기의 말소를 청구할 수 있다"(대판 1983.4.26. 83다
카57)고 하였다.

② 위 소송은 유사필수적 공동소송에 해당하므로 乙은 단독으로 소를 취하할 수 있다. [변호 15]

해설 ※ 유사필수적공동소송은 공동소송이 강제되지 않는다.
判例는 "채무자가 채권자대위권에 의한 소송이 제기된 것을 알았을 경우에는 그 확정판결의 효력은 채
무자에게도 미친다"(대판 1975.5.13. 74다1664 참조)고 판시한바, 채권자가 각 채권자대위권에 기하여 공동
하여 채무자의 권리를 행사하는 이 사건의 경우 소송계속 중 채무자인 B가 제1심 증인으로 증언까지 한
바 있어 당연히 채권자대위권에 의한 소송이 제기중인 것을 알았다고 인정되므로 그 판결의 효력은 B
에게도 미치게 되는 것이다. 따라서 위 망인의 소송수계인들은 유사필수적 공동소송관계에 있다고 하여
야 할 것이다"(대판 1991.12.27. 91다23486)고 판시 위 소송의 성격을 유사필수적 공동소송으로 본다. 유사
필수적 공동소송의 경우에도 민사소송법 제67조가 적용되나, 공동소송이 강제되는 것이 아니므로 공동소송인의
일부에 의한 소취하가 가능하다. 일부가 소를 취하하면 다른 공동소송인에게 영향이 없이 취하한 당사자
에 대해서만 소송 계속이 소멸된다. 따라서 乙은 단독으로 자신의 소송절차를 취하할 수 있다.

> 유사필수적 공동소송에서는 고유필수적 공동소송과 달리 공동소송이 강제되지 아니하므로 일
> 부각하, 일부누락, 일부취하가 허용된다.[각, 누, 취] 이외에는 고유필수적 공동소송과 마찬가지로 자
> 백, 청구의 포기·인낙, 화해 등 불리한 소송행위는 전원이 하지 않으면 효력이 없다.

③ 제1심법원이 청구기각판결을 선고하여 甲이 항소를 제기하였다면 乙에 대한 판결의 확정이
차단되고 항소심에 이심된다. [변호 14,15]

해설 ※ 필수적 공동소송에서 심판 방법 : 상소의 통일(상소불가분의 원칙)
"민사소송법 제63조 제1항(현행 제67조 제1항)은 필요적 공동소송에 있어서 공동소송인 중 1인의 소송행
위는 공동소송인 전원의 이익을 위하여서만 효력이 있다고 규정하고 있으므로 공동소송인 중 일부의 상소
제기는 전원의 이익에 해당된다고 할 것이어서 다른 공동소송인에 대하여도 그 효력이 미칠 것이며, 사건은 필
요적 공동소송인 전원에 대하여 확정이 차단되고 상소심에 이심된다고 할 것이다"(대판 1991.12.27. 91다23486).

④ 제1심법원이 청구기각판결을 선고한 경우 甲과 乙에 대한 상소기간은 개별적으로 진행되며
전원의 상소기간이 경과하여야만 비로소 판결이 확정된다. [변호 14유사]

해설 ※ 필수적 공동소송에서 심판 방법 : 상소의 통일(상소기간의 개별진행과 판결의 확정시기)
필수적 공동소송에서 상소기간은 각 소송인에게 판결정본이 송달된 날로부터 개별적으로 진행하나, 전원
의 상소기간이 경과하기 전까지는 판결이 확정되지 않는다.

⑤ 제1심법원이 청구기각판결을 선고하여 甲이 항소를 제기하였다면 甲만을 항소인으로 표시하여야 한다.

[모의 17(1)변형]

해설 ※ 필수적공동소송과 상소하지 않은 당사자의 지위(통설과 判例는 단순한 상소심당사설)

判例는 필요적 공동소송에 있어서 당사자표시 중 상고하지 않은 피고를 단순히 '피고'라고만 표시하고 주문 중 상고비용을 상고한 피고에게만 부담시킨 바 있다(대판 1995.1.12. 94다33002). 따라서 실제 항소를 제기하지 않은 乙은 피고로만 표시하여야 한다.

> **관련쟁점** 불복하지 않은 공동소송인의 지위에 대해 ① 상소인설 ② 선정자설 ③ 단순한 상소심당사자설의 견해 대립이 있으나, 합일확정의 요청으로 얻는 특수지위이며 상소를 제기하거나 선정을 하지 않은 자이므로 단순한 상소심당사자설이 타당하다(대판 1995.1.12. 94다33002). 따라서 당사자 표시에 있어서 상소하지 않은 당사자는 '상소인'이라고 표시하지 않고 '원고' 또는 '피고'라고만 표시하고, 상소비용도 부담하지 않으며, 상소취하권이 없고, 상소인지를 붙이지 않아도 된다.

22 예비적·선택적 공동소송의 요건인 법률상 양립할 수 없는 경우란, 동일한 사실관계에 대한 법률적 평가를 달리하거나 택일적 사실인정에 의하여 반대결과가 되는 경우 등 각 청구에 대한 판단 과정이 필연적으로 상호 결합되어 있는 관계를 말한다.

해설 ※ 예비적·선택적 공동소송 – 법률상 양립불가능성 –

공동소송인 가운데 일부의 청구가 다른 공동소송인의 청구와 법률상 양립할 수 없거나 공동소송인 가운데 일부에 대한 청구가 다른 공동소송인에 대한 청구와 법률상 양립할 수 없는 경우를 의미한다(제70조).

判例는 "민사소송법 제70조 제1항 소정의 예비적·선택적 공동소송에 있어서 '법률상 양립할 수 없다'는 것은, 동일한 사실관계에 대한 법률적인 평가를 달리하여 두 청구 중 어느 한 쪽에 대한 법률효과가 인정되면 다른 쪽에 대한 법률효과가 부정됨으로써 두 청구가 모두 인용될 수는 없는 관계에 있는 경우나, 당사자들 사이의 사실관계 여하에 의하여 또는 청구원인을 구성하는 택일적 사실인정에 의하여 어느 일방의 법률효과를 긍정하거나 부정하고 이로써 다른 일방의 법률효과를 부정하거나 긍정하는 반대의 결과가 되는 경우로서, 각 청구에 대한 판단 과정이 필연적으로 상호 결합되어 있는 관계를 의미하며, 실체법적으로 서로 양립할 수 없는 경우뿐 아니라 소송법상으로 서로 양립할 수 없는 경우를 포함한다"(대결 2007.6.26. 2007마515)고 판시하였다. [동, 택, 상, 소]

23 아파트 입주자대표회의 구성원 개인을 피고로 삼아 제기한 동대표지위부존재확인의 소의 계속 중에 아파트 입주자대표회의를 피고로 추가하는 것은 허용된다.

[변호 13]

해설 ※ 법률상 양립할 수 없다는 것에는 소송법상으로 서로 양립할 수 없는 경우도 포함된다.

법인 또는 비법인 등 당사자능력이 있는 단체의 대표자 또는 구성원의 지위에 관한 확인소송에서 그 대표자 또는 구성원 개인뿐 아니라 그가 소속된 단체를 공동피고로 하여 소가 제기된 경우는 민사소송법 제70조 제항 소정의 예비적·선택적 공동소송의 요건인 각 청구가 서로 법률상 양립할 수 없는 관계에 해당하고, 민사소송법 제70조 제1항에 의하여 준용되는 같은 법 제68조의 규정에 따라 그 주관적·예비적 피고의 추가가 허용된다(대결 2007.6.26. 2007마515).

24 부진정연대채무의 관계에 있는 채무자들을 공동피고로 하여 이행의 소가 제기된 경우, 그 소송을 예비적·선택적 공동소송이라고 할 수 없다.

해설 "부진정연대채무 관계는 서로 별개의 원인으로 발생한 독립된 채무라 하더라도 동일한 경제적 목적을 가지고 있고 서로 중첩되는 부분에 관하여 일방의 채무가 변제 등으로 소멸할 경우 타방의 채무도 소멸하는 관계에 있으면 성립할 수 있고, 반드시 양 채무의 발생원인, 채무의 액수 등이 서로 동일할 것을 요한다고 할 수는 없다. 그리고 부진정연대채무의 관계에 있는 채무자들을 공동피고로 하여 이행의 소가 제기된 경우 그 공동피고에 대한 각 청구가 서로 법률상 양립할 수 없는 것이 아니므로 그 소송을 민사소송법 제70조 제1항 소정의 예비적·선택적 공동소송이라고 할 수 없다"(대판 2009.3.26. 2006다47677).

25 乙의 부인인 丙은 이혼을 결심하고 미리 위자료를 확보하기 위하여 乙 명의로 된 주택에 관하여 乙의 대리인이라고 자처하면서 甲과 매매계약을 체결한 후 계약금 1억 원을 받았다. 그 사실을 알게 된 甲이 분쟁의 소지를 염려하여 乙에게 계약금을 돌려달라고 하였으나, 乙은 자신이 맺은 계약이 아니라며 거부하고 있다. 이에 甲이 乙과 丙을 공동피고로 삼아 소를 제기할 경우, 그 소송은 예비적·선택적 공동소송이라고 할 수 있다. [모의 15(2)변형]

해설 甲이 해약금에 의한 해제권을 행사하는 것에 대하여 乙이 무권대리의 항변을 하는 것으로 파악된다. 즉 甲의 청구는 매매계약이 유효함을 전제로 한 것임에 반하여 甲의 丙에 대한 청구는 매매계약이 무효인 경우에 대비하여 무권대리인의 책임(민법 제135조)의 추궁으로 보인다. 따라서 甲의 乙, 丙에 대한 청구는 '법률상 양립할 수 없는 경우'에 해당하므로 주관적·예비적 공동소송으로 제기할 수 있다.

26 예비적·선택적 공동소송에서 일부 공동소송인에 관한 청구에 대하여만 판결을 하는 경우 이는 일부판결이 아닌 흠이 있는 전부판결에 해당하여 상소로써 이를 다투어야 하고, 그 판결에서 누락된 공동소송인은 이를 시정하기 위하여 상소를 제기할 이익이 있다. [21년 최신판례]

해설 " 민사소송법 제70조 제2항은 같은 조 제1항의 예비적·선택적 공동소송에서는 모든 공동소송인에 관한 청구에 대하여 판결을 하도록 규정하고 있으므로, 이러한 공동소송에서 일부 공동소송인에 관한 청구에 대하여만 판결을 하는 경우 이는 일부판결이 아닌 흠이 있는 전부판결에 해당하여 상소로써 이를 다투어야 하고, 그 판결에서 누락된 공동소송인은 이를 시정하기 위하여 상소를 제기할 이익이 있다"(대판 2008.3.27. 2005다49430 판결 등 참조)."(대판 2021.7.8. 2020다292756)

27 주관적·예비적 공동소송에서 주위적 공동소송인과 예비적 공동소송인 중 어느 한 사람이 상소를 제기하면 다른 공동소송인에 관한 청구 부분도 확정이 차단되고 상소심에 이심되어 심판대상이 된다. [모의 13(2), 최신판례]

해설 "주관적·예비적 공동소송은 동일한 법률관계에 관하여 모든 공동소송인이 서로 간의 다툼을 하나의 소송절차로 한꺼번에 모순 없이 해결하는 소송형태로서 모든 공동소송인에 대한 청구에 관하여 판결을 하여야 하고(민사소송법 제70조 제2항), 그중 일부 공동소송인에 대해서만 판결을 하거나 남겨진 당사자를 위하여 추가판결을 하는 것은 허용되지 않는다. 그리고 주관적·예비적 공동소송에서 주위적 공동소송인과 예비적 공동소송인 중 어느 한 사람이 상소를 제기하면 다른 공동소송인에 관한 청구 부분도 확정이 차단되고 상소심에 이심되어 심판대상이 된다"(대판 2018.2.13. 2015다242429). 이러한 경우 상소심의 심판대상은 주위적·예비적 공동소송인들 및 그 상대방 당사자 사이의 결론의 합일확정의 필요성을 고려하여 그 심판의 범위를 판단하여야 한다(대판 2011.2.24. 2009다43355).

28 甲이 주위적으로 B보험회사가 한 공탁이 무효임을 전제로 B보험회사에 대하여 보험금의 지급을 구하고, 예비적으로 위 공탁이 유효임을 전제로 乙에 대하여 공탁금의 출급청구에 관한 승낙의 의사표시와 대한민국에 대한 통지를 구하는 소를 제기한 경우, B보험회사에 대한 판결을 먼저 한 다음 나중에 乙에 대하여 추가판결을 할 수 없다. [변호 13]

해설 ※ 주관적·예비적 공동소송에서 일부 공동소송인에 대하여만 판결을 하거나 남겨진 자를 위하여 추가판결을 하는 것이 허용되는지 여부(소극)
대법원은 "공탁이 무효임을 전제로 한 피고 甲에 대한 주위적 청구와 공탁이 유효임을 전제로 한 피고 乙 및 제1심 공동피고들에 대한 예비적 청구가 공탁의 효력 유무에 따라 두 청구가 모두 인용될 수 없는 관계에 있거나 한쪽 청구에 대한 판단 이유가 다른 쪽 청구에 대한 판단 이유에 영향을 주어 각 청구에 대한 판단 과정이 필연적으로 상호 결합되어 있는 주관적·예비적 공동소송의 관계에서 모든 당사자들 사이에 결론의 합일확정을 기할 필요가 인정되므로, 피고 乙만이 제1심판결에 대하여 적법한 항소를 제기하였다고 하더라도 피고 甲에 대한 주위적 청구 부분과 제1심 공동피고들에 대한 예비적 청구 부분도 함께 확정이 차단되고 원심에 이심되어 심판대상이 되었다고 보아야 함에도, 그 심판대상을 위 예비적 청구 중 제1심이 인용한 부분에 한정된다고 전제하여 그 부분에 관하여만 판단한 원심판결을 직권으로 전부 파기"(대판 2011.2.24. 2009다43355)하였다.

29 주관적·예비적 공동소송에서 공동소송인 중 일부가 소를 취하하거나 일부 공동소송인에 대한 소를 취하할 수 있고, 이 경우 소를 취하하지 않은 나머지 공동소송인에 관한 청구 부분은 여전히 심판의 대상이 된다.

[최신판례]

해설▶ "민사소송법은 주관적·예비적 공동소송에 대하여 필수적 공동소송에 관한 규정인 제67조 내지 제69조를 준용하도록 하면서도 소의 취하의 경우에는 예외를 인정하고 있다(제70조 제1항 단서). 따라서 공동소송인 중 일부가 소를 취하하거나 일부 공동소송인에 대한 소를 취하할 수 있고, 이 경우 소를 취하하지 않은 나머지 공동소송인에 관한 청구 부분은 여전히 심판의 대상이 된다"(대판 2018.2.13. 2015다242429).

> **쟁점정리** 제67조 내지 제69조는 필수적 공동소송에 관한 규정이다. 예비적·선택적 공동소송의 경우 법률상 양립할 수 없는 관계에 있으므로 모순 없는 통일적인 재판을 요하는 바, 제67조가 준용되어 이를 해결하였다. 또한 필수적 공동소송인 추가규정(제68조)이 준용되어 예비적·선택적 공동소송의 경우에도 추가적으로 제3자에 대하여 소를 병합제기 가능하다.

30 주관적·예비적 공동소송에서 조정을 갈음하는 결정에 대하여 일부 공동소송인이 이의하지 아니한 경우, 원칙적으로 그 공동소송인에 대한 관계에서 위 결정이 확정될 수 있다. 이러한 법리는 재판상 화해와 동일한 효력을 가지는 화해권고결정의 경우에도 마찬가지이다.

[최신판례]

해설▶ "민사소송법 제70조에서 정한 주관적·예비적 공동소송에는 민사소송법 제67조 내지 제69조가 준용되어 소송자료 및 소송진행의 통일이 요구되지만, 청구의 포기·인낙, 화해 및 소의 취하는 공동소송인 각자가 할 수 있는데, 이에 비추어 보면, 조정을 갈음하는 결정이 확정된 경우에는 재판상 화해와 동일한 효력이 있으므로 그 결정에 대하여 일부 공동소송인이 이의하지 않았다면 원칙적으로 그 공동소송인에 대한 관계에서는 조정을 갈음하는 결정이 확정될 수 있다. 다만, 조정을 갈음하는 결정에서 분리 확정을 불허하고 있거나, 그렇지 않더라도 그 결정에서 정한 사항이 공동소송인들에게 공통되는 법률관계를 형성함을 전제로 하여 이해관계를 조절하는 경우 등과 같이 결정 사항의 취지에 비추어 볼 때 분리 확정을 허용할 경우 형평에 반하고 또한 이해관계가 상반된 공동소송인들 사이에서의 소송진행 통일을 목적으로 하는 민사소송법 제70조 제1항 본문의 입법 취지에 반하는 결과가 초래되는 경우에는 분리 확정이 허용되지 않는다. 이러한 법리는 이의신청 기간 내에 이의신청이 없으면 재판상 화해와 동일한 효력을 가지는 화해권고결정의 경우에도 마찬가지로 적용된다"(대판 2015.3.20. 2014다75202).

31 甲은 乙의 대리인이라고 주장하는 丙으로부터 X건물을 매수하였으나, 소유권이전등기가 지체되자 乙을 상대로 매매를 원인으로 한 X건물의 소유권이전등기 청구의 소를 제기하였다. 그 후 甲이 제1심 소송계속 중 丙에 대하여 무권대리에 기한 손해배상청구를 추가하였다면, 법원은 乙에 대한 X건물의 소유권이전등기 청구를 인용한다면 丙에 대한 손해배상청구는 기각하여야 한다.

[모의 16(2),(3)변형]

해설▶ ※ 예비적·선택적 공동소송의 심판 : 재판의 통일 – 일부판결 불가

"예비적 · 선택적 공동소송에서는 객관적 병합과 달리 모든 공동소송인에 관한 청구에 대하여 판결을 하여야 한다(제70조 제2항). 예비적 공동소송에서 주위적 피고에 대한 청구를 인용하면 예비적 피고에 대한 청구를 기각하고, 주위적 피고에 대한 청구를 기각하면 예비적 청구를 인용해야 한다. 선택적 공동소송에서는 한 청구가 인용되면 다른 청구는 기각하여야 한다. 모두를 기각하는 경우는 있을 수 있지만 수인의 공동소송인들에 대한 청구 전부를 인용하는 경우는 있을 수 없다. 일부 공동소송인에 관한 청구에 대하여만 판결한 경우, 이는 일부판결이 아닌 흠이 있는 전부판결에 해당하여 상소로써 이를 다투어야 하고, 그 판결에서 누락된 공동소송인은 이러한 판단유탈을 시정하기 위하여 상소를 제기할 이익이 있다"(대판 2008.3.27. 2005다49430).

32 예비적 · 선택적 공동소송에서는 모든 공동소송인에 관한 청구에 대하여 판결을 하여야 하고, 일부 공동소송인에 관한 청구에 대하여만 판결을 한 경우 누락된 공동소송인의 상소는 허용된다.
[변호 18]

해설 위 해설 참고. "누락된 공동소송인은 이러한 판단유탈을 시정하기 위하여 상소를 제기할 이익이 있다"(대판 2008.3.27. 2005다49430).

33 [사례 1] 甲은 乙 · 丙 · 丁 3인에 대해 소비대차한 5천만 원의 담보의 목적으로 자신이 소유한 토지 한 필지의 소유권이전등기의 가등기를 해주고 곧 사망하였다. 그 후 토지에 대해 乙 · 丙 · 丁은 공동명의의 가등기에 기한 소유권이전등기의 본등기를 하였다. 甲의 유일한 상속인인 A는 이 등기가 원인무효라고 주장하며 소유권이전등기의 말소청구의 소를 제기하고자 한다. A는 '丙은 A의 주장을 수긍하고 다툴 의사가 없음'을 알고 乙 · 丁 2인만을 공동피고로 제소하였다.

① 소의 주관적 · 추가적 병합이란, 소송계속 중에 제3자가 스스로 당사자로 가입하거나 당사자가 제3자에 대한 소를 병합 제기하는 경우를 말하는바, 필수적 공동소송인의 추가 등 민사소송법이 규정하고 있는 경우 외에, 규정에 없는 경우라면 통상공동소송에서의 주관적 · 추가적 병합은 허용되지 않는다.
[모의 13(2),15(2)]

해설 判例는 "필수적 공동소송이 아닌 이 사건에 있어 소송 도중에 피고를 추가하는 것은 그 경위가 어떻든 간에 허용될 수 없다"(대판 1993.9.28. 93다32095)고 판시하여 명문의 규정이 없는 통상공동소송인의 추가를 불허하고 있다.

② 사례에서 A는 분쟁의 근본적 해결을 위해 丙을 공동피고로 추가하는 신청을 법원에 제출했다. 만약 乙 · 丙 · 丁이 조합관계에 있다면 민사소송법 제68조에 의해 추가신청이 받아들여져 丙을 피고로서 추가할 수 있다.
[변호 12,13,14, 모의 11(1),12(3),16(1)]

해설 제68조(필수적 공동소송인의 추가) ①항 법원은 제67조제1항의 규정에 따른 공동소송인 가운데 일부가 누락된 경우에는 제1심의 변론을 종결할 때까지 원고의 신청에 따라 결정으로 원고 또는 피고를 추가하도록 허가할 수 있다. 다만, 원고의 추가는 추가될 사람의 동의를 받은 경우에만 허가할 수 있다.

③ ②에서 乙 · 丙 · 丁이 조합관계가 아니라면 丙에 대한 추가적 병합신청은 부정될 것이다.
[모의 14(1)]

해설 "합유물에 관한 소송은 조합원들 전부를 공동피고로 하여야하는 고유필수적 공동소송에 해당한다"(대판 2010.4.29. 2008다50691). 고유필수적 공동소송이라면 민사소송법 제68조에 의한 필수적 공동소송인의 추가가 가능하므로, 지문은 타당하다. 그러나 乙 · 丙 · 丁이 조합관계가 아니라면 통상공동소송에 불과하다.

"필요적 공동소송이 아닌 사건에 있어 소송 도중에 피고를 추가하는 것은 그 경위가 어떻든 간에 허용될 수 없다"고 보는 판례에 따르면 乙·丙·丁이 조합관계가 아닌 경우에 甲의 추가적 병합신청은 부정될 것이다.

34

> [사례 2] X는 자동차를 운전하다가 Y의 차에 의하여 부상을 입었다. 이에 X는 Y를 상대로 손해배상청구의 소를 제기하였다. 소송 중에 X는 X의 차에 동승하고 있었던 X의 처 K도 피해를 입었다고 주장하면서 공동원고로 추가하겠다고 신청하였다.

④ X와 X의 처 K는 공동피해자로서 통상공동소송관계에 있다.　　　　　　　[모의 14(2),16(2)변형]

해설▶ X와 X의 처 K는 공동피해자로서 소송에서 주장하는 권리·의무의 발생 원인이 공통되는 경우(제65조 전문)에 해당한다. 이는 이론상 합일확정이 필요한 경우로서 필수적 공동소송으로 보는 견해가 있지만, 필수적 공동소송의 범위가 지나치게 확정되기에 통상 공동소송으로 봄이 타당하다.
　즉, 필수적 공동소송이 되려면 '소송목적이 공동소송인 전원에 대해 합일확정될 필요'가 있어야 하는데, 공동피해자들 간 실체법상 관리처분권이 공동귀속되는 경우도 아니고 소송법상 기판력이 확장되는 경우도 아니므로 법률상 합일확정의 필요성이 없다. 따라서 통상공동소송에 해당한다.

⑤ 피해자의 권익보호를 위해 종래의 당사자에 곁들여서 새로운 당사자를 추가하는 것은 당사자표시 변경으로서 허용될 수 없다.

해설▶ "당사자표시 정정은 당사자로 표시된 자의 동일성이 인정되는 범위 안에서 그 표시만을 변경하는 경우에 한하여 허용되는 것이므로 종래의 당사자에 곁들여서 새로운 당사자를 추가하는 것은 당사자표시 변경으로서 허용될 수 없고 이는 추가된 당사자에 대한 새로운 상소제기로 보아야 한다"(대판 1980.7.8. 80다885).

35

> 乙법인의 대표자 A는 乙법인을 대표하여 甲에게 카메라 200개를 총 1천만 원에 매도한 뒤 위 매매대금을 자신의 개인사업에 유용하기로 마음먹었다. 이에 乙법인의 대표자 A는 2011.4.15. 甲과 매매계약을 체결하였고, 甲은 계약당일 대금을 지급하였다. 이후 A는 위 매매대금을 임의로 소비하였고, 이를 알지 못하는 乙측은 甲의 카메라인도청구에 응할 수 없다고 항변하였다. 이에 甲은 乙을 주위적 피고로 하여 주위적으로 카메라의 인도 및 예비적으로 乙에 대한 민법 제35조 1항 1문에 근거한 손해배상을 청구하는 한편, A를 예비적 피고로 하여 위 매매계약이 무효임을 전제로 A에 대한 제35조 1항 2문(민법 제750조)의 손해배상을 청구하는 소를 병합하여 제기하였다.

① 乙에 대한 예비적 청구와 A에 대한 청구가 양립가능하더라도 위 소송은 예비적 공동소송에 해당한다.

해설▶ ※ 민사소송법 제70조 1항 본문 '공동소송인 가운데 일부에 대한 청구'의 의미
　判例는 "민사소송법 제70조 제1항 본문이 규정하는 '공동소송인 가운데 일부에 대한 청구'를 반드시 '공동소송인 가운데 일부에 대한 모든 청구'라고 해석할 근거는 없으므로, 주위적 피고에 대한 주위적·예비적 청구 중 주위적 청구 부분이 인용되지 아니할 경우 그와 법률상 양립할 수 없는 관계에 있는 예비적 피고에 대한 청구를 인용하여 달라는 취지로 결합하여 소를 제기하는 것도 가능하다"(대판 2014.3.27. 2009다104960)고 판시하였다.
　☞ 사안에서 甲의 乙에 대한 예비적 청구와 甲의 A에 대한 청구는 양립가능하나, 甲의 乙에 대한 주위적 청구와 A에 대한 청구는 양립불가능하다. 따라서 이외의 공동소송의 요건을 갖춘다면 위 소송은 예비적 공동소송에 해당한다.

② 매매계약당시 甲이 A의 배임의사를 알거나 알 수 있었다면 甲의 乙에 대한 주위적 청구는 인용될 수 없다.

해설 甲이 매매계약 당시 A의 배임의사를 알았거나 알 수 있었다면 위 매매계약은 대표권남용에 해당하여 무효이므로 甲의 乙에 대한 주위적 청구는 인용될 수 없다.

③ 甲의 乙에 대한 주위적 청구가 인용되지 않는 경우, 법원은 甲의 乙에 대한 예비적 청구와 A에 대한 청구를 병합하여 통상의 공동소송으로 보아 심리할 수 있다. [변호 17]

해설 ※ 주위적 피고에 대한 일부에 대한 청구와 예비적 피고에 대한 청구가 양립가능한 경우, 양 청구를 병합하여 통상의 공동소송으로 보아 심리 판단할 수 있다.

判例는 "민사소송법 제70조 제1항 본문은 공동소송인 가운데 일부의 청구가 다른 공동소송인의 청구와 법률상 양립할 수 없거나 공동소송인 가운데 일부에 대한 청구가 다른 공동소송인에 대한 청구와 법률상 양립할 수 없는 경우에는 제67조 내지 제69조를 준용한다고 규정하고 있는바, 여기서 '공동소송인 가운데 일부에 대한 청구'를 반드시 '공동소송인 가운데 일부에 대한 모든 청구'라고 해석할 근거는 없으므로, 주위적 피고에 대한 주위적 · 예비적 청구 중 주위적 청구 부분이 인용되지 아니할 경우 그와 법률상 양립할 수 없는 관계에 있는 예비적 피고에 대한 청구를 인용하여 달라는 취지로 결합하여 소를 제기하는 것도 가능하고, 이 경우 주위적 피고에 대한 예비적 청구와 예비적 피고에 대한 청구가 서로 법률상 양립할 수 있는 관계에 있으면 양 청구를 병합하여 통상의 공동소송으로 보아 심리 · 판단할 수 있다고 할 것이다"(대판 2009.3.26. 2006다47677)고 판시하였다.

☞ 사안에서 甲의 乙에 대한 예비적 청구와 A에 대한 청구는 서로 양립할 수 있는 관계에 있는바, 법원은 양 청구를 병합하여 통상의 공동소송으로 보아 심리할 수 있다.

④ 만약 사안과 달리 甲의 주위적 청구가 금전청구일 경우 제1심법원은 甲에게 주위적 청구가 전부 인용되지 않을 경우 주위적 청구에서 인용되지 아니한 수액 범위 내에서의 예비적 청구에 대해서도 판단하여 주기를 바라는 취지인지 여부를 석명할 의무가 있다.

해설 ※ 주위적 청구가 전부 인용되지 않을 경우 예비적 청구의 판단에 대한 법원의 석명의무

"주위적 청구원인과 예비적 청구원인이 양립 가능한 경우에도 당사자가 심판의 순위를 붙여 청구를 할 합리적인 필요성이 있는 경우에는 심판의 순위를 붙여 청구할 수 있다 할 것이고, 이러한 경우 주위적 청구가 전부 인용되지 않을 경우에는 주위적 청구에서 인용되지 아니한 수액 범위 내에서의 예비적 청구에 대해서도 판단하여 주기를 바라는 취지로 불가분적으로 결합시켜 제소할 수도 있는 것이므로, 주위적 청구가 일부만 인용되는 경우에 나아가서 예비적 청구를 심리할 것인지의 여부는 소송에서의 당사자의 의사 해석에 달린 문제라 할 것이어서, 법원이 주위적 청구원인에 기한 청구의 일부를 기각하고 예비적 청구취지보다 적은 금액만을 인용할 경우에는, 원고에게 주위적 청구가 전부 인용되지 않을 경우에는 주위적 청구에서 인용되지 아니한 수액 범위 내에서의 예비적 청구에 대해서도 판단하여 주기를 바라는 취지인지 여부를 석명하여 그 결과에 따라 예비적 청구에 대한 판단 여부를 정하여야 할 것이다"(대판 2002.10.25. 2002다23598).

⑤ 제1심법원이 甲의 乙에 대한 예비적 청구만을 인용할 뿐 A에 대한 청구에 대해서는 판단하지 않았다면, 이는 흠 있는 전부판결에 해당한다.

해설 ※ 예비적, 선택적 공동소송의 심판 : 재판의 통일 – 일부판결 불가

"민사소송법 제70조 제2항은 같은 조 제1항의 예비적·선택적 공동소송에서는 모든 공동소송인에 관한 청구에 대하여 판결을 하도록 규정하고 있으므로, 이러한 공동소송에서 일부 공동소송인에 관한 청구에 대하여만 판결을 하는 경우 이는 일부판결이 아닌 흠이 있는 전부판결에 해당하여 상소로써 이를 다투어

야 하고, 그 판결에서 누락된 공동소송인은 이러한 판단유탈을 시정하기 위하여 상소를 제기할 이익이 있다"(대판 2008.3.27. 2005다49430).

36 선정의 시기는 소송계속 전·후를 불문한다. 소송계속 후 선정하면 선정자는 당연히 소송에서 탈퇴하게 되고(제53조 2항), 선정당사자가 그 지위를 수계하게 된다. 따라서 소제기 이전의 선정도 허용된다.

[모의 15(1)]

37 甲과 乙이 선정당사자로 선정되었다는 것은 서면으로 증명하여야 하고, 이를 소송기록에 붙여야 한다.

[변호 16]

해설 선정당사자를 선정하고 바꾸는 경우, 소송행위를 위한 권한을 받은 사실은 서면으로 증명하여야 하므로(제58조 1항), 선정서를 법원에 제출하여 서면은 소송기록에 붙여야 한다(제58조 2항).

38 선정당사자를 뽑는 선정은 소송행위이기 때문에 선정을 함에는 소송능력이 필요하며, 선정에 조건을 붙여서는 안 된다.

[모의 13(3)]

39 선정행위를 하였다는 의미에서 선정당사자를 선정자로 표기하는 것이 위법하다고 볼 수 없다.

[모의 16(2)]

해설 공동의 이해관계를 가진 여러 사람이 제52조의 규정에 해당되지 아니하는 경우에는, 이들은 그 가운데에서 모두를 위하여 당사자가 될 한 사람 또는 여러 사람을 선정하거나 이를 바꿀 수 있다(제53조 1항). 소송이 법원에 계속된 뒤 제53조 1항의 규정에 따라 당사자를 바꾼 때에는 그 전의 당사자는 당연히 소송에서 탈퇴한 것으로 본다(제53조 2항). 그러나 선정당사자 자신도 공동의 이해관계를 가진 사람으로서 선정행위를 하였다면, 선정행위를 하였다는 의미에서 선정자로 표기하는 것이 허용되지 않는다고 할 수 없으므로, 선정당사자를 선정자로 표기하는 것이 위법하다고 볼 수 없다(대판 2011.9.8. 2011다17090).

40 판결의 효력은 언제나 선정자에게 미친다.

[모의 15(1)]

해설 다른 사람을 위하여 원고나 피고가 된 사람에 대한 확정판결은 그 다른 사람에 대하여도 효력이 미친다(제218조 3항).

41 선정당사자를 선정함에 있어 공동의 이해관계가 없는 제3자를 선정하는 것은 변호사대리원칙을 잠탈할 우려가 있어 허용되지 않는다.

[모의 11(1)변형]

해설 선정당사자란 공동의 이해관계를 여러 사람이 그 가운데에서 모두를 위하여 당사자가 될 사람을 선정하는 것을 말한다(민소법 제53조 1항). 공동의 이해관계가 없는 제3자를 선정하는 것은 변호사대리원칙을 잠탈할 우려가 있기 때문에 허용되지 않는다.

判例도 "공동의 이해관계가 있는 다수자는 선정당사자를 선정할 수 있는바, 이 경우 공동의 이해관계란 다수자 상호 간에 공동소송인이 될 관계에 있고 또 주요한 공격방어방법을 공통으로 하는 것을 의미하므로, 다수자의 권리·의무가 동종이며 그 발생원인이 동종인 관계에 있는 것만으로는 공동의 이해관계가 있다고 할 수 없어 선정당사자의 선정을 허용할 것이 아니다"(대판 2007.7.12. 2005다10470)고 본다.

42 선정자와 공동의 이해관계가 없는 자가 선정당사자로 선정되었음에도 법원이 그러한 선정당사자 자격의 흠을 간과하여 그를 당사자로 한 판결이 확정된 경우, 이는 당연무효도 아니고 재심사유도 아니다.

[변호 12, 모의 16(2)]

해설 ※ 선정당사자 자격의 흠결을 간과한 판결(당연무효 아님, 재심사유도 아님)

"다수자 사이에 공동소송인이 될 관계에 있기는 하지만 주요한 공격방어방법을 공통으로 하는 것이 아니어서 공동의 이해관계가 없는 자가 선정당사자로 선정되었음에도 법원이 그러한 선정당사자 자격의 흠을 간과하여 그를 당사자로 한 판결이 확정된 경우, 선정자가 스스로 당해 소송의 공동소송인 중 1인인 선정당사자에게 소송수행권을 수여하는 선정행위를 하였다면 그 선정자로서는 실질적인 소송행위를 할 기회 또는 적법하게 당해 소송에 관여할 기회를 박탈당한 것이 아니므로, 비록 그 선정당사자와의 사이에 공동의 이해관계가 없었다고 하더라도 그러한 사정은 민사소송법 제451조 제1항 제3호가 정하는 재심사유에 해당하지 않는 것으로 봄이 상당하고, 이러한 법리는 그 선정당사자에 대한 판결이 확정된 경우뿐만 아니라 그 선정당사자가 청구를 인낙하여 인낙조서가 확정된 경우에도 마찬가지라 할 것이다"(대판 2007.7.12. 2005다10470).

43 甲, 乙, 丙이 丁을 상대로 제기한 소송에서 乙이 선정당사자로 선정되어 소송을 수행하던 중 乙이 자신의 청구 부분에 대하여 소를 취하하고 상대방 丁이 이에 동의한 경우 乙은 선정당사자 자격을 상실한다. [변호 16,17, 모의 16(2)]

해설 ※ 선정당사자의 자격 상실 : 선정의 취소, 선정당사자의 사망, 공동이해관계가 소멸되는 경우 등

선정당사자의 자격은 선정의 취소, 선정당사자의 사망, 선정당사자 본인에 관한 부분의 소가 취하되거나 판결이 확정되어 선정당사자의 공동이해관계가 소멸되는 경우에 당연히 상실된다. 判例도 "민사소송법 제53조 소정의 선정당사자는 공동의 이해관계를 가진 여러 사람 중에서 선정되어야 하는 것이므로, 선정당사자 본인에 대한 부분의 소가 취하되거나 판결이 확정되는 등으로 공동의 이해관계가 소멸하는 경우에는 선정당사자는 선정당사자의 자격을 당연히 상실한다고 보아야 할 것이다"(대판 2006.9.28. 2006다28775)고 판시하였다.

44 선정당사자가 변경된 때 그 변경사실을 상대방에게 통지하지 않았더라도 그 사실이 법원에 알려진 경우, 종전의 선정당사자는 상대방의 동의를 얻었더라도 소를 취하하지 못한다. [변호 12]

해설 선정당사자자격의 상실은 대리권 소멸처럼 상대방에게 통지가 요구되며 그렇지 않으면 효력이 발생하지 않는다(제63조 2항, 1항 본문). 다만 법원에 선정당사자의 변경사실이 알려진 뒤에는 종전의 선정당사자는 소의 취하, 청구의 포기·인낙 등의 소송행위를 하지 못한다(제63조 2항, 1항 단서).

> **쟁점정리** ※ 선정당사자들 사이의 관계
>
> 선정행위는 각 선정자가 개별적으로 해야 하여야 하며 다수결로 할 수 없다. 그러나 전원이 동일한 선정당사자를 선정할 필요는 없다. ㉠ 동일 선정자단에서 선정된 선정당사자들은 소송수행권을 합유하는 관계에 있기 때문에 필수적 공동소송으로 된다. ㉡ 그러나 별개의 선정자단에서 각기 선정된 여러 사람의 선정당사자는 원래의 소송이 필수적 공동소송이 아니면 통상공동소송관계로 된다.

45 甲은 X토지 위에 Y건물을 신축한 후, 이에 대해 A, B, C, D와 각각 존속기간 2년, 임대차보증금 1억 원, 차임 월 40만 원으로 정하여 임대차계약을 체결하였다. 그러나 이후 존속기간이 만료되어 A등이 보증금반환을 요구하자, 甲은 자신은 임대차계약을 체결한 적이 없다고 주장하였다. 이에 A, B, C, D는 A를 선정당사자로 정하여 甲를 상대로 보증금반환청구의 소를 제기하였다.

① A, B, C, D가 A를 선정당사자로 지정한 것은 적법하다. [모의 11(1), 15(1)]

해설 ※ 선정당사자의 요건 : 공동의 이해관계를 가진 여러 사람일 것

공동의 이해관계가 있는 다수자는 선정당사자를 선정할 수 있는 것인데, 이 경우 공동의 이해관계란 다수자 상호간에 공동소송인이 될 관계에 있고, 또 주요한 공격방어 방법을 공통으로 하는 것을 의미하므로, 다

수자의 권리·의무가 동종이며 그 발생 원인이 동종인 관계에 있는 것만으로는 공동의 이해관계가 있는 경우라고 할 수 없어, 선정당사자의 선정을 허용할 것이 아니다. 임차인들이 甲을 임대차계약상의 임대인이라고 주장하면서 甲에게 그 각 보증금의 전부 내지 일부의 반환을 청구하는 경우, 그 사건의 쟁점은 甲이 임대차계약상의 임대인으로서 계약당사자인지 여부에 있으므로, 그 임차인들은 상호간에 공동소송인이 될 관계가 있을 뿐 아니라 주요한 공격방어 방법을 공동으로 하는 경우에 해당함이 분명하다고 할 것이어서, 민사소송법 제49조(현행 제53조 1항) 소정의 공동의 이해관계가 있어 선정당사자를 선정할 수 있다(대판 1999.8.24. 99다15474).

☞ 종래 이 판례를 두고 제53조의 공동의 이해관계를 제65조 전문에 한정하는 것으로 평석하는 견해가 있었지만, 최근 이 판례의 본래적 의미는 제65조 후문의 경우에도 쟁점이 공통되면 선정할 수 있다는 평석(김홍엽)이 있으며, 판례의 판시를 찬찬히 살펴보면 후자의 해석이 합리적이다.

② A, B, C, D는 '제1심 소송절차에 관하여 A를 선정당사자로 선임하여 소송절차를 수행하게 한다'는 선정서를 작성하여 법원에 제출하였더라도, A에 대한 선정의 효력은 소송종료시까지 계속된다.
[변호 12,16, 모의 11(1),16(2)]

해설 ※ 심급을 제한한 선정당사자 선정의 효력
"당사자 선정은 총원의 합의로써 장래를 향하여 이를 취소, 변경할 수 있는 만큼 당초부터 특히 어떠한 심급을 한정하여 당사자인 자격을 보유하게끔 할 목적으로 선정을 하는 것도 역시 허용된다"(대결 1995.10.5. 94마2452). 그런데 "제1심에서 제출된 선정서에 사건명을 기재한 다음에 '제1심 소송절차에 관하여' 또는 '제1심 소송절차를 수행하게 한다'라는 문언이 기재되어 있는 경우라 하더라도, 특단의 사정이 없는 한, 그 기재는 사건명 등과 더불어 선정당사자를 선정하는 사건을 특정하기 위한 것으로 보아야 하고, 따라서 그 선정의 효력은 제1심의 소송에 한정하는 것이 아니라 소송의 종료에 이르기까지 계속하는 것으로 해석함이 상당하다"(대결 1995.10.5. 94마2452).

③ A가 소송수행도중 변호사 E를 소송대리인으로 선임하면서 2천만 원을 지급하기로 약정하였더라도, B, C, D는 위 약정에 따른 보수를 지급할 의무가 없다.
[변호 12,16, 모의 13(2)]

해설 ※ 변호사인 소송대리인과 사이에 체결한 보수약정은 선정당사자가 독자적인 권한으로 행할 수 있는 소송수행에 필요한 사법상의 행위라고 할 수 없다.
"선정당사자는 선정자들로부터 소송수행을 위한 포괄적인 수권을 받은 것으로서 일체의 소송행위는 물론 소송수행에 필요한 사법(私法)상의 행위도 할 수 있는 것이고 개개의 소송행위를 함에 있어서 선정자의 개별적인 동의가 필요한 것은 아니라 할 것이므로, 자신과 선정자들을 위한 공격이나 방어를 위하여 필요한 범위에서 특정한 법률관계에 실체법적 효과를 발생시키는 행위나 변제의 수령 등을 할 수 있다고 할 것이지만, 변호사인 소송대리인과 사이에 체결하는 보수약정은 소송위임에 필수적으로 수반되어야 하는 것은 아니므로 선정당사자가 그 자격에 기한 독자적인 권한으로 행할 수 있는 소송수행에 필요한 사법(私法)상의 행위라고 할 수 없다. 따라서 선정당사자가 선정자로부터 별도의 수권 없이 변호사 보수에 관한 약정을 하였다면 선정자들이 이를 추인하는 등의 특별한 사정이 없는 한 선정자에 대하여 효력이 없다고 할 것이며, 뿐더러 그와 같은 보수약정을 하면서 향후 변호사 보수와 관련하여 다투지 않기로 부제소합의를 하거나 약정된 보수액이 과도함을 이유로 선정자들이 제기한 별도의 소송에서 소취하합의를 하더라도 이와 관련하여 선정자들로부터 별도로 위임받은 바가 없다면 선정자에 대하여 역시 그 효력을 주장할 수 없다"(대판 2010.5.13. 2009다105246).

④ 만일 A가 '甲은 B 등에게 1억 원을 지급하고, B 등은 소송을 취하하며 민·형사상의 책임을 묻지 않겠다'는 취지로 합의한 후 소를 취하하였다면, 소취하의 효력은 B, C, D에게 미친다.

해설 ※ 선정당사자의 지위 : 당사자 본인으로서의 소송상 지위

判例는 "공동의 이해관계가 있는 여러 사람은 민사소송법 제53조에서 정한 바에 따라 그 가운데에서 모두를 위하여 당사자가 될 선정당사자를 선정할 수 있고, 이와 같이 선정된 선정당사자는 선정자들로부터 소송수행을 위한 포괄적인 수권을 받은 당사자로서 선정자들 모두를 위한 일체의 소송행위를 할 수 있음은 물론 소송수행에 필요한 사법(私法)상의 행위도 할 수 있는 것이고, 이와 같은 행위를 함에 있어서 선정자의 개별적인 동의가 필요한 것은 아니라고 할 것이다"(대판 2003.5.30. 2001다10748)고 판시하며 "A 등이 甲을 상대로 소송을 제기하면서 그들 모두를 위한 선정당사자로 A를 선정하여 소송을 수행하도록 하였는데, A가 선정당사자 지위에서 甲과 '甲은 B 등에게 1억원을 지급하고, B 등은 소송을 취하하며 민·형사상의 책임을 묻지 않겠다'는 취지로 합의한 후 소를 취하한 사안에서, A가 소송 도중 甲과 한 합의는 A을 위하여 500만 원을 지급받는 대신 소송을 취하하여 종료시킴과 아울러 甲을 상대로 동일한 소송을 다시 제기하지 않기로 한 것으로서, 이는 선정당사자가 할 수 있는 소송수행에 필요한 사법(私法)상의 행위에 해당하고, B 등으로부터 개별적인 동의를 받았는지에 관계없이 그들 모두에게 그 효력이 미친다"(대판 2012.3.15. 2011다105966)고 보았다.

⑤ 만일 위 선정자에 Y의 건물로 인해 일조권을 침해받던 인근 주민 F가 포함되어 있었고 F가 A대신 선정당사자로 선정되어 소송을 수행한 결과 청구기각판결이 확정되었더라도, B, C, D 는 위 확정판결에 대해 재심의 소를 제기할 수 없다.   [변호 12, 모의 16(2)]

해설 선정당사자 자격의 흠결을 간과한 판결은 당연무효가 아니며, 재심대상도 아니다(대판 2007.7.12. 2005다 10470). ☞ 따라서 공동의 이해관계 없는 F가 선정당사자로 선정되었더라도 B 등은 재심의 소를 제기할 수 없다.

46 법원이 주문에서 소송비용을 선정당사자의 부담으로 하는 확정결정이 이루어진 경우, 특별한 사정이 없는 한 비용상환권리자는 다른 선정자를 상대로 집행문부여를 신청할 수 없고, 선정당사자는 다른 선정자의 비용 분담을 주장하며 확정된 소송비용액에 관한 집행문 부여를 다툴 수 없다.

해설 ※ 주문에서 소송비용을 선정당사자의 부담으로 확정결정이 이루어진 경우
"공동의 이해관계가 있는 여러 사람은 민사소송법 제53조에서 정한 바에 따라 그 가운데에서 모두를 위하여 당사자가 될 선정당사자를 선정할 수 있고, 이와 같이 선정된 선정당사자는 선정자들로부터 소송수행을 위한 포괄적인 수권을 받은 당사자로서 선정자들 모두를 위한 일체의 소송행위를 할 수 있으며, 선정자들은 소송수행권을 상실하고 소송관계에서 탈퇴하게 된다. 이에 비추어 보면, 법원이 소송비용을 정하면서 주문에서 선정자들의 공동부담으로 하지 아니하고 소송당사자인 선정당사자(선정당사자인 선정자를 의미한다)의 부담으로 한 경우에, 판결에서 실질적으로 선정자들의 공동부담으로 하면서 그 표시만 선정당사자에게 부담을 명하였음이 명백한 경우 등과 같은 특별한 사정이 없고, 주문 표시대로 그 선정당사자를 상대로 소송비용액 확정결정이 이루어진 때에는, 비용상환권리자는 선정당사자 외의 다른 선정자가 비용상환의무를 분담함을 전제로 하여 다른 선정자를 상대로 민사집행법 제25조 제2항에서 정한 집행문을 내어 달라고 신청할 수 없고, 위 선정당사자 역시 다른 선정자의 비용 분담을 이유로 그 부분에 대하여 상환의무를 지지 않는다고 주장하여 확정된 소송비용액에 관한 집행문의 부여를 다툴 수 없다"(대결 2013.1.18. 2010그133).

47 별도의 소송대리인이 없으면, 선정당사자 甲과 乙 중 1인이 사망한 경우 나머지 선정당사자가 소송절차의 중단 없이 계속해서 소송을 수행할 수 있다.   [변호 16, 모의 15(1)]

해설 선정된 당사자 모두가 자격을 잃거나 죽은 때에는 소송절차는 중단된다. 이 경우 당사자를 선정한 사람 모두 또는 새로 당사자로 선정된 사람이 소송절차를 수계하여야 한다(제237조 제2항). 그러나 이 경우에도 소송대리인이 있으면 중단되지 않는다(238조). 따라서 사망한 선정당사자의 상속인이 수계하여야 하는 것도 아니다.

48 선정당사자 甲과 乙은 선정자 丙과 丁으로부터 특별한 권한을 받을 필요 없이 청구를 포기할 수 있다.

[변호 12,16, 모의 13(2)]

> **해설** ※ 선정당사자의 당사자 본인으로서의 소송상 지위
>
> 선정당사자는 선정자의 대리인이 아니고 당사자 본인이므로(제53조 1항) 소송수행에 있어서 소송대리인에 관한 제90조 2항의 제한을 받지 않는다. 判例도 "선정당사자는 선정자들로부터 소송수행을 위한 포괄적인 수권을 받은 것으로서 일체의 소송행위(취하, 포기, 인낙, 화해, 상소 등)는 물론 소송수행에 필요한 사법상의 행위도 할 수 있는 것이고 개개의 소송행위를 함에 있어서 선정자의 개별적인 동의가 필요한 것은 아니다"(대판 2010.5.13. 2009다105246)라고 판시한 바 있다.

49 원고 A는 B, C, D등 8인을 상대로 하여 이 사건 소를 제기하였는데, 위 8인은 제1심에서 B를 선정당사자로 선정하여 소송을 수행하게 하였고, 제1심에서 원고의 청구를 전부 인용하는 판결이 선고되었다. 선정당사자 B는 선정자 C에 대한 부분만 항소를 제기하였고, 선정당사자 B 본인 및 나머지 선정자에 대한 부분은 항소를 제기하지 아니하여 제1심판결이 그대로 확정되었다. 이 경우 제1심판결 중 선정당사자 B 본인에 대한 부분이 확정되어 공동의 이해관계가 소멸함으로써 B는 C에 대한 선정당사자의 지위를 상실하였다고 할 것이므로, B가 C에 대한 선정당사자의 지위에서 제기한 상고는 부적법하다(대판 2006.9.28. 2006다28775).

[변호 16, 모의 16(2)]

50 채무자나 다른 채권자가 배당절차에서 선정된 선정당사자를 상대로 그가 배당받는 것으로 적힌 금액 전체에 대하여 이의를 한 경우에, 선정당사자를 피고로 하여 배당이의의 소를 제기하여 선정자들에게 귀속될 부분을 포함한 선정당사자가 배당받는 것으로 적힌 금액 전체에 대하여 경정을 구할 수 있다(대판 2015.10.29. 2015다202490).

[최신판례]

51 법원은 참가신청인의 보조참가신청시 당사자가 이의신청을 하면 허부결정을 하여야 한다.

[모의 16(1)]

> **해설** 당사자가 참가에 대하여 이의를 신청한 때에는 참가인은 참가의 이유를 소명하여야 하며, 법원은 참가를 허가할 것인지 아닌지를 결정하여야 한다(제73조 1항). 법원은 직권으로 참가인에게 참가의 이유를 소명하도록 명할 수 있으며, 참가의 이유가 있다고 인정되지 아니하는 때에는 참가를 허가하지 아니하는 결정을 하여야 한다(제73조 2항).

52 당사자의 이의신청이 없거나 법원의 소명요구가 없다면 보조참가신청자는 참가이유를 소명할 필요가 없다.

[모의 16(1)]

> **해설** 위 해설 참고. 제73조 1항, 제73조 2항

53 참가적 효력은 보조참가인이 참가한 소송에서 피참가인이 소송에서 패소 확정판결을 받은 경우, 확정판결의 결론의 기초가 된 사실상 및 법률상의 판단으로서 보조참가인이 피참가인과 공동이익으로 주장하거나 다툴 수 있었던 사항에 한하여 미친다.

[모의 17(2)]

> **해설** ※ 참가적 효력의 객관적 범위
>
> 判例는 "보조참가인이 피참가인을 보조하여 공동으로 소송을 수행하였으나 피참가인이 소송에서 패소한 경우에는 형평의 원칙상 보조참가인이 피참가인에게 패소판결이 부당하다고 주장할 수 없도록 구속력을 미치게 하는 이른바 참가적 효력이 인정되지만, 전소 확정판결의 참가적 효력은 전소 확정판결의 결론의 기초가 된 사실상 및 법률상의 판단으로서 보조참가인이 피참가인과 공동이익으로 주장하거나 다툴 수 있었던 사항에 한하여 미치고, 전소 확정판결에 필수적인 요소가 아니어서 결론에 영향을 미칠 수 없는 부가적 또는 보충적인 판단이나 방론 등에까지 미치는 것은 아니다"(대판 1997.9.5. 95다42133)라고 판시하였다.

54 전소가 확정판결이 아닌 화해권고결정에 의하여 종료된 경우에는 확정판결에서와 같은 법원의 사실상 및 법률상의 판단이 이루어졌다고 할 수 없으므로 참가적 효력이 인정되지 아니한다.

[최신판례]

해설 ※ **참가적 효력의 배제사유 : 전소가 확정판결이 아닌 화해권고결정에 의하여 종료된 경우**

"보조참가인이 피참가인을 보조하여 공동으로 소송을 수행하였으나 피참가인이 소송에서 패소한 경우에는 형평의 원칙상 보조참가인이 피참가인에게 패소판결이 부당하다고 주장할 수 없도록 구속력을 미치게 하는 이른바 참가적 효력이 인정되지만, 전소 확정판결의 참가적 효력은 전소 확정판결의 결론의 기초가 된 사실상 및 법률상의 판단으로서 보조참가인이 피참가인과 공동이익으로 주장하거나 다툴 수 있었던 사항에 한하여 미친다. 이러한 법리에 비추어 보면 전소가 확정판결이 아닌 화해권고결정에 의하여 종료된 경우에는 확정판결에서와 같은 법원의 사실상 및 법률상의 판단이 이루어졌다고 할 수 없으므로 참가적 효력이 인정되지 아니한다"(대판 2015.5.28. 2012다78184).

55 피참가인이 참가인이 할 수 없는 소송행위를 고의나 과실로 하지 아니한 때에는 보조참가인에게 참가적 효력이 미치지 않는다.

해설 ※ **참가인에 대한 재판의 효력**

재판은 다음 각 호 가운데 어느 하나에 해당하지 아니하면 참가인에게도 그 효력이 미친다(제77조).
1. 제76조의 규정에 따라 참가인이 소송행위를 할 수 없거나, 그 소송행위가 효력을 가지지 아니하는 때
2. 피참가인이 참가인의 소송행위를 방해한 때
3. 피참가인이 참가인이 할 수 없는 소송행위를 고의나 과실로 하지 아니한 때

56 A주식회사가 채무자 乙을 상대로 대여금청구의 소를 제기한 경우 A주식회사의 주주 甲은 A주식회사의 소송의 결과에 대하여 사실상·경제상 이해관계를 가질 뿐이므로 보조참가를 할 수 없다.

[모의 13(3)]

해설 ※ **보조참가의 이유 : 소송결과에 이해관계가 있을 것 : 법률상의 이해관계**

"특정 소송사건에서 당사자 일방을 보조하기 위하여 보조참가를 하려면 당해 소송의 결과에 대하여 이해관계가 있어야 할 것이고, 여기서 말하는 이해관계라 함은 사실상·경제상 또는 감정상의 이해관계가 아니라 법률상의 이해관계를 말하는 것으로, 이는 당해 소송의 판결의 기판력이나 집행력을 당연히 받는 경우 또는 당해 소송의 판결의 효력이 직접 미치지는 아니한다고 하더라도 적어도 그 판결을 전제로 하여 보조참가를 하려는 자의 법률상의 지위가 결정되는 관계에 있는 경우를 의미하는 것이다"(대판 1979.8.28. 79누74).

관련판례 ① "특정 소송사건에서 당사자의 일방을 보조하기 위하여 보조참가를 하려면 당해 소송의 결과에 대하여 이해관계가 있어야 하고, 여기에서 말하는 이해관계라 함은 사실상, 경제상 또는 감정상의 이해관계가 아니라 법률상의 이해관계를 가리킨다. 불법행위로 인한 손해배상책임을 지는 자는 피해자가 다른 공동불법행위자들을 상대로 제기한 손해배상 청구소송의 결과에 대하여 법률상의 이해관계를 갖는다고 할 것이므로, 위 소송에 원고를 위하여 보조참가를 할 수가 있고, 피해자인 원고가 패소판결에 대하여 상소를 하지 않더라도 원고의 상소기간 내라면 보조참가와 동시에 상소를 제기할 수도 있다"(대판 1999.7.9. 99다12796). ② "甲이 보조참가를 하고자 하는 소송이 乙과 丙회사 사이에 체결한 임대차계약상의 임료액이 그간의 경제사정 변경 등으로 인하여 상당하지 아니하게 되었음을 이유로 일정기간에 대한 임료증액분의 지급을 구하는 것이고, 乙과 丙 회사 사이에 체결된 위 임대차계약은 甲, 乙과 丙회사 등 사이에 체결된 합작투자계약에서 甲 등이 투자를 하는 전제조건으로 약정된 사항들을 기초로 한 것이라면 甲으로서는 당초의 합작투자계약의 한쪽 당사자로서 그 다른 당사자인 乙이 제기한 위 소송의 결과에 대하여 丙회사와 이해관계를 같이하는 법률적인 이해관계에 있어 위 소송에 丙 회사를 위하여 보조참가를 할 수 있다"(대결 1992.7.3. 92마244). ③ "원고 보조참가인은 원심 변론종결 후인 2006.12.27. 원고로부터 원고가 이 사건 소송에서 패소할 경우에는 매매계약이 해지되는 것을 조건으로

하여 이 사건 건물을 매수한 사실을 알 수 있는바, 원고 보조참가인은 이 사건 건물의 원시취득자인 원고가 그 소유권에 기한 방해배제청구로서 피고에 대하여 건축주명의변경절차의 이행을 구하는 이 사건 소송의 결과에 대하여 법률상의 이해관계를 갖는다고 할 것이므로, 위 보조참가신청은 적법하다"(대판 2007.4.26. 2005다19156).

57 A는 B에 대해 10억 원의 대여금 반환채권을 가지고 있었으며, 이 채권은 乙 및 C에 순차 양도 되었다. 한편 甲은 乙에 대해 금전채권을 가지고 있었다. 甲은 C가 乙로부터 채권을 양수한 행 위 중 일부가 사해행위로 취소되었는데도 C가 B를 상대로 제기한 대여금 반환청구소송에서 승 소하여 채권을 변제받으면 甲이 乙을 대위하여 B에 대해 채권을 행사할 수 없다는 이유로 피고 보조참가를 할 수 없다. [최신판례]

해설 "소송사건에서 당사자 일방을 보조하기 위하여 보조참가를 하려면 소송의 결과에 대한 법률적 이해관계가 있어야 한다"(대판 2018.7.26. 2016다242440) 甲 주식회사가, 원고(C)가 乙 주식회사로부터 채권을 양수한 행위 중 일부가 사행행위로 취소되었는데도 원고가 승소하여 채권을 변제받으면 甲 회사가 채무자인 乙 회사를 대위하여 채권을 행사할 수 없다는 이유로 피고(B) 보조참가를 신청한 사안에서, 이러한 사정은 사실적·경제적 이해관 계에 불과하고 소송 결과에 대한 법률적 이해관계라고 할 수 없으므로 위 신청은 보조참가의 요건을 갖추 지 못하여 부적법하다고 한 사례.

58 채무자 甲 소유 부동산에 관한 임의경매절차에서 제3순위로 배당받은 가압류권자 乙이 제4순위 로 배당받은 甲을 상대로 실제 배당받을 금액을 확정하기 위한 구상금 청구소송을 제기하여 승 소판결을 받았으나 甲이 구상금채권 부존재를 주장하면서 추완항소를 한 경우, 乙의 배당금 채 권에 관하여 채권압류 및 추심명령을 받은 丙은 乙을 위하여 보조참가를 할 수 있다. [최신판례]

해설 "특정 소송사건에서 당사자 일방을 보조하기 위하여 보조참가를 하려면 당해 소송의 결과에 대하여 이해 관계가 있어야 하고, 여기서 말하는 이해관계는 사실상·경제상 또는 감정상의 이해관계가 아니라 법률상 의 이해관계를 말하는 것으로, 이러한 이해관계가 있다는 것은 당해 소송의 판결의 기판력이나 집행력을 당연히 받는 경우 또는 당해 소송의 판결의 효력이 직접 미치지는 아니한다고 하더라도 적어도 그 판결을 전제로 하여 보조참가를 하려는 자의 법률상의 지위가 결정되는 관계에 있는 경우를 의미한다"(대결 2014.5.29. 2014마4009).

59 법원은 피참가인과는 별도로 보조참가인에 대하여도 기일의 통지, 소송서류의 송달 등을 행하여 야 하고, 보조참가인에게 기일통지서 또는 출석요구서를 송달하지 아니함으로써 변론의 기회를 부여하지 아니한 채 행하여진 기일의 진행은 적법한 것으로 볼 수 없다. [모의 17(2)]

해설 ※ 참가인의 소송상 지위 : 독립적 지위 (당사자에 준하는 지위)
"피참가인과는 별도로 보조참가인에 대하여도 기일의 통지, 소송서류의 송달 등을 행하여야 하고, 보조참가인에 게 기일통지서 또는 출석요구서를 송달하지 아니함으로써 변론의 기회를 부여하지 아니한 채 행하여진 기 일의 진행은 적법한 것으로 볼 수 없다. 그러나 기일통지서를 송달받지 못한 보조참가인이 변론기일에 직접 출 석하여 변론할 기회를 가졌고, 위 변론 당시 기일통지서를 송달받지 못한 점에 관하여 이의를 하지 아니하였다면, 기일통지를 하지 않은 절차진행상의 흠이 치유된다"(대판 2007.2.22. 2006다75641).

60 보조참가자는 소의 변경을 신청할 수 없다.

해설 ※ 참가인의 소송상 지위 : 종속적 지위 (피참가인의 승소보조자)

참가인은 어디까지나 피참가인의 승소보조자에 불과하기 때문에 피참가인의 지위에 종속한다.
判例는 "보조참가는 기존의 소송을 전제로 하여 피참가인을 승소시키기 위하여 참가하는 것이기 때문에 소의 변경과 같은 기존의 소송형태를 변경시키는 행위는 할 수 없다. 위에서 본 보조참가인의 새로운 예비적 청구는 원고의 그 때까지의 청구와 청구목적물 및 이전등기원인일자 등이 다르므로 원심이 그 병합신청에 대하여 이를 불허한 조치는 정당하다"(대판 1989.4.25. 86다카2329)고 보아 소의 변경을 허용하지 않는다.

> **관련판례** 보조참가인은 피참가인의 승소를 보조하는 자로서, 피참가인에게 종속적인 지위에 있을 뿐이다. "보조참가인은 피참가인이 당사자로 되어 있는 기존의 소송을 전제로 피참가인을 승소시키기 위하여 참가하는 것이기 때문에 소의 변경과 같이 기존의 소송형태를 변형시키는 행위는 할 수 없으므로, 보조참가인은 별개의 청구원인에 해당하는 재심사유를 주장하여 재심청구를 추가할 수 없다"
> (대판 1992.10.9. 92므266).
> "소송계속 중 보조참가인이 사망하더라도 본소의 소송절차는 중단되지 않는다"(대판 1995.8.25. 94다27373).
> "보조참가인에 대하여 판결정본이 송달된 때로부터 기산한다면 보조참가인 명의로 된 상고제기가 2주 이내에 제기한 것이 된다 하여도 이미 피참가인인 피고에 대한 관계에 있어 상고기간이 경과한 것이라면 보조참가인의 상고 역시 상고기간 경과 후의 것임을 면치 못하여 보조참가인의 위 상고는 부적법하다"(대판 1969.8.19. 69다949).

61 甲이 乙을 상대로 제기한 소송에서 乙을 위하여 보조참가한 丙은 乙의 상소기간이 도과하지 않은 한 상소를 제기할 수 있다.
[변호 14]

> **해설** ※ 피고의 상고기간 경과 후에 피고 보조참가인이 상고장을 제출한 경우 그 적법 여부(=부적법)
> 제76조 1항에 의하면 보조참가인은 상소를 할 수 있지만, 동조 동항 단서에 의하면 "피고 보조참가인은 참가할 때의 소송의 진행 정도에 따라 피참가인이 할 수 없는 소송행위를 할 수 없으므로, 피고 보조참가인이 상고장을 제출한 경우에 피고 보조참가인에 대하여 판결정본이 송달된 때로부터 기산한다면 상고기간 내의 상고라 하더라도 이미 피참가인인 피고에 대한 관계에 있어서 상고기간이 경과한 것이라면 피고 보조참가인의 상고 역시 상고기간 경과 후의 것이 되어 피고 보조참가인의 상고는 부적법하다"(대판 2007.9.6. 2007다41966).

62 보조참가인의 증거신청행위가 피참가인의 소송행위와 저촉되지 아니하고, 그 증거들이 적법한 증거조사절차를 거쳐 법원에 현출되었다면 법원은 이들 증거에 터 잡아 피참가인에게 불이익한 사실을 인정할 수 있다(대판 1994.4.29. 94다3629).
[모의 17(2)]

63 甲이 乙을 피고로 A 부동산에 대한 소유권확인의 소를 제기하고, 丙은 乙을 위하여 보조참가를 하였다.

① 丙은 乙의 소송행위와 저촉되지 않는 한 독자적으로 증인신청을 할 수 있고, 그 증인이 법정에 출석하여 甲에게 유리한 증언을 할 경우에 법원은 그 증언내용에 따라 甲에게 승소판결을 할 수 있다.
[모의 12(2)]

> **해설** 보조참가인은 당사자(피참가인)의 승소보조자로서, 당사자에 준하는 절차관여권이 보장된다. 보조참가인은 소송에 관하여 공격·방어·이의·상소, 그 밖의 모든 소송행위를 할 수 있으나, 참가할 때의 소송의 진행정도에 따라 할 수 없는 소송행위는 그러하지 아니하다(제76조 제1항). 또한 참가인의 소송행위가 피참가인의 소송행위에 어긋나는 경우에는 그 참가인의 소송행위는 효력을 가지지 아니한다(동조 제2항). 지문의 경우, 증거공통의 원칙에 따라 피고 乙측의 증인이라도 원고 甲에게 유리하게 이용될 수 있다.

> **참고판례** 증거공통의 원칙에 관하여 判例는 "증거는 어느 당사자에 의하여 제출되거나 또 상대방이 이를 원용하는 여부에 불구하고 이를 당사자 어느 쪽의 유리한 사실인정 증거로 할 수 있는 것이다"(대판 2004.5.14. 2003다57697)고 판시하였다.

② 甲에 대한 승소판결 정본이 乙과 丙에게 각각 다른 날에 송달된 경우에 상소기간은 乙이 송달받은 날을 기준으로 한다.
[모의 12(2)]

해설 보조참가인의 지위의 독립적 성격상 보조참가인은 피참가인과 별도로 기일통지와 소송서류의 송달을 받을 권리가 있으며 상소를 제기할 수 있다. 그러나 종속적 성격에 비추어 보조참가인의 상소는 피참가인의 상소기간 내에 한하여 허용된다. 判例 역시 "피고와 피고보조참가인이 공동명의로 상고장을 제출한 경우에 피고보조참가인에 대하여 판결정본이 송달된 때로부터 기산한다면 피고보조참가인 명의로 된 상고제기가 2주 이내에 제기한 것이 된다 하여도 이미 피참가인인 피고에 대한 관계에 있어 상고기간이 경과한 것이라면 피고보조참가인의 상고 역시 상고기간 경과 후의 것임을 면치 못하여 피고와 피고보조참가인의 위 상고는 모두 부적법하다"(대판 1969.8.19. 69다949)라고 하여 마찬가지 입장이다.

③ 甲에 대한 승소판결이 선고되자 丙이 그 판결에 불복하여 상소를 제기하였더라도 乙은 독자적으로 상소를 포기하면서 동시에 丙이 제기한 항소를 취하할 수 있다.
[모의 12(2)]

해설 "민사소송법 제76조 제2항은 참가인의 소송행위가 피참가인의 소송행위에 어긋나는 경우에는 참가인의 소송행위는 효력을 가지지 아니한다고 규정하고 있는데, 그 규정의 취지는 피참가인들의 소송행위와 보조참가인들의 소송행위가 서로 어긋나는 경우에는 피참가인의 의사가 우선하는 것을 뜻하므로 피참가인은 참가인의 행위에 어긋나는 행위를 할 수 있고, 따라서 보조참가인들이 제기한 항소를 포기 또는 취하할 수도 있다"(대판 2010.10.14. 2010다38168).

④ 제1심 법원이 甲승소판결을 선고하고 그 판결정본이 乙에게 송달된 뒤 丙이 보조참가신청을 취하함과 동시에 제1심 법원에 독립당사자참가 신청을 하면서 위 판결에 대하여 항소를 할 수 있다.
[모의 12(2)]

해설 제77조에 따라 재판의 효력은 참가인에게도 미치나, 이는 기판력과는 구별되는 참가적 효력으로 보는 견해가 통설·判例의 입장이다. 따라서 보조참가인은 그 참가의 취하 후에도 사실심 계속 중이면 독립당사자로서 그 소송에 참가할 수 있는바, 丙은 제1심 법원의 판결선고 이후에도 독립당사자참가신청을 하면서 항소할 수 있다.

⑤ 제1심 법원이 甲 승소판결을 선고하고 그 판결이 확정된 뒤에 丙이 甲을 피고로 하여 A 부동산에 대한 소유권확인의 소를 제기한 경우에 위 확정판결에서 한 사실인정이나 법률판단은 甲과 乙의 관계에서만 후소법원을 구속할 뿐이다.
[변호 13, 모의 12(2),16(1)]

해설 "전소 확정판결의 참가적 효력은 전소 확정판결의 결론의 기초가 된 사실상 및 법률상의 판단으로서 보조참가인이 피참가인과 공동이익으로 주장하거나 다툴 수 있었던 사항에 한하여 미친다"(대판 1997.9.5. 95다42133). 다만 참가적 효력이 미치는 주관적 범위에 관해 判例는 "보조참가인이 피참가인을 보조하여 공동으로 소송을 수행하였으나 피참가인이 그 소송에서 패소한 경우에는 형평의 원칙상 보조참가인이 피참가인에게 그 패소판결이 부당하다고 주장할 수 없도록 구속력을 미치게 하는 이른바 참가적 효력이 있음에 불과하므로 피참가인과 그 소송상대방간의 판결의 기판력이 참가인과 피참가인의 상대방과의 사이에까지는 미치지 아니한다"(대판 1988.12.13. 86다카2289)고 판시하였는바, 사안에서 甲의 승소판결에 관한 법원의 사실인정 및 법률상의 판단은 甲과 乙의 관계에서만 후소법원을 구속할 뿐이다.

64 채무자 A에 대하여 36억 원의 대출금채권을 가지고 있던 甲은 A가 채무를 이행하지 않자 채무자 A를 대위하여 A가 제3채무자 B에 대하여 50억 원의 주식매매대금채권 중 11억 원의 채권의 지급을 구하는 소를 제기(일부청구임을 명시함)한 후 출석하여 주식매매사실에 대한 주장을 하고 증거도 제출하였고, 채무자 A는 위 소송에서 증인을 하였다. 위 소송 중 A에게 18억 원의 구상금채권을 가지고 있는 乙이 원고 甲쪽에 참가하겠다는 공동소송참가신청을 하면서 채무자 A를 대위하여 A가 제3채무자 B에 대하여 50억 원의 주식매매대금채권 중 9억 원의 청구를 하였다. 채권자 甲과 乙은 모두 각기 자신을 이행상대방으로 하여 금전지급을 청구했다.

㉠ 대위소송에서 원고는 채무자에 대한 자신의 권리를 보전하기 위하여 채무자를 대위하여 자신의 명의로 채무자의 제3채무자에 대한 권리를 행사하는 것이다.

해설 判例는 대위소송의 법적 성격에 대하여 "대위소송에서 원고는 채무자에 대한 자신의 권리를 보전하기 위하여 채무자를 대위하여 자신의 명의로 채무자의 제3채무자에 대한 권리를 행사하는 것이므로, 그 지위는 채무자 자신이 원고인 경우와 마찬가지로 볼 수 있다"(대판 2013.3.28. 2012다100746)라고 판시하여 법정소송담당설의 입장이다.

㉡ 채권자가 대위하여 판결을 받은 경우, 어떤 사유로든 채무자가 대위소송이 제기된 사실을 알았을 경우에 한해 그 판결효력이 채무자에게 미친다. 따라서 사례의 경우 채권자 甲과 乙의 청구의 소송물이 동일하다면 소송목적이 합일적으로 확정되어야 할 경우에 해당한다. [최신판례]

해설 ※ 법정소송담당설에 의할 경우 합일 확정되어야 할 경우인지 여부
"채권자가 대위하여 판결을 받은 경우, 어떤 사유로든 채무자가 대위소송이 제기된 사실을 알았을 경우에 한해 그 판결효력이 채무자에게 미치므로, 이 경우에 다른 채권자가 동일 소송물에 대하여 대위의 소를 제기하면 전소의 기판력을 받는다". 따라서 사례의 경우와 같이 채무자가 대위소송에서 증언하여 대위소송이 제기된 사실을 안 경우에는 "양 청구의 소송물이 동일하다면 소송목적이 합일적으로 확정되어야 할 경우에 해당한다"(대판 2015.7.23. 2013다30301,30325).

㉢ 사례에서 채권자 甲과 乙의 청구의 소송물이 동일한지는 피대위채권이 동일한지에 따라 결정되고, 채권자들이 각기 자신을 이행상대방으로 하여 금전지급을 청구했더라도 채권자들이 채무자를 대위하여 변제를 수령하게 될 뿐 소송물이 다르다고 할 수 없다. [최신판례]

해설 ※ 채권자들이 자신을 이행상대방으로 한 경우 소송물이 동일한지 여부
"양 청구의 소송물이 동일한지는 피대위채권이 동일한지에 따라 결정되고, 채권자들이 각기 자신을 이행상대방으로 하여 금전지급을 청구했더라도 채권자들이 채무자를 대위하여 변제를 수령하게 될 뿐 소송물이 다르다고 할 수 없다"(대판 2015.7.23. 2013다30301,30325).

㉣ ㉡과 ㉢이 타당하다면 원고 甲이 일부청구임을 명시해 피대위채권의 일부만을 청구한 경우에는, 참가인 乙의 청구금액이 원고 甲의 청구금액을 초과하지 않는 한 乙의 청구와 甲의 청구의 소송물이 동일하여 중복되므로 합일확정의 필요가 인정된다. [최신판례]

해설 ※ 원고가 일부청구임을 명시한 경우
"원고가 일부청구임을 명시해 피대위채권의 일부만을 청구한 경우에는 참가인의 청구금액이 원고의 청구금액을 초과하지 않는 한 참가인의 청구가 원고의 청구와 소송물이 동일하여 중복되므로 합일확정의 필요가 인정된다"(대판 2015.7.23. 2013다30301,30325).

65 피고자자가 고지자가 제기한 후일의 소송에서 주장할 수 없는 것은 전소확정판결의 결론의 기초가 된 사실상, 법률상 판단에 반하는 것으로서, 고지자와 피고지자 사이에 이해가 대립되는 사항에 대하여는 참가적 효력이 발생하지 않는다.

해설 "소송고지제도는 소송의 결과에 대하여 이해관계를 가지는 제3자로 하여금 보조참가를 하여 그 이익을 옹호할 기회를 부여함과 아울러 한편으로는 고지자가 패소한 경우의 책임을 제3자에게 분담시켜 후일에 고지자와 피고지자간의 소송에서 피고지자가 패소의 결과를 무시하고 전소확정판결에서의 인정과 판단에 반하는 주장을 못하게 하기 위해 둔 제도이므로 피고지자가 후일의 소송에서 주장할 수 없는 것은 전소확정판결의 결론의 기초가 된 사실상, 법률상의 판단에 반하는 것으로서 피고지자가 보조참가를 하여 상대방에 대하여 고지자와 공동이익으로 주장하거나 다툴 수 있었던 사항에 한한다"(대판 1986.2.25. 85다카2091). 따라서 고지자와 피고지자 사이에 이해가 대립되는 사항에 대하여 참가적 효력이 발생하지 않는다.

66 당사자뿐만 아니라 보조참가인, 이들로부터 고지받은 피고지자도 소송고지를 할 수 있다.

해설 소송이 법원에 계속된 때에는 당사자는 참가할 수 있는 제3자에게 소송고지를 할 수 있다(제84조 1항). 이때 소송고지를 받은 사람은 다시 소송고지를 할 수 있다(동조 2항). 따라서 당사자뿐만 아니라 보조참가인, 이들로부터 고지받은 피고지자도 소송고지를 할 수 있다.

67 소송고지를 받은 참가인이 위 소송에 참가하지 않더라도 피참가인이 패소한 경우에는 참가적 효력이 미치고, 동일인이 양쪽 당사자로부터 이중으로 고지를 받은 경우에는 양 당사자 중 패소자와의 사이에 참가적 효력이 생긴다.
[모의 13(3)]

해설 소송고지를 받은 참가인은 위 소송에 참가하지 않더라도 피참가인의 패소에 대해 참가적 효력이 미친다(민사소송법 제86조). 그리고 동일인이 양쪽 당사자로부터 이중으로 고지를 받은 경우에는 소송고지제도가 소송의 결과에 이해관계를 갖는 제3자를 소송에 참가하게 하여 그 이익을 옹호할 기회를 주고 나아가 고지자가 패소한 경우 그 패소의 책임을 제3자에게 부담시키는 제도이므로 양 당사자 중 패소자와의 사이에 참가적 효력이 생긴다.

68 교통사고 피해자인 甲이 보험회사 丙을 상대로 제기한 손해배상청구의 소의 소송계속 중, 甲은 교통사고 가해자인 乙을 상대로 '이 사건 사고로 입은 원고의 손해 중 책임보험금의 한도액을 초과하는 손해에 대하여는 乙을 상대로 이 사건 보험금을 청구할 권리가 있다고 할 것인바, 그 보험금지급책임의 범위는 결국 丙 보험회사가 부담하여야 할 책임보험금의 한도액에 따라 정해지는 것이므로 위 소송결과에 이해관계가 있는 乙에게 이 사건 소송을 고지한다.'라는 내용의 소송고지신청을 하였고 그 소송고지서가 乙에게 송달되었다. 이와 같은 소송고지는 민법 제174조에서 정한 시효중단사유로서의 최고의 효력이 있고, 위 조항에 규정된 6월의 기간은 당해 소송이 종료된 때로부터 기산하여야 한다.
[변호 13]

해설 "소송고지의 요건이 갖추어진 경우에 그 소송고지서에 고지자가 피고지자에 대하여 채무의 이행을 청구하는 의사가 표명되어 있으면 민법 제174조에 정한 시효중단사유로서의 최고의 효력이 인정된다. 시효중단제도는 그 제도의 취지에 비추어 볼 때 이에 관한 기산점이나 만료점은 원권리자를 위하여 너그럽게 해석하는 것이 상당한데, 소송고지로 인한 최고의 경우 보통의 최고와는 달리 법원의 행위를 통하여 이루어지는 것으로서, 그 소송에 참가할 수 있는 제3자를 상대로 소송고지를 한 경우에 그 피고지자는 그가 실제로 그 소송에 참가하였는지 여부와 관계없이 후일 고지자와의 소송에서 전소 확정판결에서의 결론의 기초가 된 사실상·법률상의 판단에 반하는 것을 주장할 수 없어 그 소송의 결과에 따라서는 피고지자에 대한 참가적 효력이라는 일정한 소송법상의 효력까지 발생함에 비추어 볼 때, 고지자로서는 소송고지를 통하여 당해 소송의 결과에 따라 피고지자에게 권리를 행사하겠다는 취지의 의사를 표명한 것으로 볼 것이므로, 당해 소송이 계속 중인 동안은 최고에 의하여 권리를 행사하고 있는 상태가 지속되는 것으로 보아 민법 제174조에 규정된 6월의 기간은 당해 소송이 종료된 때로부터 기산되는 것으로 해석하여야 한다"(대판 2009.7.9. 2009다14340).

69 소송고지는 피고지자뿐만 아니라 상대방 당사자에게도 송달하여야 한다.

해설 ※ 소송고지의 방식
소송고지를 위하여서는 그 이유와 소송의 진행정도를 적은 서면을 법원에 제출하여야 한다(민소법 제85조 제1항). 위 서면은 상대방에게 송달하여야 한다(동조 제2항). 그러나 이는 상대방 당사자로 하여금 피고지자의 소송참가에 대비하게 하기 위한 것에 불과하고, 고지의 효력은 피고지자에게 송달된 때에 발생한다.

70 전소가 확정판결이 아닌 조정에 갈음하는 결정에 의하여 종료된 경우 소송고지에 의한 참가적 효력이 인정되지 않는다.   [19년 최신판례]

해설 "피고지자가 후일의 소송에서 주장할 수 없는 것은 전소 확정판결의 결론의 기초가 된 사실상, 법률상의 판단에 반하는 것으로서 피고지자가 보조참가를 하여 상대방에 대하여 고지자와의 공동이익으로 주장하거나 다툴 수 있었던 사항에 한한다. 이러한 법리에 비추어 보면 전소가 확정판결이 아닌 조정에 갈음하는 결정에 의하여 종료된 경우에는 확정판결에서와 같은 법원의 사실상, 법률상의 판단이 이루어졌다고 할 수 없으므로 참가적 효력이 인정되지 아니한다"(대판 2019.6.13. 2016다221085).

71 보조참가인과 달리 공동소송적 보조참가인에게 소송절차의 중단·중지의 사유가 발생하여 참가인의 이익을 해할 우려가 있으면 소송절차는 정지된다.   [모의 16(2)]

해설 ※ 공동소송적 보조참가인의 지위 - 보조참가와의 차이점
공동소송적 보조참가의 경우 참가인과 피참가인에 대하여 제67조 및 제69조를 준용한다(제78조). 따라서 통상의 보조참가인과 달리 필수적 공동소송인에 준하는 강한 소송수행권이 부여되므로 ㉠ 참가인은 피참가인의 행위와 어긋나는 행위를 할 수 있다(제67조 1항 준용). 즉 통상의 보조참가의 경우에 참가인에 적용되는 제76조 2항의 제한은 배제되므로 참가인이 상고를 제기한 경우에 피참가인이 상고권포기나 상고취하를 하여도 상고의 효력은 지속된다. ㉡ 참가인의 상소기간은 피참가인과 관계없이 참가인에 대한 판결송달시로부터 독자적으로 계산된다(제396조). ㉢ 참가인에게 소송절차의 중단·중지의 사유가 발생하여 참가인의 이익을 해할 우려가 있으면 소송절차는 정지된다(제67조 3항 준용).
　[참고] 통상의 보조참가의 경우 "보조참가인은 피참가인인 당사자의 승소를 위한 보조자일 뿐 자신이 당사자가 되는 것이 아니므로 소송 계속 중 보조참가인이 사망하더라도 본소의 소송절차는 중단되지 아니한다"(대판 1995.8.25. 94다27373).

72 공동소송적 보조참가인의 상소기간은 피참가인과 관계없이 참가인에 대한 판결송달시로부터 독자적으로 계산된다.

해설 위 해설 참고.

73 상고하지 않은 공동소송적 보조참가인이 적법하게 제출된 피참가인의 상고이유서에서 주장되지 않은 내용을 피참가인의 상고이유서 제출기간이 지난 후 제출한 서면에서 주장하였더라도 이는 적법한 기간 내에 제출된 상고이유의 주장이라고 할 수 없다.   [21년 최신판례]

해설 ※ 공동소송적 보조참가인의 상고이유 주장 제출기간
"공동소송적 보조참가를 한 참가인은 상고를 제기하지 않은 채 피참가인이 상고를 제기한 부분에 대한

상고이유서를 제출할 수 있지만 이 경우 상고이유서 제출기간을 준수하였는지는 피참가인을 기준으로 판단하여야 한다. 따라서 상고하지 않은 참가인이 피참가인의 상고이유서 제출기간이 지난 후 상고이유서를 제출하였다면 적법한 기간 내에 제출한 것으로 볼 수 없다. 이러한 법리는 상고이유의 주장에 대해서도 마찬가지여서, 상고하지 않은 참가인이 적법하게 제출된 피참가인의 상고이유서에서 주장되지 않은 내용을 피참가인의 상고이유서 제출기간이 지난 후 제출한 서면에서 주장하였더라도 이는 적법한 기간 내에 제출된 상고이유의 주장이라고 할 수 없다"(대판 2020.10.15. 2019두40611).

74 피참가인만이 불복한 부분에 대하여, 피참가인이 상고이유서에서 주장하지 않은 새로운 내용을 공동소송적 참가인이 피참가인의 상고이유서 제출기간이 지난 후에 주장한다면 이는 적법한 기간 내에 제출된 상고이유의 주장이라고 할 수 없다.

[21년 최신판례]

해설▶ ※ 공동소송적 보조참가인의 상고이유 주장 제출기간

" 공동소송적 보조참가를 한 참가인과 피참가인이 서로 원심에 대해 불복하는 부분을 달리하여 각각 상고하는 경우, 피참가인만이 불복한 부분에 대하여 참가인은 '상고하지 않은 참가인'의 지위에 있게 된다. 따라서 '피참가인만이 불복한 부분'에 대하여, 피참가인이 상고이유서에서 주장하지 않은 새로운 내용을 참가인이 피참가인의 상고이유서 제출기간이 지난 후에 주장한다면 이는 적법한 기간 내에 제출된 상고이유의 주장이라고 할 수 없다"(대판 2020.10.15. 2019두40611).

75 공동소송적 보조참가를 한 참가인이 재심의 소를 제기한 경우에는 피참가인이 재심의 소를 취하하더라도 재심의 소제기가 무효로 된다거나 부적법하게 된다고 볼 수 없다.　[모의 16(3)]

해설▶ 判例는 "재심의 소를 취하하는 것은 통상의 소를 취하하는 것과는 달리 확정된 종국판결에 대한 불복의 기회를 상실하게 하여 더 이상 확정판결의 효력을 배제할 수 없게 하는 행위이므로, 이는 재판의 효력과 직접적인 관련이 있는 소송행위로서 그 확정판결의 효력이 미치는 공동소송적 보조참가인에 대하여는 불리한 행위라고 할 것이다. 따라서 ⅰ) 재심의 소에 공동소송적 보조참가인이 참가한 후에는 피참가인이 재심의 소를 취하하더라도 공동소송적 보조참가인의 동의가 없는 한 효력이 없다. ⅱ) 이는 재심의 소를 피참가인이 제기한 경우나 통상의 보조참가인이 제기한 경우에도 마찬가지이다"(대판 2015.10.29. 2014다13044)라고 판시하였다. ⅲ) "특히 통상의 보조참가인이 재심의 소를 제기한 경우에는 피참가인이 통상의 보조참가인에 대한 관계에서 재심의 소를 취하할 권능이 있더라도 이를 통하여 공동소송적 보조참가인에게 불리한 영향을 미칠 수는 없으므로 피참가인의 재심의 소 취하로 인하여 재심의 소 제기가 무효로 된다거나 부적법하게 된다고 볼 것도 아니다"(대판 2015.10.29. 2014다13044).

76 제3자가 보조참가를 신청하였더라도 공동소송적 보조참가의 요건을 갖춘 경우 필수적 공동소송인에 준하는 지위를 보장하여야 하며, 참가인의 선택권은 인정될 수 없다.　[모의 16(3)]

해설▶ 대법원은 당사자가 보조참가신청을 했음에도 법령해석에 의해 공동소송적 보조참가인의 지위를 인정하여 기판력이 미친다고 판시하였다(대판 1962.5.17. 4294행상172). 한편 判例는 "파산관재인이 파산재단에 관한 소송을 할 때 그 재판의 효력이 미치는 채무자는 통상의 보조참가는 물론 공동소송적 보조참가를 할 수도 있다"(대판 2015.10.29. 2014다13044)고 판시하였으나, 이는 법령의 해석 상 단순 보조참가를 할 수도 있고 공동소송적보조참가를 할 수도 있다는 의미이지 참가인에게 선택권이 있다고 해석하기에는 어렵다.

77 피고로부터 부동산을 매수한 참가인이 소유권이전등기를 미루고 있는 사이에 원고가 피고에 대한 채권이 있다 하여 당시 피고의 소유명의로 남아 있던 위 부동산에 대하여 가압류를 하고 본안소송을 제기하자 참가인이 피고보조참가를 한 경우, 이를 공동소송적 보조참가로 볼 수는 없다.

해설 ※ **부동산 매수인과 같은 일반채권자의 공동소송적 보조참가 가부(소극)**

"원고가 승소하면 위 가압류에 기하여 위 부동산에 대한 강제집행에 나설 것이고 그렇게 되면 참가인은 그 후 소유권이전등기를 마친 위 부동산의 소유권을 상실하게 되는 손해를 입게 되며, 원고가 피고에게 구하는 채권이 허위채권으로 보여지는데도 피고가 원고의 주장사실을 자백하여 원고를 승소시키려 한다는 사유만으로는 참가인의 참가가 이른바 공동소송적 보조참가에 해당하여 참가인이 피참가인인 피고와 저촉되는 소송행위를 할 수 있는 지위에 있다고 할 수 없다"(대판 2001.1.19. 2000다59333).

78 **공동소송적 보조참가인은 피참가인이 상소권을 포기하여도 상소할 수 있다.** [모의 15(3)]

해설 공동소송적 보조참가인은 본소송의 판결의 효력을 받는 점에서 지위의 독립성이 인정되어야 하므로 필수적 공동소송인에 준하는 지위를 갖는다. 따라서 피참가인의 행위와 어긋나는 행위를 할 수 있다(제78조, 제67조 참조). 따라서 참가인이 상소를 제기한 경우에 피참가인이 상소권포기나 상소취하를 하여도 상소의 효력은 지속된다.

79 **공동소송적 보조참가인이 상소를 할 경우에는 피참가인이 상소취하나 상소포기를 할 수 없다.**

[모의 20(1)]

해설 피참가인의 소송행위는 모두의 이익을 위하여서만 효력을 가지고, 공동소송적 보조참가인에게 불이익이 되는 것은 효력이 없으므로, 참가인이 상소를 할 경우에 피참가인이 상소취하나 상소포기를 할 수는 없다 (제78조, 제67조 1항 참조).

80 **피참가인은 공동소송적 보조참가인의 동의가 없어도 소를 취하할 수 있다.** [모의 16(1)]

해설 "공동소송적 보조참가는 그 성질상 필수적 공동소송 중에서는 이른바 유사필수적 공동소송에 준한다 할 것인데 유사필수적 공동소송의 경우에는 원고들 중 일부가 소를 취하하는 데 다른 공동소송인의 동의를 받을 필요가 없다. 또한 소취하는 판결이 확정될 때까지 할 수 있고 취하된 부분에 대해서는 소가 처음부터 계속되지 아니한 것으로 간주되며(민사소송법 제267조) 본안에 관한 종국판결이 선고된 경우에도 그 판결 역시 처음부터 존재하지 아니한 것으로 간주되므로, 이는 재판의 효력과는 직접적인 관련이 없는 소송행위로서 공동소송적 보조참가인에게 불이익이 된다고 할 것도 아니다. 따라서 피참가인이 공동소송적 보조참가인의 동의 없이 소를 취하하였다 하더라도 이는 유효하다"(대판 2013.3.28. 2012다43).

81 **공동소송적 보조참가인지 공동소송참가인지 여부는 법령의 해석에 의해 정해지며, 당사자의 신청에 의해 정해지는 것이 아니다**(대판 2002.3.15. 2000다9086). [모의 16(3)]

82 **민사소송법 제218조 제1항의 '청구의 목적물을 소지한 사람'에게는 공동소송적 보조참가를 인정할 수 없다.**

해설 청구목적물의 소지자는 i) 특정물의 소지에 대해 고유의 이익을 갖고 있지 않으므로 절차보장을 받을 실질적 이익이 없고, ii) 별도의 절차관여 없이도 그에게 기판력이 확장되므로(제218조 제1항), 공동소송적 보조참가를 할 수 없다.

83 **甲회사의 주주인 A가 甲회사를 상대로 제기한 소송에서, 주주총회결의가 있은 후 2월이 경과한 후에 주주총회결의 무효확인의 소를 제기하였다면 이를 주주총회결의 취소의 소로 변경하는 것은 부적법하다.** [모의 15(3)]

해설 ※ **추가적 병합 당시 제소기간이 도과된 경우**

"임시주주총회에서 이루어진 여러 안건에 대한 결의 중 이사선임결의에 대하여 그 결의의 날로부터 2개월 내에 주주총회결의 무효확인의 소를 제기한 뒤, 위 임시주주총회에서 이루어진 정관변경결의 및 감사선임 결의에 대하여 그 결의의 날로부터 2개월이 지난 후 주주총회결의 무효확인의 소를 각각 추가적으로 병합 한 후, 위 각 결의에 대한 주주총회결의 무효확인의 소를 주주총회결의 취소의 소로 변경한 경우, 위 정관 변경결의 및 감사선임결의 취소에 관한 부분은 위 각 주주총회결의 무효확인의 소가 추가적으로 병합될 때에 주주총회결의 취소의 소가 제기된 것으로 볼 수 있으나, 위 추가적 병합 당시 이미 2개월의 제소기간 이 도과되었으므로 부적법하다"(대판 2010.3.11. 2007다51505).

84 대표이사가 이사회결의 없이 주주총회를 소집한 하자를 이유로 주주 甲이 제기하는 주주총회결 의취소의 소는 회사만이 피고적격을 가진다. [변호 12]

해설▶ 따라서 대표이사와 회사를 상대로 제기하는 고유필수적 공동소송이라고 볼 수 없다.

85 A주식회사의 정관에 따라 甲을 대표이사로 선출한 주주총회결의의 효력을 다투는 본안소송과 관련하여 甲에 대한 직무집행정지 및 직무대행자선임의 가처분신청을 할 때에는 甲을 피신청인 으로 하여야 한다. [변호 17, 모의 17(3)]

해설▶ "임시의 지위를 정하기 위한 이사직무집행정지가처분에 있어서 피신청인이 될 수 있는 자는 그 성질상 당 해 이사이고, 회사에게는 피신청인의 적격이 없다"(대판 1982.2.9. 80다2424).

86 甲과 乙이 공동으로 주주총회 소집절차 통지의 하자를 이유로 주주총회결의취소의 소를 제기하 면 그 소송형태는 유사필수적 공동소송이다. [모의 13(3)]

해설▶ 주주총회결의취소의 소는 소송목적의 합일확정이 법률상 필수적으로 요구되는 소송이나 공동소송이 강제 되지는 않으므로 甲과 乙이 위 소를 제기하면 유사필수적 공동소송이 된다.

87 甲, 乙, 丙은 A주식회사의 주주이고, A 주식회사는 2013.4.10. 임시주주총회를 개최하여 '우선주 의 배당률을 10%에서 5%로 인하한다'는 것과 '이사 丙을 이사직에서 해임한다'는 것을 각 의결 하였다. 주주 甲이 2013.4.15. 주주총회 소집절차 통지의 하자를 이유로 주주총회결의취소의 소 를 제기하였는데 乙이 소송계속 중인 2013.6.14. 위 소송에 참가하려면 공동소송적 보조참가의 형태로 하여야 한다. [모의 13(3)]

해설▶ ※ 제소기간이 정해져있는 형성소송(상법상 주주총회결의취소의 소(상법 제376조 제1항), 행정소송법상 취소소 송(행정소송법 제20조 제1항))에서 제소기간이 경과한 경우 당초 당사자적격을 갖고 있던 제3자는 공동 소송적 보조참가를 해야 한다.

乙이 공동소송참가를 하기 위해서는 타인간의 소송이 계속 중일 것, 소송목적이 일방 당사자와 제3자에게 합일적으로 확정되어야 할 경우일 것(즉 판결의 효력이 미칠 것), 소송요건(당사자적격 갖출 것, 중복제소 아닐 것, 제소기간 준수 등)을 갖출 것이 요구된다. 2013.6.14.은 주주총회결의가 있은 날인 2013.4.10. 이 후로 2개월이 경과되었으므로 제소기간이 도과되어 乙은 공동소송참가를 할 수 없고 보조참가밖에 할 수 없는데 이때의 보조참가는 판결의 효력을 받지만 소제기의 실질을 갖지 아니하므로 소송요건이 불비된 자 의 참가형태인 공동소송적 보조참가(제78조)에 해당한다. 같은 취지로 헌법재판소는 헌법소원심판과 관 련하여 공동심판참가신청이 청구기간의 경과로 부적법한 경우에 위헌결정의 효력이 미치는 범위에 있는 자들은 보조참가인으로 보았다(헌재 2008.2.28. 2005헌마872,918).

88

> X은행의 이사 A, B, C는 Y회사에 대한 거액의 대출을 결정함에 있어서 회수불능의 위험을 반영하지 않아 X은행에 손해를 초래하였으나 X은행은 이들에게 손해배상의 책임을 묻지 않고 있었다. 이에 법정 요건을 갖춘 소수주주인 甲, 乙, 丙은 X은행에 서면으로 A, B, C의 책임을 추궁하는 소를 제기할 것을 청구하였으나 30일이 지나도록 소의 제기가 없자 A, B, C를 공동피고로 하여 X은행에 위의 손해를 배상하라는 소를 제기하였다.

① 甲, 乙, 丙이 제기한 소송의 성격은 제3자가 소송수행권을 갖는 법정소송담당이라는 것이 다수의 견해이다. [모의 14(2)]

해설▶ 상법 제403조의 주주대표소송은 소수주주가 회사의 이익을 위하여 회사의 대표기관적 자격에서 소송을 수행하는 것이므로 주주대표소송을 제기하는 주주는 제3자가 법률규정에 의하여 소송수행권을 갖는 법정소송담당이라는 것이 다수의 견해이다. 따라서 주주대표소송을 제기한 주주를 법정소송담당으로 보는 이상 원고인 소수주주가 받은 판결의 효력(승소이든 패소이든)은 회사에 미치게 된다.

② 甲, 乙, 丙은 유사필수적 공동소송의 관계에 있다고 보는 것이 다수의 견해이다. [모의 14(2)]

해설▶ 유사필수적 공동소송은 소송공동은 강제되지 않으나 합일확정의 필요가 있는 공동소송이다. 즉 여러 사람이 공동으로 원고 또는 피고가 되어야 하는 것은 아니고 개별적으로 소송을 할 수 있지만, 일단 공동소송인이 된 이상 합일확정이 요청되어 승패를 일률적으로 하여야 할 공동소송이다. 이는 소송법상 판결의 효력이 제3자에게 확장될 경우 인정되는 공동소송을 말하는데, 여기의 판결의 효력이 제3자에게 확장될 경우라 함은 판결의 효력(기판력·형성력)이 직접 제3자에게 확장되는 경우뿐만 아니라, 권리귀속주체를 통하여 판결의 반사효가 제3자에게 미치기 때문에 유사필수적 공동소송으로 되는 예로, 여러 사람의 채권자에 의한 채권자대위소송, 여러 압류채권자에 의한 추심소송(민사집행법 제249조), 여러 사람의 주주에 의한 주주대표소송(상법 제403조) 등이 있다.

③ 위 소송에 X은행이 참가하는 경우, 이러한 참가는 공동소송참가이다. [변호 14,17, 모의 14(3),13(2)]

해설▶ ※ 상법 제404조 제1항 소정의 회사의 주주대표소송에의 참가의 법적 성격(=공동소송참가)

判例는 주주의 대표소송에 회사가 공동소송참가신청을 한 사건에서 "대표소송에서 주주가 원고로서 제대로 소송수행하지 못하거나 이사와 결탁하여 회사 이익이 침해될 염려가 있는 경우 판결 효력을 받는 회사가 자신의 권리를 보호하기 위하여 소송에 참가할 필요가 있으며, 회사가 대표소송에 당사자로서 참가하는 경우 소송경제가 도모될 뿐만 아니라 판결을 모순저촉을 유발할 가능성도 없는 사정, 상법 제404조 제1항에서 특별히 참가 규정을 두어 회사 권익을 보호하려한 입법취지를 고려할 때, 회사의 참가는 공동소송참가로 해석함이 타당하고, 중복제소금지규정에 반하는 것도 아니다"(대판 2002.3.15. 2000다9086)라고 하여 공동소송참가를 해야 한다는 입장이다.

④ 위 소송에 X은행이 참가하는 경우, X은행의 참가는 1심에서만 가능한 것은 아니며 항소심에서 참가하더라도 심급이익 박탈의 문제는 없다. [모의 14(1)·(2)]

해설▶ "공동소송참가는 항소심에서도 할 수 있는 것이고, 항소심절차에서 공동소송참가가 이루어진 이후에 피참가소가 소송요건의 흠결로 각하된다고 할지라도 소송의 목적이 당사자 일방과 제3자에 대하여 합일적으로 확정될 경우에 한하여 인정되는 공동소송참가의 특성에 비추어 볼 때, 심급이익 박탈의 문제는 발생하지 않는다"(대판 2002.3.15. 2000다9086).

⑤ 甲, 乙, 丙이 상법 제403조 대표소송의 주주요건을 유지하지 못하게 되었더라도 소각하판결이 선고되기 전에 X은행이 참가를 신청하였다면, 그 참가는 적법하다. [변호 13]

해설 "비록 원고 주주들이 주주대표소송의 사실심 변론종결시까지 대표소송상의 원고 주주요건을 유지하지 못하여 종국적으로 소가 각하되는 운명에 있다고 할지라도 회사인 원고 공동소송참가인의 참가시점에서는 원고 주주들이 적법한 원고적격을 가지고 있었다고 할 것이어서 회사인 원고 공동소송참가인의 참가는 적법하다고 할 것이고, 뿐만 아니라 원고 주주들의 주주대표소송이 확정적으로 각하되기 전에는 여전히 그 소송계속 상태가 유지되고 있는 것이어서, 그 각하판결 선고 이전에 회사가 원고 공동소송참가를 신청하였다면 그 참가 당시 피참가소송의 계속이 없다거나 그로 인하여 참가가 부적법하게 된다고 볼 수는 없다"(대판 2002.3.15. 2000다9086).

89 甲은 乙 명의로 된 부동산의 실질적인 소유자라고 주장하면서 乙에 대하여 명의신탁 해지로 인한 이전등기절차의 이행을 구하는 소를 제기하였다. 이에 丙은 자신이 실질적인 소유자로서 乙에게 명의신탁을 해 둔 것이라고 주장하면서 乙에 대하여는 명의신탁 해지로 인한 이전등기절차의 이행을 구하고 甲에 대하여는 이전등기청구권의 존재 확인을 구하는 독립당사자참가를 하였다.

① 丙의 乙과 甲에 대한 참가는 적법하다. [변호 17]

해설 ※ 실제명의신탁자임을 이유로 한 참가
判例는 "독립당사자참가는 소송의 목적의 전부나 일부가 자기의 권리임을 주장하거나 소송의 결과에 의하여 권리의 침해를 받을 것을 주장하는 제3자가 당사자로서 소송에 참가하여 3당사자 사이의 3면적 소송관계를 하나의 판결로써 모순 없이 일시에 해결하려는 것이므로, 종전 당사자인 원고와 피고에 대하여 별개의 청구가 있어야 하고 각 청구는 소송의 이익을 갖춘 것이어야 한다"는 전제하에, "위와 같은 경우에 있어서는 원고의 피고들에 대한 명의신탁해지로 인한 이전등기청구권과 참가인의 피고들에 대한 명의신탁해지로 인한 이전등기청구권은 어느 한 쪽의 청구권이 인정되면 다른 한 쪽의 청구권은 인정될 수 없는 것으로서 각 청구가 서로 양립할 수 없는 관계에 있고 이는 하나의 판결로써 모순 없이 일시에 해결할 수 있는 경우에 해당한다고 할 것인바, 참가인은 원고에 의하여 자기의 권리 또는 법률상의 지위를 부인당하고 있는 자로서 그 불안을 제거하기 위하여 피고들에 대한 위 이전등기청구권이 참가인에게 있다는 확인의 소를 제기하는 것이 유효적절한 수단이라고 할 것이므로 결국 참가인이 피고인들에 대하여 위 이전등기절차의 이행을 구함과 동시에 원고에 대하여 위 이전등기청구권의 존재확인의 소를 구하는 것은 확인의 이익이 있는 적법한 청구라고 할 것이어서 이 사건 당사자참가는 적법하다 할 것이다"(대판 1995.6.16. 95다5905)고 판시하였다.

> 관련판례 ※ 실제 매수인임을 이유로 한 참가
> "원고의 피고에 대한 소유권이전등기청구권과 참가인의 피고에 대한 소유권이전등기청구권은, 당사자참가가 인정되지 아니하는 2중매도 등 통상의 경우와는 달리 하나의 계약에 기초한 것으로서 어느 한쪽의 이전등기청구권이 인정되면 다른 한 쪽의 이전등기청구권은 인정될 수 없는 것이므로 각 청구가 서로 양립할 수 없는 관계에 있다. 따라서 당사자참가는 적법하다"(대판 1988.3.8. 86다148-150,86다카762).

③ 사안과 달리 丙은 乙만을 상대로 참가를 신청할 수 있다. [모의 17(3)]

해설 ※ 참가취지 : 편면적 참가의 가부(명문으로 허용)
2002년 개정법 제79조 제1항은 독립당사자참가제도의 탄력적 운용을 위하여 '소송목적의 전부나 일부가 자기의 권리라고 주장하거나, 소송결과에 따라 권리가 침해된다고 주장하는 제3자는 당사자의 양쪽 또는 한쪽을 상대방으로 하여 당사자로서 소송에 참가할 수 있다'고 규정하여 편면참가를 명문으로 허용하였다.

④ 丙이 乙을 상대로 주위적으로 명의신탁 해지로 인한 이전등기절차의 이행을 구하고 예비적으로 매매로 인한 이전등기절차의 이행을 구하는 참가를 신청하였더라도 丙의 참가는 적법하다.

해설 ※ 참가이유로서 양립불가능성

"독립당사자참가 중 권리주장참가는 소송의 목적의 전부나 일부가 자기의 권리임을 주장하면 되는 것이므로 참가하려는 소송에 수개의 청구가 병합된 경우 그 중 어느 하나의 청구라도 독립당사자참가인의 주장과 양립하지 않는 관계에 있으면 그 본소청구에 대한 참가가 허용된다고 할 것이고, 양립할 수 없는 본소청구에 관하여 본안에 들어가 심리한 결과 이유가 없는 것으로 판단된다고 하더라도 참가신청이 부적법하게 되는 것은 아니다"(대판 2007.6.15. 2006다80322). 따라서 甲의 乙에 대한 본소청구와 丙의 乙에 대한 주위적 청구가 양립불가능한 이상 예비적 청구가 양립가능하더라도 위 참가는 적법하다.

⑤ 법원이 甲의 청구를 인용하고 丙의 참가신청을 각하하는 판결을 선고한 경우, 丙만 항소하였다면 항소심은 丙의 항소를 기각하면서 제1심판결 중 甲의 청구인용판결부분을 취소할 수 없다. [변호 17변형]

해설 ※ 독립당사자참가 소송에서 참가인만이 상소한 경우 불이익변경금지 원칙이 배제되기 위한 요건(적법한 참가신청 + 합일확정의 요청)

"원고승소의 판결에 대하여 참가인만이 상소를 했음에도 상소심에서 원고의 피고에 대한 청구인용 부분을 원고에게 불리하게 변경할 수 있는 것은 ⅰ) 참가인의 참가신청이 적법하고, 나아가 ⅱ) 합일확정의 요청상 필요한 경우에 한한다는 입장이다. 즉 독립당사자참가소송에서 원고의 피고에 대한 청구를 인용하고 참가인의 참가신청을 각하한 제1심판결에 대하여 참가인만이 항소하였는데, 참가인의 항소를 기각하면서 제1심판결 중 피고가 항소하지도 않은 본소 부분을 취소하고 원고의 피고에 대한 청구를 기각한 것은 부적법하다"(대판 2007.12.14. 2007다37776).
☞ 참가인의 항소가 기각되어 원판결인 참가인의 참가신청을 각하한 판결이 정당하게 되었으므로 적법한 참가신청이 없고, 참가인의 신청 부분을 판단할 필요가 없어 합일확정의 요청도 없게 되었으므로 이 경우에는 불이익변경금지 원칙이 배제되지 않는다.

90 물상보증인 소유의 부동산에 대한 후순위저당권자가 물상보증인이 대위취득한 채무자 소유 부동산의 선순위공동저당권에 대하여 물상대위할 수 있음을 이유로 선순위공동저당권자 등을 상대로 근저당권의 이전 등을 구하는 본소 청구에 대하여, 채무자가 물상보증인의 변제자대위의 전제가 된 구상권이 상계로 소멸하였다는 이유로 선순위공동저당권자를 상대로 같은 등기의 말소를 구하는 독립당사자참가신청을 하는 것은 부적법하다. [최신판례]

해설 ※ 독립당사자참가신청의 적법 요건

"민사소송법 제79조 제1항에 규정된 독립당사자참가는 다른 사람 사이에 소송이 계속 중일 때 소송대상의 전부나 일부가 자기의 권리라고 주장하거나, 소송결과에 따라 권리가 침해된다고 주장하는 제3자가 당사자로서 소송에 참가하여 세 당사자 사이에 서로 대립하는 권리 또는 법률관계를 하나의 판결로써 서로 모순 없이 일시에 해결하려는 것이다. 그러므로 독립당사자참가 중 권리주장참가는 원고의 본소청구와 참가인의 청구가 주장 자체에서 양립할 수 없는 관계라고 볼 수 있는 경우에 허용될 수 있고, 사해방지참가는 본소의 원고와 피고가 소송을 통하여 참가인의 권리를 침해할 의사가 있다고 객관적으로 인정되고 그 소송의 결과 참가인의 권리 또는 법률상 지위가 침해될 우려가 있다고 인정되는 경우에 허용될 수 있다"(대판 2017.4.26. 2014다221777).

관련판례 ※ 공동저당 목적물 중 물상보증인 소유의 부동산이 먼저 경매되어 물상보증인이 채무자에 대하여 구상권을 취득함과 동시에 채무자 소유의 부동산에 관한 선순위공동저당권을 대위취득하는 경우, 채무자가 물상보증인에 대한 반대채권과 물상보증인의 채권과 상계함으로써 물상보증

인 소유 부동산의 후순위저당권자에 대하여 대항할 수 있는지 여부(소극)

"공동저당에 제공된 채무자 소유의 부동산과 물상보증인 소유의 부동산 가운데 물상보증인 소유의 부동산이 먼저 경매되어 그 매각대금에서 선순위공동저당권자가 변제를 받은 때에는 물상보증인은 채무자에 대하여 구상권을 취득함과 동시에 변제자대위에 의하여 채무자 소유의 부동산에 대한 선순위공동저당권을 대위취득한다. 그 물상보증인 소유의 부동산에 대한 후순위저당권자는 물상보증인이 대위취득한 채무자 소유의 부동산에 대한 선순위공동저당권에 대하여 물상대위를 할 수 있다 (대판 1994.5.10. 93다25417 참조). 이 경우에 채무자는 물상보증인에 대한 반대채권이 있더라도 특별한 사정이 없는 한 물상보증인의 구상금채권과 상계함으로써 물상보증인 소유의 부동산에 대한 후순위저당권자에게 대항할 수 없다. 채무자는 선순위공동저당권자가 물상보증인 소유의 부동산에 대해 먼저 경매를 신청한 경우에 비로소 상계할 것을 기대할 수 있는데, 이처럼 우연한 사정에 의하여 좌우되는 상계에 대한 기대가 물상보증인 소유의 부동산에 대한 후순위저당권자가 가지는 법적 지위에 우선할 수 없다"(대판 2017.4.26. 2014다221777). 결국 사해의사가 인정될 수 없다.

91 甲이 乙을 상대로 제기한 소송에서 丙이 독립당사자참가를 한 경우에 甲과 乙만이 재판상화해를 하는 것은 허용되지 않는다. [변호 17]

해설 ※ 독립당사자참가에서 원·피고만의 화해 가부(소극)

"민소법 제79조에 의한 소송은 동일한 권리관계에 관하여 원고, 피고 및 참가인 상호간의 다툼을 하나의 소송절차로 한꺼번에 모순 없이 해결하려는 소송형태로서 두 당사자 사이의 소송행위는 나머지 1인에게 불이익이 되는 한 두 당사자 간에도 효력이 발생하지 않는다고 할 것이므로, 원·피고 사이에만 재판상 화해를 하는 것은 3자 간의 합일확정의 목적에 반하기 때문에 허용되지 않는다. 그렇다면 원심의 화해권고결정은 참가인의 이의에 의하여 참가인에 대하여 뿐 아니라 원고와 원심 공동피고들 사이에서도 효력이 발생하지 않고, 원고와 참가인의 소송은 화해권고결정 이전의 상태로 돌아간다 할 것이다"(대판 2005.5.26. 2004다25901).

92 원고의 피고에 대한 청구의 원인행위가 사해행위라는 이유로 원고에 대하여 사해행위취소를 청구하면서 사해방지를 위한 독립당사자참가신청을 하는 것은 부적법하다. [모의 15(2),(3),16(2)]

해설 "사해행위취소의 상대적 효력에 의하면, 원고의 피고에 대한 청구의 원인행위가 사해행위라는 이유로 원고에 대하여 사해행위취소를 청구하면서 독립당사자참가신청을 하는 경우, 독립당사자참가인의 청구가 그대로 받아들여진다 하더라도 원고와 피고 사이의 법률관계에는 아무런 영향이 없고, 따라서 그러한 참가신청은 사해방지참가의 목적을 달성할 수 없으므로 부적법하다"(대판 2014.6.12. 2012다47548).

93 甲이 乙을 상대로 근저당권설정등기의 불법말소를 이유로 그 회복등기를 구하는 소를 제기한 경우에 후순위 근저당권자인 丙은 甲과 乙이 당해 소송을 통하여 자신을 해할 의사, 즉 사해의사를 갖고 있다고 객관적으로 인정되고 그 소송의 결과 자신의 권리 또는 법률상의 지위가 침해될 염려가 있다고 인정되면 甲 乙을 상대로 근저당권부존재확인을 구하는 독립당사자참가를 할 수 있다. [변호 13]

해설 "민사소송법 제72조(현행 제79조)가 규정한 독립당사자참가 중 제1항 후단의 사해방지참가는 원고와 피고가 당해 소송을 통하여 제3자를 해할 의사, 즉 사해의사를 갖고 있다고 객관적으로 인정되고 그 소송의 결과 제3자의 권리 또는 법률상의 지위가 침해될 염려가 있다고 인정되는 경우에 그 참가의 요건이 갖추어 진다고 할 것이다. 근저당권설정등기의 불법말소를 이유로 그 회복등기를 구하는 본안소송에서 원고가 승소판결을 받는다고 하더라도 그 후순위 근저당권자가 있는 경우에는 바로 회복등기를 할 수 있는 것은 아니고 부동산등기법 제75조에 의하여 이해관계 있는 제3자인 후순위 근저당권자의 승낙서 또는 이에 대항할 수 있는 재판의 등본을 첨부하여야 하므로 원고로서는 후순위 근저당권자를 상대로 승낙을 구하는 소송을 별도로 제기하여 승소판결을 받아야 하고, 따라서 본안소송에서 원고가 승소판결을 받는다고 하더라도 그 기판력은 회복등기에 대한 승낙을 구하는 소송에는 미치지 아니하므로 후순위 근저당권자는 그 소송에서 위 근저당권이 불법으로 말소되었는지의 여부를 다툴 수 있는 것이기는 하지만, 말소회복등기소송에서의 사실인정관계가 승낙의사표시 청구소송에서도 유지되어 후순위 근저당권자는 선순위 근저당권을 수인하여야 할 것이기에 본안소송의 결과는 당연히 후순위 근저당권자를 상대로 승낙을 구하는 소에 사실상 영향을 미치게 됨으로써 후순위 근저당권자의 권리의 실현 또는 법률상의 지위가 침해될 염려가 있다 할 것이다. 따라서 후순위 근저당권자에게는 원·피고들에 대한 근저당권부존재확인청구라는 참가소송을 통하여 후일 발생하게 될 이러한 불안 내지 염려를 사전에 차단할 필요가 있는 것이고, 이러한 참가소송은 사해판결로 인하여 초래될 이러한 장애를 방지하기 위한 유효적절한 수단이 된다고 할 것이다"(대판 2001.8.24. 2000다12785). 따라서 丙은 민사소송법 제79조 제1항의 사해방지 참가를 할 수 있다.

94 원고가 독립당사자참가인의 권리 또는 법률상의 지위를 부인하면서 독립당사자참가인의 주장과 양립할 수 없는 제3자에 대한 권리 또는 법률관계를 주장하는 경우, 독립당사자참가인이 원고 주장의 제3자에 대한 권리 또는 법률관계의 부존재 확인을 구할 이익이 없다(대판 2009.12.24. 2009다75635).

> 해설 적극적 확인의 소가 가능한 경우에는 소극적 확인의 소를 제기할 수 없다.

95 A는 B와 체결된 X토지에 대한 매매계약의 매수인임을 주장하며 B에 대해 소유권이전등기절차의 이행을 구하는 소를 제기하였다. C는 자신이 실제 매수인이고 매매대금 또한 자신이 직접 지급하였다고 주장하면서, A에 대하여 소유권이전등기청구권의 확인을 구하고 B에 대해 소유권이전등기절차이행을 구하는 독립당사자참가신청을 하였다.

① C의 독립당사자참가는 권리주장참가로서 C의 권리가 A의 권리와 양립불가능 관계에 있으므로 적법하다. [변호 17]

> 해설 判例는 권리주장참가의 참가이유로서 '양립불가능성'에 관하여 ⅰ) 원고가 물권을 행사하는데 대하여 참가인이 물권을 주장하는 경우는 참가가 허용되고, ⅱ) 원고가 채권을 주장한 경우에도 그 채권의 귀속주체 자체를 다투는 경우라면 양립불가능 하다고 본다. 설문의 경우, '실제 매수인'이 누구인가를 다투는 경우로서 채권의 귀속주체 자체를 다투는 경우이므로 참가는 적법하다. 判例 역시 "甲(원고)은 乙(피고)과의 사이에 체결된 매매계약의 매수당사자가 甲이라고 주장하면서 그 소유권이전등기절차이행을 구하고 있고 이에 대하여 丙(참가인)은 자기가 그 매수당사자라고 주장하는 경우라면 丙은 甲에 의하여 자기의 권리 또는 법률상의 지위를 부인당하고 있는 한편 그 불안을 제거하기 위하여서는 매수인으로서의 권리의무가 丙에 있다는 확인의 소를 제기하는 것이 유효적절한 수단이라고 보여지므로 결국 丙이 乙에 대하여 그 소유권이전등기절차의 이행을 구함과 동시에 甲에 대하여 소유권이전등기청구권 등 부존재확인의 소를 구하는 것은 확인의 이익이 있는 적법한 것이라고 할 것이다. 아울러 이 사건에 있어서 원고의 피고에 대한 소유권이전등기청구권과 참가인의 피고에 대한 소유권이전등기청구권은, 당사자참가가 인정되지 아니하는 2중매매 등 통상의 경우와는 달리 하나의 계약에 기초한 것으로서 어느 한쪽의 이전등기청구권이 인정되면 다른 한쪽의 이전등기청구권은 인정될 수 없는 것이므로 그 각 청구가 서로 양립할 수 없는 관계에 있음은 물론이고, 이는 하나의 판결로써 모순없이 일시에 해결할 수 있는 경우에 해당한다고 할 것이므로 이 사건 당사자참가는 적법하다고 아니할 수 없다"(대판 1998.3.8. 86다148,150,86다카762)라고 하여 마찬가지 입장이다.
>
> > 관련판례 "독립당사자참가 중 권리주장참가는 원고의 본소청구와 참가인의 청구가 그 주장 자체에서 양립할 수 없는 관계라고 볼 수 있는 경우에 허용될 수 있는 것이고, 사해방지참가도 본소의 원고와 피고가 당해 소송을 통하여 참가인을 해할 의사를 갖고 있다고 객관적으로 인정되고 그 소송의 결과 참가인의 권리 또는 법률상 지위가 침해될 우려가 있다고 인정되는 경우에 허용될 수 있다"(대결 2005.10.17. 2005마814).

② C의 독립당사자참가에 대해 A와 B는 이의할 수 없다.

해설▶ 독립당사자참가는 신소제기의 실질을 가지므로 보조참가와 달리 종전 당사자는 참가자에 이의할 수 없다. 그러나 종전 당사자는 참가인에 대한 관계에서 피고의 지위에 서게 되므로, 참가인을 상대로 반소를 제기할 수 있다(대판 1969.5.13. 68다656,657,658).

③ 만약 A의 B에 대한 소송이 상고심 진행 중이었다면 C는 독립당사자참가를 할 수 없었을 것이다. [모의 16(3)]

해설▶ "독립당사자참가는 실질에 있어서 소송제기의 성질을 가지고 있으므로 상고심에서는 독립당사자참가를 할수 없다"(대판 1994.2.22. 93다43682).

④ C의 참가 후에도 A는 본소를 취하할 수 있으며 이 경우 B의 동의 외에도 참가인 C의 동의를 필요로 한다. [변호 17, 모의 16(1)·17(3)]

해설▶ 소의 취하는 상대방이 본안에 관하여 준비서면을 제출하거나 변론준비기일에서 진술하거나 변론을 한뒤에는 상대방의 동의를 받아야 효력을 가진다(민사소송법 제266조 제2항). 또한 判例는 "독립당사자참가 소송에 있어 원고의 본소 취하에는 피고의 동의 외에 당사자 참가인의 동의를 필요로 한다"(대결 1972.11.30. 72마787)라고 한다.

⑤ 제1심에서 A가 승소하고 B와 C가 패소하였는데 B만 항소한 경우, 항소심에서 심리한 결과 제1심과 달리 C와 B 사이에 X토지에 유효한 계약이 체결된 것으로 판명되었다면 항소심에서 C승소판결을 내릴 수 있다. [변호 17]

해설▶ "독립당사자 참가신청이 있으면 반드시 각 그 청구 전부에 대하여 1개의 판결로써 동시에 재판하지 않으면아니되고, 일부판결이나 추가판결은 허용되지 않으며, 독립당사자 참가인의 청구와 원고의 청구가 모두 기각되고 원고만이 항소한 경우에 제1심판결 전체의 확정이 차단되고 사건전부에 관하여 이심의 효력이 생기는 것이므로 독립당사자참가인도 항소심에서의 당사자라고 할 것이다"(대판 1981.12.8. 80다577) 따라서 B만 항소한 경우에도 ⅰ) 항소하지 않은 C의 소송관계도 이심되고, ⅱ) 이때 C의 지위는 항소심 당사자이며, ⅲ) 합일확정의 요청상 C에게도 승소판결을 할 수 있다.

> **관련판례** "민사소송법 제79조에 의한 독립당사자참가소송은 동일한 권리관계에 관하여 원고, 피고, 참가인이 서로간의 다툼을 하나의 소송절차로 한꺼번에 모순 없이 해결하는 소송형태로서, 독립당사자참가가 적법하다고 인정되어 원고, 피고, 참가인간의 소송에 대하여 본안판결을 할 때에는 위 세 당사자를 판결의 명의인으로 하는 하나의 종국판결을 선고함으로써 위 세 당사자들 사이에서 합일확정적인 결론을 내려야 하고, 이러한 본안판결에 대하여 일방이 항소한 경우에는 제1심판결 전체의 확정이 차단되고 사건 전부에 관하여 이심의 효력이 생긴다. 그리고 이러한 경우 항소심의 심판대상은 실제 항소를 제기한 자의 항소 취지에 나타난 불복범위에 한정하되 위 세 당사자 사이의 결론의 합일확정의 필요성을 고려하여 그 심판의 범위를 판단하여야 하고, 이에 따라 항소심에서 심리·판단을 거쳐 결론을 내림에 있어 위 세 당사자 사이의 결론의 합일확정을 위하여 필요한 경우에는 그 한도 내에서 항소 또는 부대항소를 제기한 바 없는 당사자에게 결과적으로 제1심판결보다 유리한 내용으로 판결이 변경되는 것도 배제할 수는 없다"(대판 2007.10.26. 2006다86573).

96 참가인이 그 참가가 권리주장참가인지 또는 사해방지참가인지의 여부를 명백히 밝히고 있지 않다면, 법원은 석명권의 행사를 통하여 그 참가가 권리주장참가인지 사해방지참가인지의 여부를 명백히 한 연후에 참가의 적법 여부를 심리하여야 한다(대판 1994.11.25. 94다12517). [모의 16(3)]

97 독립당사자참가를 하면서 예비적으로 보조참가를 할 수는 없다. [모의 16(3)]

해설 당사자참가는 소송의 목적의 전부나 일부가 자기의 권리임을 주장하거나 소송의 결과에 의하여 권리의 침해를 받을 것을 주장하는 제3자가 독립한 당사자로서 원·피고 쌍방을 상대방으로 하여 소송에 참가하여 3당사자 사이에 서로 대립되는 권리 또는 법률관계를 하나의 판결로써 모순 없이 일거에 해결하는 제도이고, 보조참가는 원·피고의 어느 일방의 승소를 보조하기 위하여 소송에 참가하는 것으로서, 이러한 제도의 본래의 취지에 비추어 볼 때, 당사자참가를 하면서 예비적으로 보조참가를 한다는 것은 허용될 수 없다(대판 1994.12.27. 92다22473,92다22480).

98 독립당사자참가신청이 부적법하여 각하하였어야 함에도 이에 이르지 아니하고 본안판단에 들어가 참가인의 청구를 인용한 제1심판결은 위법하다(대판 2011.5.13. 2010다106245)

99 甲이 乙을 상대로 X부동산에 대한 매매를 원인으로 한 소유권이전등기절차이행청구소송을 제기하자 丙이 X부동산에 대한 취득시효완성을 원인으로 독립당사자참가를 한 경우 丙의 참가는 부적법하다. [변호 13]

해설 "독립당사자 참가는 소송의 목적의 전부나 일부가 자기의 권리임을 주장하거나 소송의 결과에 의하여 권리의 침해를 받을 것을 주장하는 제3자가 당사자로서 소송에 참가하여 3당사자 사이에 서로 대립되는 권리 또는 법률관계를 하나의 판결로써 서로 모순없이 일시에 해결하려는 것이므로 참가인은 우선 참가하려는 소송의 원고와 피고에 대하여 본소청구와 양립할 수 없는 별개의 청구를 해야 하고 또 비록 형식상 별개의 청구가 있다 하더라도 그 어느 한편에 대하여 소가 부적법한 때에는 당사자참가를 할 수 없다고 할 것이며, 또한 참가이유가 소송의 결과에 의하여 권리침해를 받을 것을 주장하는 경우에는 원고와 피고의 소송이 참가인의 권리를 침해하는 사해소송임을 인정할 수 있는 것이라야 할 것이다. 이 사건에 있어서 원고의 피고에 대한 본소청구인 1975.7.4 매매를 원인으로 한 소유권이전등기절차 이행청구와 참가인의 피고에 대한 청구인 1977.9.10 취득시효완성을 원인으로 한 소유권이전등기절차이행청구는 합일확정을 필요로 하는 동일한 권리관계에 관한 것이 아니어서 서로 양립될 수 있는 것일 뿐만 아니라 법원의 가처분결정에 기하여 그 가처분집행의 방법으로 이루어진 처분금지가처분등기는 집행법원의 가처분결정의 취소나 집행취소의 방법에 의하여서만 말소될 수 있는 것이어서 막바로 이를 소구할 수 없다고 할 것이므로 참가인의 원고에 대한 주위적 청구는 그 자체가 부적법하다"(대판 1982.12.14. 80다1872).

100 독립당사자참가소송에서, 본소가 피고 및 당사자참가인의 동의를 얻어 적법하게 취하되면 그 경우 3면소송관계는 소멸하고, 당사자참가인의 원·피고에 대한 소가 독립의 소로서 소송요건을 갖춘 이상 그 소송계속은 적법하다.

해설 ※ 본소 취하 후의 소송관계

"독립당사자참가소송에서, 본소가 피고 및 당사자참가인의 동의를 얻어 적법하게 취하되면 그 경우 3면소송관계는 소멸하고, 당사자참가인의 원·피고에 대한 소가 독립의 소로서 소송요건을 갖춘 이상 그 소송계속은 적법하며, 이 때 당사자참가인의 신청이 비록 참가신청 당시 당사자참가의 요건을 갖추지 못하였다고 하더라도 이미 본소가 소멸되어 3면소송관계가 해소된 이상 종래의 3면소송 당시에 필요하였던 당사자참가요건의 구비 여부는 더 이상 가려볼 필요가 없는 것이다"(대판 1991.1.25. 90다4723).

101 파산채권자가 제기한 채권자대위소송이 채무자에 대한 파산선고 당시 법원에 계속 중인 경우, 소송절차가 중단되고 파산관재인이 수계할 수 있는 것이 원칙이다(대판 2013.3.28. 2012다100746).

[최신판례]

102 소송수계신청인을 적법한 소송수계인으로 취급하여 소송절차를 속행한 다음 소송수계신청인의 청구를 기각한 판결선고 후 상소심에서 수계신청인이 수계를 신청할 자격이 없음이 판명된 경우, 상소심법원은 제1심판결을 파기하고 사건을 제1심법원에 환송하여야 한다(대판 2002.10.25. 2000다21802).

103 소송계속 중 사망한 甲에게서 소송탈퇴에 관한 특별수권을 받은 소송대리인이 한 소송탈퇴신청은 상속인들 모두에게 그 효력이 미치므로, 甲과 상대방 사이의 소송관계, 즉 甲의 상속인들과 상대방 사이의 소송관계는 소송탈퇴로 적법하게 종료된다(대판 2011.4.28. 2010다103048).

104 甲은 주식회사 乙을 상대로 "피고가 2014.6.10.에 한 액면 금 5,000원의 보통주식 10,000주의 신주발행을 무효로 한다."라는 취지의 소를 2014.11.10. 제기하였다. 위 소송의 계속 중 주주인 甲의 주식이 丙에게 양도되고, 丙이 명의개서절차를 거쳐 승계참가하는 경우에 그 제소기간의 준수 여부는 원래의 소 제기시를 기준으로 판단하여야 한다. [변호 15, 모의 17(2)]

> **해설** ※ 승계참가하는 경우에 그 제소기간 준수 여부의 판단기준시(=원래의 소 제기시)
> 소송이 법원에 계속되어 있는 동안에 제3자가 소송목적인 권리 또는 의무의 전부나 일부를 승계한 때에 당사자의 신청에 따라 승계인인 제3자를 새로운 당사자로 소송에 끌어들일 수 있고(제82조), 그 참가는 소송이 법원에 처음 계속된 때에 소급하여 시효의 중단 또는 법률상 기간준수의 효력이 생긴다(제82조 3항, 제81조).

105 甲회사의 주주인 A가 甲회사를 상대로 제기한 신주발행무효의 소 계속 중, A로부터 주식을 전부 양도받은 B는 신소를 제기할 수도 있고, 그 소송에 참가승계할 수도 있다.[변호 18, 모의 15(2),(3)]

> **해설** "구 민사소송법 제74조(현행 제81조)에서 규정하고 있는 소송의 목적물인 권리관계의 승계라 함은 소송물인 권리관계의 양도뿐만 아니라 당사자적격 이전의 원인이 되는 실체법상의 권리 이전을 널리 포함하는 것이므로, 신주발행무효의 소 계속 중 그 원고 적격의 근거가 되는 주식이 양도된 경우에 그 양수인은 제소기간 등의 요건이 충족된다면 새로운 주주의 지위에서 신소를 제기할 수 있을 뿐만 아니라, 양도인이 이미 제기한 기존의 위 소송을 적법하게 승계할 수도 있다"(대판 2003.2.26. 2000다42786).

106
> A는 2011.4.1. B에게 X건물을 1억 원에 매도하고 소유권이전등기를 B명의로 경료해주었다. 그러나 B가 대금을 지급하지 않자 A는 2011.5.11. B를 상대로 매매대금지급청구의 소를 제기하였다. 소송도중 A의 채권자 C가 A에게 채무상환을 독촉하자 A는 C에게 위 채권을 양도하였고 B에게 양도사실을 통지하였다. 이후 C는 승계참가신청을 하였다.

① 채권양도에 의해 A의 C에 대한 채무는 원칙적으로 소멸하지 않는다.

> **해설** ※ 채권양도와 채무의 소멸(원칙적 소극)
> 判例는 "채무자가 채권자에게 채무변제와 관련하여 다른 채권을 양도하는 것은 특단의 사정이 없는 한 채무변제를 위한 담보 또는 변제의 방법으로 양도되는 것으로 추정할 것이지 채무변제에 갈음한 것으로 볼 것은 아니어서, 채권양도만 있으면 바로 원래의 채권이 소멸한다고 볼 수는 없다"(대판 1995.9.15. 95다13371)고 판시하였다.

② A의 B에 대한 대금지급청구권에 압류가 되어있었더라도 A의 채권양도는 압류채무자의 다른 채권자들에 대한 관계에서는 원칙적으로 유효하다. [변호 16]

> **해설** ※ 피압류채권의 양도의 효력

"채권에 대한 압류의 처분금지의 효력은 절대적인 것이 아니고, 이에 저촉되는 채무자의 처분행위가 있어도 압류의 효력이 미치는 범위에서 압류채권자에게 대항할 수 없는 상대적 효력을 가지는 데 그치므로, 압류 후에 피압류채권이 제3자에게 양도된 경우 채권양도는 압류채무자의 다른 채권자 등에 대한 관계에서는 유효하다"(대판 2015.5.14. 2014다12072).

③ **제1심법원의 심리결과 A의 C에 대한 채권양도가 부적법하다고 판단하였다면, 법원은 C에 대하여 청구기각판결을 선고하여야 한다.**

해설 ※ **소송승계 후 권리 또는 의무의 승계가 없다고 판명된 경우 법원의 처리(청구기각판결)**

참가신청은 소의 제기에 해당하므로 참가요건은 일반소송요건과 같이 그 요건의 구비여부는 직권조사사항이며, 그 요건에 흠결이 있으면 판결로 각하하여야 한다. 다만 참가신청이 있는 경우에 승계인에 해당되는지는 주장 자체로 판단한다. 따라서 본안에 관한 심리 결과 승계가 인정되지 않으면 청구기각판결을 하여야 한다. 判例도 특정승계의 경우 "소송 계속 중에 소송목적인 의무의 승계가 있다는 이유로 하는 소송인수신청이 있는 경우 신청의 이유로서 주장하는 사실관계 자체에서 그 승계적격의 흠결이 명백하지 않는 한 결정으로 그 신청을 인용하여야 하는 것이고, 그 승계인에 해당하는가의 여부는 피인수신청인에 대한 청구의 당부와 관련하여 판단할 사항으로 심리한 결과 승계사실이 인정되지 않으면 청구기각의 본안판결을 하면 되는 것이지 인수참가신청 자체가 부적법하게 되는 것은 아니다"(대판 2005.10.27. 2003다66691)고 판시하여 청구기각설의 입장이다.

> 비교판례 判例는 당연승계의 경우 "당사자의 사망으로 인한 소송수계 신청이 이유있다고 하여 소송절차를 진행시켰으나 그 후(종국 판결 전)에 신청인이 그 자격 없음이 판명된 경우에는 수계재판을 취소하고 신청을 각하하여야 한다. 이 경우에 법원이 수계재판을 취소하지 아니하고 수계인이 진정한 재산상속인이 아니어서 청구권이 없다는 이유로 본안에 관한 실체판결을 하였다면 진정수계인에 대한 관계에서는 소송은 아직도 중단상태에 있다고 할 것이지만 참칭수계인에 대한 관계에서는 판결이 확정된 이상 기판력을 가진다"(대판 1981.3.10. 80다1895)고 판시하였다. 만일, 상소심에서 수계신청인이 수계를 신청할 자격이 없음이 판명된 경우라면, 判例는 "상고이유의 당부를 떠나 원심과 제1심은 파기 및 취소를 면할 수 없다. 그러므로 원심판결을 파기하고, 제1심판결을 취소하며, 소송수계신청인의 소송수계신청을 기각하고, 이 사건 소송이 중단된 채 제1심에 계속되어 있음을 명백히 하는 의미에서 사건을 제1심 법원에 환송한다"(대판 2002.10.25. 2000다21802)고 판시하였다.

④ **A는 B의 동의를 얻어 위 소송절차에서 탈퇴할 수 있으나, 판결의 효력은 A에게도 미친다.**

해설 ※ **탈퇴 후 판결의 효력은 탈퇴한 당사자에게 미친다.**

소송물의 양도에 의한 참가승계의 경우 전주인 종전의 당사자는 당사자적격이 없어지므로 전주는 상대방의 동의를 얻어 탈퇴할 수 있고, 피참가인이 소송에서 탈퇴한 경우 심판대상은 참가인의 청구 또는 참가인에 대한 청구이다. 그러나 탈퇴에도 불구하고 판결의 효력은 탈퇴한 당사자에게 미친다(제81조, 제79조, 제80조).

⑤ **C가 승계참가신청을 하자 A가 탈퇴를 신청하였으나 B의 부동의로 탈퇴하지 못한 경우 A의 청구와 C의 청구는 필수적 공동소송으로서 모두 유효하게 존속하는 것이므로 법원은 A의 청구 및 C의 청구 양자에 대하여 판단을 하여야 한다.** [변호 18]

해설 ※ 권리승계형 승계참가 후 원고가 원고승계참가인의 승계 여부에 대해 다투지 않으면서도 소송탈퇴, 소취하 등을 하지 않아 소송에 남아있는 경우 승계로 인해 중첩된 원고와 승계참가인의 청구 사이에 필수적 공동소송에 관한 민사소송법 제67조를 적용할 수 있는지 여부(적극)

"승계참가에 관한 민사소송법 규정과 2002년 민사소송법 개정에 따른 다른 다수당사자 소송제도와의 정합성, 원고승계참가인(이하 '승계참가인'이라 한다)과 피참가인인 원고의 중첩된 청구를 모순 없이 합일적으로 확정할 필요성 등을 종합적으로 고려하면, 소송이 법원에 계속되어 있는 동안에 제3자가 소송목적인 권리의 전부나 일부를 승계하였다고 주장하며 민사소송법 제81조에 따라 소송에 참가한 경우, 원고가 승계참가인의 승계 여부에 대해 다투지 않으면서도 소송탈퇴, 소 취하 등을 하지 않거나 이에 대하여 피고가 부동의하여 원고가 소송에 남아있다면 승계로 인해 중첩된 원고와 승계참가인의 청구 사이에는 필수적 공동소송에 관한 민사소송법 제67조가 적용된다고 할 것이다.

그러므로 2002년 민사소송법 개정 후 피참가인인 원고가 승계참가인의 승계 여부에 대하여 다투지 않고 그 소송절차에서 탈퇴하지도 않은 채 남아있는 경우 원고의 청구와 승계참가인의 청구가 통상공동소송 관계에 있다는 취지로 판단한 대판 2004.7.9. 2002다16729 판결, 대판 2009.12.24. 2009다65850 판결, 대판 2014.10.30. 2011다113455,113462 판결을 비롯하여 그와 같은 취지의 판결들은 이 판결의 견해에 배치되는 범위 내에서 이를 모두 변경하기로 한다"(대판 2019.10.23. 전합2012다46170).

107 권리승계형 승계참가 후 원고가 원고승계참가인의 승계 여부에 대해 다투지 않으면서도 소송탈퇴, 소 취하 등을 하지 않아 소송에 남아있는 경우, 승계로 인해 중첩된 원고와 승계참가인의 청구 사이의 소송관계는 필수적 공동소송관계이다.
[19년 최신판례]

해설 위 대판 2019.10.23. 전합2012다46170판시내용 참고

108 임의적 당사자변경은 원칙적으로 허용되지 않고, 필수적 공동소송인의 추가, 피고의 경정, 예비적·선택적 공동소송인의 추가 등 명문의 규정이 있는 경우에만 허용된다.

해설 判例는 "당사자표시변경은 당사자로 표시된 자와 동일성이 인정되는 범위 내에서 그 표시만을 변경하는 경우에 한하여 허용되는 것이므로 원고 甲을 제외한 나머지 원고들을 상고인으로 표시한 상고장을 제출하였다가 원고 甲을 상고인으로 추가하는 내용으로 한 당사자표시정정은 종래의 당사자에 새로운 당사자를 추가하는 것으로서 허용될 수 없고, 이는 추가된 당사자에 관한 새로운 상소제기로 보아야 한다"(대판 1991.6.14. 91다8333)라고 하여 임의적당사자 변경은 원칙적으로 허용되지 않고, 명문의 규정이 있는 경우 [민사소송법 제260조(피고경정), 제68조(필수적 공동소송인의 추가), 제70조 제1항(예비적·선택적 공동소송인의 추가)참조]에만 허용된다고 보고 있다.

109 원고가 피고를 잘못 지정한 것이 명백한 경우 피고의 경정이 가능한데, 증거조사결과 판명된 사실관계로 미루어 피고의 지정이 잘못된 경우에는 피고의 경정을 할 수 없다.
[모의 15(2),16(1)]

해설 "민사소송법 제234조의2 제1항(현행 제260조 제1항) 소정의 '피고를 잘못 지정한 것이 명백한 때'라고 함은 청구취지나 청구원인의 기재 내용 자체로 보아 원고가 법률적 평가를 그르치는 등의 이유로 피고의 지정이 잘못된 것이 명백하거나 법인격의 유무에 관하여 착오를 일으킨 것이 명백한 경우 등을 말하고, 피고로 되어야 할 자가 누구인지를 증거조사를 거쳐 사실을 인정하고 그 인정 사실에 터잡아 법률 판단을 해야 인정할 수 있는 경우는 이에 해당하지 않는다"(대결 1997.10.17. 97마1632).

110 피고 甲 주식회사가 피고의 표시를 회사분할된 乙 주식회사로 변경하여 달라고 신청한 사안은 받아들여질 수 없다.

해설 "피고 甲 주식회사가 피고의 표시를 회사분할된 乙 주식회사로 변경하여 달라고 신청한 사안에서, 당사자표시변경은 당사자로 표시된 자와 동일성이 인정되는 범위 내에서 표시만을 변경하는 경우에 한하여 허용되는 것인데, 甲 회사와 乙 회사는 법인격의 동일성이 있다고 볼 수 없으므로 당사자표시변경의 대상이 된다고 볼 수 없고, 신청을 소송수계신청으로 선해하더라도 소송물과 관련된 권리의무관계가 회사분할에 의하여 甲 회사에서 乙 회사로 승계되었다고 인정할 수 없어 위 신청을 받아들일 수 없다"(대판 2012.7.26. 2010다37813).

111 회사의 대표이사였던 사람이 개인 명의로 제기한 소송에서 그 개인을 회사로 당사자표시정정을 하는 것은 부적법하나, 제1심법원이 제1차 변론준비기일에서 부적법한 당사자표시정정신청을 받아들이고 피고도 이에 명시적으로 동의하여 제1심 제1차 변론기일부터 정정된 원고인 회사와 피고 사이에 본안에 관한 변론이 진행된 다음 제1심 및 원심에서 본안판결이 선고되었다면 당사자는 위 소송절차가 위법하다고 주장할 수 없다. [모의 13(3)]

해설 ※ 명문의 규정이 없는 임의적 당사자변경의 가부(소극)와 모순되는 거동금지의 원칙

"당사자표시정정은 당사자의 동일성이 인정되는 범위에서만 허용되는 것이므로 회사의 대표이사였던 사람이 개인 명의로 제기한 소송에서 그 개인을 회사로 당사자표시정정을 하는 것은 부적법하다. 제1심법원이 제1차 변론준비기일에서 부적법한 당사자표시정정신청을 받아들이고 피고도 이에 명시적으로 동의하여 제1심 제1차 변론기일부터 정정된 원고인 회사와 피고 사이에 본안에 관한 변론이 진행된 다음 제1심 및 원심에서 본안판결이 선고되었다면, 당사자표시정정신청이 부적법하다고 하여 그 후에 진행된 변론과 그에 터잡은 판결을 모두 부적법하거나 무효라고 하는 것은 소송절차의 안정을 해칠 뿐만 아니라 그 후에 새삼스럽게 이를 문제 삼는 것은 소송경제나 신의칙 등에 비추어 허용될 수 없다"(대판 2008.6.12. 2008다11276).

112 소장 기재 자체로 보아 원고를 잘못 지정하였음이 명백한 경우에 제3자로 원고를 교체하기로 하는 경정신청은 현행법상 법원이 받아들일 수 없다. [모의 15(2),16(1)변형]

해설 민소법 제260조에서는 피고경정만을 허용하고 있다. 따라서 명문의 규정이 없는 원고경정이 허용될 수 있는지 문제되나 判例는 "필요적 공동소송이 아닌 사건에서 소송 도중에 당사자를 추가하는 것 역시 허용될 수 없으므로, 회사의 대표이사가 개인 명의로 소를 제기한 후 회사를 당사자로 추가하고 그 개인 명의의 소를 취하함으로써 당사자의 변경을 가져오는 당사자추가신청은 부적법한 것이다"(대판 1998.1.23. 96다41496).

"당사자는 소장에 기재한 표시만에 의할 것이고 청구의 내용과 원인사실을 종합하여 확정하여야 하는 것이고 당사자 정정신청을 하는 경우에도 실질적으로 당사자가 변경되는 것은 허용할 수 없는 것이므로, 원고 주식회사 전주백화점 대표자 강익수를 강익수로 하는 정정신청은 당사자인 원고를 변경하는 것으로 허용될 수 없다"(대판 1986.9.23. 85누953)고 하여 부정적이다. 즉, 判例는 원고 정정의 경우 명문 규정이 없는 임의적 당사자변경의 문제로 보아, 주식회사를 그 대표개인으로 변경하는 경우(대판 1986.9.23. 85누953), 대표개인에서 회사로 변경하는 경우(대판 2008.6.12. 2008다11276) 모두 허용하지 않고 있다. 다만, 判例는 소송경제나 신의칙 등에 비추어 원고정정의 무효주장을 제한한다.

21.6.1.~22.7.15. 병합소송 최신판례

1 선택적으로 병합된 수개의 청구를 모두 기각한 항소심판결에 대하여 원고가 상고한 경우에 상고법원이 선택적 청구 중 어느 하나의 청구에 관한 상고가 이유 있다고 인정할 때에는 원심판결을 전부 파기하여야 한다. 19년 1차

대판 2022.3.31. 2017다247145

1-1 그리고 이러한 법리는 성질상 선택적 관계에 있는 청구를 당사자가 심판의 순위를 붙여 청구한다는 취지에서 예비적으로 병합한 경우에도 마찬가지로 적용된다.

대판 2022.3.31. 2017다247145

2 임차인 A는 임대인 B를 주위적 피고로, 임차목적물을 낙찰받은 C를 예비적 피고로 하여 임차보증금반환을 청구하였다. 그런데 만약 C가 낙찰받기 전 A가 B에게 임대차계약을 해지한다는 의사표시를 하였고, A가 경매절차에서 배당요구를 하지 않았다면, A는 임대인 지위 승계에 대하여 이의를 제기한 것으로 보아야 하므로, 법원은 B가 A에 대하여 임대차보증금 반환채무를 부담한다고 선고하여야 한다. 틀린지문

대법원은, 예비적 피고 C가 낙찰받기 전 원고 A가 주위적 피고 B에게 임대차계약을 해지한다는 의사표시를 한 것만으로는 예비적 피고 C로의 임대인 지위 승계를 원하지 않았다고 볼 수 없는 점, 원고 A가 경매절차에서 배당요구를 하지 않은 것은 최고가매수인에게 임대차관계의 존속을 주장하기 위한 것으로 볼 수 있는 점, 원고 A가 예비적 피고 B를 상대로 주택임차권등기명령을 신청한 점에 비추어 원고 A가 임대인 지위 승계에 대하여 이의를 제기한 것으로 볼 수 없다고 판단하여, 원심판결을 파기환송하였다(대판 2021.11.11. 2021다251929).

3 편면적 대세효 있는 회사관계소송인 주주총회결의 취소 · 무효 · 부존재 확인의소(상법 제376조, 제380조)도 (유사) 필수적 공동소송에 해당한다. 대판 2021.7.22. 전합2020다284977

"이 사건 소는 주주총회결의의 부존재 또는 무효 확인을 구하는 소로서, 상법 제380조에 의해 준용되는 상법 제190조 본문에 따라 청구를 인용하는 판결은 제3자에 대하여도 효력이 있다. 이러한 소를 여러 사람이 공동으로 제기한 경우 당사자 1인이 받은 승소 판결의 효력이 다른 공동소송인에게 미치므로 공동소송인 사이에 소송법상 합일확정의 필요성이 인정되고, 상법상 회사관계소송에 관한 전속관할이나 병합심리 규정(상법 제186조, 제188조)도 당사자 간 합일확정을 전제로 하는 점 및 당사자의 의사와 소송경제 등을 함께 고려하면, 이는 민사소송법 제67조가 적용되는 필수적 공동소송에 해당한다"

[판례해설] 종래 '편면적 대세효' 있는 회사관계소송을 여러 사람이 공동으로 제기한 경우 '유사필수적 공동소송'이라는 견해가 학계의 통설이고 재판 실무였는바, 대법원의 다수의견은 편면적 대세효 있는 회사관계소송의 경우에도 공동소송인간 '합일확정의 필요성'이 있다고 보아 기존의 실무 입장(필수적 공동소송)을 지지하고 있다(대법원 공보연구관실 해당사건 보도자료).

4 예비적 · 선택적 공동소송에서 일부 공동소송인에 관한 청구에 대하여만 판결을 하는 경우 이는 일부판결이 아닌 흠이 있는 전부판결에 해당하여 상소로써 이를 다투어야 하고, 그 판결에서 누락된 공동소송인은 이를 시정하기 위하여 상소를 제기할 이익이 있다. 대판 2021.7.8. 2020다292756

제6편 | 상소심 및 재심절차

01 甲이 제기한 대여금 반환청구소송에서 패소한 乙이 항소기간 내에 항소장을 항소심법원에 제출하였다 하더라도 항소제기의 효력이 있는 것은 아니다. [모의 13(1),16(2)]

해설 "민사소송법 제367조(현행 제397조)에 의하면 '항소의 제기는 항소장을 제1심법원에 제출함으로써 한다' 규정되어 있으므로 항소에 있어 항소제기기간의 준수여부는 항소장이 제심 법원에 접수된 때를 기준으로 하여 판단하여야 하며 비록 항소장이 항소제기기간 내에 제1심 법원 이외의 법원에 제출되었다 하더라도 항소제기의 효력이 있는 것은 아니다(대결 1992.4.15. 92마146).

> **관련판례** "상고장이 대법원에 바로 제출되었다가 다시 원심법원에 송부된 경우에는 상고장이 원심법원에 접수된 때를 기준하여 상고 제기기간 준수 여부를 따져야 한다"(대판 1981.10.13. 81누230).

02 원고의 청구에 대해 피고가 청구기각을 구하였으나, 법원이 소송요건을 직권심리하여 소각하판결을 한 경우에, 피고가 청구기각을 구하면서 제기하는 항소는 상소의 이익이 인정된다.

해설 본안판결을 받지 못한 점에서 피고에게도 불이익이 있으므로 피고에게도 상소이익이 있다.

03 항소취하는 항소제기 후 항소심 종국판결선고 전까지 할 수 있다. [모의 16(3),18(1)]

해설 항소는 항소심의 종국판결이 있기 전에 취하할 수 있다(제393조 1항). 소의 취하가 소제기 후 종국판결의 확정 전까지 할 수 있는 것(제266조 1항)과 차이가 있다.

04 항소기간 경과 후에 항소취하가 있는 경우, 항소기간 만료 시로 소급하여 제1심판결이 확정되며, 항소기간 경과 전에 항소취하가 있는 경우에는 판결이 확정되지 않고 항소기간 내라면 다시 항소 제기가 허용된다(대판 2016.1.14. 2015므3455). [최신판례]

05 항소의 취하는 항소의 전부에 대하여 하여야 하므로 병합된 수개의 청구 전부에 대하여 불복한 항소에서 그 중 일부 청구에 대한 불복신청을 철회하였더라도 법원은 항소를 각하하여야 하는 것은 아니다(대판 2017.1.12. 2016다241249). [최신판례]

06 승소판결을 받은 자는 판결이유에 불만이 있더라도 상소의 이익이 없다. [최신판례]

해설 "상고는 자기에게 불이익한 재판에 대하여 자기에게 유리하게 취소변경을 구하기 위하여 하는 것이고, 이와 같은 상소제도의 본질에 비추어 승소판결에 대한 불복상고는 허용되지 않는다. 재판이 상소인에게 불이익한 것인지 여부는 원칙적으로 재판의 주문을 표준으로 하여 판단하여야 한다. 상소인의 주장이 받아들여져 승소하였다면 그 판결이유에 불만이 있더라도 상소의 이익이 없다"(대판 2014.4.10. 2013다54390).

> **관련판례** "상소는 자기에게 불이익한 재판에 대하여 유리하게 취소변경을 구하기 위하여 하는 것이므로 승소판결에 대한 불복상소는 허용할 수 없고 재판이 상소인에게 불이익한 것인지의 여부는 원칙적으로 재판의 주문을 표준으로 하여 판단하여야 하는 것이어서, 청구가 인용된 바 있다면 비록 그 판결이유에 불만이 있더라도 그에 대하여는 상소의 이익이 없다"(대판 1992.3.27. 91다40696).

07 상소불가분의 원칙이란, 상소의 제기에 의해 확정차단 및 이심의 효력은 원칙적으로 상소인의 불복신청의 범위와 관계없이 원재판의 전부에 대하여 불가분적으로 발생한다는 원칙이다.

> **해설** 상소불가분의 원칙을 인정하는 이유는 항소인이 항소심변론종결시까지 언제나 항소신청의 범위(항소취지)를 확장할 수 있도록 하려는 것이다. 그리고 피항소인도 부대항소의 신청(제403조)을 할 수 있도록 하려는 데 있다. 따라서 상소인이 독자적으로 상소불가분을 제한하여 일부의 항소를 제기할 수 없고, 상소의 일부취하가 허용되지 않는다.

08 수개의 청구를 단순병합한 경우, 한 청구에 대하여 불복항소를 하면 다른 청구에 대해서도 항소의 효력이 미치므로 다른 청구도 이심된다.

> **해설** 여러 개의 청구에 대해 하나의 전부판결을 한 경우에 그 중 한 청구에 대해 불복항소를 하여도 다른 청구에 대해 항소의 효력이 미친다. 이는 선택적 병합과 예비적 병합은 물론 단순병합의 경우도 그러하다. 判例도 "수 개의 청구를 1개의 판결로 재판한 경우에 그 판결에 포함된 1청구에 관한 재판에 대하여 항소를 제기하면 그 항소는 재판전부에 대하여 이심의 효력이 있으므로 피항소인은 타의 청구에 대하여도 부대항소를 할 수 있다"(대판 1971.12.21. 71다1499)고 한다. 따라서 원고가 건물인도청구 및 손해배상청구의 소를 제기하여 건물인도청구 인용·손해배상청구기각의 판결을 받은 후 패소한 손해배상부분에 대해서만 항소한 경우, 승소부분인 건물인도부분은 비록 항소심의 심판범위에 들어갈 수 없지만(불이익변경금지의 원칙), 패소부분과 같이 항소심에 이심되고 확정이 차단된다(상소불가분의 원칙).

09 원고가 건물인도청구 및 손해배상청구의 소를 제기하여 건물인도청구 인용·손해배상청구 기각의 판결을 받은 후 패소한 손해배상 부분에 대하여 항소한 경우, 승소한 건물인도 부분도 확정이 차단되고 항소심으로 이심된다.
[변호 13]

> **해설** 위 해설 참고.

10 통상공동소송에서는 공동소송인 독립의 원칙이 적용되므로 공동소송인 중 1인의 또는 1인에 대한 상소는 다른 공동소송인에 대한 청구에 대한 판결에 상소의 효력이 미치지 않아서 상소되지 않은 부분만 확정되나, 필수적 공동소송이나 독립당사자참가에 있어서는 패소한 어느 당사자가 상소하면 패소한 다른 당사자에 대한 관계에서도 상소의 효력이 미쳐 판결의 확정차단 및 이심의 효력이 생긴다.

> **해설** 공동소송인 가운데 한 사람의 소송행위 또는 이에 대한 상대방의 소송행위와 공동소송인 가운데 한 사람에 관한 사항은 다른 공동소송인에게 영향을 미치지 아니한다(제66조). 소송목적이 공동소송인 모두에게 합일적으로 확정되어야 할 공동소송의 경우에 공동소송인 가운데 한 사람의 소송행위는 모두의 이익을 위하여서만 효력을 가진다(제67조 1항). 독립당사자참가의 경우 제67조를 준용한다(제79조).

11 甲이 주채무자 乙과 보증인 丙을 공동피고로 삼아 제기한 소송에서 甲이 전부 승소하자 乙만이 항소한 경우, 丙에 대한 판결은 그대로 확정된다.
[변호 13]

> **해설** 주채무자와 보증인을 공동피고로 삼아 제기한 소송은 **통상공동소송**이고, 통상공동소송의 경우 공동소송인 독립의 원칙(제66조) 때문에 공동소송인 중 한사람의 또는 한사람에 대한 상소는 다른 공동소송인에 관한 청구에 상소의 효력이 미치지 않으므로 그 부분은 분리 확정된다. 따라서 사안의 경우 주채무자 乙만 항소한 경우 보증인 丙에 대한 판결은 그대로 분리 확정된다.

12 항소장이 피항소인에게 송달되어 항소심법원과 당사자들 사이의 소송관계가 성립하면 항소심재판장은 더 이상 단독으로 항소장 각하명령을 할 수 없다(대결 2020.1.30. 2019마5599,5600). [20년 최신판례]

13 독립당사자참가소송의 제1심 본안판결에 대해 일방이 항소하고 피항소인 중 1명에게 항소장이 적법하게 송달되어 항소심법원과 당사자들 사이의 소송관계가 일부라도 성립한 것으로 볼 수 있는 경우라도, 항소심재판장이 단독으로 항소장 각하명령을 할 수 없다. [20년 최신판례]

해설 항소심재판장이 단독으로 하는 항소장 각하명령에는 시기적 한계가 있고 독립당사자참가소송의 세 당사자들에 대하여는 합일적으로 확정될 결론을 내려야 하므로, 독립당사자참가소송의 제1심 본안판결에 대해 일방이 항소하고 피항소인 중 1명에게 항소장이 적법하게 송달되어 항소심법원과 당사자들 사이의 소송관계가 일부라도 성립한 것으로 볼 수 있다면, 항소심재판장은 더 이상 단독으로 항소장 각하명령을 할 수 없다"(대결 2020.1.30. 2019마5599,5600).

14 항소장 부본이 송달불능된 경우 항소심재판장은 상당한 기간을 정하여 주소보정명령을 하여야 하고 항소인이 이를 이행하지 아니한 때 항소심재판장이 항소장각하명령을 하여야 한다. [21년 최신판례]

해설 대법원은 "① 민사소송법 제402조 제1항, 제2항의 문언 해석에 부합하다는 점, ② 이는 항소인이 항소심재판 진행에 필요한 최소한의 요건을 갖추지 않는 데 대한 제재의 의미라고 이해할 수 있는 점, ③ 항소심재판장이 항소인에게 항소장 부본이 송달될 수 있는 피항소인의 주소를 보정하라고 명령하는 것은 항소인에게 수인하지 못할 정도의 과중한 부담을 부과한 것도 아니라는 점, ④ 실무상 주소보정명령에서 항소장 각하명령을 예고하고 있으므로, 항소장각하명령은 항소인이 충분히 예측할 수 있는 재판이라는 점에 비추어 보면, 항소심에서 항소장 부본을 송달할 수 없는 경우 항소심재판장은 민사소송법 제402조 제1항, 제2항에 따라 항소인에게 상당한 기간을 정하여 그 기간 이내에 피항소인의 주소를 보정하도록 명하여야 하고, 항소인이 그 기간 이내에 피항소인의 주소를 보정하지 아니한 때에는 명령으로 항소장을 각하하여야 한다는 법리를 선언하여 왔고, 항소장의 송달불능과 관련한 법원의 실무도 이러한 법리를 기초로 운용되어 왔다. 위와 같은 대법원 판례는 타당하므로 그대로 유지되어야 한다"고 하였다(대결 2021.4.22. 전합2017마6438).

15 소장 또는 상소장에 관한 재판장의 인지보정명령은 이에 대하여 불복할 수 있음을 정하는 별도의 규정이 없으므로 이의신청이나 항고는 할 수 없고, 민사소송법 제449조의 특별항고의 대상도 되지 않는다.

해설 "소장 또는 상소장에 관한 재판장의 인지보정명령은 민사소송법에서 일반적으로 항고의 대상으로 삼고 있는 같은 법 제439조 소정의 '소송절차에 관한 신청을 기각한 결정이나 명령'에 해당하지 아니하고, 또 이에 대하여 불복할 수 있음을 정하는 별도의 규정도 없으므로, 그 명령에 대하여는 이의신청이나 항고를 할 수 없다. 뿐만 아니라 인지보정명령에 따른 인지를 보정하지 아니하여 소장이나 상소장이 각하되면 이 각하명령에 대하여 즉시항고로 다툴 수 있으므로, 인지보정명령은 소장 또는 상소장의 각하명령과 함께 상소심의 심판을 받는 중간적 재판의 성질을 가지는 것으로서 민사소송법 제449조에서 특별항고의 대상으로 정하고 있는 '불복할 수 없는 명령'에도 해당하지 않는다"(대결 2015.3.3. 2014그352).

16 제1심이 甲의 乙에 대한 5억 원의 손해배상청구에 관하여 2억 5,000만 원 및 지연손해금을 인용하자 乙만 항소하였다면 甲이 항소하지 않은 2억 5,000만 원 부분은 항소심판결 선고와 동시에 확정되어 소송이 종료된다. [20년 최신판례]

해설 "1개의 청구 일부를 기각하는 제1심판결에 대하여 일방 당사자만이 항소한 경우 제1심판결의 심판대상이었던 청구 전부가 불가분적으로 항소심에 이심되나, 항소심의 심판범위는 이심된 부분 가운데 항소인이 불복한 한도로 제한되고, 항소심의 심판대상이 되지 아니한 부분은 항소심판결 선고와 동시에 확정되어 소송이 종료된다. 원고의 청구가 일부 인용된 환송 전 원심판결에 대하여 피고만이 상고하고 상고심이 상고를 받아들여 원심판결 중 피고 패소 부분을 파기·환송하였다면 피고 패소 부분만이 상고되었으므로 위의 상고심에서의 심리대상은 이 부분에 국한되었으며, 환송되는 사건의 범위, 다시 말하자면 환송 후 원심의 심판범위도 환송 전 원심에서 피고가 패소한 부분에 한정되는 것이 원칙이고, 환송 전 원심판결 중 원고 패소 부분은 확정되었다 할 것이므로 환송 후 원심으로서는 이에 대하여 심리할 수 없다"(대판 2020.3.26. 2018다221867).

17 항소심 법원이 채무자 甲의 변제의무와 채권자 乙의 담보 반환의무가 동시이행관계에 있다고 보아 상환이행판결을 하면서도 채무자의 이행지체 책임을 인정하자, 甲만이 상고한 경우, 대법원은 쌍방 의무가 동시이행관계에 있지 않으므로 단순이행을 명했어야 하나 불이익변경금지의 원칙상 원심판결을 유지할 수밖에 없고, 단순이행을 명했어야 하는 이상 피고의 이행지체 책임을 인정한 원심의 결론은 결과적으로 정당하므로 甲의 상고는 기각되어야 한다. [19년 최신판례]

해설 ※ 금전채권 채무자의 변제의무와 채권자의 담보반환의무의 관계, 불이익변경금지원칙
"당사자 쌍방의 채무가 동시이행관계에 있는 경우 일방 채무의 이행기가 도래하더라도 상대방 채무의 이행제공이 있을 때까지는 그 채무를 이행하지 않아도 이행지체의 책임을 지지 않는다(대판 1998.3.13. 97다54604,54611 판결 등 참조).
금전채권의 채무자가 채권자에게 담보를 제공한 경우 특별한 사정이 없는 한 채권자는 채무자로부터 채무를 모두 변제받은 다음 담보를 반환하면 될 뿐 채무자의 변제의무와 채권자의 담보 반환의무가 동시이행관계에 있다고 볼 수 없다(대판 1969.9.30. 69다1173 판결, 대판 1984.9.11. 84다카781 판결 등 참조). 따라서 채권자가 채무자로부터 제공받은 담보를 반환하기 전에도 특별한 사정이 없는 한 채무자는 이행지체 책임을 진다"(대판 2019.10.31. 2019다247651).
[사실관계] 원심은 채무자(피고)의 변제의무와 채권자(원고)의 담보 반환의무가 동시이행관계에 있다고 보면서도(상환이행판결) 채무자의 이행지체 책임(지연손해금 가산)을 인정하였음. 이에 대하여 피고만이 상고한 사건에서, 대법원은 쌍방 의무가 동시이행관계에 있지 않으므로 단순이행을 명했어야 하나 불이익변경금지의 원칙상 원심판결을 유지할 수밖에 없고, 단순이행을 명했어야 하는 이상 피고의 이행지체 책임을 인정한 원심의 결론은 결과적으로 정당하다는 이유로 피고의 상고를 기각하였음.

18 甲이 주위적으로 매매계약이 유효함을 전제로 소유권이전등기를 예비적으로 계약이 무효일 경우 매매대금반환을 구하는 청구를 한 경우 제1심 주청구 인용판결에 대해 피고 乙이 항소하자 항소심 법원이 피고 乙의 항소를 받아들여 위 소유권이전등기청구를 전부 배척하는 경우, 항소심 법원은 제1심 법원이 판단하지 않았던 매매대금반환청구에 관하여 반드시 심판하여야 한다. [변호 16, 모의 16(3)]

해설 ※ 주위적 청구 인용판결에 대해 피고만 항소한 경우 항소심의 심판 대상
예비적 청구는 제1심 법원에서 판단된 바가 없지만 전부판결이므로 상소불가분의 원칙에 의하여 예비적 청구도 항소심으로 이심된다. 나아가 항소심의 심판대상도 된다. 判例도 "이는 전부판결로서 이 판결에 대하여 피고가 항소하면 제1심에서 심판을 받지 않은 예비적 청구도 모두 이심되고 항소심이 제1심에서 인용되었던 주위적 청구를 배척할 때에는 다음 순위의 예비적 청구에 관하여 심판을 하여야 한다"(대판 2000.11.16. 전합98다22253)라고 판시하였다.

19 금전채무불이행시 발생하는 원본채권과 지연손해금채권은 별개의 소송물이므로, 불이익변경인지 여부는 원금과 지연손해금 부분을 각각 따로 비교하여 판단하여야 하고, 별개의 소송물을 합산한 전체 금액을 기준으로 판단하여서는 안 된다(대판 2009.6.11. 2009다12399). [모의 14(3),17(1)변형]

관련판례 "피고만 항소한 항소심 심리 결과 지연손해금이 제1심에서 인용한 액수보다 적어졌지만 원본채권에 대한 인용액은 늘어난 경우, 원본채권 부분에 대한 항소만을 불이익변경금지원칙에 따라 기각하고 지연손해금채권에 대한 부분은 파기하여 바로 잡았어야 한다"(대판 2005.4.29. 2004다40160).

20 X의 대여금청구의 소에 대해 Y가 상계항변을 제출하여 제1심법원은 상계항변을 받아들여 X의 청구기각판결을 선고하였다. 이에 X만 항소하였다면, 법원은 X의 대여금청구권이 인정되지 않는다는 이유로 X의 청구를 기각하는 것은 항소인인 원고에게 불이익하게 제1심판결을 변경하는 것이 되어 허용될 수 없다.
[모의 16(2)]

해설 불이익변경 여부의 판단은 원심 판결과 상급심 판결의 주문을 형식적으로 비교하여 판단한다. 따라서 기판력이 발생하지 않는 판결이유가 불이익하게 변경되는 경우는 불이익변경금지원칙에 위반되지 않는다. 다만, "원고가 청구한 채권의 발생을 인정한 후 피고가 한 상계항변을 받아들여 원고의 청구를 기각한 제1심판결에 대하여 원고만이 항소한 경우, 항소심이 원고가 청구한 채권의 발생이 인정되지 않는다는 이유로 원고의 청구를 기각하는 것은 항소인인 원고에게 불이익하게 제1심판결을 변경하는 것이 되어 허용될 수 없다"(대판 2010.12.23. 2010다67258).
☞ 항소심 법원은 ⅰ) 원고의 항소를 인용하여 원판결을 취소하고 청구기각의 자판을 할 수 없고, ⅱ) 소구채권의 부존재를 이유로 항소기각을 할 수도 없으며, ⅲ) 제1심 판결과 똑같은 이유로 항소기각판결을 하여야 한다.

21 소각하 판결에 대하여 원고만이 불복상소 하였으나 청구가 이유 없다고 인정되는 경우, 항소심은 원고의 항소를 기각하여야 한다.
[변호 13, 모의 13(1)]

해설 소가 부적법하다고 하여 소각하한 제1심 판결에 대해 원고로부터 항소가 제기된 경우에, 항소법원이 소 자체는 적법하지만 어차피 본안에서 이유 없어 청구기각될 사안이라고 보일 때에 취할 조치에 대해 학설은 항소기각설, 필수적 환송설, 청구기각설, 절충설이 대립하나, 判例는 "소를 각하한 제1심판결에 대하여 원고만이 불복상소하였으나 심리한 결과 원고의 청구가 이유가 없다고 인정되는 경우 그 제1심판결을 취소하여 원고의 청구를 기각한다면 오히려 항소인인 원고에게 불이익한 결과로 되어 부당하므로 항소심은 원고의 항소를 기각하여야 한다"(대판 1987.7.7. 86다카2675)고 하여 항소기각설의 입장이다.

관련판례 "확정판결의 기판력을 이유로 하여 원고의 청구를 기각하여야 할 것인데도 원고의 소가 부적법하다고 각하한 원심판결에 대하여 원고만이 상고한 경우 불이익변경금지의 원칙상 원고에게 더 불리한 청구기각의 판결을 선고할 수는 없으므로 원고의 상고를 기각할 수밖에 없다"(대판 1994.9.9. 94다8037).

22 동시이행판결을 내렸던 제1심판결에 대하여 피고만이 항소하였는데, 원고가 부담할 반대급부의 금액만을 감축한 항소심판결은 불이익변경금지의 원칙에 위배된다.
[변호 16, 모의 16(1)]

해설 "항소심은 당사자의 불복신청범위 내에서 제1심판결의 당부를 판단할 수 있을 뿐이므로, 설사 제1심판결이 부당하다고 인정되는 경우라 하더라도 그 판결을 불복당사자의 불이익으로 변경하는 것은 당사자가 신청한 불복의 한도를 넘어 제1심판결의 당부를 판단하는 것이 되어 허용될 수 없다 할 것인바, 원고만이 항소한 경우에 항소심으로서는 제1심보다 원고에게 불리한 판결을 할 수는 없고, 한편 불이익하게 변경된 것인지 여부는 기판력의 범위를 기준으로 하나 공동소송의 경우 원·피고별로 각각 판단하여야 하고, 동시이행의 판결에 있어서는 원고가 그 반대급부를 제공하지 아니하고는 판결에 따른 집행을 할 수 없어 비록 피고의 반대급부이행청구에 관하여 기판력이 생기지 아니하더라도 반대급부의 내용이 원고에게 불리하게 변경된 경우에는 불이익변경금지 원칙에 반하게 된다"(대판 2005.8.19. 2004다8197).

☞ 불이익변경금지원칙은 불복범위를 넘어서 제1심판결보다도 유리하게 판결하는 것도 금지된다는 '이익변경금지원칙'을 포함하기 때문에 동시이행판결을 내렸던 1심판결에 대하여 피고만이 항소하였다면 항소하지 않은 원고에 대하여 유리하게 원고가 부담할 반대급부의 금액만을 감축하는 것은 (불)이익변경금지원칙에 반하는 것이 된다.

> **비교판례** "원고가 제1심에서 금원의 수령과 동시에 소유권이전등기의 말소를 구하여 승소판결을 받았는데 이에 대하여 피고만이 항소를 제기한 경우 항소심에서 원고가 금원 수령과의 동시이행부분을 철회한 것을 부대항소로 보아 등기말소청구만을 인용하는 변경 판결을 한 것은 불이익변경금지의 원칙에 위배되지 아니한다"(대판 1979.8.31. 79다892).

23   항소심에서 상계에 관한 주장을 인정한 경우에는 불이익변경금지원칙이 적용되지 않는다.

해설 민사소송법 제415조 '제1심 판결은 그 불복의 한도 안에서 바꿀 수 있다. 다만, 상계에 관한 주장을 인정한 때에는 그러하지 아니하다.' 즉, 원고가 제1심에서 패소하여 원고만 항소한 경우, 항소심에서 비로소 피고가 상계의 항변을 하더라도 받아들여 질 수 있다.

24

> ㉠ 원고는 피고에 대하여 청구원인으로 대여를 주장하며 그 지급을 청구하였다가 제1심 변론 과정에서 이를 주위적 청구로 변경하고, 예비적으로 불법행위(원고가 피고한테 기망 당하여 1억 원을 지급함)를 원인으로 한 손해배상 청구를 추가하였다. ㉡ 제1심은 주위적 청구를 기각하고, 예비적 청구를 인용하였다. 이에 대하여 피고만 항소했다.

① 양립할 수 있는 수 개의 청구라도 당사자가 심판 순위를 붙여 청구할 합리적 필요성이 있는 경우 부진정예비적병합이 허용된다.

해설 判例는 선택적 병합으로 청구할 여러 청구를 예비적 병합으로 청구한 사건에서 "양립할 수 있는 수 개의 청구라도 당사자가 심판순위를 붙여 청구할 합리적 필요성이 있는 경우에는 당사자가 붙인 순위에 따라서 당사자가 먼저 구하는 청구를 심리하여 이유가 없으면 다음 청구를 심리하여야 한다"고 하면서, 이러한 부진정 예비적 병합은 "진정 예비적 병합에서와 마찬가지로 규율"해야 한다고 한다(대판 2002.2.8. 2001다17633).

② 병합의 형태가 선택적 병합인지 예비적 병합인지 여부는 당사자의 의사가 아닌 병합청구의 성질을 기준으로 판단하여야 하고, 항소심에서의 심판 범위도 그러한 병합청구의 성질을 기준으로 결정하여야 한다. 따라서 사례의 경우는 실질적으로 선택적 병합의 관계에 있다고 보아야 한다.
[최신판례]

해설 判例는 ①과 같이 판시하면서도 사례의 경우에서는 "병합의 형태가 선택적 병합인지 예비적 병합인지 여부는 당사자의 의사가 아닌 병합청구의 성질을 기준으로 판단하여야 하고, 항소심에서의 심판 범위도 그러한 병합청구의 성질을 기준으로 결정하여야 한다. 따라서 실질적으로 선택적 병합 관계에 있다"고 판시하였다(대판 2014.5.29. 2013다96868).

③ 제2심(원심)이 피고만이 항소한 이상 심판대상은 이 사건 예비적 청구 부분에 한정된다고 전제한 다음, 피고의 불법행위가 인정되지 않는다는 이유로 피고의 항소를 받아들여 이 사건 예비적 청구마저 기각하였다면 원심판결은 부당하다.

해설 "실질적으로 선택적 병합관계에 있는 두 청구에 관하여 순위를 붙여 청구했고, 제1심 법원이 주위적 청구를 기각하고 예비적 청구만을 인용하는 판결을 하여 피고만이 항소한 경우에도 항소심은 두 청구 모두를 심판대상으로 삼아 판단해야 한다"(대판 2014.5.29. 2013다96868). 따라서 부진정 예비적 병합으로 보더라도 실질적으로 선택적 병합관계에 있음을 고려하는 판례의 태도에 따르면 항소하지 않은 주위적 청구도 판단할 수 있다고 볼 것이고 그렇다면 원심의 판단은 부당하다.

④ 주위적 청구와 예비적 청구의 병합이 실질적으로 선택적 병합관계에 있다면 항소하지 않은 주위적 청구도 상소불가분원칙상 이심되고 항소심의 심판대상이 되지만, 진정 예비적 병합이라면 항소하지 않은 주위청구는 이심은 되지만 불이익변경금지원칙상 심판할 수 없다.　　　[변호 16]

해설 위 ③번과 달리, 진정예비적병합의 경우 예비적 청구에 대해 피고만 항소한 사건(주위적 청구 기각, 예비적 청구 인용판결)에서 判例는 "이심의 효력은 사건 전체에 미치더라도 원고로부터 부대항소가 없는 한 항소심의 심판대상으로 되는 것은 예비적 청구에 국한된다"(대판 1995.1.24. 94다29065)라고 하여 진정 예비적 병합의 경우 항소하지 않은 주위적 청구는 이심은 되지만 불이익변경금지원칙상 심판할 수 없다고 보고 있다.

> **관련판례** 判例는 "수개의 청구가 제1심에서 처음부터 선택적으로 병합되고 그 중 어느 한 청구에 대한 인용판결이 선고되어 피고가 항소를 제기한 경우는 물론, 원고의 청구를 인용한 판결에 대하여 피고가 항소를 제기하여 항소심에 이심된 후 청구가 선택적으로 병합된 경우에 있어서도 항소심은 제1심에서 인용된 청구를 먼저 심리하여 판단할 필요는 없고 선택적으로 병합된 수개의 청구 중 제1심에서 심판되지 아니한 청구를 임의로 선택하여 심판할 수 있다"(대판 1992.9.14. 92다7023)라고 하여 선택적 병합의 경우 항소하지 않은 주위적 청구도 상소불가분원칙으로 이심되고 항소심에서 심판할 수 있다고 한다.

⑤ 만약 위와 달리 원고가 제1심에서 불법행위를 원인으로 한 손해배상 청구를 선택적으로 병합하였고 제1심법원이 원고의 선택적 청구 중 하나만을 판단하여 기각하고 나머지 청구에 대하여는 아무런 판단을 하지 아니하였다면, 제1심법원의 이와 같은 조치는 위법하고 이에 대하여 원고가 항소한 경우 선택적 청구 전부가 항소심으로 이심되었다고 할 것이므로, 선택적 청구 중 판단되지 않은 청구 부분이 재판의 탈루로서 제1심법원에 그대로 계속되어 있다고 볼 것은 아니다.　　　[변호 14, 모의 12(3),14(2),15(1)]

해설 "제1심법원이 원고의 선택적 청구 중 하나만을 판단하여 기각하고 나머지 청구에 대하여는 아무런 판단을 하지 아니한 조치는 위법한 것이고, 원고가 이와 같이 위법한 제1심판결에 대하여 항소한 이상 원고의 선택적 청구 전부가 항소심으로 이심되었다고 할 것이므로, 선택적 청구 중 판단되지 않은 청구 부분이 재판의 탈루로서 제1심법원에 그대로 계속되어 있다고 볼 것은 아니다"(대판 1998.7.24. 96다99).

25
> X는 Y를 상대로 주위적으로 매매계약을 원인으로 하는 소유권이전등기청구를, 예비적으로 매매계약의 무효를 이유로 이미 지급한 매매대금 상당의 부당이득반환청구를 병합하여 소를 제기하였다. 법원은 X의 주위적 청구를 기각하고 예비적 청구를 인용하는 판결을 선고하였고 이에 대해 Y만 항소하였다.

① X의 부대항소가 없는 이상 확정차단의 효력은 판결 전체에 미치나 항소심법원은 예비적 청구에 대해서만 심판하여야 한다.　　　[변호 16]

해설 ※ 진정 예비적 병합에서 예비적 청구인용판결에 대해 피고만 상소한 경우(예비적청구만 심판하여 불이익변경금지원칙에 충실)

判例는 진정 예비적 병합의 경우 "제1심에서 주위적 청구를 기각하고 예비적 청구를 인용한 판결에 대하여 피고만이 항소한 때에는, 이심의 효력은 사건 전체에 미치더라도 원고로부터 부대항소가 없는 한 항소심의 심판대상으로 되는 것은 예비적 청구에 국한되는 것임에도 불구하고, 원심은 심판의 대상으로 되지 않은 주위적 청구에 대하여도 제1심과 마찬가지로 원고의 청구를 기각하는 판결을 하였으나, 원심이 위와 같은 무의미한 판결을 하였다고 하여 원고가 그에 대하여 상고함으로써 주위적 청구부분이 상고심의 심판대상으로 되는 것은 아니므로, 원고의 주위적 청구부분에 관한 상고는 심판의 대상이 되지 않은 부분에 대한 상고로서 불복의 이익이 없어 부적법하다"(대판 1995.1.24. 94다29065)고 판시하였다.

② 만일 법원이 주위적 청구를 인용하는 판결을 선고하고 Y만 항소하였다면, 항소심은 X의 주위적 청구를 배척한 경우 예비적 청구를 인용하는 판결을 선고할 수 있다.

[변호 16, 모의 12(3),13(1),(3),16(3)]

해설 ※ 진정 예비적 병합에서 주위적 청구 일부인용판결에 대하여 피고만 상소한 경우

判例는 진정 예비적 병합의 경우 "예비적 병합의 경우에는 수개의 청구가 하나의 소송절차에 불가분적으로 결합되어 있기 때문에 주위적 청구를 먼저 판단하지 않고 예비적 청구만을 인용하거나 주위적 청구만을 배척하고 예비적 청구에 대하여 판단하지 않는 등의 일부판결은 예비적 병합의 성질에 반하는 것으로서 법률상 허용되지 아니하며, 그럼에도 불구하고 주위적 청구를 배척하면서 예비적 청구에 대하여 판단하지 아니하는 판결을 한 경우에는 그 판결에 대한 상소가 제기되면 판단이 누락된 예비적 청구부분도 상소심으로 이심이 되고 그 부분이 재판의 탈루에 해당하여 원심에 계속 중이라고 볼 것은 아니다. 따라서 원고의 주위적 청구 중 일부를 인용하고 예비적 청구를 모두 기각한 제1심판결에 대하여 피고가 불복 항소하자 항소심이 피고의 항소를 받아들여 제1심판결을 취소하고 그에 해당하는 원고의 주위적 청구를 기각하는 경우, 항소심은 기각하는 주위적 청구 부분과 관련된 예비적 청구를 심판대상으로 삼아 판단하여야 한다"(대판 2000.11.16. 전합98다22253)고 판시하였다.

③ 만일 X가 Y를 상대로 주위적으로 소비대차계약을 원인으로 하는 대여금지급청구를, 예비적으로 어음을 원인으로 하는 어음금지급청구를 병합하여 소를 제기하고 법원이 예비적 청구를 인용하는 판결을 선고하였다면, Y만 항소하였더라도 항소법원은 주위적 청구에 대해 심판할 수 있다.

[최신판례]

해설 ※ 성질이 선택적병합인 부진정 예비적 병합에서 예비적 청구인용판결에 대해 피고만 상소한 경우 주위청구 인용의 가부(적극)

判例는 성질이 선택적 병합인 부진정 예비적 병합에서 "병합의 형태가 선택적 병합인지 예비적 병합인지는 당사자의 의사가 아닌 병합청구의 성질을 기준으로 판단하여야 하고, 항소심에서의 심판 범위도 그러한 병합청구의 성질을 기준으로 결정하여야 한다. 따라서 실질적으로 선택적 병합 관계에 있는 두 청구에 관하여 당사자가 주위적·예비적으로 순위를 붙여 청구하였고, 그에 대하여 제1심법원이 주위적 청구를 기각하고 예비적 청구만을 인용하는 판결을 선고하여 피고만이 항소를 제기한 경우에도, 항소심으로서는 두 청구 모두를 심판의 대상으로 삼아 판단하여야 한다"(대판 2014.5.29. 2013다96868)고 판시하였다.

④ 만일 X가 공유자 Y·Z를 상대로 위와 같은 소를 제기하였고 법원의 예비적 청구를 인용하는 판결에 대해 Y만 항소하였다면, X는 Z를 상대로 부대항소를 제기할 수 없다.

[변호 15, 모의 11(1),16(2)]

해설 ※ 통상공동소송인 독립의 원칙

"통상의 공동소송에 있어 공동당사자 일부만이 상고를 제기한 때에는 피상고인은 상고인인 공동소송인 이외의 다른 공동소송인을 상대방으로 하거나 상대방으로 보태어 부대상고를 제기할 수는 없다"(대판 1994.12.23. 94다40734).

⑤ 만일 제1심법원이 소각하판결을 하였고 X만 항소하여 심리결과 1심법원의 판결이 부적법하다고 판단하여 원심판결을 취소한 경우, 반드시 사건을 제1심법원에 환송하여야 하는 것은 아니다.

> **해설** ※ 항소법원이 제1심판결을 취소하는 경우 반드시 사건을 제1심법원에 환송하여야 하는 것은 아니다.
> "우리 민사소송법이 항소심의 구조에 관하여 기본적으로 사후심제가 아닌 속심제를 채택하고 있는 만큼 심급제도의 유지나 소송절차의 적법성의 보장이라는 이념이 재판의 신속과 경제라는 민사소송제도의 또 다른 이념에 항상 우선한다고 볼 수는 없을 뿐만 아니라, 현행 민사소송법은 소송의 지연을 방지하기 위하여 항소심이 재량에 의하여 임의로 사건을 제1심법원에 환송할 수 있는 임의적 환송에 관한 규정을 두지 않고, 나아가 민사소송법 제418조가 항소법원은 소가 부적법하다고 각하한 제1심판결을 취소하는 경우에만 사건을 제1심법원에 필요적으로 환송하도록 규정하면서 그 경우에도 제1심에서 본안판결을 할 수 있을 정도로 심리가 된 경우 또는 당사자의 동의가 있는 경우에는 항소법원은 스스로 본안판결을 할 수 있도록 규정함으로써, 재판의 신속과 경제를 위하여 심급제도의 유지와 소송절차의 적법성의 보장이라는 이념을 제한할 수 있는 예외적인 경우를 인정하고 있는 점 등에 비추어 볼 때, 항소법원이 제1심판결을 취소하는 경우 반드시 사건을 제1심법원에 환송하여야 하는 것은 아니다"(대판 2013.8.23. 2013다28971).

26 민사소송법상의 즉시항고는 특별한 규정이 없는 한 집행정지효력이 있다 [모의 18(1)]

> **해설** 즉시항고는 집행을 정지시키는 효력을 가진다(제447조). 집행정지효력이 없는 특별한 즉시항고 규정으로는 간이각하결정에 대한 즉시항고(제47조 3항), 고유필수적 공동소송의 원고측 추가결정에 대한 이해관계인의 즉시항고(제68조 5항), 증인불출석시 감치나 과태료결정에 대한 즉시항고(제311조 8항)가 있다.

27 불복할 수 없는 결정이나 명령에 대하여는 재판에 영향을 미친 헌법위반이 있는 경우에는 특별항고를 할 수 있다. [모의 18(1)]

> **해설** 불복할 수 없는 결정이나 명령에 대하여는 재판에 영향을 미친 헌법위반이 있거나, 재판의 전제가 된 명령·규칙·처분의 헌법 또는 법률의 위반여부에 대한 판단이 부당하다는 것을 이유로 하는 때에만 대법원에 특별항고(特別抗告)를 할 수 있다(제449조 1항).

28 법원의 결정이 법률에 위반되었다는 사유는 재판에 영향을 미친 헌법 위반이 있다고 할 수 없어 특별항고 사유가 아니다(대결 2017.12.28. 2017그100).

> **해설** 위 지문해설 참고

29 특별항고만 허용되는 재판의 불복에 대하여는 당사자가 특히 특별항고라는 표시와 항고법원을 대법원으로 표시하지 아니하였더라도 항고장을 접수한 법원으로서는 이를 특별항고로 보아 소송기록을 대법원에 송부하여야 하고, 항고법원이 항고심으로서 재판하였더라도 이는 결국 권한 없는 법원의 재판에 귀착된다(대결 2016.6.21. 2016마5082). [최신판례]

30 제1심법원의 결정에 대하여 특별항고가 있는 경우 제1심 법원은 원 재판을 경정할 수 없고 기록을 그대로 대법원에 송부하여야 한다.

> **해설** ※ 특별항고가 있는 경우 제1심법원의 원재판 경정 가부(소극)
> 判例는 "일반적으로 원심법원이 항고를 이유 있다고 인정하는 때에는 그 재판을 경정할 수 있으나, 통상의 절차

에 의하여 불복을 신청할 수 없는 결정이나 명령에 대하여 특별히 대법원에 위헌이나 위법의 심사권을 부여하고 있는 특별항고의 경우에 원심법원에 반성의 기회를 부여하는 재도의 고안을 허용하는 것은 특별항고를 인정한 취지에 맞지 않으므로 특별항고가 있는 경우 원심법원은 경정결정을 할 수 없고 기록을 그대로 대법원에 송부하여야 한다"(대결 2001.2.28. 2001그4)고 판시하였다.

31 결정·명령의 원본이 법원사무관에게 교부되었다면, 당사자가 법원의 결정을 고지 받지 않았더라도 그 결정내용을 알았을 경우 항고를 제기할 수 있다. [모의 15(1),(3)]

해설 ※ 결정·명령의 원본이 법원사무관등에게 교부되어 성립한 경우, 결정·명령이 당사자에게 고지되어 효력이 발생하기 전에 결정·명령에 불복하여 항고할 수 있는지 여부(적극)

"판결과 달리 선고가 필요하지 않은 결정이나 명령(이하 '결정'이라고만 한다)과 같은 재판은 원본이 법원사무관등에게 교부되었을 때 성립한 것으로 보아야 하고, 일단 성립한 결정은 취소 또는 변경을 허용하는 별도의 규정이 있는 등의 특별한 사정이 없는 한 결정법원이라도 이를 취소·변경할 수 없다. 또한 결정법원은 즉시항고가 제기되었는지 여부와 관계없이 일단 성립한 결정을 당사자에게 고지하여야 하고 고지는 상당한 방법으로 가능하며(민사소송법 제221조 제1항), 재판기록이 항고심으로 송부된 이후에는 항고심에서의 고지도 가능하므로 결정의 고지에 의한 효력 발생이 당연히 예정되어 있다. 일단 결정이 성립하면 당사자가 법원으로부터 결정서를 송달받는 등의 방법으로 결정을 직접 고지받지 못한 경우라도 결정을 고지받은 다른 당사자로부터 전해 듣거나 기타 방법에 의하여 결론을 아는 것이 가능하여 본인에 대해 결정이 고지되기 전에 불복 여부를 결정할 수 있다. 그럼에도 이미 성립한 결정에 불복하여 제기한 즉시항고가 항고인에 대한 결정의 고지 전에 이루어졌다는 이유만으로 부적법하다고 한다면, 항고인에게 결정의 고지 후에 동일한 즉시항고를 다시 제기하도록 하는 부담을 지우는 것이 될 뿐만 아니라 이미 즉시항고를 한 당사자는 그 후 법원으로부터 결정서를 송달받아도 다시 항고할 필요가 없다고 생각하는 것이 통상의 경우이므로 다시 즉시항고를 제기하여야 한다는 것을 알게 되는 시점에서는 이미 즉시항고기간이 경과하여 회복할 수 없는 불이익을 입게 된다. 이와 같은 사정을 종합적으로 고려하면, 이미 성립한 결정에 대하여는 결정이 고지되어 효력을 발생하기 전에도 결정에 불복하여 항고할 수 있다"(대판 2014.10.8. 2014마667).

32 재심은 확정된 종국판결에 대하여 제기할 수 있는 것이므로, 확정되지 아니한 판결에 대한 재심의 소는 부적법하고, 판결 확정 전에 제기한 재심의 소가 부적법하다는 이유로 각하되지 아니하고 있는 동안에 판결이 확정되었더라도 재심의 소는 적법한 것으로 되는 것이 아니다(대판 2016.12.27. 2016다35123). [변호 18]

33 확정된 재심판결도 '확정된 종국판결'에 해당하므로 확정된 재심판결에 대하여 재심의 소를 제기할 수 있다(대판 2015.12.23. 2013다17124). [변호 18]

관련판례 "민사소송법 제454조 제1항은 "재심의 소가 적법한지 여부와 재심사유가 있는지 여부에 관한 심리 및 재판을 본안에 관한 심리 및 재판과 분리하여 먼저 시행할 수 있다"고 규정하고, 민사소송법 제459조 제1항은 "본안의 변론과 재판은 재심청구이유의 범위 안에서 하여야 한다"고 규정하고 있는데, "확정된 재심판결에 대한 재심의 소에서 재심판결에 재심사유가 있다고 인정하여 본안에 관하여 심리한다는 것은 재심판결 이전의 상태로 돌아가 전 소송인 종전 재심청구에 관한 변론을 재개하여 속행하는 것을 말한다. 따라서 원래의 확정판결을 취소한 재심판결에 대한 재심의 소에서 원래의 확정판결에 대하여 재심사유를 인정한 종전 재심법원의 판단에 재심사유가 있어 종전 재심청구에 관하여 다시 심리한 결과 원래의 확정판결에 재심사유가 인정되지 않을 경우에는 재심판결을 취소하고 종전 재심청구를 기각하여야 하며, 그 경우 재심사유가 없는 원래의 확정판결 사건의 본안에 관하여 다시 심리와 재판을 할 수는 없다"(대판 2015.12.23. 2013다17124).

34 소액사건에 관하여 상고이유로 할 수 있는 '대법원의 판례에 상반되는 판단을 한 때'의 요건을 갖추지 아니하였다고 하더라도 법령해석의 통일이라는 대법원의 본질적 기능을 수행하는 차원에서 실체법 해석적용의 잘못에 관하여 판단할 수 있다(대판 2017.3.16. 2015다3570). [최신판례]

> **해설** 소액사건심판법 제3조(상고 및 재항고) 소액사건에 대한 지방법원 본원 합의부의 제2심판결이나 결정·명령에 대하여는 다음 각호의 1에 해당하는 경우에 한하여 대법원에 상고 또는 재항고를 할 수 있다.
> 1. 법률·명령·규칙 또는 처분의 헌법위반여부와 명령·규칙 또는 처분의 법률위반여부에 대한 판단이 부당한 때   2. 대법원의 판례에 상반되는 판단을 한 때

35 판단누락이 있었음에도 당사자가 상소를 제기할 때 이를 주장한 바 없다면 이를 재심사유로 삼을 수 없다. [모의 16(1)]

> **해설** 제451조 (재심사유) ① 다음 각호 가운데 어느 하나에 해당하면 확정된 종국판결에 대하여 재심의 소를 제기할 수 있다. 다만, 당사자가 상소에 의하여 그 사유를 주장하였거나, 이를 알고도 주장하지 아니한 때에는 그러하지 아니하다. 9호 판결에 영향을 미칠 중요한 사항에 관하여 판단을 누락한 때

36 민사소송법 제451조 제1항 제8호의 재심사유에서 '재판이 판결의 기초가 되었다'는 것은 재판이 확정판결에 법률적으로 구속력을 미치는 경우는 물론 재판내용이 확정판결에서 사실인정의 자료가 되었고 그 재판의 변경이 확정판결의 사실인정에 영향을 미칠 가능성이 있는 경우도 포함한다. [최신판례]

> **해설** ※ 민사소송법 제451조 제1항 제8호에서 정한 '재판이 판결의 기초가 되었다'는 것의 의미
> "민사소송법 제451조 제1항 제8호는 "판결의 기초가 된 민사나 형사의 판결 그 밖의 재판 또는 행정처분이 다른 재판이나 행정처분에 따라 바뀐 때"를 재심사유로 규정하고 있다. 여기서 '재판이 판결의 기초가 되었다'는 것은 재판이 확정판결에 법률적으로 구속력을 미치는 경우는 물론 재판내용이 확정판결에서 사실인정의 자료가 되었고 그재판의 변경이 확정판결의 사실인정에 영향을 미칠 가능성이 있는 경우도 포함한다. 한편 구 민사소송법(1990. 1. 13. 법률 제4201호로 개정되기 전의 것. 이하 같다) 제422조 제1항 제6호(현행법 제451조 제1항 제6호)는 '판결의 증거된 문서 기타 물건이 위조나 변조된 것인 때'를 재심사유의 하나로 규정하고, 제422조 제2항(현행법 제451조 제2항)은 "전 항 제4호 내지 제7호의 경우에는 처벌받을 행위에 대하여 유죄의 판결이나 과태료의 판결이 확정된 때 또는 증거흠결 이외의 이유로 유죄의 확정판결이나 과태료의 확정판결을 할 수 없을 때에 한하여 재심의 소를 제기할 수 있다"고 규정하고 있다. 판결의 증거가 된 문서가 위조나 변조되었음을 재심사유로 삼을 때 그 행위에 대하여 유죄의 확정판결이 없는 경우에는 증거부족 외의 이유인 공소시효의 완성 등으로 인하여 유죄의 확정판결을 할 수 없다는 사실뿐만 아니라 그 사유만 없었다면 위조나 변조의 유죄 확정판결을 할 수 있었다는 점을 재심청구인이 증명하여야 한다"(대판 2016.1.14. 2013다40070).

37 재심사유는 그 하나하나의 사유가 별개의 청구원인을 이루는 것이므로, 여러 개의 유죄판결이 재심대상판결의 기초가 되었는데 이후 각 유죄판결이 재심을 통하여 효력을 잃고 무죄판결이 확정된 경우, 어느 한 유죄판결이 효력을 잃고 무죄판결이 확정되었다는 사정은 특별한 사정이 없는 한 별개의 독립된 재심사유라고 보아야 한다. 재심대상판결의 기초가 된 각 유죄판결에 대하여 형사재심에서 인정된 재심사유가 공통된다거나 무죄판결의 이유가 동일하다고 하더라도 달리 볼 수 없다. [19년 최신판례]

> **해설** "재심사유는 그 하나하나의 사유가 별개의 청구원인을 이루는 것이므로, 여러 개의 유죄판결이 재심대상판결의 기초가 되었는데 이후 각 유죄판결이 재심을 통하여 효력을 잃고 무죄판결이 확정된 경우, 어느

한 유죄판결이 효력을 잃고 무죄판결이 확정되었다는 사정은 특별한 사정이 없는 한 별개의 독립된 재심사유라고 보아야 한다. 재심대상판결의 기초가 된 각 유죄판결에 대하여 형사재심에서 인정된 재심사유가 공통된다거나 무죄판결의 이유가 동일하다고 하더라도 달리 볼 수 없다"(대판 2019.10.17. 2018다300470).

38 X가 Y에 대해 소유권에 기한 L토지인도청구의 소를 제기하자 Y는 취득시효항변을 하면서 소유권이전등기절차의 이행을 구하는 반소를 제기하였다. 제2심은 반소청구를 인용했고 X가 상고하자 대법원은 제2심 판결을 파기하고 제2심으로 환송하였다. 그러자 Y는 대법원판결이 제2심판결을 파기하고 사건을 제2심(=원심)법원으로 환송하는 것은 그 판시가 종전의 대법원판례와 상반되어 실질적으로 판례를 변경한 것임에도 불구하고 대법관 전원의 3분의 2 이상의 전원합의체에서 재판하지 않고 대법관 4인으로 구성된 부에서 재판하였으니 민사소송법 제451조 제1항 제1호의 '법률에 의하여 판결법원을 구성하지 아니한 때'에 해당한다고 주장하면서 파기환송판결에 대해 재심의 소를 제기하였다.

① 종전의 법령해석을 변경하는 것이어서 전원합의체에서 심판하였어야 할 것을 대법관 전원 3분의 2에 미달하는 부에서 심판하였다면 이는 민사소송법 제451조 제1항 제1호의'법률에 따라 판결법원을 구성하지 아니한 때'에 해당한다. [모의 16(1)]

② 4인의 대법관으로 구성된 부에서 종전의 법령해석에 배치되지 않는다고 전제하여 재판했더라도, 객관적으로 종전의 법령해석에 배치된다고 해석된다면 이는 재심사유를 구성하고, 따라서 Y의 재심의 소 제기는 재심사유를 주장한 것이어서 적법하다.

해설 ※ 전원합의체에서 심판해야할 것을 소부에서 심판한 것이 재심사유 제1호에 해당되는지 여부(적극)
"재심대상 대법원판결에서 표시한 의견이 그 전에 선고된 대법원판결에서 표시한 의견을 변경하는 것이라면 법원조직법에 의하여 대법관 전원의 3분의 2 이상의 합의체에서 심판하였어야할 것인데, 대법관 전원의 3분의 2에 미달하는 4인의 대법관만으로 구성된 부에서 재심대상 판결을 심판하였다면 이는 제1호의 '법률에 따라 판결법원을 구성하지 아니한 때'에 해당된다"(대판 1995.2.14. 전합93재다27,34).

③ 환송판결도 당해 사건에 대해 심판을 마치고 그 심급을 이탈시키는 종국판결의 일종이라고 보아야 한다(대판 1981.9.8. 전합80다3271) [모의 16(2)]

④ ③이 타당하더라도 환송판결은 형식적으로는 확정된 종국판결이나, 실질적으로는 종국적 판단을 유보한 중간판결의 특성을 가지기에 확정된 종국판결이라 볼 수 없고, 따라서 재심의 대상적격이 부정된다. [모의 16(2)]

해설 재심의 대상은 확정된 종국판결이어야 한다. 判例는 "환송판결은 형식적으로 보면 '확정된 종국판결'이지만 종국판결이란 의미는 사건을 당해 심급에서 이탈시킨다는 것을 의미할 뿐 실제로는 환송받은 하급심에서 다시 심리를 계속하므로 소송절차를 최종적으로 종료시키는 판결은 아니며, 소송물에 관하여 직접 재판하지 않고 원심재판을 파기하여 다시 심판해 보라는 종국적 판단을 유보한 재판의 성질상 직접적으로 기판력, 형성력, 집행력이 생기지 아니하므로 중간판결 특성을 갖는 판결로서 '실질적으로 확정된 종국판결'이라고 할 수 없다"(대판 1995.2.14. 전합 93재다27,34)고 하여 재심의 대상적격을 부정한다.

39 환송을 받은 법원이 내린 판결에 관하여 다시 상고된 경우, 재상고시의 전원합의체를 제외한다면, 상고법원은 앞서 스스로 파기이유로 한 것과 다른 견해를 취할 수 없다. [모의 15(2),16(1)]

해설 "상고심으로부터 사건을 환송받은 법원은 그 사건을 재판함에 있어서 상고법원이 파기이유로 한 사실상 및 법률상의 판단에 대하여, 환송 후의 심리과정에서 새로운 주장이나 입증이 제출되어 기속적 판단의 기초가 된 사실관계에 변동이 생기지 아니하는 한 이에 기속을 받는다고 할 것이다. … 그러나 한편, 대법원은 법령의 정당한 해석적용과 그 통일을 주된 임무로 하는 최고법원이고, 대법원의 전원합의체는 종전에 대법원에서 판시한 법령의 해석적용에 관한 의견을 스스로 변경할 수 있는 것인바(법원조직법 제7조 제1항 제3호), 환송판결이 파기이유로 한 법률상 판단도 여기에서 말하는 '대법원에서 판시한 법령의 해석적용에 관한 의견'에 포함되는 것이므로 대법원의 전원합의체가 종전의 환송판결의 법률상 판단을 변경할 필요가 있다고 인정하는 경우에는, 그에 기속되지 아니하고 통상적인 법령의 해석적용에 관한 의견의 변경절차에 따라 이를 변경할 수 있다고 보아야 할 것이다"(대판 2001.3.15. 98두15597).

40 환송을 받은 법원은 상고법원이 파기이유로 한 법률상 판단뿐 아니라, 파기이유와 논리필연적인 관계에 있는 법률상 판단에도 기속된다.

[모의 15(2)]

> **해설** ※ 환송받은 법원이 기속되는 '상고법원이 파기이유로 한 법률상 판단'의 범위
> "민사소송법 제436조 제2항에 의하여 환송받은 법원이 기속되는 '상고법원이 파기이유로 한 법률상 판단'에는 상고법원이 명시적으로 설시한 법률상 판단뿐 아니라 명시적으로 설시하지 아니하였더라도 파기이유로 한 부분과 논리적·필연적 관계가 있어서 상고법원이 파기이유의 전제로서 당연히 판단하였다고 볼 수 있는 법률상 판단도 포함되는 것으로 보아야 한다"(대판 2012.3.29. 2011다106136).

41 환송을 받은 법원의 심리범위는 환송 전 원심법원의 심리범위와 항상 같은 것은 아니다.

[모의 16(1)]

> **해설** 위 2011다106136판결의 반대해석에 따르면, 원판결을 파기하면서 파기사유와 논리필연적 관계가 없는 부분, 즉 부수적으로 지적한 사항은 기속력이 없다. 또한 환송 후 사실관계를 달리 인정할 경우 그에 기한 새로운 법률상의 판단은 가능하고 이에 대하여는 환송판결의 기속력이 미치지 않는다(대판 1994.9.9. 94다20501).

42 환송을 받은 법원은 상고심에서 승소한 당사자에게 환송 전의 원판결보다 더 불리한 판결을 할 수 있다.

[모의 16(1)]

> **해설** 判例는 "하급심은 파기의 이유로 된 잘못된 견해만 피하면 다른 가능한 견해에 의하여 환송 전의 판결과 동일한 결론을 가져 온다고 하여도 환송판결의 기속을 받지 아니한 위법을 범한 것이라 할 수 없다"(대판 1990.5.8. 88다카5560)고 판시하였다. 기속력이 미치지 않는 범위에서는 환송 전의 판결보다 더 불리한 판결도 할 수 있을 것이다.

21.6.1.~22.7.15. 상소심 및 재심절차 최신판례

1 원고의 소를 각하한 원심판결에 대하여 원심에서 소가 각하되어야 한다고 주장하였던 피고에게는 상고를 제기할 이익이 인정되지 않는다. 대판 2022.6.30. 2018두289

"상소는 자기에게 불리한 재판에 대해서만 제기할 수 있다. 여기서 재판이 상소인에게 불리한지 여부는 상소의 대상이 되는 재판의 주문을 기준으로 판단해야 하므로, 상소인이 전부 승소한 판결에 대하여 제기한 상소는 그 이익이 없어 부적법하다"

제7편　간이소송절차 및 종국판결에 부수되는 재판

01　소유권이전등기절차의 이행을 명하는 판결에서 직권으로 가집행선고를 명한 것은 부적법하다.

[모의 13(3)]

해설 가집행선고는 원칙적으로 재산권의 청구에 관한 판결에 한하여 허용된다. 그러나 재산권의 청구이지만 확정이 되어야 집행력이 발생하는 경우에는 가집행선고가 허용되지 않는다. 의사진술을 명하는 판결은 원칙적으로 확정된 때에 의사를 진술한 것으로 보므로 가집행선고가 허용되지 않는다. 소유권이전등기절차의 이행을 명하는 판결은 의사의 진술을 명하는 판결이므로 가집행선고가 불허된다.

> **관련판례** "본안과 더불어 항소된 가집행선고의 재판에 비록 잘못이 있더라도 본안사건에 대한 항소가 이유 없다고 판단되는 경우에는 가집행선고의 재판을 시정하는 판단을 할 수 없는 것이나, 등기절차의 이행을 명하는 판결과 같이 본래 그 성질상 당연히 가집행선고를 붙일 수 없는 사건에 있어서 착오로 가집행선고의 재판이 내려진 경우에는 본안재판의 인용 여부를 불문하고 이를 즉시 시정하여 줌이 상당하다"(서울중앙지방법원 2004.10.7. 2002나58487).

02　가집행의 선고는 그 선고 또는 본안판결을 바꾸는 판결의 선고로 바뀌는 한도에서 그 효력을 잃는다(제215조 1항).

[모의 14(1) · 18(1)]

03　제1심 가집행선고부 판결에 대해 피고가 항소하면서 그 가집행선고 금액을 지급했다하더라도, 항소심 법원으로서는 이를 참작함이 없이 당해 청구의 당부를 판단하여야 한다(대판 2009.3.26. 2008다95953).

[모의 14(2)]

해설 가집행으로 인한 변제의 효력은 확정적인 것이 아니고 어디까지나 상소심에서 그 가집행의 선고 또는 본안판결이 취소되는 것을 해제조건으로 하여 발생하는 것에 지나지 않기 때문이다. 참고로 가집행선고에 의하여 지급된 금원에 의한 채권소멸의 효과 발생 시기는 판결 확정된 때이다(대판 1995.6.30. 95다15827).

04　제1심에서 승소한 당사자 본인이 항소심에서 가집행선고를 받은 청구를 취하하는 경우에도 위 가집행 선고는 효력을 잃는다.

[모의 18(1)]

해설 "甲이 제1심에서 乙 점유 토지의 인도청구소송을 제기하여 가집행선고부 승소판결을 선고받고, 항소심에서 경계확정소송으로 소를 교환적으로 변경하였다면, 변경전 청구인 토지인도청구의 소는 취하되었다고 할 것이고, 따라서 이에 붙여진 가집행선고도 실효되었다고 할 것이므로, 甲이 그 가집행선고부 판결에 기하여 그 토지를 점유하게 된 것이라면, 甲은 乙에 대하여 당연히 원상회복으로서 자신이 점유하고 있는 토지를 인도할 의무가 있다"(대판 1995.4.21. 94다58490,94다58506).

> **관련판례** "가집행선고부 판결에 기한 집행의 효력은 확정적인 것이 아니고 후일 본안판결 또는 가집행선고가 취소·변경될 것을 해제조건으로 하는 것이므로, 가집행선고에 기하여 채권자가 집행을 완료함으로써 만족을 얻은 경우, 상소심에서 본안에 관하여 판단할 때에는 그 집행의 이행상태를 고려하지 아니하고 청구의 당부에 관하여 판단하여야 하나, 이는 당해 소송절차에서 취소·변경대상이 되는 본안판결이 존재하는 경우에 만약 가집행에 기한 이행상태를 판결자료로 채용한다면 가집행선고에 기한 집행 때문에 그 본안청구에 관하여 승소의 종국판결을 얻을 길이 막히게 되는 이상한 결과가 되어 실제상 불합리하기 때문이지 가집행선고부 판결에 기한 집행이 종국적인 것임을 부인하는 것은 아니다"(대판 1995.4.21. 94다58490,94다58506).

05 청구에 대한 이의의 소를 제기한다고 해서 당연히 강제집행이 정지되는 것은 아니며 별도의 잠 정처분이 필요하다. [모의 18(1)]

해설 "민사집행법 제44조, 제46조 제2항에 기한 강제집행정지의 잠정처분은 청구에 관한 이의의 소에 부수된 절차에 불과하므로 그 잠정처분은 청구에 관한 이의의 소가 제기되어 있을 것을 전제로 한다. 한편 부동 산을 목적으로 하는 담보권을 실행하기 위한 경매절차를 정지하려면 담보권의 효력을 다투는 소를 제기하 고 민사집행법 제46조에 준하는 강제집행정지 결정을 받아 그 절차의 진행을 정지시킬 수 있는데(민사집 행법 제275조), 이러한 강제집행정지 신청도 근저당권말소청구의 소나 피담보채무부존재확인의 소와 같은 본안 의 소가 제기되어 있을 것을 전제로 한다"(대판 2012.8.14. 2012그173).

민사집행법 제44조(청구에 관한 이의의 소) ①항 채무자가 판결에 따라 확정된 청구에 관하여 이의하려면 제1심 판결법원에 청구에 관한 이의의 소를 제기하여야 한다. 민사집행법 제46조(이의의 소와 잠정처분) ①항 제44조 및 제45조의 이의의 소는 강제집행을 계속하여 진행하는 데에는 영향을 미치지 아니한다. ②항 제 1항의 이의를 주장한 사유가 법률상 정당한 이유가 있다고 인정되고, 사실에 대한 소명(疎明)이 있을 때에 는 수소법원(受訴法院)은 당사자의 신청에 따라 판결이 있을 때까지 담보를 제공하게 하거나 담보를 제공 하게 하지 아니하고 강제집행을 정지하도록 명할 수 있으며, 담보를 제공하게 하고 그 집행을 계속하도록 명하거나 실시한 집행처분을 취소하도록 명할 수 있다.

06 제1심의 가집행선고부승소판결에 기하여 집행을 하였으나, 항소심에서 소의 교환적 변경이 이루 어진 경우에는 항소심절차에서 가지급물의 반환을 청구할 수 있다. [모의 15(3)]

해설 "제1심에서 채무자를 상대로 금전지급을 구하는 이행청구의 소를 제기하여 가집행선고부 승소판결을 받 고 그에 기하여 판결원리금을 지급받았다가, 항소심에 이르러 채무자에 대한 회생절차개시로 인해 당초의 소가 회생채권확정의 소로 교환적 변경되어 취하된 것으로 되는 경우에는 항소심 절차에서 가지급물의 반환을 구할 수 있다고 보아야 하고, 그것을 별소의 형식으로 청구하여 반환받아야만 된다고 볼 것은 아니 다"(대판 2011.8.25. 2011다25145).

비교판례 "민사소송법 제215조 제2항은 가집행선고 있는 본안판결을 변경하는 경우에는 법원은 피고 의 신청에 의하여 그 판결에서 가집행선고로 인한 지급물의 반환을 원고에게 명하도록 규정하고 있는데, 여기에서 반환의 대상이 되는 가집행선고로 인한 지급물은 가집행의 결과 피고가 원고에 게 이행한 물건 또는 그와 동일시할 수 있는 것을 의미하는 것으로 볼 수 있다. 그런데 가집행선고 부 판결에 기한 공탁은 채무를 확정적으로 소멸시키는 원래의 변제공탁이 아니고 상소심에서 가집행선고 또는 본안판결이 취소되는 것을 해제조건으로 하는 것이므로 가집행선고부 판결이 선고된 후 피고가 판결인용 금액을 변제공탁하였다 하더라도 원고가 이를 수령하지 아니한 이상, 그와 같이 공탁된 돈 자체를 가집행선 고로 인한 지급물이라고 할 수 없다. 따라서 피고가 가집행선고부 제1심판결에 기한 판결인용금액을 변제공탁 한 후 항소심에서 제1심판결의 채무액이 일부 취소되었다 하더라도 그 차액이 가집행선고의 실효에 따른 반환대 상이 되는 가지급물이라고 할 수 없다. 다만 그 차액에 대해서는 공탁원인이 소멸된 것이므로 공탁자인 피고로서는 공탁원인의 소멸을 이유로 그에 해당하는 공탁금을 회수할 수 있다. 그리고 이러한 법리는 판 결금채권에 대하여 채권가압류가 있어 제3채무자인 피고가 민사집행법 제291조에 의해 준용되는 같은 법 제248조 제1항에 근거하여 가압류를 원인으로 한 공탁을 한 경우에도 마찬가지로 적용된 다"(대판 2011.9.29. 2011다17847).

07 가집행선고의 실효는 소급하는 것이 아니므로 이미 집행이 종료되었으면 이미 완료된 집행절차 의 효력에는 영향이 없는 것이고, 가집행선고 있는 제1심판결이 항소심에서 일부취소되면 가집 행선고는 취소된 부분에 한해 실효되지만 취소된 항소심판결이 상고심에서 파기되면 실효된 가 집행선고의 효력은 다시 회복된다.

해설 ※ 가집행선고 실효의 효과

"가집행선고부판결을 채무명의로 하여 채무자 소유 부동산에 대하여 강제경매를 신청한 채권자가 스스로 경락인이 되어 경락허가결정이 확정된 다음 경락대금지급기일 이전에 채무명의가 된 가집행선고부 판결에서 표시된 채권을 자동채권으로 하여 경락대금지급채무와 상계신청을 한 결과 민사소송법 제660조 제2항 소정의 이의가 없어 경락대금 지급기일에 그 상계의 효력이 발생하고 경락인이 경락부동산의 소유권을 취득하였다면 그 이후에 위 가집행선고부판결이 상소심에서 취소되어 위 상계에 있어서의 자동채권의 존재가 부정되었다 할지라도 위 상계를 비롯한 이미 완료된 강제경매절차의 효력이나 이로 인한 경락인의 소유권취득의 효력에는 아무런 영향을 미치지 아니한다고 할 것이다"(대판 1990.12.11. 90다카19098).

※ 가집행선고부 제1심판결의 일부취소를 의미하는 항소심판결이 상고심에서 파기된 경우 일부실효된 가집행선고 효력의 부활 여부(적극)

"항소심에서의 위와 같은 변경판결은 실질적으로는 항소가 이유 있는 부분에 대하여는 항소를 인용하여 제1심판결 중 일부를 취소하고 항소가 이유 없는 부분에 대하여는 항소를 기각하는 일부취소의 판결과 동일한 것인데 다만 주문의 내용이 복잡하게 되는 것을 피하고 주문의 내용을 알기 쉽게 하기 위한 편의상의 요청을 좇은 것에 불과하므로 위 변경판결에 의한 제1심판결 실효의 효과도 일부취소판결의 경우와 마찬가지로 항소가 이유 있는 부분에 국한되고, 제1심판결에 가집행선고가 붙은 경우에는 일부취소를 의미하는 항소심의 변경판결에 의하여 청구인용범위가 줄어들더라도 그 가집행선고는 제1심판결보다 청구인용범위가 줄어든 차액부분에 한하여 실효되고 그 나머지 부분에는 여전히 효력이 미치며 위 일부취소를 의미하는 항소심판결이 다시 상고심에서 파기된 때에는 실효된 가집행선고의 효력도 부활되는 것으로 보아야 할 것이다"(대판 1992.8.18. 91다35953).

08 이혼 당사자 사이의 양육비 청구사건은 즉시항고와 가집행선고의 대상이 되나, 이혼에 따른 재산분할의 방법으로 금전의 지급을 명한 부분은 즉시항고의 대상이 되기는 하지만 가집행선고의 대상이 될 수는 없다.

해설 ※ 이혼당사자 사이의 양육비 청구사건

"가사소송법 제42조 제1항은 '재산상의 청구 또는 유아의 인도에 관한 심판으로서 즉시항고의 대상이 되는 심판에는 담보를 제공하게 하지 아니하고 가집행할 수 있음을 명하여야 한다'라고 규정하고, 가사소송규칙 제94조 제1항은 마류 가사비송사건의 심판에 대하여는 청구인과 상대방이 즉시항고를 할 수 있다고 규정하고 있는바, 민법 제837조에 따른 이혼 당사자 사이의 양육비 청구사건은 마류 가사비송사건으로서 즉시항고의 대상에 해당하고, 가집행선고의 대상이 된다"(대판 2014.9.4. 2012므1656).

※ 이혼에 따른 재산분할의 방법으로 금전의 지급을 명한 부분의 가집행선고 가부(소극)

"민법 제839조의2에 따른 재산분할 청구사건은 마류 가사비송사건으로서 즉시항고의 대상에 해당하기는 하지만, 재산분할은 부부가 혼인 중에 취득한 실질적인 공동재산을 청산 분배하는 것을 주된 목적으로 하고, 법원이 당사자 쌍방의 협력으로 이룩한 재산의 액수 기타 사정을 참작하여 분할의 액수와 방법을 정하는 것이므로, 재산분할로 금전의 지급을 명하는 경우에도 판결 또는 심판이 확정되기 전에는 금전지급의무의 이행기가 도래하지 아니할 뿐만 아니라 금전채권의 발생조차 확정되지 아니한 상태에 있다고 할 것이어서, 재산분할의 방법으로 금전의 지급을 명한 부분은 가집행선고의 대상이 될 수 없다. 그리고 이는 이혼이 먼저 성립한 후에 재산분할로 금전의 지급을 명하는 경우라고 하더라도 마찬가지이다"(대판 2014.9.4. 2012므1656).

09 가집행은 재산권의 청구에 관한 판결로서 집행할 수 있는 것에만 허용되므로, 형성판결과 확인판결에는 가집행을 선고할 수 없다. 그러므로 의사의 진술을 명하는 판결과 사해행위취소 및 가액배상의 청구에 대해서는 가집행의 선고를 붙이지 않는다.

해설 ※ 가집행선고의 대상은 재산권의 청구에 관한 이행판결이므로 형성판결과 확인판결에 대해서는 가집행을 선고할 수 없다. (참고로 동시이행판결·선이행판결·대상청구판결에 대하여는 가집행의 선고를 할 수 있다.)

의사의 진술을 명하는 판결은 판결이 확정된 때 의사를 진술한 것으로 보므로(민사집행법 제263조 제1항) 이에 대해서는 가집행이 허용되지 않고, 사해행위취소의 청구는 실체법상 권리관계의 변동을 일으키는 형성의 소로서 성질상 가집행의 선고가 허용되지 않는다. 가액배상의 청구는 사해행위취소의 효과발생을 전제로 하는 이행청구로 그 이행기의 도래가 판결확정 이후임이 명백하여 확정 전에 집행할 수 없으므로 가집행의 선고를 붙이지 않는다.

10

> A는 2014.2.13. B에게 2억 원을 변제기 2015.2.13. 이자 월 2%로 정하여 대여 받았다. 그러나 B는 아무런 재산 없는 A의 자력이 불확실하다는 생각이 들어 A에게 어음발행을 요구하였고, 이에 A는 만기를 2015.3.13.으로 정하여 B에게 어음을 발행해 주었다. 이후 A가 만기가 되어도 어음금지급채무를 이행하지 않자 B는 A를 상대로 어음금지급청구의 소를 제기하였다.

① 제1심법원이 B의 청구를 인용할 경우에는 담보를 제공하게 하지 아니하고 가집행의 선고를 하여야 한다.
[모의 14(2),(3)]

해설 ※ **어음금지급청구의 소와 가집행 선고의 방법**
재산권의 청구에 관한 판결은 가집행(假執行)의 선고를 붙이지 아니할 상당한 이유가 없는 한 직권으로 담보를 제공하거나, 제공하지 아니하고 가집행을 할 수 있다는 것을 선고하여야 한다. 다만, 어음금·수표금 청구에 관한 판결에는 담보를 제공하게 하지 아니하고 가집행의 선고를 하여야 한다(민소법 제213조 1항).

② 만약 B가 무권대리인 C의 소송행위 때문에 소각하 판결을 선고받은 경우라면, 법원은 C에게 고의 또는 중과실이 없더라도 C가 대리권을 있음을 증명하지 못하는 한 무권대리행위로 발생한 소송비용을 C에게 부담시킬 수 있다.

해설 ※ **무권대리행위로 발생한 소송비용**
제107조(제3자의 비용상환) ①항 법정대리인·소송대리인·법원사무관등이나 집행관이 고의 또는 중대한 과실로 쓸데없는 비용을 지급하게 한 경우에는 수소법원은 직권으로 또는 당사자의 신청에 따라 그에게 비용을 갚도록 명할 수 있다. ②항 법정대리인 또는 소송대리인으로서 소송행위를 한 사람이 그 대리권 또는 소송행위에 필요한 권한을 받았음을 증명하지 못하거나, 추인을 받지 못한 경우에 그 소송행위로 말미암아 발생한 소송비용에 대하여는 제1항의 규정을 준용한다.
제108조(무권대리인의 비용부담) 제107조 2항의 경우에 소가 각하된 경우에는 소송비용은 그 소송행위를 한 대리인이 부담한다.

③ ②의 경우, C는 자신에게 비용부담을 명한 재판에 대하여 재판의 형식에 관계없이 즉시항고나 재항고에 의하여 불복할 수 있고, 법원이 소송비용을 부담하도록 명한 재판결과를 C에게 통지하지 아니하여 항고기간을 준수하지 못하였다면 C는 자기에게 책임 없는 사유로 항고기간을 준수하지 못한 것이다.
[최신판례]

해설 "민사소송법 제108조, 제107조 제2항에 따라 종국판결로써 소를 각하하면서 소송비용을 당사자본인으로 된 사람을 대신하여 소송행위를 한 무권대리인에게 부담하도록 하는 경우에는 비록 소송대리인이 판결선고 전에 이미 사임한 경우이더라도 판결정본을 송달하는 등의 방법으로 재판결과를 통지하여야 하고, 이는 항소심법원이 항소를 각하하면서 무권대리인에게 항소 이후의 소송비용을 부담하도록 하는 경우에도 마찬가지이다. 만일 법원이 소송비용을 부담하도록 명한 무권대리인에게 재판결과를 통지하지 아니하여 그가 소송비용 부담 재판에 대한 항고기간을 준수하지 못하였다면 특단의 사정이 없는 한 무권대리인은 자기책임에 돌릴 수 없는 사유로 항고기간을 준수하지 못한 것이다"(대결 2016.6.17. 2016마371).

④ 1심법원은 B의 청구가 이유 없음이 명백하다고 판단할 경우에는 A의 신청 또는 직권으로 B에게 소송비용에 대한 담보를 제공하도록 명하여야 하며, A는 위 담보에 대해 질권자로서의 권리를 행사할 수 있다.

> **해설** 제117조(담보제공의무) ①항 원고가 대한민국에 주소·사무소와 영업소를 두지 아니한 때 또는 소장·준비서면, 그 밖의 소송기록에 의하여 청구가 이유 없음이 명백한 때 등 소송비용에 대한 담보제공이 필요하다고 판단되는 경우에 피고의 신청이 있으면 법원은 원고에게 소송비용에 대한 담보를 제공하도록 명하여야 한다. 담보가 부족한 경우에도 또한 같다. ②항 제1항의 경우에 법원은 직권으로 원고에게 소송비용에 대한 담보를 제공하도록 명할 수 있다.
> 제123조(담보물에 대한 피고의 권리) 피고는 소송비용에 관하여 제122조(담보제공방식)의 규정에 따른 담보물에 대하여 질권자와 동일한 권리를 가진다.

⑤ B가 승소한 제1심 가집행선고부 판결에 대해 A는 가집행 부분만 다투기 위한 항소를 제기할 수는 없고, A가 항소한다고 해서 가집행선고부 판결에 따른 강제집행이 자동적으로 정지되는 것은 아니다.
[모의 11(1), 14(1)]

> **해설** 소송비용 및 가집행에 관한 재판에 대하여는 독립하여 항소를 하지 못한다(제391조). 가집행선고가 있는 판결은 선고에 의하여 즉시 집행력이 발생하고 가집행선고에 의한 종국판결은 바로 집행권원이 되어 강제집행을 할 수 있다. 상소를 제기하여도 집행력에 의한 강제집행이 정지되지 않으며, 별도로 정지신청을 내어 강제집행정지의 결정(제500조, 제501조)을 받아야 한다.

11 가집행선고에 의하여 종국판결은 바로 집행권원이 되어 강제집행을 할 수 있고, 상소가 있더라도 집행력이 정지되지 않는다. 집행을 정지시키려면 별도로 강제집행정지의 결정을 받아야 한다(제500조, 제501조).
[모의 14(1)·18(1)]

> **해설** 위 해설 참고.

12 원고는 피고에게 대여금 1천만 원의 지급을 구하는 소를 제기하여 1심에서 500만 원의 지급을 명하는 판결을 선고받았다. 소송비용은 사정에 따라 피고가 소송비용의 전부를 부담할 수 있다.
[변호 14, 모의 14(3)]

> **해설** 일부패소의 경우에 당사자들이 부담할 소송비용은 법원이 정한다. 다만, 사정에 따라 한 쪽 당사자에게 소송비용의 전부를 부담하게 할 수 있다(제101조).

13 상소심에서의 소송비용 담보제공 신청은 담보제공의 원인이 이미 제1심 또는 항소심에서 발생되어 있었음에도 신청인이 과실 없이 담보제공을 신청할 수 없었거나 상소심에서 새로이 담보제공의 원인이 발생한 경우에 한하여 가능하다(대판 2017.4.26. 2017마63).
[최신판례]

14 소의 일부가 취하되거나 청구가 감축된 경우 당사자가 일부 취하되거나 청구가 감축된 부분에 해당하는 소송비용을 상환받기 위하여는 소송비용부담재판의 신청을 하여야 하고, 항소인이 항소의 일부를 취하한 경우 이는 불복신청의 범위를 감축하는 의미로서 소송비용에 산입되는 변호사의 보수는 감축된 범위를 기준으로 산정한다(대결 2017.2.7. 2016마937).
[최신판례]

15 민사소송법 제129조 제1항 제2호에서 규정한 '변호사의 보수'에는 소송구조를 받을 사람의 상대
방을 위한 변호사 보수는 포함되지 아니하고, 소송비용 담보제공명령의 담보액에 대해 소송구조
를 받기 위해서는 민사소송법 제129조 제1항 제3호에서 정한 '소송비용의 담보면제'에 대한 소
송구조결정을 받아야 한다(대판 2017.4.7. 2016다251994).   [최신판례]

16 소가 취하되면 소송이 재판에 의하지 아니하고 끝난 경우로서 법원은 당사자의 신청에 따라 결
정으로 소송비용의 액수를 정하고, 이를 부담하도록 명하여야 한다.   [변호 14]

[해설] 제113조의 경우(화해한 경우 비용액 확정) 외에 소송이 재판에 의하지 아니하고 끝나거나 참가 또는 이에 대
한 이의신청이 취하된 경우에는 법원은 당사자의 신청에 따라 결정으로 소송비용의 액수를 정하고, 이를 부담
하도록 명하여야 한다(제114조 1항).
判例도 "상고심 사건에 관한 소송비용은 상고를 제기하였다가 이를 취하한 피신청인이 부담함이 상당하
다"(대결 2008.8.14. 2008카확6)고 하였다.

판 례 색 인

[헌법재판소 판결]

[하급심 판결]

서문

머리말을 적기에 앞서 먼저 2023년에 출간된 「Law Man 형사법 변호사시험 정지문」제2판에 많은 성원을 보내주신 독자분들에게 감사의 말씀을 전합니다. 이에 힘입어 「Law Man 형사법 변호사시험 정지문(2025 변호사시험 대비 최신판)」 교재를 출간합니다.

그런데 2024년부터 한림법학원에서 해커스변호사 학원으로의 이적이 있게 되어 출판사도 윌비스 출판사에서 해커스변호사 출판사로 변경하여 출판을 하게 되었고, 이러한 출판사의 변경으로 인하여 교재의 제목에도 어느 정도 변화가 있게 되었습니다. 즉 종래에는 「Law Man 형사법 변호사시험 정지문(제2판)」등으로 교재의 명칭을 표기하였으나, 앞으로는 해커스변호사 출판사에서 공통으로 사용하는 「Law Man 형사법 변호사시험 정지문(2025 변호사시험 대비 최신판)」등으로 표기하게 되었습니다.

「Law Man 형사법 변호사시험 정지문(2025 변호사시험 대비 최신판)」 교재는 2012년 제1회부터 2024년 제13회까지 시행된 변호사시험 형사법 선택형 시험 문제 중 ① 순수 형법 문제와 순수 형사소송법 문제 중 올바른 지문은 그대로 수록하고, 틀린 지문으로 출제되었던 지문은 모두 올바른 지문으로 수정하여 진도별로 정리하고 ② 형법과 형사소송법의 혼합 사례형 문제는 문제를 그대로 수록하면서 올바른 지문은 그대로 수록하고, 틀린 지문으로 출제되었던 지문은 모두 올바른 지문으로 수정하여 연도별로 정리한 교재입니다.

따라서 본 교재를 익히시게 되면 ① 변호사시험 형사법 선택형 기출문제를 풀어본 것과 같은 효과를 얻을 수 있으며 ② 단기간에 변호사시험 형사법 선택형 지문을 정리하여 그 효율성을 극대화할 수 있고 ③ 중요 지문을 정리함에 따라 사례형과 기록형 시험에도 도움이 될 수 있을 것입니다.

본서의 목적을 간단히 소개하면 다음과 같습니다.

"본서의 목적은 변호사시험 형사법 선택형 시험을 대비하기 위하여 기출문제를 단기간에 효율적으로 정리하고, 부차적으로 사례형 시험과 기록형 시험을 대비함에 있습니다."

본서의 내용은 제3부로 구성되어 있으며, 그 내용을 간단히 소개하면 다음과 같습니다.

1. 제1부 – 변호사시험 기출문제 중 순수한 형법 지문의 정리
제1부는 변호사시험 순수 형법 선택형 문제의 지문 중 올바른 지문은 그대로 수록하고, 틀린 지문으로 출제되었던 지문을 모두 올바른 지문으로 수정하여 기본서의 진도에 따라 정리하였습니다.

2. 제2부 – 변호사시험 기출문제 중 순수한 형사소송법 지문의 정리
제2부는 변호사시험 순수 형사소송법 선택형 문제의 지문 중 올바른 지문은 그대로 수록하고, 틀린 지문으로 출제되었던 지문을 모두 올바른 지문으로 수정하여 기본서의 진도에 따라 정리하였습니다.